HISTOIRE DE LA GASCOGNE

DEPUIS LES TEMPS LES PLUS RECULÉS

JUSQU'A NOS JOURS.

TOME II.

HISTOIRE

DE LA

GASCOGNE

DEPUIS LES TEMPS LES PLUS RECULÉS

JUSQU'A NOS JOURS,

DÉDIÉE

A MONSEIGNEUR

L'ARCHEVÊQUE D'AUCH

ET A NOSSEIGNEURS

LES ÉVÊQUES

DE BAYONNE, D'AIRE ET DE TARBES.

Par L'Abbé J. J. MONLEZUN,
CHANOINE HONORAIRE D'AUCH.

TOME SECOND.

AUCH,
J. A. PORTES, Imprimeur de la Préfecture et Libraire.
—
1846
1850

HISTOIRE
DE LA
GASCOGNE
DEPUIS LES TEMPS LES PLUS RECULÉS
JUSQU'A NOS JOURS.

LIVRE V.

CHAPITRE Ier.

Odon d'Astarac, archevêque d'Auch. — Bassones. — Légende de St-Frix. — Pessan. — Ste-Dode. — Archevêques d'Auch. — Astanove, comte de Fezensac. — Ducs de Gascogne. — Bernard Tumapaler, comte d'Armagnac. — Centule III, vicomte de Béarn. — Comtes de Bigorre. — St-Austinde, archevêque d'Auch. — Rétablissement des évêchés d'Aire, de Bazas, de Dax, de Lescar, d'Oleron et de Bayonne. — Reconstruction de l'église Ste-Marie d'Auch.

Odon (1), le frère de Bernard, remplaça Garsie sur le siége d'Auch en 988, et conserva en même temps son abbaye, car nous le voyons qualifié à la fois d'abbé et d'archevêque, et recevoir à ce double titre les donations faites à sa métropole et à son couvent. C'est le premier de nos prélats dont nous connaissions avec certitude la famille. Il portait pour armes *écartelé*

(1) *Gallia Christiana*. Dom Brugelles. Manuscrit de M. d'Aignan.

d'azur et de gueules, qui est d'Astarac. Il siégeait encore en 1020, car en cette année il donna son consentement à l'élection d'un évêque de Barcelonne en Espagne, et assista avec trois de ses suffragants qui ne sont point nommés, à un concile de Toulouse (1) où l'on excommunia ceux qui jetteraient ou laisseraient jeter des substances détériorées, *aliquem usaticum malum*, sur la voie publique.

A peine rentré dans son diocèse, Odon fut témoin de la donation que Raymond de Bassoues fit au monastère de Pessan, de l'église de St-Frix (2) avec la terre qu'il y possédait, à condition qu'on y érigerait un couvent de l'ordre de St-Benoît. Cette charte est du 3 novembre 1020, *sous le règne* de Sanche, comte de Gascogne. Bassoues, comme l'indique son nom en langue escualdunac (*Bossoa* broussailles, bois), fut d'abord un lieu couvert d'immenses forêts où les druides avaient placé quelqu'une de leurs divinités. Sous les Romains, cette divinité se changea en dieu Mars; le Marsoulès nous le rappelle encore. Le temps et la civilisation avaient abattu une partie des forêts primitives; la dévotion à St-Frix vint hâter cette destruction. On ignore la vie de ce saint, jadis si célèbre dans toute la province. Un manuscrit très ancien où cette vie était relatée s'est égaré au commencement du dernier siècle (*).

Si nous en croyons une vieille tradition très accré-

---

(1) *Collect. Concil.* tom. 7. — (2) Cartulaire de Pessan. Dom Brugelles.

(*) Ce qui rend cette perte plus douloureuse, c'est qu'il renfermait l'histoire de la lutte armée que les catholiques soutenaient contre les religionnaires au moment où le copiste transcrivait la vie.

ditée dans le pays (1), mais qui renferme plus d'une erreur, notre saint, fils de Rabod, roi ou duc des Frisons, avait embrassé le christianisme malgré son père, et pour fuir son courroux, il s'était retiré auprès de Charles-Martel, son oncle. Charles guerroyait alors contre les Maures d'Espagne qui, ayant franchi les Pyrénées, s'avançaient à travers la Gascogne. Occupé ailleurs, il donna à son neveu un corps d'armée, à la tête duquel celui-ci vint chercher les ennemis. Ils étaient campés au delà de Lupiac sur ces hauteurs où le château de Castelmaure témoigne encore de leur passage. A la vue des mécréants, le saint enflammé de zèle et bouillant d'ardeur se jette sur eux et en fait un horrible carnage. Tout pliait sous ses coups, lorsque Abdérame accourt en personne à la tête de renforts considérables, ramène l'ordre parmi les siens et force les chrétiens à fuir à leur tour. Le neveu de Charles protège la retraite. Arrivé près de Bassoues, il plante sa bannière, là où s'éleva depuis le *moulin de l'étendard*, et rallie autour de lui la plupart des siens. Une seconde action s'engage, chaude et vive comme la première; mais comme dans la première, la victoire, après s'être longtemps balancée, se décide pour les infidèles. Atteint d'une flèche mortelle qui lui traverse les cuisses, le brave et infortuné général alla expirer près du pont, auquel sa mort fit donner le nom de *pont du Chrétien*. Ses soldats poursuivis par l'ennemi l'enterrèrent à la hâte dans l'endroit où il venait de rendre le dernier soupir.

Le martyr dormit longtemps dans sa tombe ignorée,

(1) Manuscrit de M. d'Aignan et dom Brugelles.

et lorsque Dieu voulut le glorifier parmi les hommes, il révéla miraculeusement ses ossements sacrés. Une vache allait tous les jours lécher une pierre cachée sous d'épaisses broussailles, et quoiqu'elle ne prît pas d'autre nourriture, elle était plus fraîche et plus grasse que le reste du troupeau. Des pasteurs observèrent le prodige et le firent observer à leurs voisins. On creusa sous la pierre et on trouva le corps d'un guerrier armé du casque et de la cuirasse. Au même instant, aux yeux de la foule étonnée, de dessous le tombeau s'échappa une fontaine qui coule encore de nos jours. Parmi ces prodiges, on porta les saintes reliques sur le penchant du côteau voisin et on les enferma dans un tombeau de marbre autour duquel on bâtit bientôt une église devenue aussitôt paroissiale. Comme on ignorait le nom véritable du saint, on l'appela Frix, du nom de la nation qui lui avait donné le jour, et on surmonta son casque d'une couronne en mémoire de la naissance royale que lui attribuait la tradition. Le nom du saint ne tarda pas à se répandre dans la contrée ; plusieurs églises le choisirent pour leur patron. Le plus ancien missel du diocèse que nous connaissions lui consacrait une messe particulière. A Vic-Fezensac, où la chapelle du cimetière lui était dédiée, sa fête était solennisée avec pompe, mais nulle part le concours n'était aussi grand qu'à Bassoues ; ce culte a traversé les âges. Dans notre siècle positif, alors que toutes les dévotions populaires, ou plutôt toutes les poésies de la vie s'en vont tristement une à une, le culte de St-Frix s'est maintenu, et la multitude se presse sinon aussi recueillie, du moins aussi nombreuse que jamais autour de sa tombe quoique veuve maintenant du précieux trésor qu'elle renfermait et qui disparut en 93 avec la plus grande partie de la basilique (*).

L'abbé de Pessan s'empressa de remplir les conditions imposées et jeta les fondements d'un monastère qui ne fut achevé que sous son successeur, et où furent placés trois religieux gouvernés par un supérieur portant lui aussi le titre d'abbé. L'abbaye, à laquelle Bernard de Bassoues restituait cette ancienne aliénation par une anomalie si fréquente dans l'histoire de cette époque, était elle-même aliénée; c'est-à-dire que la plus grande partie de ses revenus ou du moins celle du supérieur, était possédée par les étrangers; ce qui n'empêchait pas que la maison n'eût sa communauté, ses officiers claustraux et son abbé propre. Cet abus n'était que trop fréquent; il atteignait même les siéges épiscopaux. A quelque temps de là, Pons, comte de Toulouse, laissait à son épouse l'évêché d'Alby, et Roger, comte de Carcassonne, léguait à son second fils l'évêché de Couserans, et à Pierre, le dernier, toutes les abbayes qu'il possédait dans les comtés de Carcassonne et de Rasès, à l'exception de l'abbaye de Caulnes qu'il plaçait dans le lot de l'aîné, son héritier principal.

Les ancêtres du comte d'Astarac, vraisemblablement à l'époque où ils commandaient à toute la Gascogne et par conséquent sous Sanche Mitarra ou son fils, s'étaient emparés de Pessan. Guillaume s'empressa de le

---

(*) Des trois nefs qui la composaient une seule a été conservée avec le portail latéral et le tombeau du saint. Le tombeau surtout est remarquable. Nous devons cette conservation à M. l'abbé de Belloc, aujourd'hui vicaire-général de Mgr l'Archevêque d'Auch et alors curé de Bassoues. Voir aussi note 3.

rendre (1) à Forton II, abbé de Simorre, et reçut en échange huit vases d'argent du poids de 900 livres. Nous ignorons pourquoi le monastère de Pessan fut rendu à l'abbé de Simorre, qui ne s'étaya jamais de ce titre pour réclamer même la plus légère suprématie ; preuve manifeste que l'abbé ne faisait que prêter son nom à cet acte. Peu de mois auparavant, le même comte d'Astarac, par le conseil de Dacon, son frère, et par l'exprès commandement du vieil Arnaud, son père, et de Talèse, sa mère, et du consentement de toute sa famille, avait bâti un monastère sur le tombeau de Ste-Dode, et l'avait donné encore à Simorre (2) dans la personne d'Othon, prédécesseur de Forton. Ce don eut pour témoin Garsie de Labarthe, successeur d'Odon sur le siége d'Auch. Néanmoins, il tomba bientôt dans l'oubli, parce qu'à l'acte qui le constatait on n'avait pas eu soin, nous dit une vieille chronique, d'appeler des petits enfants et de fixer leurs souvenirs en pinçant leurs oreilles ou en souffletant leurs joues. L'ignorance ne régna jamais sans peser de quelque manière sur l'humanité. Ici, pour consolider des témoignages, elle tourmentait d'innocentes victimes. Ailleurs pour éclairer ses jugements, elle recourait à des voies aussi cruelles qu'absurdes. Le nouveau monastère nous en offre un exemple.

A la mort de Dacon, le premier abbé que nous croyons frère du fondateur, les religieux ne voulurent plus reconnaître la suprématie de Simorre et se déclarèrent indépendants. Ils étaient soutenus par Sanche, comte

---

(1) Dom Brugelles, Preuves, p. 11. Manuscrit de M. d'Aignan. —
(2) Les mêmes.

d'Astarac, fils de Guillaume. Pons, qui joignait le titre d'évêque de Tarbes à celui d'abbé de Simorre, en porta ses plaintes à son métropolitain. Celui-ci s'empressa de convoquer les évêques de la province : l'assemblée se tint dans l'église de Notre-Dame d'Orre (1); ainsi s'appelait encore alors la ville de Tarbes. Les esprits étaient trop échauffés, la médiation des évêques échoua; la loi civile put seule vider le différend. Il fut décrété, je traduis le texte, que la chose serait prouvée par le jugement de l'eau froide, selon la coutume du pays (*). L'archevêque bénit l'eau de sa propre main en présence de tout le peuple. L'épreuve ne fut pas favorable aux religieux de Ste-Dode, qui, *cédant au bon droit*, se soumirent de bonne grâce. Sanche lui-même, à cette vue, dépouilla ses préventions, et la main étendue sur l'autel de Ste-Marie, il confirma à jamais la donation de son père.

Longtemps avant ce jugement, Garsie de Labarthe était mort en laissant à son chapitre la moitié de la terre de Ramensan (2), et il avait eu pour successeur Raymond Coppa (3), que le catelogue d'Auch a passé sous silence. Ainsi que son prédécesseur, Raymond descendait des anciens comtes de Fezensac, car il portait comme eux dans ses armes d'*or au Lion de gueules*. Peut-être toutefois ne leur appartenait-il que par les femmes. Il eut du moins, pour sa part des biens patrimoniaux, la terre de la Tremblade que le comte Aymeric Ier donna à sa sœur en la mariant au seigneur

---

(1) Cartulaire de Simorre. Dom Brugelles.
(*) Voir la note 4 à la fin du volume.
(2) Cartulaire d'Auch. Dom Brugelles. Manuscrit de M. d'Aignan.
(3) Les deux derniers. *Gallia Christiana*.

de Préneron (*de pratoneronis*), ce qui nous fait augurer que le nouvel archevêque était le fruit de cette alliance. A peine eut-il reçu l'onction sainte, qu'il assembla à Dax le Concile de la province (1). C'est le premier que nous sachions avoir été convoqué par nos métropolitains. Celui-ci avait pour but de terminer une autre querelle monastique. L'abbaye de Sordes était demeurée longtemps soumise à celle de Pessan, mais l'acte de suprématie avait été dérobé par un moine de Sordes dont l'abbé de Pessan avait fait un sacristain de son église, et qui en s'enfuyant alla demander l'hospitalité au monastère de Puntoux où il brûla la charte. Durant la nuit, la chandelle dont il s'était servi pour cette action déloyale tomba dans son lit, et le moine profondément endormi, et la maison entière qui l'avait reçu devinrent la proie des flammes. Le Concile condamna ses confrères, et les replaça sous l'autorité qu'ils déclinaient. Ce jugement subsista peu, Sordes ne tarda pas à reconquérir son indépendance, et cette fois pour ne plus la perdre.

L'empressement qu'avait mis Raymond-Coppa à convoquer le Concile attestait son zèle pour la discipline. Ce zèle, il l'exerça avec succès autour de lui. Les clercs de sa métropole avaient été soumis à la règle de St-Benoît ; mais le temps, cet implacable ennemi de toutes les institutions humaines, avait amené le relâchement et les désordres qui marchent à sa suite. Une nouvelle règle, celle-là même ou à peu près que St-Augustin avait jadis prescrite à son clergé, commençait à s'introduire en Europe. A la nouveauté,

---

(1) Dom Brugelles. Manuscrit de M. d'Aignan. *Gallia Christiana*.

elle ajoutait l'avantage d'être mieux appropriée aux besoins de l'époque. Raymond parvint à la faire adopter dans sa métropole (1). Il fut secondé dans cette pieuse entreprise par un prêtre suscité de Dieu, par Raymond *le grammairien*, dont la voix puissante remuait alors la Gascogne, l'Aquitaine et la Gothie (*le Languedoc*). Astanove, comte de Fezensac, qui avait succédé à Aymeric, mort vers 1035, joignit ses efforts et ses libéralités aux efforts et aux libéralités de son oncle. Ils construisirent de concert l'ancienne maison canoniale pour recevoir la nouvelle communauté qui prit alors proprement le nom de chapitre. Restait à assurer sa subsistance. L'archevêque lui abandonna les archidiaconés de Juliac, de Sayanès, d'Anglès, d'Armagnac et de Magnoac, avec la moitié des offrandes, ainsi que la moitié du marché et des terres qui appartenaient à l'église métropolitaine. Le comte y ajouta de son côté les églises d'Espax, et de Seran (peut-être Castel-Navet) avec la moitié d'Ornesan et de Ste-Christie, et quelques autres dons. Nos lecteurs l'ont remarqué sans doute : seul maître dans Auch, l'archevêque donne le marché et le terroir urbain. Le comte, lui, est obligé de prendre ses dons hors des murs. Cet acte important pour notre église se passa en 1040.

Six ans après, Raymond, agissant toujours de concert avec Astanove, tenta une entreprise que nous croirions aussi facile que naturelle, et qui néanmoins jeta durant plus d'un siècle le trouble dans Auch et abreuva d'amertume les derniers jours du prélat. Auch

---

(1) Cartulaire d'Auch, cité dans dom Brugelles, Preuves, p. 17, et dans le manuscrit de M. d'Aignan.

n'avait encore qu'un cimetière. C'était toujours le même qu'avaient établi les premiers chrétiens autour de l'ancienne église de St-Jean. Quand St-Orens et quelques-uns de ses successeurs y eurent choisi leur sépulture, on aima à reposer près de cendres aussi vénérées, et plus d'une fois sans doute la piété des fidèles se montra généreuse et paya largement l'hospitalité qu'elle venait demander. Tant qu'il n'y eut dans la cité qu'une église paroissiale, dirigée par les archevêques, cet ordre de choses s'explique sans peine. Mais au partage de la ville entre Ste-Marie et St-Orens, érigé aussi en cure, il semble qu'il eût dû en être autrement. Les développements qu'Auch avait pris depuis cette époque, rendaient chaque jour ce changement plus nécessaire.

Raymond-Coppa, qui le sentit, ne s'arrêta ni aux clameurs, ni aux protestations des moines de St-Orens, et choisit un local dans l'intérieur de la ville aux portes de la métropole, car à cet âge de foi il fallait pour les tombes non-seulement l'ombre de la croix qui sauve et console, mais encore le voisinage du temple sacré d'où s'exhalent les prières, et où s'immole la victime de propitiation. Il bénit solennellement l'endroit choisi, et l'enrichit d'indulgences le 4 novembre 1045. L'acte qui nous a été conservé (1) est souscrit, on ne sait à quel titre, par St-Austinde qui y prend la qualité de clerc de l'église de Bordeaux. Le lendemain de cette solennité, l'archevêque y enterra sa nièce Candide, fille de son frère, et Richarde, comtesse de Bigorre, épouse de Garsie-Arnaud ; ce qui paraît

---

(1) **Dom Brugelles, Preuves**, page 18. Manuscrit de M. d'Aignan.

confirmer l'opinion qui fait descendre son mari de la maison d'Astarac. Pourquoi Richarde eût-elle choisi une terre étrangère si elle n'eût pas voulu dormir près de la métropole de la famille de son adoption, et peut-être à côté de la tombe de son époux?

Cependant les moines de St-Orens, repoussés à Auch, portèrent leurs plaintes à Rome. Le saint-Siége était alors occupé par Léon IX, pontife dévoué aux Bénédictins, ou plutôt gouverné par le célèbre Hildebrand, prieur général de l'ordre, que nous verrons plus tard ceindre lui-même la tiare. Léon admit leur requête; et sous l'étrange prétexte que *nous ne sommes pas meilleurs que nos pères*, et qu'ainsi toute innovation est dangereuse ou du moins suspecte, il ordonna (1) à Raymond de fermer son cimetière et de rétablir les choses dans l'ancien état. Le ressentiment des moines de St-Orens n'était point satisfait. Ils accusèrent leur premier pasteur d'ignorance et de simonie; c'étaient les deux plaies de l'époque. Nous ignorons si ces accusations étaient fondées. Nous serions loin d'admettre la seconde surtout. Quand on s'est fait ouvrir à prix d'or les portes du sanctuaire, il est rare qu'on s'y tienne avec décence, et surtout qu'on y déploie du zèle, et Raymond se montra également pieux et zélé. Il avait racheté des mains des deux frères Garsie et Raymond Arnaud de Panassac l'église de St-Mamet (2) en Magnoac. Ses ennemis présentèrent peut-être ce rachat, quoique chose commune alors, comme un acte de simonie. Le pape était prévenu, et sans autre infor-

---

(1) Cartulaire d'Auch. Dom Brugelles. Manuscrit de M. d'Aignan. *Gallia Christiana*. — (2) Dom Brugelles, Preuves, p. 19. Manuscrit de M. d'Aignan.

mation, il prononça une sentence de déposition (1) à laquelle Raymond ne se soumit pas, s'il faut en croire un manuscrit que nous avons sous les yeux. Nous aimerions mieux croire que son trépas, arrivé dans cet intervalle, ne permit pas qu'elle lui fût notifiée. Nous devons ajouter que cette déposition n'est attestée que par des documents tirés de l'église de St-Orens, et où nous signalerons plus d'une trace d'erreurs et de partialité. Le nécrologe de St-Mont n'en parle nullement, et se contente de raconter le décès de Coppa dans les mêmes termes que le décès de ses prédécesseurs. Il le place au 23 septembre. Ces tristes débats furent longtemps éclipsés par une autre lutte bien autrement importante.

En l'absence du comte de Fezensac, un comte Berlanger ou Beranger (2), s'empara du duché de Gascogne, on ne saurait trop dire à quel titre, quoique Marca le croie fils d'Alduin II et d'Alausie; mais il jouit peu de temps de sa nouvelle dignité, car il mourut en 1036. Eudes (3), fils de Guillaume IV, comte de Poitiers et de Brisce, fille du duc Guillaume et sœur du dernier duc Sanche, s'empressa aussitôt d'aller prendre, selon l'ancienne coutume, l'investiture du duché de Bordeaux dans l'église de St-Séverin, et ailleurs sans doute des autres états que ce duc laissait vacants. Le moyen âge était partout le même. Ce que nos rois faisaient à Reims et à St-Denis, les grands vassaux et sous eux les comtes et les barons le faisaient dans

---

(1) Dom Brugelles, Preuves, p. 19. Manuscrit de M. d'Aignan, et *Gallia Christiana*. — (2) L'Art de vérifier les dates. Marca. Oihénart. — (3) Les mêmes.

leurs seigneuries respectives. Eudes ne fit presque que se montrer en Gascogne; il fut tué le 10 mars 1040 devant le château de Mauzè dans l'Aunis dont il poursuivait le siège. Comme son prédécesseur, il ne laissait point de lignée. A sa mort, deux descendants de Mitarra se levèrent à la fois (1) pour disputer cet héritage à Guy Geofroy, comte de Poitiers, frère consanguin d'Eudes, mais étranger à cette souche. La loi salique ou féodale ne fut nullement invoquée, du moins ici encore rien ne prouve que le comte de Fezensac se soit mis sur les rangs.

Centule III, vicomte de Béarn, se présentait au nom d'Angela sa femme. Nous ignorons quels droits faisait valoir le comte d'Armagnac, Bernard II (2), que son caractère sombre et taciturne faisait surnommer Tumapaler ou plutôt *Tumopaillès*, et qui venait de succéder à Géraud Tranche-Lion, son père. Mais ses droits devaient être bien évidents puisqu'ils ne tardèrent pas à être reconnus de son compétiteur. Les deux parents conclurent une transaction qui assurait le duché de Gascogne à Tumapaler, et qui vraisemblablement établissait l'entière et complète indépendance du Béarn. Ainsi s'expliquent les paroles du cartulaire de Lescar qui qualifie Centule de *Grand dominateur de la terre (magnum dominatorem terræ)*. Le mariage d'Adélaïs, sœur du comte Bernard, avec Gaston, fils aîné du vicomte, vint bientôt cimenter cette transaction et réunir sous les mêmes drapeaux les forces des deux maisons ou plutôt de toute la Gascogne. Leur

(1) Marca, liv. 4, ch. 7. L'Art de vérifier les dates, tom. 2, p. 256. — (2) Grands officiers de la couronne, tom. 2. L'Art de vérifier les dates. Manuscrit de M. d'Aignan.

ennemi commun avait profité de leur courte mésintelligence pour se mettre en possession d'une partie de l'héritage, et tous les efforts de Bernard et de Centule ne purent le chasser du Bordelais et de l'Agenais.

Les pays situés en deçà de la Garonne reconnurent seuls l'autorité de Tumapaler. La part était rétrécie; mais quoique mince, du moins c'était l'Aquitaine primitive. Partagée entre les divers rameaux d'une souche vénérée, elle vivait libre de toute domination étrangère sous les lois de ses anciens maîtres. Au-dessus de ces seigneurs, en qualité de leur suzerain, s'élevait celui qui, par l'extinction prochaine de la maison de Fezensac, allait devenir l'aîné de la race Mérovingienne. Cet état de choses, le Tranche-Lion l'eût sans doute défendu contre les ennemis du dehors et transmis à sa postérité. Son fils sut à peine se maintenir quelques années.

Le vicomte de Béarn fut plus courageux ou plus habile. Ses succès passés et sa nouvelle indépendance éveillèrent la jalousie d'Arnaud, vicomte de Dax, petit-fils d'un Arnaud Loup dont on ignore la famille, et qui possédait cette vicomté vers l'an 980. Il attaqua (1) ouvertement Centule sous un prétexte assez léger. La guerre fut d'abord ardente et vive comme les sentiments qui l'avaient allumée. Heureusement pour les peuples, la paix ne tarda pas à être conclue; mais elle laissa au fond des cœurs une haine secrète qui ne s'éteignit qu'avec la famille de l'agresseur dont elle amena la ruine.

Pendant la première lutte, un seigneur de la suite

---

(1) Marca, p. 275.

lu vicomte de Dax, et qui habitait ordinairement à *la cour* (près de lui), appelé Garsie Guillem de Salies, se présenta à Centule et lui promit de livrer son ennemi entre ses mains, ou de l'en défaire s'il voulait le gratifier des dîmes et des revenus de l'église de Caresse que le duc Guillaume avait donnés au monastère de Lescar. Centule, peu délicat sur les moyens d'assurer son triomphe, accepta avec joie la proposition, et croyant facilement désintéresser les moines (1), il leur proposa cinq églises dans les terres de sa dépendance en échange de l'église ambitionnée par le traître. Mais les moines ne voulurent jamais se prêter à ces arrangements; le vicomte demanda alors à la force ce qu'il n'avait pu obtenir par la persuasion. Il enleva Caresse au monastère et en investit Garsie Guillem, sans se soucier de donner au monastère la compensation qu'il avait offerte. Nous ignorons ce qui advint de la trahison promise, mais le succès ne dut pas tourner contre Centule, observe judicieusement Marca ; car la chronique qui se plaint de la violence, ne remarque pas que le ciel l'ait punie ; ce qu'elle eût certainement fait, si le sort des armes eût condamné le vicomte de Béarn. Il en fut autrement de Garsie Guillem de Salies, s'il faut en croire le cartulaire de Lescar. Privé de la vue qu'il recouvra en promettant solennellement de rendre Caresse, il oublia presqu'aussitôt la promesse jurée, fut excommunié par le métropolitain et ses suffragants, et mourut peu après emporté par la petite vérole. Mais, ni les foudres de l'église, ni l'approche du dernier moment n'ébranlèrent son obstination. A son lit de mort,

---

(1) Cartulaire de Lescar.

il légua l'église à sa veuve et à ses enfants; nous retrouverons cette affaire sous le petit-fils de Centule.

Celui-ci, après s'être servi d'un traître devait finir sous les coups de la trahison (1). Il avait entrepris de soumettre le pays de Soule. Les habitants trop faibles pour résister ouvertement, en appelèrent à la ruse et l'assassinèrent. On place sa mort vers l'an 1058. Son fils aîné, Gaston, qu'il avait associé à ses états l'avait précédé dans la tombe, et Adélaïs, sa veuve, le gage de l'alliance entre les maisons de Béarn et d'Armagnac, s'était déjà remariée à un vicomte Roger, après avoir eu de son premier mari un fils nommé Centule (2), comme son grand père.

Quoique peu avancé en âge, le nouveau vicomte songeait à venger le meurtre de son prédécesseur. Les peuples eux-mêmes n'avaient appris qu'avec indignation qu'on eût répandu le sang de leur maître. On s'armait de toutes parts. Le vicomte de Soule, qu'on accusait d'avoir soudoyé le meurtre craignit pour sa personne; il se hâta d'abandonner le pays Soulan et courut se réfugier dans le Lavedan sur les frontières du Bigorre où il possédait plusieurs terres considérables. Mais pour parvenir jusqu'à sa retraite, il devait traverser le Béarn. L'évêque d'Oleron, son parent, favorisa son passage et obtint pour prix de sa protection la réunion de la vicomté de Soule, alors dépendante de Dax, à l'évêché d'Oleron, auquel cette vicomté demeura annexée depuis. Ainsi le raconte le cartulaire déjà cité qui nous paraît toujours empreint de partialité. Nous

---

(1) Cartulaire de Dax. Marca, p. 284. — (2) Marca, liv. 4. ch. 81. L'Art de vérifier les dates, tome 2, p. 258.

ignorons où s'arrêta le ressentiment des Béarnais et de Centule leur vicomte, ou si même ils punirent l'attentat qui avait provoqué ces changements.

Les comtes de Bigorre, moins guerriers ou plus paisibles que les vicomtes de Béarn laissèrent aussi moins de pages dans l'histoire. Garsie Arnaud, le dernier dont nous avons parlé, avait été un des protecteurs du monastère de St-Pé de Générez, fondé par le duc Sanche ; mais peu content de ce titre, il voulut en être aussi un des bienfaiteurs (1). Il lui donna le titre des droits prélevés au marché de Lourdes, un paysan à Adè et une terre produisant pour redevance trente pains et deux jambons; et pour assurer ces libéralités il fit jurer à Fortaner, vicomte de Lavedan, qu'il ne réclamerait jamais rien à raison de sa vicomté. Il n'eut point d'enfants de sa femme Richarde que nous avons vu ensevelie dans le nouveau cimetière de Ste-Marie d'Auch. Garsinde (2), sa sœur, fut son héritière. Elle était mariée à Roger Bernard, comte de Carcassonne et tige de la maison de Foix, qui paraît avoir une souche commune avec la maison de Comminges et descendre comme elle d'un Asnaire, ou plutôt d'un Loup-Asnaire, vivant vers l'an 900. Frodoard qualifie ce dernier de comte de Gascogne, et dit qu'il fut du nombre des seigneurs d'Aquitaine et de Gothie (Languedoc), qui vinrent faire hommage au roi Raoul en 932, lorsque ce prince se montra au delà de la Loire. Il ajoute qu'Asnaire montait alors un cheval plus que centenaire et néanmoins très vigoureux. L'obscurité qui règne sur le

---

(1) Cartulaire de St-Pé. Manuscrit de M. Larcher. — (2) Même manuscrit. L'Art de vérifier les dates.

berceau de ces deux familles s'étend sur leurs premiers membres (1). Nous n'y trouverions d'ailleurs qu'une sèche et aride nomenclature. A peine si nous savons leur nom, celui de leurs femmes ou de leurs enfants, qui tous prenaient part à l'héritage de leur père et se titraient de sa seigneurie. Vienne le jour sur toutes ces ténèbres, et nous nous étendrons davantage.

Garsinde eut de Roger-Bernard, mort en 1037 (2), trois fils et deux filles. Bernard, l'aîné des fils, succéda à sa mère dans le comté de Bigorre (3), et se signala par sa piété. Roger, le second, est regardé communément comme le premier comte de Foix. Il mourut vers l'an 1064 sans postérité d'Arnia ou d'Arsinde, sa femme, et fut remplacé par Pierre Ier (4), le troisième fils de Garsinde qui continua la famille. Les deux filles allèrent s'asseoir sur deux trônes d'Espagne. Etiennette, la dernière, épousa en 1036 dom Garsias, roi de Navarre, et Ermelsende ou plutôt Gilberge l'aînée s'unit la même année à Ramire Ier, roi d'Aragon (5), frère naturel de Garsias. L'évêque de Tarbes, Héraclius, qui venait de remplacer sur son siége Richard Ier, et les deux vicomtes de Lavedan, Garsias et Guillem-Fort, la conduisirent à son royal époux.

Cependant Bernard Tumapaler avait fait accepter sa suprématie des Pyrénées à la Garonne. Les seigneurs de Lectoure prenaient encore le titre de vicomtes de Gascogne. Arnaud II en céda les droits au comte d'Armagnac par un traité solennel (6) et se reconnut son

---

(1) Voir Marca. L'Art de vérifier les dates. Les Grands officiers de la couronne et dom Vaissette. — (2) Les mêmes, moins Marca. — (3) Les mêmes. — (4) Les mêmes. — (5) Bris Martinez. — (6) Archives de Nérac. L'Art de vérifier les dates, tom. 2, p. 280.

vassal pour le Bruillois et le Gimois. Depuis ce traité dont la date est inconnue, les successeurs d'Arnaud ne se qualifièrent plus que de vicomtes de Lomagne et d'Auvillars. Arnaud lui-même est appelé ainsi dans une charte où il restitua le château de Nérac qu'il déclara retenir injustement au préjudice du monastère de Condom, et où il confirma les largesses faites à ce monastère par son aïeul. Bernard ne prit cependant jamais le titre de duc ou de prince qu'avaient porté les membres de la branche aînée. Il se contenta de celui de comte de Gascogne et se montra en cette qualité à la consécration de l'église de Lescar (1) à laquelle il donna une terre située dans Salies. Il se montra avec plus d'éclat encore à une fondation qui fut presqu'entièrement son ouvrage et qu'il soutint en dépit de l'archevêque d'Auch.

Le siége métropolitain était alors occupé par un de ces hommes de haute vertu et de noble fermeté, dont le zèle actif et courageux triomphe de toute résistance. L'action du sacerdoce ne fut jamais plus sociale que sous sa houlette pastorale. Austinde (2), ainsi se nommait le nouveau prélat, était né à Bordeaux. Dès ses jeunes années, il renonça au monde et se fit inscrire parmi le clergé de sa ville natale. Il en faisait partie encore lorsqu'il assista à la bénédiction du cimetière de Ste-Marie. Malgré cette adhésion aux tentatives de Coppa, lorsqu'il voulut se mieux dérober aux espérances du siècle, et embrasser une vie plus parfaite, il ne balança pas à se retirer parmi les moines de St-Orens, que sa conduite

(1) Cartulaire de Lescar. Marca, liv. 4, ch. 13. — (2) Cartulaire d'Auch, de Simorre, de St-Mont, les Bollandistes, dom Brugelles, Manuscrit de M. d'Aignan.

avait dû singulièrement indisposer; et, chose étonnante, c'est lui que ceux-ci choisirent pour le mettre à leur tête, après deux ou trois ans de noviciat. La vie du nouvel abbé devait offrir une autre singularité plus grande que la précédente. L'archevêque d'Auch étant mort sur ces entrefaites, le chapitre de Ste-Marie, en lutte ouverte avec les moines de St-Orens, plaça d'un commun accord leur supérieur sur le siége métropolitain. Certes, il fallait un mérite bien rare et bien avéré, pour triompher ainsi des préventions les plus légitimes et conquérir si vite des suffrages si opposés.

Ses premiers actes annoncèrent ce qu'on devait attendre de son épiscopat. Fort de son droit, et sourd à toutes les considérations humaines, il reprit l'œuvre de son prédécesseur (1); et en dépit d'une bulle dont il soupçonnait la nullité constatée plus tard, il rouvrit le cimetière de Ste-Marie et y ordonna des inhumations. Son ancienne communauté se récria aussitôt et députa deux de ses membres à Rome. Le prélat les y suivit; et avant de s'éloigner, répandant son âme devant l'autel de la Vierge et prosterné aux pieds de son image, il conjura le ciel de défendre sa cause et de traverser les desseins de ses adversaires. Ses vœux furent exaucés. Les députés de St-Orens moururent en route sans avoir vu la ville éternelle, et lui-même n'eut point de peine à justifier ses prétentions aux yeux du Souverain-Pontife et en obtenir une sentence favorable, qui toutefois ne fut point promulguée. Les droits de l'archevêque parurent sans doute si évidents, que cette formalité fut jugée inutile. Austinde retourna à Auch et y célébra

(1) Cartulaire d'Auch. Manuscrit de M. d'Aignan.

avec pompe les obsèques de Sanche Area, son sacristain. Area était mort durant son absence, et à ses derniers moments, avec l'obstination d'un membre d'une corporation rivale, il avait ordonné qu'on déposât son corps derrière l'église, afin que le prélat à son retour pût l'inhumer dans le cimetière contesté. Cet acte de vigueur abattit les moines de St-Orens. Ils ne remuèrent plus sous son pontificat, ni sous le pontificat suivant.

Les minces contestations d'un cimetière ne suffisaient pas pour arracher Austinde à son troupeau et le conduire au delà des Alpes; des intérêts plus graves l'appelaient à Rome. Il avait besoin de l'appui du Souverain-Pontife pour exécuter une réforme qu'il méditait. Deux siècles auparavant, quand la Gascogne n'était plus qu'un monceau de ruines, le comte Gombaud s'était fait donner l'onction sainte et avait réuni dans ses mains l'administration des évêchés de Bazas, d'Aire, de Dax, d'Oleron, de Lescar, de Bayonne, et peut-être même de Lectoure. Rien ne s'établit vite comme les abus. Ce qui fut au jour de la désolation, se perpétua quand les temps furent devenus meilleurs; la religion gémissait de voir les canons violés, mais la société en souffrait encore davantage.

L'église alors par son esprit, par ses principes, par sa constitution, était à peu près la seule providence des serfs qui couvraient le sol, car tout ce qu'il y avait d'hommes libres, d'anciens propriétaires de petits manoirs, d'habitans attachés par le sentiment de la possession à la patrie, avait complètement disparu. Le manque absolu de garanties sociales avait rendu leur situation intolérable. Après le noble, vous ne trouviez que le serf, le manant (*manens, demeurant*), le vilain, (*villanus*, travaillant *la villa*.) Le peuple n'existait pas encore. Le sacerdoce devait le faire naître plus tard, et l'élever sous son action bienfaisante. Voilà la société qu'avaient faite les Barbares dans presque toute l'Europe. Elle était surtout ainsi à l'époque que nous décrivons. Augmenter le nombre des pasteurs, c'était multiplier les garanties du faible, du pauvre, de tout ce qui souffrait.

Austinde obtint la déposition de Raymond-le-Vieux(1) qui, au milieu du xie siècle, possédait autant de siéges qu'en occupait Gombaud dans le ixe, et prenait ordinairement comme lui le titre d'évêque de la Gascogne. Néanmoins, au Concile de Toulouse, de l'an 1056 (2), où il assista avec Héraclius de Bigorre, Bernard de Comminges et un autre Bernard de Couserans, il ne se qualifia que d'évêque de Bazas, par crainte sans doute des censures de l'assemblée. Le pape lui ravit même cet évêché et ne lui laissa que le titre d'évêque honoraire de Lescar, et encore n'accorda-t-il cette faveur (3) qu'à sa haute naissance et au crédit dont il jouissait dans la province, ou plutôt voulut-il empêcher que Raymond ne traversât les élections canoniques qui se préparaient.

Le grand coup était frappé, l'ordre ne tarda point à se rétablir. Raymond, neveu de l'évêque déposé, connu dans l'histoire sous le nom de Raymond-le-Jeune, pour qu'on pût le distinguer de son oncle, retint (4) les évêchés de Bazas, de Dax et de Bayonne; mais bientôt il

---

(1) *Gallia Christiana*. Dom Brugelles. —(2) Dom Vaissette, Histoire du Languedoc, tom. 2. *Collectio Conciliorum*, tom. 9, pag. 1085. — (3) Cartulaire de Lescar, Marca, *Gallia Christiana*.— (4) Cartulaire de Dax.

abandonna les deux derniers et ne garda que Bazas. Il fut remplacé à Dax par Macaire (1), abbé de Saramon, qui était entré jeune dans le cloître et qui fit briller sur la chaire pontificale la piété, la régularité et surtout la plus tendre charité pour les pauvres. Il s'éleva avec force contre la simonie, et sut, malgré sa fermeté, conquérir l'estime et l'amitié des seigneurs et des nobles, premiers auteurs et surtout chauds partisans d'un désordre qui servait leurs intérêts. Mais son épiscopat fut trop court pour le bien de l'église. Il dura à peine deux ans et demi; on l'enterra dans l'église de St-Vincent, et c'est vraisemblablement sa tombe que recouvrait la large dalle sculptée qui gît maintenant au fond de cette église.

On lui donna pour successeur Grégoire (2), abbé de St-Sever. Celui-ci, né dans nos contrées, avait été élevé à Cluny et s'était longtemps formé sous la main de St-Hugues. Sanche, duc de Gascogne, le demanda à son illustre maître pour lui confier le monastère de St-Sever; mais à peine en eut-il pris l'administration, que les bâtiments devinrent la proie des flammes. Grégoire les fit rebâtir avec magnificence. Il fit plus que renouveler et embellir les murs; il changea l'esprit du couvent et y fit refleurir les vertus monastiques. Ces succès l'appelèrent sur le siége de Dax. Mais les religieux ne pouvant consentir à le perdre entièrement, voulurent qu'il conservât le titre de leur supérieur. A sa double dignité il joignit bientôt l'évêché de Lescar, car après la déposition de Raymond-le-Vieux, on ne jugea personne plus propre que lui à fermer les plaies de cette

---

(1) *Gallia Christiana.* Marca. — (2) *Gallia Christiana.* Marca. Cartulaire de St-Sever.

dernière église. Il la garda ensuite et renonça au siége de Dax.

Ce nouveau diocèse et son abbaye ne suffirent pas à son zèle. Touché du sort des chrétiens d'Espagne, il leva quelques troupes, franchit les Pyrénées et vola à leur secours. Avant de quitter la France, il prit dans le monastère de St-Pé de Générez, alors dépendant de Lescar, deux religieux distingués, Odon d'Espouey et Bernard de Bas. Il créa l'un prévôt et l'autre archidiacre de sa cathédrale. Son absence ne dura que trois mois. Les fatigues de l'expédition et les chaleurs d'un climat ardent achevèrent d'épuiser ses forces. Il mourut l'an 1072, chargé d'années et de mérite. Le cartulaire de Dax l'accuse cependant de s'être laissé enlever la Soule. Il eût pu au même titre lui reprocher une autre perte que fit cette église vers la même époque (1).

Héraclius, archidiacre de Soule, fils d'un Bergon-Loup de Janute, s'adressa à Loup-Aner, vicomte d'Oleleron, qui avait épousé sa mère, et l'engagea à faire tous ses efforts pour réunir encore à l'évêché d'Oleron les quartiers de Garens et de Revezec, où s'élève la ville de Sauveterre. Le vicomte opposa d'abord quelque difficulté, ou plutôt il chercha à exploiter sa position. Il fit part des sollicitations qui lui étaient adressées à Guillaume d'Orgon, abbé de Sordes et archidiacre de Dax, et offrit de les repousser, si Guillaume payait largement sa résistance. Mais celui-ci ne s'étant pas montré assez généreux, Loup-Aner se tourna vers l'archidiacre de Soule, reçut de lui entr'autres dons, deux magnifiques chevaux, et contraignit les ecclésiastiques

(1) Marca, page 290.

de deux quartiers à reconnaître l'évêque d'Oleron. Loup-Aner mourut peu après, et sa vicomté fut réunie au Béarn, dont elle avait été distraite.

L'évêque d'Oleron à qui profitaient ces violences, se nommait Etienne. Pierre, tiré de St-Sever comme Grégoire, était à Aire et vraisemblablement Jean à Lectoure; Bigorre, Comminges et Couserans avaient depuis longtemps leurs pasteurs, Bayonne seule dut attendre encore le rétablissement de son siége. L'église était détruite et tous les biens qui en dépendaient étaient entre les mains des vicomtes de Labour, dont on ignore la famille, comme on ignore les autres familles vicomtales de la contrée.

Austinde jugea que Raymond-le-Jeune était seul propre à obtenir la restitution. Il l'engagea à se charger d'un diocèse si tristement abandonné, et à joindre ainsi le titre d'évêque de Bayonne (1), à celui d'évêque de Bazas. Cette union se fût faite d'elle-même, quelques années auparavant. Les canons sommeillaient alors, mais St-Austinde les avait réveillés. Raymond fut obligé de traverser les Alpes et d'aller exposer au pape les motifs qui réclamaient cette exception. Nicolas II qui occupait la chaire de St-Pierre, prévenu par le métropolitain, y donna sa sanction dans le synode de Latran. Les prévisions d'Austinde se réalisèrent. Raymond fut assez heureux pour faire rentrer l'église de Bayonne dans tous ses droits. Le vicomte Fortuné-Sanche et Loup-Sanche, son frère, renoncèrent solennellement aux usurpations de leurs ancêtres.

Le cœur des seigneurs était rarement aussi docile à

---

(1) *Gallia Christiana.*

la voix de l'équité et de la religion. La vie d'Austinde ne fut presque qu'une lutte continuelle contr'eux. Au commencement de son pontificat, il avait néanmoins trouvé des dispositions favorables dans Astanove ou Guillaume Astanove, comte de Fezensac. L'église de Ste-Marie était pauvre et petite, Austinde la fit reconstruire sur un plan plus vaste (1). Astanove l'aida dans cette entreprise et donna à cette occasion trois concades de terre voisines de son château d'Auch. L'exemple fut suivi de quelques citoyens et en particulier de Sanche-Beg et de Gouasin, son épouse, qui abandonnèrent leurs biens sous la réserve d'une messe annuelle (*).

Le comte et l'archevêque s'associèrent encore pour agrandir la maison canoniale, devenue trop étroite depuis que tous les chanoines habitaient sous le même toit, et bâtirent ensemble le cloître régulier. Enfin, Astanove soutint l'archevêque dans ses prétentions contre les moines de St-Orens; mais il mourut bientôt après, et son fils Aymeric II, surnommé Forton, ou le Fort (2), n'hérita pas de ses sentiments. Bernard d'Armagnac, le suzerain de la Gascogne, jaloux de son autorité, comme le sont presque toujours les esprits faibles, n'était pas moins prévenu contre Austinde. L'occasion se présenta de le pouvoir molester. Le comte la saisit avec empressement.

(1) Cartulaire d'Auch. Dom Brugelles. M. d'Aignan.
(*) C'est la première fois que nous trouvons mentionnés, et les concades, et les services obituaires.
(2) L'Art de vérifier les dates, tom. 2. Grands Officiers de la couronne, tom. 2.

CHAPITRE II.

Fondation de St-Mont et de Nogaro. — Défaite de Bernard Tumapaler. — Éloignement de St-Austinde. — Son retour, sa mort. — Guillaume de Montaut, son successeur. Rétablissement de la cathédrale de Lectoure. — Prieuré de St-Geny et de Montaut.

Au fond de l'Armagnac, dans un point assez central de la province, s'élevait St-Mont, patrimoine de trois frères. Raymond l'aîné, témoin des ravages que la peste faisait autour de lui, et troublé par un songe, crut désarmer le ciel en fondant un monastère. Mais ne se sentant point assez riche pour une œuvre aussi dispendieuse, il sollicita la coopération (1) du comte d'Armagnac. Bernard montra d'abord assez d'indifférence. Vaincu enfin par ses sollicitations, il donna son consentement et les fondements furent jetés. A cette nouvelle, Alvar et Bernard, soutenus par leur mère Auriole, s'emportèrent contre leur frère Raymond, dont la libéralité lésait leurs intérêts, et dans leur fureur, ils ne menaçaient de rien moins que d'attenter à ses jours. Les seigneurs du pays, et à leur tête le comte Bernard, s'interposèrent entre les trois frères et ramenèrent la paix dans la famille.

Libre alors, Raymond abandonna ses biens à la nouvelle maison, placée sous l'invocation de St-Jean, et s'engagea même par serment à y prendre l'habit monastique. Le comte, de son côté, y ajouta les droits seigneuriaux et somma Raymond d'accomplir son ser-

---

(1) *Gallia-Christiana.* Dom Brugelles. M. d'Aignan.

ment, mais celui-ci commençait à se repentir de sa précipitation. Il ne put se résoudre à quitter un monde trop cher à son cœur et demanda un délai. A son défaut, Bernard réunit de divers côtés douze moines et mit à leur tête un homme respectable nommé Trincard. Cependant Raymond continua d'habiter avec sa femme; mais privé de son patrimoine, il fut réduit à aller demander l'hospitalité à ses parents, et eut sous le toit étranger deux enfants, Bernard et Marie. Las enfin de cette vie nomade, et poursuivi par le souvenir de sa parole jurée, il alla trouver le comte et lui déclara qu'il était prêt à entrer dans le cloître, ce qu'il exécuta en effet.

Son noviciat fut court, car peu de mois après il avait pris la place de Trincard, et il recevait les immunités dont Bernard dotait le monastère dans une assemblée solennelle où ce comte parut accompagné de son épouse Ermengarde, de ses deux fils, Géraud et Bernard, de Centule, vicomte de Béarn, son neveu, de Guillaume Astanove, comte de Fezensac, de Raymond, vicomte de Marsan, de Pierre Roger, vicomte de Gavarret et de presque toute la noblesse de la Gascogne. On y vit aussi l'archevêque d'Auch qui était loin d'applaudir à la générosité du comte; car, quoique St-Mont fût un ancien alleu du comté, les archevêques y avaient aussi de temps immémorial des droits particuliers et une vaste maison; et comme ce point était assez central pour toute la Gascogne, ils y tenaient les Conciles provinciaux, les synodes diocésains et les assemblées du peuple. Mais prévoyant que ses protestations seraient inutiles, le prélat garda un silence prudent et laissa au temps et à ses successeurs le soin d'amener le jour de la justice.

La nouvelle communauté, composée d'éléments assez hétérogènes, ne prospéra point; l'état religieux était généralement tombé dans toute la Gascogne. Bernard voyant que l'œuvre répondait si mal à son attente, et atteint d'ailleurs d'une maladie de langueur qui faisait craindre pour ses jours, songea à y introduire la réforme. L'ordre de Cluny, dirigé par le célèbre abbé St-Hugues, jetait alors un vif éclat. Le comte d'Armagnac résolut de lui donner St-Mont. Il fallait avant tout obtenir la renonciation de l'archevêque d'Auch. Pour mieux le gagner, le comte lui fit part du dessein où il était de quitter lui-même le monde et d'embrasser l'état monastique. Mais Austinde se montra sourd à toutes les insinuations (1). Nul lieu ne pouvait remplacer St-Mont pour les assemblées ecclésiastiques.

Obstiné dans son dessein, Bernard fait venir secrètement des moines de Cluny, et se passant d'une autorisation qu'on lui refusait, il les met de force et par sa seule autorité en possession du monastère. Que pouvait un faible prélat contre le dominateur de toute la Gascogne? Il céda à la violence et se contenta de protester. La charte de Nogaro le dit formellement. Si l'on devait ajouter foi à un autre document, l'archevêque eût appelé la force au secours de ses prétentions ambitieuses, et ne se fût retiré que devant la fermeté du prieur Armand, qui l'empêcha de chanter la messe sur l'autel de St-Jean; c'était répudier sa juridiction. La vengeance dans le cœur, mais ne pouvant la faire éclater, Austinde, d'après ce titre, eût alors circonvenu

---

(1) Voir, pour tous ces détails, le *Gallia Christiana, Instrumenta*, pages 160 et 161, etc.

Guillaume-Raymond, de Nogaro, et par ses obsession il lui eût arraché la vente de son alleu pour y bâtir une chapelle et un monastère rival de celui de St-Mont.

Telle est la pièce dont s'est inspiré sans doute un historien récent, qui n'a su trouver sous sa plume que des paroles acerbes ou flétrissantes pour un de ces grands prélats du moyen-âge qui se tinrent constamment à la hauteur de leur céleste mission, et conquirent par leurs vertus sociales plus encore que par leur piété la place que l'église leur a donnée sur nos autels. Mais cette pièce est évidemment ou apocryphe, ou falsifiée; elle est datée de l'an 1061 ou plutôt 1062, sous le pontificat du pape Léon IX, et ce pontife était descendu dans la tombe en 1044. Elle est souscrite de Guillaume, archevêque d'Auch, et celui-ci ne succéda à St-Austinde qu'en 1068. Elle mentionne plusieurs légats apostoliques qui se réunissent pour sa confirmation, et ces légats ne furent pas tous contemporains. Enfin, elle prête à St-Austinde le projet aussi absurde que chimérique d'opposer le monastère de Nogaro au monastère de St-Mont. Une seule assertion est vraie, l'achat de Nogaro; mais il n'est pas nécessaire de recourir à l'ambition et à la vengeance pour l'expliquer. St-Mont manquant, il fallait pour tenir les assemblées ecclésiastiques un autre point central et ainsi peu éloigné du premier. Austinde s'aboucha avec un seigneur du pays qui lui vendit l'alleu de Nogaro (*Nugarolium*, *lieu planté de noyers*), pour le prix de 40 sols de monnaie courante; et sans perdre un instant, il fit jeter les fondements de l'église et tracer l'emplacement de la ville (1).

(1) *Gallia Christiana*, page 160, déjà cité. Dom Brugelles. M. d'Aignan.

La nouvelle en vint bientôt aux oreilles du comte d'Armagnac. Bernard voulut savoir, comme la coutume du lieu lui en donnait le droit, de qui et comment le prélat avait acquis la terre. L'acte se trouvant régulier, toute opposition devenait impossible. Forcé de se replier ailleurs et voyant les ouvrages avancer rapidement, le comte pressa alors par lui-même et par ses affidés, l'archevêque de se désister de ses prétentions sur St-Mont et même d'abandonner à cette abbaye le quart des dîmes de douze églises qu'il lui signalait. Austinde y consentit, mais à condition que Bernard à son tour, en sa qualité de suzerain, autoriserait de la main et de la voix (*manu et voce*, par écrit et de vive voix) la vente de Nogaro, en présence d'Eicius, fils de Guillaume-Raymond. Bernard rejeta d'abord la condition, mais bientôt vaincu par les moines et par le prieur qui menaçaient d'abandonner une maison dont la possession était contestée par un prélat aussi illustre, il fit d'assez mauvaise grâce l'abandon de tous les droits seigneuriaux, tant en son nom qu'au nom de son fils, de son petit-fils et de toute leur postérité; et s'il nous est permis d'interpréter ainsi un passage obscur, il s'engagea pour lui et pour eux à ne jamais réclamer ni haute ni basse justice, ni coutume quelconque dans la ville de Nogaro (*). L'archevêque, de son côté, délaissa en faveur des moines les dîmes des églises suivantes: Margouet, Castelnavet, Arblade, Thermes, Sarragachies, Lartigue, Bouzon, Justarouaud, Favaroles,

---

(*) (*Nec clam, nec saiet.*) *Clam*, pour *Clamorem*, droit de clameur; *saiet*, pour *sanguinis jactus*, droit de sang versé. Dans le moyen âge tout se traduisait en argent. Le voleur et le meurtrier payaient au fisc.

Balambits, Riscle, et deux autres dont le nom a péri dans l'original. Les dix églises, avec les biens qui en dépendaient, étaient appelées cours comtales (*curiæ consulares*, domaines du comte).

Cet accord fut passé sous les auspices de St-Hugues, accouru de Cluny pour rendre à la paix et au repos la colonie que son abbaye avait envoyée dans la Gascogne. Il fut approuvé et souscrit d'une part par l'archevêque, par Arnaud, prévôt du chapitre d'Auch, par l'archidiacre Aymeric, par Garsias et les autres chanoines; et de l'autre par le comte, par la comtesse Ermengarde, son épouse, par Géraud et Bernard, leurs enfants, par l'abbé Hugues et le prieur Armand. Le vicomte de Béarn et les évêques Grégoire de Lescar, Etienne d'Oleron, Pierre d'Aire, Guillaume de Couserans et Duran de Toulouse, ajoutèrent leurs souscriptions à celles des parties intéressées. Ainsi se termina à la satisfaction générale une affaire qui pouvait agiter longtemps la province. Austinde, par sa prudence et sa fermeté, avait su triompher de l'obstination du comte, assurer les droits de sa métropole et doter notre pays d'une nouvelle cité. La dédicace de l'église fut digne de la piété de son fondateur. Il y appela les évêques, les abbés, les comtes, les vicomtes et les autres seigneurs de la province. A leur suite, on y vit accourir un nombre immense de fidèles des deux sexes. D'Eauze, on y porta les reliques de St-Luper; de Peyrusse-Grande, le corps de St-Mamet; et d'Auch, les ossements sacrés de St-Clair et de St-Austregisil de Bourges. Là, en présence de l'assemblée, le comte Bernard, son épouse et leurs fils s'avancèrent devant l'autel de St-Nicolas, patron de la nouvelle église et de toute la cité, et réitérèrent sous serment leur premier désistement (1062). (Voir note 5).

Pendant que le Tumapaler ne s'occupait qu'à lutter avec l'église, son compétiteur Gui Geoffroi de Poitiers, songeait à profiter de ses embarras. Il rompit, on ne sait sous quel prétexte, le traité qui avait fixé la part des deux maisons et traversa la Garonne à la tête d'une armée nombreuse. Le comte d'Armagnac, pris au dépourvu, ramassa à la hâte quelques troupes et marcha à l'ennemi qu'il rencontra dans les plaines de la Castelle, sur les bords de l'Adour (1). Les forces étaient inégales, aussi la victoire fut complète. Contraint de fuir, Bernard ne voulut plus tenter le sort des armes et abandonna ses droits sur la Gascogne, moyennant la somme de 15,000 sols et le titre viager de comte de Gascogne qu'il portait. Alors fut consommé le vasselage de la descendance Mérovingienne. Ce que n'avait pu obtenir la puissance de Pepin et de Charlemagne, un seul combat le donna sans retour au chef d'une province, et chez un peuple que nous avons toujours vu si impatient du joug étranger, si ennemi de toute dépendance; aucune résistance que nous sachions ne protesta contre cet asservissement. La date elle-même du combat et du traité honteux qui le suivit est incertaine, tant ils laissèrent l'un et l'autre peu de traces dans les esprits.

Gui Geoffroi demeura quelque temps dans la Gascogne pour y consolider sa puissance. Raymond-le-Vieux, qui vivait encore, profita de ce séjour (2) pour se plaindre à lui que Carèsse était toujours retenue; et afin que sa plainte fut mieux accueillie, il lui fit présent d'un

---

(1) Grands Officiers de la couronne, tom. 3. Marca, liv. 4. L'Art de vérifier les dates, tom. 2. —(2) Marca, page 281.

cheval. Le comte de Poitiers ordonna aussitôt à la veuve et aux fils de Garsie-Guillem, d'*ester à droit* et de donner pour cautions judiciaires Berguasi d'Adit et Arremon-Aner de Larbal. Il chargea en même temps Garsie-Arnaud, vicomte de Dax, de tenir les plaids en son nom. L'affaire fut plaidée avec chaleur, et après une longue discussion on ordonna le duel. Les deux champions, Arnaud de Sadirac et Karlariot de Beregus étaient devant l'autel de St-Vincent-de-Dax, en présence du vicomte. Le serment et les autres cérémonies religieuses qui précédaient les combats judiciaires allaient être accomplis, lorsque les héritiers se ravisant, acceptèrent une transaction et se contentèrent des revenus de la dîme durant leur vie. Ce terme ne fut pas long; deux mois après la veuve expirait tristement, et à quelques jours de là les deux enfants s'entregorgeaient. (Voir pour les combats judiciaires, note 6).

Le chapitre de Lescar allait enfin se mettre en possession, lorsque deux nouveaux prétendants manifestèrent leurs droits. Grégoire, qui venait de succéder à Raymond, donna caution qu'il répondrait à leurs demandes et l'affaire s'assoupit. On la réveilla durant son voyage en Espagne qui suivit de près son trépas. Bernard de Bas, son archidiacre, qui le remplaça sur le siége de Lescar, se pourvut devant Gui Geoffroi. Le comte renvoya le jugement aux seigneurs de sa cour de Gascogne qui ordonnèrent le duel. Au jour fixé, l'évêque Bernard se présenta avec son champion; mais ses adversaires qui n'avaient point paru au jugement, ne parurent pas davantage au combat. Gui Geoffroi, inspiré par des flatteurs, crut un instant avoir lui-même des droits sur Carèsse comme ayant été donnée par les comtes de Gascogne ses prédécesseurs. Il renvoya l'examen de ses prétentions à sa cour de Guyenne, et sur son avis il y renonça, fit rendre l'église à l'évêque et obligea les vaincus, après lui avoir payé l'amende, de donner pour garantie de leur désistement Garsie-Arnaud de Dax, Arnaud Garsie de Mixe, et trois chevaliers. C'est le dernier acte de suzeraineté qu'ayent fait les ducs de Gascogne sur cette partie de la vicomté de Dax.

Bernard, dans les veines duquel bouillonnaient encore quelques restes du noble sang Gascon, n'osa plus se montrer à ses peuples après sa défaite. Dépouillant une dignité qu'il eût dû abdiquer avant de la flétrir, il alla s'ensevelir (1) dans le cloître de St-Mont où il s'arrêta à peine. Des souvenirs trop poignants venaient peut-être y oppresser son âme. Il abandonna la province et alla continuer son noviciat à Cluny. Il y fut suivi d'un seigneur du pays, nommé Forto-Brasco, qui, en venant demander l'habit religieux au même monastère que son ancien suzerain, avait partagé sa terre entre son frère et les moines. Mais quand il se fut éloigné, le frère retint tout l'héritage, et pour le faire céder il fallut que Forto revînt de Cluny avec Bernard, et menaçât de quitter le froc et de rentrer dans le monde.

Pendant que le Tumapaler cachant sa honte sous les livrées de la religion se dérobait à tous les regards, l'archevêque d'Auch était appelé au delà des Pyrénées pour présider au Concile de Jacca (2). Il y parut accom-

---

(1) L'Art de vérifier les dates. Grands Officiers de la couronne, tom. 3. — (2) *Surita, Mariana*, liv. 9, ch. 5.

pagné d'Héraclius de Bigorre, d'Etienne d'Oleron et peut-être de Jean de Lectoure. Il confirma peu après l'établissement des chanoines réguliers (1) dans la cathédrale de Pampelune. Nous trouverons plus tard encore quelques traces de la suprématie que notre métropole exerça sur quelques églises d'Espagne. Dans le Concile de Jacca, on fit des règlements sur l'office divin, mais surtout sur la discipline ecclésiastique depuis si longtemps altérée.

Austinde avait déjà obtenu le rétablissement des siéges épiscopaux; résultat immense et qui seul suffirait pour honorer une vie d'évêque. Mais après ce rétablissement, restait l'œuvre la plus difficile ou du moins la plus irritante. Nous avons vu qu'à la suite des malheurs de tout genre qui avaient pesé sur la Gascogne, les seigneurs s'étaient emparés non seulement de presque tous les biens du clergé, mais encore de la plupart des églises qu'ils faisaient desservir par quelques pauvres clercs, à qui ils jetaient une maigre part de leurs revenus. La pauvreté presque toujours amène l'ignorance et le déréglement. Et puis, qu'étaient-ce que des clercs aux gages des barons, qui, lorsqu'ils étouffaient la voix d'une foi sans lumières, n'écoutaient que leurs indomptables passions? Sur ces clercs, quelle action pouvait avoir l'évêque, leur supérieur naturel? D'un autre côté, concentrés chez les seigneurs, les biens s'isolaient; tandis qu'entre les mains du clergé ils se répandaient dans toutes les classes de la société, toutes ayant droit d'entrer dans le sanctuaire et de prendre part à ses largesses. Enfin, on ne doit jamais l'oublier, le servage,

---

(1) Sandoval, Dom Brugelles, M. d'Aignan.

et c'est du servage qu'est né le peuple, le servage du presbytère et du couvent était infiniment plus doux que celui du château. Ainsi, l'œuvre de St-Austinde était aussi sociale que religieuse. Bien comprises, la religion et la société n'auront jamais et ne sauraient avoir qu'un intérêt commun.

Mais comment arracher aux mains qui les détenaient et rendre à leur destination primitive les églises et leurs biens inféodés? L'archevêque invoqua les Canons, pria, exhorta, pressa; quelques-uns écoutèrent sa voix, le plus grand nombre se montrèrent sourds. Austinde n'était pas homme à s'arrêter devant un devoir reconnu. Voyant ses exhortations dédaignées, il menaça du glaive que l'église avait déposé dans ses mains. Il y avait du courage dans une semblable menace. Les coupables étaient nombreux, et à leur tête se faisaient remarquer (1) par leur résistance trois comtes que l'histoire ne désigne pas, mais qui ne sont autres vraisemblablement que les comtes de Fezensac, d'Armagnac et d'Astarac, les plus puissants de la contrée. Les esprits s'échauffaient, la rapacité alarmée faisait entendre ses vociférations. Loin de craindre et de mollir, Austinde lança la foudre, frappa d'excommunication les coupables, quelque fût leur rang, et livra leurs églises à l'interdit. A ce coup, les passions ne connurent plus de bornes. Les jours du courageux pontife étaient en danger. Pourquoi n'aurait-il pas épargné au caractère sacré dont il était revêtu des outrages gratuits, et peut-être même un dernier crime à des coupables que leur égarement ne rendait que plus chers à son

(1) Cartulaire d'Auch. Manuscrit de M. d'Aignan. Les Bollandistes.

cœur? Il s'éloigna, emportant avec quelques haines violentes de nombreux et bien vifs regrets, et alla attendre sur la terre étrangère que l'orage se dissipât. Il se retira auprès du célèbre Gervaise, archevêque de Rheims, qui le retint deux ans entiers (1).

Cependant le souvenir de sa piété, de sa bienfaisance, de toutes ses vertus vivait parmi son troupeau. Son zèle et sa fermeté, ces deux qualités qui impressionnent toujours les masses, leur prêtaient un nouvel éclat. L'interdit surtout, alors observé sévèrement, pesait à la foi des populations. On s'alarmait d'être si longtemps privé des cérémonies du culte et presque des bienfaits de la religion. On murmurait contre une obstination provoquée par la cupidité et l'orgueil, et dans ces temps de rudesse et d'emportement, les menaces se traduisaient facilement en actes. Force fut donc aux coupables de plier devant la réprobation générale et de promettre la restitution demandée. Les habitants députèrent aussitôt vers le prélat quelques-uns de leurs principaux concitoyens pour lui en porter l'heureuse nouvelle et solliciter son retour. Ravi d'un changement qui comblait tous ses vœux, Austinde ne tarda pas à quitter Rheims et à reprendre le chemin de son diocèse. Sur sa route, il entra à Paris où il s'arrêta quelques jours. De Paris, il se dirigea vers la Provence et visita Rimbaud ou Rajambaud, archevêque d'Arles, et assista à la consécration de l'église de Tritis, faite par ce prélat. Il consacra lui-même celle du prieuré de St-Zacharie, dépendant de l'abbaye de St-Victor de Marseille.

(1) Cartulaire d'Auch. Manuscrit de M. d'Aignan. Les Bollandistes. Dom Brugelles.

L'acte dressé à cette occasion et revêtu de sa signature fut conservé à Marseille jusqu'en 1793.

Enfin, après une si longue absence, il rentra dans sa métropole (1) au milieu de l'allégresse générale. Les esprits étaient disposés; il s'empressa de profiter de la présence du cardinal Hugues-le-Blanc, légat du St-Siége, pour assembler un Concile à Auch (2), qu'il présida conjointement avec le légat. C'est le premier qui se soit tenu dans la cité métropolitaine. Tous les suffragants y parurent avec un grand nombre d'abbés. Quoique les actes en soient perdus, on sait qu'il y fut statué que les évêques prélèveraient le quart des dîmes dans tout le diocèse; mais Raymond, abbé de St-Orens ayant réclamé contre ce décret, le Concile et Austinde à sa tête lui accordèrent non seulement une pleine et entière immunité, mais encore le droit d'archidiaconé ou de visite sur toutes les églises dépendantes de son monastère, au nombre desquelles on comptait St-Cric, Lamazère, donnée à l'abbaye par le comte de Fezensac, Duran, Ayguesmortes, Goutx, Mirepoix, Lussan, Antras, etc., etc. Il pouvait même punir les délits des clercs; mais si ceux-ci ne voulaient pas rentrer en eux-mêmes, il devait les traduire devant l'archevêque pour que le prélat leur imposât la pénitence qu'il jugerait nécessaire.

Raymond, qui venait d'obtenir ces priviléges et qui avait succédé à St-Austinde dans le gouvernement du monastère de St-Orens, avait rappelé en Gascogne St-Hu-

---

(1) Cartulaire d'Auch. Manuscrit de M. d'Aignan. Les Bollandistes. Dom Brugelles. *Gallia Christiana.* — (2) Cartulaire noir du chapitre d'Auch. *Gallia Christiana, instrumenta,* page 171.

gues de Cluny (1). La charge de supérieur fatiguait sa vieillesse; mais avant de la déposer il voulut introduire la réforme parmi les moines. En présence du Concile et sous les auspices de l'archevêque, il remit sa maison entre les mains de St-Hugues qui y supprima le titre d'abbé, comme il l'avait supprimé à St-Mont, et y substitua celui de prieur; mais dans le dernier monastère le prieur n'avait sous lui que douze religieux, tandis qu'à St-Orens il en avait vingt-quatre. Il en eut même vingt-cinq depuis 1399. Aussi, dans les assemblées de l'ordre, le couvent d'Auch, soit par le nombre de ses religieux, soit par ses richesses, soit par ses filiations (*), prenait rang immédiatement après les abbayes et au-dessus de tous les autres prieurés conventuels. Une bulle de Pascal II lui assigna cette place en 1110, et depuis il l'a toujours gardée. St-Hugues lui donna pour premier prieur Guillaume, fils de Bernard, seigneur de Montaut, tiré sans doute de St-Mont, où il avait suivi le comte d'Armagnac avec quelques autres sei-

(1) Dom Brugelles, Pièces justificatives. M. d'Aignan. *Collectio Conciliorum*, tom. 9, p. 1195.

(*) De St-Orens dépendait, 1° le couvent de St-Martin de Touget, fondé à ce qu'on croit par un vicomte du Fezensaguet. Tous les titres furent brûlés et ses murs renversés en 1570 par les religionnaires qui jetèrent les religieux dans le puits du cloître; 2° le monastère de St-Orens de Lavedan; 3° le prieuré de Peyrusse-Grande, près de Bassoues, d'où la conventualité a disparu depuis près de deux siècles. Il fut d'abord habité par un prieur et quatre religieux. Le nombre de ceux-ci fut plus tard réduit à un; plus tard encore le prieur resta seul. Enfin le prieuré lui-même fut mis en commande sur la tête d'un clerc séculier. A travers tous ces changements, la nomination en a toujours appartenu au prieur de St-Orens; 4° le couvent de St-Michel de Montaut, où la conventualité subsista jusqu'à la tourmente qui emporta les ordres religieux. Mais, depuis 300 ans, le bénéfice principal avait été uni à la maison-mère.

gneurs que l'exemple de leur suzerain avait entraînés dans le cloître.

Cette œuvre couronna la vie des deux abbés successifs de St-Orens. Austinde et Raymond moururent dans l'année. Le premier ne survécut même que quelques jours au Concile. Dieu ne l'avait appelé sur la chaire de la métropole que pour qu'il fît rentrer l'église dans ses droits. Ce but atteint, sa mission fut remplie. Il s'endormit paisiblement dans le Seigneur le 27 juillet 1068 (1). La plupart des évêques que sa maladie avait retenus près de lui assistèrent à ses funérailles. On l'ensevelit à St-Orens dont il avait été abbé; mais plus tard on le transporta à Ste-Marie où son corps repose encore dans la crypte souterraine, et c'est sans doute du jour de cette translation que sa fête a été placée au 25 septembre. Avant la révolution première, on montrait son cerveau sans corruption, enchassé avec sa tête dans un buste d'argent donné par M. Etienne d'Aignan du Sendat, grand vicaire de Mgr de Trappes, et le fondateur de la chapelle des pénitents blancs, aujourd'hui la maison des frères des écoles chrétiennes. Austinde n'avait occupé le siége d'Auch que dix-huit ans. Le terme fut court pour les grandes choses qu'il opéra.

Nos lecteurs peuvent juger maintenant s'il mérita le reproche de basse jalousie, d'insatiable ambition, d'intolérant fanatisme que lui prête avec une froide assurance un de nos concitoyens. Pour poursuivre ainsi un saint, honoré des suffrages publics de l'église, il nous semble qu'il faut avoir en main des preuves bien fortes, et ici les preuves contraires abondent. A part les pre-

---

(1) *Gallia Christiana*. Dom Brugelles. M. d'Aignan.

miers hérauts de l'évangile parmi nous, nos pères n'ont déféré les honneurs de la sainteté qu'à quatre prélats, et tous les quatre firent bénir leur ministère de la société autant que de la religion. Taurin fonda l'église d'Auch et versa son sang pour sa foi. Orens brilla par ses talents et sa dextérité dans les affaires autant que par ses vertus. Léothade, moins connu que les autres, opposa sa piété et son courage à la fureur des Barbares, et Austinde fut le glorieux restaurateur de la discipline ecclésiastique. Un ancien manuscrit sur velin, gardé longtemps dans les archives du chapitre de St-Orens, nous le peint d'un mot avec la naïveté des temps primitifs (1); Austinde, dit-il, archevêque de sainte mémoire, établi pour relever l'état de l'église renversée (*).

Les funérailles de St-Austinde furent à peine terminées, qu'on s'occupa de lui donner un successeur. Toutes les voix se réunirent sur le nouveau prieur de St-Orens, Guillaume de Montaut (2). Le manuscrit que nous venons de citer raconte ainsi sa nomination. « Il est demandé par le peuple et élu par le clergé avec l'applaudissement des évêques comprovinciaux, des comtes et des autres seigneurs de la province de Gascogne, afin qu'il soit le véritable serviteur du père de famille et le fidèle dispensateur dans la maison du seigneur. Puisse-t-il être fort, puissant, loué et chéri ! Ainsi soit-il. »

Les assemblées ecclésiastiques se multipliaient ; l'impulsion était donnée, le clergé s'agitait pour recouvrer

---

(1) Manuscrit de M. d'Aignan.
(*) *Post decessum sanctæ memoriæ Austindi, Ausciorum archiepiscopi ad erigendum dirutæ ecclesiæ statum.*
(2) *Gallia Christiana*, Dom Brugelles, M. d'Aignan.

son indépendance. Guillaume et les prélats qui venaient de le sacrer, allèrent aussitôt joindre le légat du pape qui tenait un Concile à Toulouse (1). On s'y occupa spécialement de l'évêché de Lectoure. Ce siége avait été rétabli à la fin du x⁰ siècle. Oihénard y place un Bernard Ier, vers l'an 990, sous le duc Guillaume, fils de Sanche. A ce Bernard, le cartulaire de Moissac donne pour successeur, en 1052, Arnaud Ier, qui assista à une donation faite à ce monastère, et qui, cette même année, consacra l'église de St-Denis dans le diocèse d'Agen. Après Arnaud, nous trouvons Jean Ier, qui accompagna St-Austinde au Concile de Jacca, si toutefois il faut prendre l'évêque Jean du Concile pour un évêque de Lectoure. Enfin, à Jean avait succédé Raymond Ier. Celui-ci est plus connu que ses quatre prédécesseurs. Il était prévôt de l'église de St-Etienne de Toulouse lorsqu'il fut appelé à l'épiscopat ; et suivant un usage dont ses contemporains nous offrent de nombreux exemples, et qui, créé pour des besoins, deviendra bientôt un abus, il garda sa prévôté en s'éloignant de Toulouse. Il signa, en 1061, une donation due à la libéralité d'un certain Raymond, fils d'Arnaud. Deux ans plus tard, il assista à la consécration de l'église de Moissac que fit St-Austinde, assisté d'un grand nombre de prélats. Outre Raymond de Lectoure, on y vit Guillaume de Convennes, un autre Guillaume d'Agen, Héraclius de Bigorre, Etienne d'Oleron, Pierre d'Aire et Duran de Toulouse, abbé du couvent (2).

(1) *Collectio Conciliorum*, tom. 9, page 1191. — (2) Pour tous les évêques, voir le *Gallia Christiana*, tom. 1er, p. 1075.

La mémoire de cet événement fut consacrée par une inscription en vers latins placés dans l'église (*).

Maintenant, Raymond de Lectoure accompagnait son nouveau métropolitain dans la cité où il avait commencé sa carrière ecclésiastique, et où vraisemblablement il n'avait gardé la prévôté de St-Etienne qu'à cause de l'excessive pauvreté de son siége. Non seulement les biens en avaient été envahis, mais le palais épiscopal et l'église même étaient dans des mains étrangères. Des débris du palais on avait construit un monastère, et les autels et les autres objets de la cathédrale avaient été transportés par un peuple ignorant et grossier dans la chapelle des moines. Le Concile fit cesser cet ordre de choses, malgré les protestations de Grégoire, évêque de Lescar et abbé de St-Sever, qui réclamait pour sa communauté le monastère de Lectoure et ses dépendances. Il fut arrêté que des clercs réguliers de St-Augustin remplaceraient les moines; que si quelques-uns de ceux-ci voulaient se retirer dans une maison de leur ordre, ils le pourraient sans difficulté; que les autres seraient nourris et entretenus parmi les chanoines, et qu'enfin le couvent servirait de demeure à l'évêque qui disposerait de tous les revenus (1). Ce décret porte la souscription du cardinal Hugues, de Guillaume, archevêque d'Auch, des évêques Grégoire de Lescar, Pierre d'Aire, Guillaume de Convennes, Raymond de Lectoure, Bernard de Couserans, Bernard de Dax, de quelques autres prélats et de plusieurs abbés, entre lesquels nous signalerons Hugues de Cluny, Raymond de Condom et Constance de Clairac.

(*) Voir la note 7 à la fin du volume.
(1) *Gallia Christiana. Collect. Conc.*, tom. 9.

On a cru assez généralement que le monastère rendu à l'évêque Raymond n'était autre que celui de St-Gény, et qu'ainsi le siége épiscopal fut transporté quelque temps au bas de la côte sur laquelle s'élève la ville de Lectoure. Mais cette opinion ne souffre pas l'examen. Le contexte du Concile, quoiqu'obscur, comme tout ce qui s'écrivait à cette époque, dit formellement que le monastère d'où les moines furent expulsés était bâti sur les ruines et avec les décombres de l'ancien palais; mais un autre document est encore plus précis.

Le duc Guillaume avait jadis donné l'église de St-Gény aux moines de St-Sever, à condition qu'ils y bâtiraient un monastère, condition qu'ils avaient scrupuleusement remplie; mais la misère avait chassé les religieux, et la maison abandonnée était tombée sous les coups du temps plutôt que sous la hâche des hommes. Cet état durait depuis longues années, lorsque l'évêque Raymond (1), aidé de l'archevêque Guillaume, d'Odon, vicomte de Lomagne, et de Vivien, son neveu ou son petit-fils, donna à St-Hugues de Cluny, St-Gény et St-Clar, libres et francs l'un et l'autre de tout droit et de toute redevance. Cette charte est de 1074, six ans après la rentrée de l'évêque dans son palais et dans sa cathédrale. Il ne paraît pas que l'abbé de St-Sever ait réclamé contre cette donation, quoique ce fût St-Gény qui lui appartînt et non le monastère de la ville, évidemment différent, puisque le premier était désert et le second habité.

L'ordre de Cluny s'étendait tous les jours; nul nom ne brillait alors à l'égal de celui de St-Hugues. L'ar-

---

(1) *Gallia Christiana*, tom. 1, *Instrumenta*, page 175.

chevêque d'Auch et ses frères, Raymond, Odon, Otger, Géraud et Bertrand donnèrent à cet abbé l'église de St-Michel de Montaut, avec cinq églises qui en dépendaient, entr'autres biens un moulin sur l'Arçon, une forêt et dix *deniérées* de vignes inféodables, c'est-à-dire une vigne d'un revenu annuel de dix deniers. Leur mère y ajouta la moitié de l'église de Homps et le haut domaine *(dominationem)* d'une autre église à Casères, située ainsi que Homps dans la Lomagne (1). Duran, évêque de Toulouse, Guillaume, évêque de Couserans et Raymond, abbé de St-Luper d'Eauze, confirmèrent de leur présence cette donation. Hugues, qui la reçut, mit aussitôt le nouveau couvent sous la dépendance de St-Orens, et y laissa quatre religieux avec un prieur, dont les revenus furent plus tard réunis à la mense priorale de la maison-mère. Cette réunion ne laissa à Montaut qu'un prieur claustral.

(1) *Gallia Christiana*, *Instrumenta*, page 160. Dom Brugelles. M. d'Aignan.

CHAPITRE III.

Grégoire VII. — Déposition de plusieurs prélats. — Comtes de l'Isle-Jourdain. — Bernard, comte de Bigorre, fait hommage de son comté à Notre-Dame du Puy. — Fondation du prieuré de Madiran. — Raymond, fils de Bernard, comte de Bigorre, meurt jeune et est remplacé par Béatrix sa sœur. — Centule, vicomte de Béarn, se sépare de Gisla, sa femme, et épouse la comtesse de Bigorre. — Guerre de Centule. — Sa mort. — Mort de Bernard Tumapaler, comte d'Armagnac. — Géraud II son fils. — Aymeric II, comte de Fezensac. — Raymond-Aymeric, chef de la famille de Montesquiou. — Comtes de Pardiac.

Le célèbre Hildebrand venait de s'asseoir en 1073 sur la chaire de St-Pierre, sous le nom de Grégoire VII. Les désordres étaient alors à leur comble dans toute l'Europe chrétienne. De voluptueux monarques renvoyaient sous le plus léger prétexte leurs épouses légitimes, et peu contents d'introduire publiquement dans leur couche les objets d'une préférence momentanée, ils voulaient forcer l'église à consacrer de ses prières et de ses sacrements le caprice de leurs passions. Les grands vassaux imitaient leur suzerain; l'exemple des grands vassaux était suivi par les barons et les nobles, et du château la licence ne pouvait tarder à descendre dans la chaumière. Ainsi, sous la triple action de la violence chez les coupables, et de la molle apathie ou de la lâche frayeur chez les ministres de la religion, se relâchait tous les jours et menaçait de se rompre bientôt entièrement, l'indissolubilité du lien conjugal, cette grande couronne du catholicisme. La licence était trop générale pour ne pas envahir le sanctuaire. Là, le scandale devait être autrement déplorable, et néanmoins il s'y montrait avec plus d'audace peut-être qu'ailleurs, surtout en Allemagne. Non seulement des clercs d'un ordre inférieur, mais de hauts dignitaires s'abdiquant eux-mêmes, vivaient ouvertement dans le vice, et après une vie si contraire à l'austérité des canons et à la sainteté de leurs engagements, ils prétendaient livrer ou transmettre aux fruits d'un libertinage éhonté les bénéfices ecclésiastiques dotés par la charité des fidèles pour nourrir la piété, la vertu et les talents.

Dans le haut rang où l'avait élevé la confiance des trois derniers souverains pontifes, Hildebrand avait vu toute l'étendue des maux qui désolaient la chrétienté, et il en avait longtemps profondément gémi. Parvenu à la tiare, il crut ne devoir pas se borner à de vains et stériles gémissements : il vouera son pontificat à rendre à la morale ses droits et au clergé la pureté de ses mœurs. Cette noble résolution de son cœur apostolique, nulle considération, nul obstacle ne pourra l'ébranler. De là cette lutte dans laquelle quelques esprits égarés ou prévenus ont affecté de ne voir que l'œuvre d'une insatiable ambition. Sans doute quelques actes parurent dépasser le but, mais quel homme placé au timon des affaires dans des circonstances difficiles et au milieu d'une vive résistance se tint constamment dans la limite assignée ? Les intentions furent droites et pures, l'ensemble des faits imposants, les résultats éminemment sociaux. On ne saurait le nier quand on a parcouru cette période si digne par son étrangeté de fixer les regards des hommes graves et sérieux. Pourquoi alors relever avec amertume quelques traits rares et isolés? Aussi, la noble figure de Grégoire VII, que l'église a justement placée sur nos autels, poursuivie par les frivoles et inintelligentes clameurs du siècle dernier, est maintenant saluée avec respect et amour par la plupart des historiens. Le temps même ne nous paraît pas éloigné où elle ne recueillera que d'unanimes suffrages.

Pour arrêter le mal, il fallait imprimer à l'action pontificale une direction ferme et parfois sévère ; mais la fermeté et surtout la sévérité entre les mains d'agents subalternes, qui presque toujours dépassent leurs maîtres, se changent souvent en rigueur et même parfois en injustice. Notre métropolitain en fit le triste essai. Le nouveau pontife n'eut pas plutôt ceint la tiare qu'il envoya des légats dans toute la chrétienté pour y combattre la simonie et le relâchement des mœurs, et y protéger les lois ecclésiastiques. Géraud, cardinal, évêque d'Ostie, eut pour mission de parcourir le midi des Gaules. Il traversa la Provence, le Languedoc, l'Aquitaine et la Gascogne, et se dirigea vers les Espagnes, frappant impitoyablement tout ce qui lui paraissait coupable. Sur son passage, il assembla dans notre province un Concile (1) dans lequel il déposa quelques prélats, parmi lesquels sont mentionnés l'archevêque d'Auch et l'évêque de Tarbes. Héraclius était mort et avait été remplacé par Pons, abbé de Simorre, qui en montant sur le siége avait gardé son abbaye. Les deux prélats n'avaient d'autre tort que d'avoir communiqué avec un excommunié, et même Guillaume prétendit

---

(1) *Gallia Christiana*, tom. 1er. *Coll. Concil.* tom. 10, pages 1811-12. Dom Brugelles. M. d'Aignan.

en avoir obtenu l'absolution du pape Alexandre II. Aussi, tout en se voyant obligé de sévir, Géraud sollicita-t-il en sa faveur l'indulgence du pape. Cette excessive sévérité provoqua des réclamations; les plaintes parvinrent jusqu'à Rome. L'évêque de Tarbes s'y rendit en personne. Grégoire, par égard pour son légat, et n'ayant point d'ailleurs les éléments du procès, ne voulut pas prononcer et renvoya l'affaire à un Concile, où l'évêque fut déclaré innocent. L'archevêque d'Auch, plus heureux, fut rétabli sur-le-champ par le pape. Tous ses suffragants n'avaient pas vu avec peine la déposition du métropolitain. Peu accoutumés encore à reconnaître les lois de la hiérarchie, ils saisirent cette occasion pour se soustraire à son autorité. Certes, ce n'était pas Grégoire qui pouvait applaudir au relâchement des liens de la subordination. Dès qu'il fut instruit de ce qui se passait en Gascogne, il se hâta d'écrire (1) aux évêques et de leur enjoindre de rendre à leur supérieur les honneurs et la soumission qui lui étaient dûs.

Cet orage passager ne paraît pas avoir laissé des traces et Guillaume n'en fut pas moins le zélateur ardent de la discipline. Cette même année 1074, qui avait commencé pour lui sous de si tristes auspices, il souscrivit à une charte par laquelle Roger II, comte de Foix, Béranger d'Auterrive et Bernard de Marquefave donnaient le monastère de Lésat à l'abbé de Cluny (2). Ce Roger était fils de Pierre (3), le dernier enfant mâle de Garsinde de Bigorre et de Roger Ber-

(1) *Collectio Concil.*, tom. 10, page 47. — (2) Dom Vaissette, tom. 2, page 228. — (3) Le même, page 583. Grands Officiers de la couronne, tom. 2, page 307.

nard. Il avait succédé à son père ou peut-être même à Roger Ier, son oncle, car plusieurs auteurs excluent Pierre Ier. Il agrandit la puissance de sa maison et se montra surtout libéral en faveur de Cluny. Outre Lésat, il lui donna, deux années après, le château de Lordat dans le Savartès et une église qu'il venait de faire construire sur ses propres domaines. L'évêque de Lectoure, Raymond, surnommé Ebbon, fut un des témoins de sa dernière libéralité. L'abbaye de St-Pons de Thomières eut aussi part aux bienfaits de Roger. Avec lui disparait l'obscurité qui enveloppait sa maison ; nous suivrons désormais sa descendance. Pour retrouver ses prédécesseurs, il fallait se livrer à des travaux non seulement secs et arides, mais vraisemblablement sans résultat. Quand on voit dom Vaissette, Olighazay, Marca et le Père Anselme hésiter ou se combattre, qu'attendre de nos recherches, et quel jour pourrions-nous porter au milieu de ténèbres devenues plus épaisses depuis 1789.

L'abbaye de Lésat venait de compter parmi ses bienfaiteurs Raymond Athon (1), comte de la Ille ou plutôt de Lisle. Ce lieu ne fut d'abord qu'un château appelé *Ictium Castrum*, dont on fit depuis *Silio*. Dans la suite, autour du château on bâtit une ville que sa position au milieu des eaux fit nommer Lisle, et qu'on surnomma Jourdain, du nom de ses seigneurs. Le premier que nous connaissons est cet Athon ou Othon-Raymond, qui vivait après l'an 1030. Il épousa la fille de Raymond Taillefer (2), comte de Toulouse. Quelques-uns la nomment Emma, on ne sait trop sur quel fondement ; on ignore même si elle appartenait au premier ou au

---

(1) Dom Vaissette, tom. 2, page 391.—(2) Idem. Oihénart, p. 535.

second lit du comte; mais du moins l'alliance est certaine et elle suffit pour révéler la position d'Othon-Raymond. Celui-ci eut deux fils, Raymond son successeur et Bertrand que nous verrons monter sur le siége de Comminges, qu'il devait illustrer par ses vertus et doter de son nom.

Raymond perpétua la famille. Vers l'an 1060 ou 1068, se reconnaissant grandement coupable envers Dieu et ses commandements, il donna au monastère de Lésat l'église de St-Paul, dans le terroir de Bauconne, et avec l'église il donna l'autel et les prémices qu'on y offrait, la croix, les livres, l'encensoir, le calice, la patène, l'ornement du prêtre, *vestimentum*, le cimetière entier et les droits ecclésiastiques qui y étaient attachés; enfin les dîmes qu'il y possédait. L'acte est signé d'un de ses fils, mort sans doute avant lui ou du moins qui ne lui succéda pas, des comtes Arnaud et Bernard-Odon qui possédaient une partie du Comminges, et de deux évêques Bernard, frères de ces comtes et qui occupaient les siéges de Comminges et de Couserans. Le père de Bernard-Odon périt sous les coups du comte d'Astarac, sans doute dans une de ces guerres si fréquentes entre seigneurs voisins. Lui-même mourut en 1075 (1) et fut inhumé dans le monastère de Peyrissas. Il laissait cinq fils, Raymond, Bernard, Guillaume, Fortanier et Roger que son père offrit encore enfant à Peyrissas, où il prit l'habit et dont il devint abbé. Les quatre autres possédèrent par indivis la portion du Comminges, échue à leur père; mais des quatre, trois moururent sans postérité.

(1) **Dom Vaissette**, tom. 2, page 203.

Bernard du moins recueillit toute la succession paternelle et y ajouta ce qu'avaient possédé les autres branches de sa maison. C'est de lui (1) que descendent incontestablement les comtes de Comminges dont nous parlerons souvent.

Vers cette époque 1071, nous trouvons un seigneur nommé Raymond-Arnaud et son fils Arnaud, faisant une donation au monastère du Mas-Garnier, en présence de Raymond, évêque de Lectoure et de Guillaume Bernard, prince de Savès (2). Ce Raymond-Arnaud est vraisemblablement le même, qui, en 1089, s'intitulait *prince* de Verdun sur Garonne, et restituait à ce monastère le quart de la seigneurie de cette ville; et le prince de Savès est un vicomte qui possédait des terres le long de la Save, sans qu'on puisse assigner sa famille ou ses domaines. Les titres n'étaient pas encore invariablement fixés. Dans le même siècle, quelques comtes d'Astarac se disaient tantôt comtes et princes, tantôt comtes et marquis d'Astarac.

Nul seigneur de la Gascogne ne fut plus pieux ni plus libéral envers l'église que Bernard, comte de Bigorre. Guidé par sa dévotion, il entreprit de concert avec sa femme Clémence le pèlerinage de Notre-Dame du Puy (3). Dans ce sanctuaire vénéré, il consacra à la Vierge sa personne et son comté, en présence du chapitre réuni, de Bernard de Bazeillac, de Guillaume d'Aster et d'Arnaud-Guillaume de Barbazan. C'était le vœu que fit plus tard Louis XIII et que rappelle la procession solennelle du 15 août; mais le comte de

(1) L'Art de vérifier les dates, tom. 2, page 265.— (2) Dom Vaissette, tom. 2. — (3) Marca, liv. 9, ch. 4. L'Art de vérifier les dates, tom. 2, page 268.

Bigorre y ajouta une redevance de 60 sols, qu'il s'obligeait de faire compter tous les ans au chapitre, et que ses successeurs payeraient après lui. Il n'y avait là évidemment qu'un acte de dévotion. Les expressions sont formelles : *hoc donativum pietatis et religionis gratiá peractum*. L'évêque du Puy et ses chanoines voudront plus tard le changer en acte de vasselage et essayeront de bâtir sur cet absurde fondement d'inadmissibles prétentions (*).

Le comte et Héraclius, évêque de Tarbes (1), possédaient le monastère de St-Leser, situé aux portes de la ville et que gouvernait l'abbé Frominius aux jours de St-Savin. Ils l'avaient eu en héritage de leurs parents communs; et malgré leur piété, ils n'avaient pu arrêter la décadence de la discipline monastique qui s'y était introduite. Pour le rendre à son esprit primitif, ils l'incorporèrent à l'abbaye de Cluny qui, selon sa coutume, le réduisit sur-le-champ en prieuré. Etienne d'Oleron, Duran de Toulouse, Grégoire de Lescar, Pierre d'Aire et Bernard, comte d'Armagnac, signèrent cette incorporation qui est du 21 novembre 1064. Héraclius obtint peu après de Bernard l'affranchissement du prieuré de Madiran. Loup, surnommé Pichot (2), originaire d'Espagne, fut le premier qui s'établit dans ce lieu avec la permission de Raymond Ier, alors comte de Bigorre. Sanche, arrière-petit-fils de Loup et son

---

(*) On verra à la fin du volume le document entier tel qu'il se lit dans le Cartulaire de Bigorre, qui du reste n'est lui-même qu'une copie que fit faire un trésorier de Bigorre, nommé N. de Malobodio, l'original ayant disparu depuis long-temps.

(1) *Gallia Christiana, instrumenta*, page 191. — (2) Cartulaire de Madiran. Manuscrit du Séminaire.

héritier, ayant dans son enfance perdu son père, fut contraint par sa mère de consacrer quelque temps à l'étude des saintes lettres, afin qu'après avoir formé son cœur et son intelligence, *en parcourant les psaumes et les hymnes, il pût un jour à son gré ou revêtir l'habit clérical, ou se montrer plus habile dans la milice séculière.* Parvenu à son âge d'homme, il s'attacha à agrandir et à fortifier son domaine. Il parut souvent à la cour des vicomtes de Madiran, et plus souvent encore sous les bannières de Garsie-Arnaud, comte de Bigorre, qu'il aida à combattre ses ennemis. Son courage et sa fidélité furent largement récompensés. Garsie-Arnaud et les vicomtes sachant *qu'il n'aimait rien autant que la terre,* lui en donnèrent un grand nombre d'arpents. Ces largesses ne satisfirent point son cœur, ou plutôt ne voulant pas perdre devant Dieu le fruit de ses travaux, il songea sérieusement à abandonner le siècle et à se retirer dans un cloître. Le ciel lui en fournit bientôt l'occasion favorable. La puissance et le nom de Sanche, duc de Gascogne, et plus encore sa haute réputation de courage et de vertu avaient attiré près de lui un grand nombre de chevaliers et de religieux. Au nombre de ces derniers, se faisait remarquer Etienne, abbé de Marsillac dans le Quercy. Sanche le vit et appréciant son mérite, il le conduisit chez lui, lui découvrit le dessein qu'il nourrissait secrètement et lui montra les terres qu'il possédait. En même temps il se jeta à ses pieds et le conjura d'accepter Madiran avec toutes ses dépendances. Quelques jours après cette entrevue, l'abbé amenait à Marsillac le seigneur Gascon; et avec l'autorisation de Garsie-Arnaud et du consentement de ses proches et de ses voisins, il lui donnait l'habit monastique. Sanche, à son tour, avant de le recevoir, abandonnait au monastère Madiran et tout ce qui en relevait, et y offrait son fils aîné, Donat-Sanche, pour qu'il y fît un jour profession, ce qui arriva plus tard. Il ne réserva qu'une légère partie de ses biens pour les enfants puînés; encore voulut-il que si quelqu'un d'eux venait à mourir sans postérité, sa part entrât au couvent. Deux frères furent placés dans la maison qu'on bâtit. Ils jouissaient depuis longtemps en paix de la donation qui leur avait été faite, lorsque quelques voisins abusant de la force, les expulsèrent et s'emparèrent de leurs biens. L'abbé Etienne renvoya aussitôt Sanche à Madiran. Il espérait que sa présence ferait cesser l'usurpation et profiterait à la colonie. Son attente ne fut point trompée. Avec le petit-fils de Loup tout rentra dans l'ordre. Lui cependant, toujours occupé de son prieuré, abattit l'église, et sur ses ruines on en éleva une beaucoup plus vaste et plus belle.

Portant plus loin ses vues et s'aidant de ses proches et de ses amis auprès du comte de Bigorre, il conquit enfin ce qu'ambitionnaient toutes les maisons religieuses, un plein et entier affranchissement. Pour l'obtenir des deux vicomtes de Madiran, Garsie-Arnaud les déchargea à jamais du repas annuel que ces seigneurs devaient à lui et à cinquante cavaliers de sa suite. Cette œuvre couronna la vie de Sanche. Sentant sa fin approcher, il manda auprès de lui un de ses parents nommé Bonpar. Celui-ci accourut, et comme il entourait sa couche avec quelques autres étrangers, le moribond lui raconta tout ce qu'il avait trouvé d'agitation dans le monde, et combien il avait goûté de calme et de paix dans le cloître; il ajouta que connaissant sa science et sa vertu, il l'avait fait appeler pour l'engager à renoncer au mariage, à raser sa barbe et sa tête et à revêtir la livrée sacrée comme il l'avait fait lui-même à Marsillac, afin qu'il pût lui laisser son prieuré. Sa voix fut écoutée. Bonpar dit adieu au monde, et devenu moine il succéda à son parent. Mais après la mort de Sanche, brisant les liens qu'avait formés son prédécesseur, il refusa l'obédience à Marsillac, et l'abbé Etienne, qui vivait encore, étant venu réclamer ses droits, il oublia le triple respect dû à son âge, à son rang et à ses vertus, l'accabla d'injures et le chassa du prieuré. En même temps il prit avec lui les vicomtes de Lavedan, Guillaume Fort et Garsie Fort ses parents et Arnaud-Raymond, surnommé l'Ours, les trois seigneurs les plus distingués du pays, et alla sous leurs auspices prier le comte Bernard de convoquer à Madiran l'évêque de Tarbes, ainsi que les comtes et les vicomtes de la contrée, et de s'y rendre lui-même à la tête de ses chevaliers, afin d'assurer de nouveau et de mettre à l'abri de toute atteinte la franchise déjà octroyée sous Garsie-Arnaud. Le comte accueillit volontiers sa prière, et au jour marqué il se trouva à Madiran avec toute *sa chevalerie*. L'évêque Héraclius, Aymeric de Fezensac, Bernard d'Armagnac, Gaston de Béarn s'y trouvèrent aussi. Le comte de Bigorre fit en leur présence le serment désiré, et tous les seigneurs jurèrent après lui.

Le zèle de l'évêque et la piété du comte s'employèrent encore en faveur de l'abbaye de St-Pé de Générez. Bernard était en lutte ouverte (1) avec Dodon de Benac, à qui il reprochait une trahison dont celui-ci n'avait pu

(1) Manuscrit du Séminaire. Marca, liv. 9, ch. 4.

se laver. Héraclius, Boson de Juillan parent du comte, et les autres grands du pays s'interposèrent. Bernard pardonna à Dodon, à condition qu'il confirmerait l'affranchissement du monastère alors gouverné par Odon de Benac, son parent et le second abbé après Arsius; ce qu'il fit en présence du comte et de sa suite, et qu'il scella en prenant le corps et le sang de Notre-Seigneur Jésus-Christ. Quelques années après, Dodon étant venu prier à St-Pé, accompagné de sa femme et d'une suite nombreuse, et y ayant célébré splendidement avec tous les siens la fête de Noël, s'avança dans le chœur et élevant la voix : « Écoutez-moi, ô vous mes barons et » mes compagnons d'armes, et aidez-moi, je vous prie, » de vos conseils. Le Dieu tout-puissant m'a protégé » depuis mon enfance et m'a, comme vous savez, élevé » au dessus de mes ennemis. Maintenant, si vous le » jugez convenable, je vais abandonner en mon nom » et au nom de mes descendants tous les droits que » m'ont transmis mes ancêtres sur le monastère et ses » dépendances. » Tous approuvèrent sa résolution et s'approchèrent pendant que Dodon et sa femme juraient, la main étendue sur l'autel. Enfin, pour signe de leur complet assentiment, ils embrassèrent Dodon. *Ipsumque osculati sunt ut sacramenta firmare viderentur.*

Bernard gouverna son comté avec sagesse et sut faire respecter son autorité. Sa médiation s'interposa avec succès entre Bernard de Castelbajac et Arnaud Dodon, vicomte de Montanarez, qui troublaient la contrée de leur querelle. Bernard fut aidé dans cette œuvre par sa femme, et tous les deux amenèrent une réconciliation que garantirent jusqu'à des sommes déterminées presque tous les seigneurs du Bigorre. Les trouvant réunis pour la première fois, nous croyons devoir à leurs descendants de proclamer leurs noms. Le cartulaire les donne dans l'ordre suivant (1) : Ebrard de Peyrun, Arnaud de Monlezun, Odon de Peyrun, Geraud de Bazillac, Arnaud-Guillem de Baulat, B. Despouey, Bernard de Castelbajac, Bernard de Castera, Raymond d'Ossun, Garsie-Bernard de Sombrun, Guillaume-Arnaud d'Aster, Arnaud de Troncens, Tersol d'Expeysse, Guillaume-Bernard d'Arexo, Guillem-Bernard de St-Pastou, Raymond-Arnaud de Navailles, Odon d'Asereix, Odon d'Arribère, Ebrard de Lartigue-Mozcas, Sans de Lourdes, Lop-Garsie de Vidouze, Raymond-Garsie de Navailles, Reynaud de Barbazan, Arnaud-Garsie de Sarroyria, Guillem de Pontac, Arnaud de Gerde et Guillem de Labatut.

Bernard fut marié deux fois (2). Clémence, sa première femme, fille de Bernard, comte de Comminges, morte peu après le pèlerinage du Puy, lui laissa un fils. Il n'eut d'Etiennette, la seconde, qu'une fille. Le fils lui succéda en 1065, sous le nom de Raymond II (3). Une charte nous apprend qu'il eut un différend avec Arnaud, comte de Comminges, sans doute à l'occasion de la dot de Clémence, sa mère, et qu'il ravagea ses terres ; mais qu'ensuite voulant le dédommager de ses pertes, il lui donna un alleu qu'Arnaud abandonna plus tard au monastère de Lésat. C'est tout ce que nous savons de son gouvernement qui dura peu. Peut-être n'était-il pas marié; du moins il ne laissa pas de lignée,

(1) Cartulaire du Bigorre. Manuscrit du Séminaire. — (2) L'Art de vérifier les dates, tom. 2. — (3) Idem.

et le comté passa à Béatrix, sa sœur, fille de Bernard et d'Etiennette (1). Plusieurs prétendants se présentèrent pour réclamer sa main. Centule IV, vicomte de Béarn, fut préféré. Marié depuis longtemps, la plupart des historiens modernes l'accusent de n'avoir rompu son mariage que dans l'espoir de cette riche alliance. Il est vrai que la licence des grands fut extrême dans ce siècle. A chaque pas vous rencontrez de ces unions formées et détruites au gré d'un vain caprice ou d'une passion passagère, et l'on sent tout ce que devaient amener de perturbation ces exemples tombant du sommet de la société dans les rangs inférieurs. Honneur ici, immortel honneur à Grégoire VII pour avoir su faire respecter la sainteté du lien conjugal, source de la paix et du bonheur domestique! Ses prescriptions à cet égard étaient inflexibles, et certes, ce n'était pas trop de toute sa sévérité contre les hommes qu'il devait soumettre. Néanmoins, il savait, quand il le fallait, recourir à la douceur et à la prière.

Centule avait épousé Gisla, sa parente, et en avait eu un fils qui fut depuis Gaston IV, le lion d'outre-mer, le législateur de son pays, un des seigneurs les plus accomplis de son temps. Grégoire, dont l'œil était ouvert sur toute la chrétienté, lui écrivit une lettre vraiment paternelle, et l'engagea à rompre une union défendue, et à craindre que cette tache ne ternît l'éclat de ses belles qualités. Amat, évêque d'Oleron et légat du saint-Siége, fut chargé conjointement avec l'archevêque d'Auch, d'appuyer les représentations du souverain

---

(1) L'Art de vérifier les dates, tom. 2. Marca. Manuscrit du Séminaire d'Auch.

pontife. Le vicomte se soumit, se sépara de sa femme et la remit entre les mains du légat et du métropolitain qui la conduisirent à Marciniac, près de Cluny. St-Hugues avait fondé cet établissement dans un de ses biens patrimoniaux, pour qu'il servît de refuge à une foule de nobles dames qui, délaissées par leurs époux ou ouvertement répudiées par eux, cherchaient à oublier un monde où elles n'avaient trouvé que déceptions et amertume.

Acceptant sa destinée, Gisla prit l'habit religieux dans cette maison et en devint plus tard abbesse. S'il fallait en croire Pierre-le-Vénérable, auteur contemporain (1), le ciel se plut à manifester par un miracle éclatant combien les vertus de la nouvelle supérieure lui étaient agréables. Un incendie avait dévoré le village qui entourait le monastère, et déjà le feu poussé par le vent atteignait le cloître. Désespérant de triompher, tous les bras qui s'étaient armés pour le combattre s'étaient arrêtés. Ecoutons maintenant le célèbre abbé de Cluny, traduit par Marca. « Tandis que la voix plaintive de ces gens remplit tout d'une clameur confuse, ne sachant quel conseil prendre, ils n'attendent que la dernière des servantes de Dieu. Alors était par hasard sur les lieux, Hugues, archevêque de Lyon, qui pour la probité de ses mœurs et sa conversation religieuse avait été créé et établi légat de presque toutes les Gaules par le pape Urbain, auquel un chacun accourt comme à son père, et lui demande conseil; surtout ils le supplient qu'il persuade les saintes dames enfermées de sortir, et qu'il ne souffre pas qu'un tel bercail des brebis de N.-S. périsse par le feu.

(1) Marca, liv. 4, p. 303.

« L'archevêque ému entre à la hâte dans le cloître et assemblant promptement les religieuses, les exhorte avec un grand soin d'éviter ce danger ; et comme elles se refusaient tout à plat et assuraient constamment qu'elles aimaient mieux mourir que rompre leur vœu, l'archevêque leur dit : je vous commande de l'autorité de St-Pierre et du pape que je représente, et par l'obéissance de votre abbé, que vous sortiez présentement de ce lieu, et que vous ne permettiez point d'être brûlées avec vos logements dans cet incendie. A quoi répondit une dame d'une grande noblesse et conversation, embrasée de foi et d'esprit, nommée Gisla, laquelle j'ai vue plusieurs fois : Père, la crainte de Dieu et le commandement de notre abbé nous a enfermées jusqu'à la mort dans les bornes que tu vois, afin que nous pussions éviter le feu éternel. C'est pourquoi il ne se peut faire en aucune façon que pour aucune nécessité nous sortions de nos pieds, hors les termes qui nous ont été ordonnés pour notre pénitence, si nous ne sommes relâchées par celui lequel au nom de Dieu nous a enfermées ici. Ne veuillez donc, seigneur, s'il vous plaît, nous commander ce qu'il ne nous est pas loisible d'exécuter ; mais comme vous nous commandez de fuir le feu, armé que vous êtes de la vertu de N.-S., commandez plutôt à ce feu qu'il se retire de nous. L'archevêque étonné de la grande foi de cette dame, étant aussi lui-même tout d'un coup rempli de foi, sort dehors, et devant tous ceux qui étaient là présents, baignant son visage de larmes, dit : au nom de Dieu et par le mérite de la foi de cette femme qui a parlé maintenant, feu pestifère, retire-toi des logements des servantes de Dieu, et ne présumes point d'apporter aucun autre dommage. Ces paroles étant proférées par l'évêque (ainsi que me l'ont témoigné ceux qui le voyaient), tout d'un coup, l'immensité des flammes réprimée par une vertu invisible, comme s'il y eût eu une muraille de fer à l'opposite, ne put passer plus outre, et sans aucune goutte de pluie, s'éteignit de soi-même avec vitesse incroyable. »

Pendant que Gisla s'éloignait du Béarn, Ceutule, son époux, expiait sa faute en fondant à Morlas le couvent de Ste-Foi, qu'il plaça sous la règle de Cluny. La dîme des champs, la dîme des fours, la dîme bien autrement lucrative de son droit de seigneuriage sur la monnaie qu'on y frappait déjà (*), enfin, la ville entière avec ses franchises furent abandonnées à la communauté, représentée par Hunaud, abbé de Moissac, le frère vraisemblablement du donateur. L'archevêque d'Auch, Bernard de Bas, évêque de Lescar, Amat d'Oleron, Bernard Tumapaler et les principaux vassaux du vicomte signèrent la donation. On dirait toutefois que cette fondation fut inspirée autant par la politique que par les sentiments religieux, et que par ces largesses un peu fastueuses le vicomte chercha à gagner le clergé et à rendre plus facile son union avec la comtesse de Bigorre qu'il épousa peu de temps après. Pons, évêque de Tarbes, avait favorisé cette alliance. Centule paya ses services en plaçant sous sa dépendance l'abbaye de St-Pé de Générez, qui jusqu'alors avait dépendu de Lescar. Bernard de Bas (1) se plaignit envain, envain même lança-t-il plusieurs interdits; ses

---

(*) Note 8. Voir à la fin du volume.
(1) Cartulaire de Lescar, l'Art de vérifier les dates, Manuscrit du Séminaire.

droits furent méconnus, et lui-même après de longues persécutions fut chassé de son siége et alla mourir en exil, à Fréjus, selon les uns, à Aire, suivant d'autres, et plus vaisemblablement dans un château du Nébousan détruit depuis. Ainsi le raconte le cartulaire de Lescar, autorité un peu suspecte, il est vrai.

Centule fut encore assez habile politique pour accepter les faits accomplis par la victoire, et quoique neveu de Tumapaler il s'attacha à la maison de Poitiers (1), joignit ses armes à celles de Guillaume, fils de Gui Geoffroy, l'aida dans plusieurs entreprises et en obtint la propriété de Salies, qu'il tenait en engagement du père du duc d'Aquitaine, le château de Carèsse, la suzeraineté de la Soule, telle qu'elle appartenait aux comtes de Gascogne, et les douze gîtes que ceux-ci avaient droit d'occuper depuis Classac jusqu'à Argagnon en Béarn, et depuis Argagnon jusqu'à Ste-Marie d'Oleron. En un mot, tous les droits qui pouvaient appartenir au comte des Gascons dans les fiefs du vicomte sont transportés et cédés à Centule et à sa race. Tels sont les termes de cet acte mémorable. Nous le regardons, dit M. Faget de Baure, comme l'émancipation des vicomtes de Béarn. De là date leur complète indépendance, conquise sous le comte d'Armagnac, reconnue et confirmée par les ducs d'Aquitaine, vainqueurs du comte. Il faut toutefois l'avouer, les termes sont obscurs, et plus d'un acte est venu infirmer cette interprétation; aussi la cour de France se refusa-t-elle à l'adopter. Quoiqu'il en soit, Centule profita des nouveaux droits qu'on venait de lui conférer pour faire

---

(1) L'Art de vérifier les dates, tom. 2.

avec le vicomte de Soule un traité qui assoupit leurs longues querelles.

Tout entier à l'administration de ses états, il rebâtit vers la même époque la ville d'Oleron (1), ensevelie dans ses ruines depuis les courses des Normands. La cathédrale seule avait d'abord été restaurée avec le palais épiscopal. Quelques habitations s'étaient ensuite agglomérées autour et avaient formé ce qu'on a appelé depuis le bourg de Ste-Marie sur la rive gauche du Gave. Centule releva les murs de l'ancienne cité, jeta le pont de communication qui l'unit au bourg et éleva l'église de Ste-Croix, un des plus beaux édifices religieux du département des Basses-Pyrénées. Il fit plus encore pour les habitants qu'il invita à venir peupler la ville; il leur octroya une charte, ou pour me servir de ses expressions, *des fors plus avantageux que les fors du Béarn* (*). Ces franchises ou *saubetats*, *(salvitates)*, sont écrites en Béarnais. Il les confirma solennellement, la main étendue sur les évangiles, et les fit confirmer par cent hommes de la vallée d'Ossau et cent hommes de la vallée d'Aspe.

Peu content d'avoir ainsi rebâti et peuplé Oleron, le vicomte de Béarn soutint son évêque contre les prétentions de l'évêque de Dax (2), dont le diocèse paraît s'être accru durant la vacance des siéges de Gascogne, et qui réclamait toujours la Soule et le pays de Sauveterre. Le métropolitain Guillaume de Montaut, au tribunal duquel on en appela d'abord, condamna l'évêque de Dax. Celui-ci, prélat pieux et peu intéressé, se

(1) Marca, liv. 4, ch. 17.
(*) Note 9. Voir à la fin du volume.
(2) Marca, liv. 4, ch. 18.

fût soumis volontiers; mais les premiers dignitaires de son chapitre s'y opposèrent. L'affaire fut alors portée au Concile de Poitiers, puis envoyée à Rome, et enfin laissée au jugement du cardinal Richard, abbé de St-Victor, qui paraît avoir jugé comme l'archevêque d'Auch. La lutte avait passé de l'église dans les châteaux; et à la Reoule, dernier lieu assigné par le légat pour une décision définitive, on vit à côté de l'évêque de Lescar, Raymond-Arnaud, vicomte de Dax, Sanche, vicomte de Marennes, Loup-Garsias, vicomte d'Orthez, Guillaume de Pouillon son frère, Robert, vicomte de Tartas, Alain de Mugron, frère de l'évêque, Arnaud de Falgar son oncle, Dodon de Brausi, Guillaume-Esi d'Orthez, Bernard de Salies, Arnaud de Caupenne, Guillaume du Thil, tous vicomtes ou barons d'élite ne le cédant en rien aux vicomtes. L'évêque d'Oleron avait pour lui Centule, qui crut faire une diversion en attaquant le pays de Mixe, à la tête d'une troupe nombreuse; mais il fut battu et repoussé. Un de ses parents resta sur le champ de bataille avec plusieurs des siens; un plus grand nombre tombèrent au pouvoir des ennemis qui prirent aussi cent chevaux.

Le vicomte de Béarn fut plus heureux contre Sans, vicomte de Labarthe (1), qui lui refusait l'*arciut* dû par lui au comte de Bigorre. Centule l'attaqua, le défit et le força à lui jurer fidélité et à promettre de subir jugement devant lui pour raison de ses fiefs de Bigorre, dans Castelbajac, Mauvezin, ou tel autre lieu où ses hommes de Bigorre jugeraient à propos. Aymeric, frère de Sans, vaincu comme lui, prêta le même hommage,

---

(1) Cartulaire de Bigorre. Manuscrit du Séminaire.

et l'un et l'autre donnèrent treize ôtages à leurs vainqueurs. C'est tout ce que savent nous apprendre sur ces deux incursions les pieux chroniqueurs de cette époque si peu historique, mais en revanche ils nous racontent longuement comment l'abbé de la Reoule, jeune enfant, faible, maladif et perclus de tous ses membres, après être allé demander la santé à plusieurs lieux de dévotion célèbres, la trouva miraculeusement dans l'église du monastère (1); comment la reconnaissance de ses parents le laissa à la communauté, et comment plus tard il fut élu malgré lui. Ils nous racontent plus longuement encore comment, pour fuir les persécutions du vicomte de Montaner qui n'avait pu lui arracher un acte de vasselage, il dût se réfugier à St-Sever dont l'abbé était son oncle. Ils nous apprennent enfin que rappelé par le vicomte qui était allé le chercher en personne, il mourut saintement le jour même où il rentra dans son monastère; mais ils ne nous laissent pas ignorer l'impression que ce tragique événement fit sur son persécuteur. Sa conscience lui reprochait de n'y être pas étranger. Le remords s'éveilla au fond de son âme, et bientôt il tomba dans une noire mélancolie qui dans peu de semaines le conduisit au tombeau. Nos lecteurs doivent se résigner quelque temps encore à ne connaître avec quelque détail que les actes du clergé. Tous cependant, nous devons le dire, ne portent pas le cachet du désintéressement.

Un seigneur du pays, nommé Guillaume-Ramond de Bastre (2), avait demandé en mourant d'être ense-

---

(1) Manuscrit du Séminaire. — (2) Marca, liv. 4, ch. 19. *Gallia Christiana*. Cartulaire de St-Pé. Manuscrit du Séminaire.

veli dans l'église de St-Pé. Les moines avertis aussitôt par les parents se rendirent, précédés de la croix et suivis des torches funèbres, dans la maison mortuaire, et y firent l'office de la nuit. Le lendemain, ils se disposaient à ensevelir le cadavre, lorsque survint à main armée, Bernard d'Ascreix, archidiacre de Tarbes, qui, nonobstant leur opposition, enleva le cercueil et le conduisit à Lourdes. L'évêque l'attendait sur la place du marché et le fit transporter dans la cathédrale. Cet évêque était Odon ou Dodon Ier, successeur de Hugues Ier qui avait remplacé Pons et s'était à peine assis sur la chaire pontificale. L'abbé de St-Pé était absent, il accompagnait à Rome l'évêque d'Oleron où celui-ci allait rendre compte de sa légation. Les moines déférèrent aussitôt la violence au métropolitain et au comte Centule, qui jugèrent à propos d'attendre le retour de l'abbé et surtout celui de l'évêque d'Oleron. Amat jouissait dans toute la province d'une haute considération due à ses talents, à ses vertus et sans doute aussi à la confiance dont l'honorait le saint-Siége. Centule convoqua enfin à Lourdes même une assemblée mi-partie d'ecclésiastiques et de laïques où, à côté du vicomte de Béarn et de ses barons, siégèrent Amat et les abbés de St-Savin et de la Reoule. L'évêque de Tarbes y fut condamné d'une voix unanime, et pour indemniser le monastère il lui abandonna les dîmes de Séméac et reçut en échange le *casal* de St-Martial que les moines possédaient près de sa cathédrale.

Peu après cette sentence, nous voyons Centule et l'évêque Dodon s'associer pour donner à St-Victor de Marsillac l'abbaye de St-Sever de Rustan.

Pendant que le vicomte de Béarn s'occupait ainsi

d'œuvres de piété, un orage violent s'était formé contre lui au delà des Pyrénées. Sanche-Ramire vint l'attaquer (1) à la tête de forces considérables. On ignore les événements qui signalèrent cette guerre. On sait seulement que les habitants du Lavedan prirent la fuite devant les bandes Espagnoles, abandonnant à leur rapacité leurs maisons et leurs biens ; et que, durant leur fuite, Richard et Guillem de Solon s'emparèrent de la vallée de Cauterets et s'y maintinrent durant une année au préjudice de l'abbaye de St-Savin. Mais sur la plainte de l'abbé Ebrard, il fut ordonné un duel dans lequel le champion des Solon ayant été vaincu par celui des moines, la vallée fut restituée au couvent.

La paix ne tarda pas à se rétablir par la médiation d'Alphonse, roi de Castille, de Guy, comte de Poitiers et de Guillaume, son fils; et Centule rendit hommage au roi d'Aragon, soit pour le Bigorre, soit pour la vallée de Tena qui lui appartenait; d'où l'on a auguré que Sanche n'avait passé les Pyrénées que pour l'y contraindre. Dès ce moment, le vicomte se montra fidèle vassal. Cette fidélité lui coûta même la vie. Il volait en 1088, au secours de son suzerain. En passant dans la vallée de Tena, il demanda l'hospitalité à Garsias, fils d'Asnar-Athon (2) qui lui devait l'*albergade* ; mais pendant qu'il se reposait sous la double foi de l'hospitalité et du vasselage, le traître Espagnol l'égorgea avec toute sa suite; et pour se dérober au juste courroux de Sanche-Ramire, il s'enfuit chez les Maures, entraînant sur ses pas tous ses complices. Galinde, frère du meur-

---

(1) L'Art de vérifier les dates, tome 2. — (2) L'Art de vérifier les dates. Marca, liv. 4, ch. 11.

trier, accompagnait alors le roi en Castille. On ne pouvait sévir contre lui; on rasa les maisons des assassins et on expulsa à jamais de la vallée toute la descendance d'Asnar-Athon.

Centule laissait trois enfants. Gaston, le fils de Gisla, lui succéda dans le Béarn malgré la tache que le mariage de sa mère jetait sur sa naissance. Bernard, l'aîné des fils de Béatrix, eut le Bigorre sous la tutelle de sa mère. On ignore quel fut d'abord l'apanage de Centule le dernier. Nous le verrons plus tard succéder à son frère Bernard, dans le comté de Bigorre.

Bernard Tumapaler l'avait précédé dans la tombe. Les livrées et les pratiques de la religion ne paraissent pas avoir rendu la paix à son cœur. La honte se cache mal sous tous les habits, et l'honneur perdu ne se retrouve guère même dans le sanctuaire le plus saint. Afin de s'étourdir, il erra à toutes les solennités religieuses et parut à toutes les grandes donations de son époque. Conduit par cette vie nomade, il retourna à Morlas, peu après la fondation du couvent de Ste-Foi, pour y visiter son neveu qui habitait le château de cette ville, première résidence des vicomtes de Béarn. Il y tomba malade et y mourut le 19 janvier, nous dit le nécrologe de St-Mont qui n'assigne point l'année. Ermengarde lui avait donné deux fils (1). Géraud II, l'aîné, gouvernait depuis longtemps l'Armagnac, et dans ce long gouvernement nous n'avons pu recueillir que deux faits. En 1073 il livra, aidé de son frère Arnaud-Bernard, un combat à Centulion, comte ou

---

(1) Oihénart, l'Art de vérifier les dates, Grands Officiers de la couronne.

vicomte de Lescar; mais la cause et l'issue du combat, on les demanderait vainement au cartulaire qui nous a transmis l'action (1). Le 11 juin de cette même année, il transigea avec Odon Ier, fils et successeur d'Arnaud, vicomte de Lomagne, sur l'exécution du traité passé entre leurs pères.

Ce traité fut ratifié de nouveau ; et en dédommagement de certaines conditions qui n'avaient pas été remplies, Géraud (2) céda à Odon tous les droits qu'il pouvait prétendre dans la ville de Lectoure et sur la vicomté du chef de sa femme Azeline, fille unique d'un autre Odon de Lomagne. Cet Odon était le dernier représentant d'une des branches vicomtales et peut-être le fils d'un Arnaud, qu'Oihénart place entre Raymond et celui que nous avons appelé Arnaud Ier. On voit ici que dans le xe et xie siècle, la vicomté était partagée entre trois maîtres : l'abbaye de Condom, héritière de Hunaud, fils de Gombaud, les vicomtes de Gascogne et les ancêtres d'Azeline. La dernière convention faisait disparaître ce dernier lot et concentrait les deux grandes parties entre les mains d'Odon Ier. Celui-ci vivait encore en 1090, car il fortifia alors la ville de Lupiac, près d'Aignan (3), dépendante de la châtellenie de Bats. On ne sait point le nom de sa femme, on n'est pas même bien certain du nom de son fils ; mais la descendance se renoue par son petit-fils, dont la naissance est prouvée, et qui s'appela Odon comme son grand-père. A celui-ci, Oihénart (4) donne encore pour fille une autre Azeline, mariée à Bernard, seigneur de

---

(1) L'Art de vérifier les dates. —(2) Le même. — (3) Le même, tom. 2, pag. 281. —(4) *Notitia Vasconiæ*, pag. 480.

Fourcés, et dom Clément fait remarier cette Azeline après la mort de Bernard de Fourcés, à Géraud d'Armagnac. Géraud mourut vers l'an 1080 et fut remplacé par Arnaud-Bernard ou Bernard III son frère que d'autres appellent son fils.

Aymeric II, comte de Fezensac, que son père Guillaume-Astanove avait associé à l'administration, est plus connu que Géraud. Il eut d'abord un long et vif démêlé avec Guillaume de Montaut, au sujet de quelques moulins qu'il avait fait bâtir dans la ville d'Auch, malgré l'archevêque et son chapitre. Les villes épiscopales de la province et même d'une grande partie de la France, relevées ou restaurées par les évêques, étaient restées entre leurs mains. C'est la première source de la puissance féodale de l'église. Elle garda ce qu'elle avait créé ; de là, la lutte entre les prélats et les seigneurs. On ne la comprendra bien que lorsqu'on connaîtra l'origine des propriétés seigneuriales. Vienne donc leur histoire ! Notre siècle avec ses idées positives nous paraît l'appeler de ses vœux. Une transaction passée en 1088 consacra les droits de l'archevêque (1). Le comte, pour se rédimer des frais de construction, conservait la jouissance des moulins, mais à sa mort il les abandonnait à Guillaume et à son chapitre, et si même il entreprenait le voyage de la Terre-Sainte, à son départ l'église de Ste-Marie entrait en possession immédiate.

La paix fut si complètement cimentée, qu'Aymeric restitua presqu'aussitôt à l'église la terre allodiale de Gonfalason (2) qu'il tenait d'un seigneur qui l'avait

---

(1) Cartulaire d'Auch, Manuscrit de M. d'Aignan. — (2) Chronique du Diocèse d'Auch.

usurpée sur la métropole. La restitution ne fut pas gratuite. L'archevêque et ses chanoines comptèrent à Aymeric 80 sols monnaie d'Auch, porte la charte. Nous trouvons quelques autres exemples de semblables expressions. Veulent-elles dire qu'Auch avait sa monnaie propre, frappée dans son sein et à son coin? quelques auteurs l'ont cru, et il n'y aurait là rien d'étonnant. Un grand nombre de prélats jouissaient dans le moyen âge de ce privilége. Toutefois, nous pensons qu'il s'agit simplement de la monnaie ayant cours à Auch, n'importe le lieu où elle aura été frappée. Cette restitution fut suivie de celle de Monbert (1), qu'Astanove, père d'Aymeric, avait donné à Raymond Buffa pour un cheval, et que le fils de ce Raymond avait rendu à Aymeric.

Vers la même époque, le comte, cédant aux pressantes sollicitations de l'archevêque, donna à Cluny le monastère de St-Luper d'Eauze, fondé par Bernard Ier, son bisaïeul (2). Le relâchement s'y était introduit, et au langage concis et énergique de la charte, on dirait qu'il était plus grand que dans la plupart des autres maisons de la Gascogne. St-Hugues y éteignit le titre d'abbé et n'y laissa qu'un prieuré. Quelques années plus tard, le comte ratifia entre les mains de l'archevêque la donation ou plutôt la vente de la seigneurie de Ste-Christie, faite par son père pour le prix de cent sols morlas. Soixante nouveaux sols payèrent cet acte passé à Eauze, sous l'ormeau qui s'élevait devant l'église de St-Luper, et dans le voisinage du nouveau prieuré. Astanove, fils d'Aymeric, ratifia à son tour la

---

(1) Cartulaire d'Auch, Chronique du diocèse d'Auch, Manuscrit de M. d'Aignan. — (2) Les mêmes.

transmission sous l'ormeau planté à la porte de la salle de sa maison comtale d'Auch, en présence de son père, de sa mère, d'un de ses oncles, de Raymond-Bernard de Montaut et de Géraud d'Orbessan (1).

Aymeric ne fut pas le seul membre de sa famille qui combla de libéralités notre métropole. Arnaud, le second de ses fils, qui avait embrassé la vie canoniale et qui était devenu prévôt du chapitre, donna Lagraulas, près de Vic, et deux autres terres. Arsius de Montesquiou donna l'église de Ramouzens que lui avait transmise Aurianne de Lamothe, sa mère. Arsius prend dans la charte le titre de Raymond-Aymeric, frère du comte Guillaume Astanove. *Ego Arsius de Montesquivo filius videlicet Raymundi Aymerici fratris comitis Guillelmi Astanove* (*). C'est sur ce titre bien clair et bien positif que la maison actuelle de Fezensac bâtit des prétentions généralement contestées. Nous les examinerons plus tard avec les égards dûs à une antique famille qui sait rehausser la noblesse de son sang par la plus touchante bonté, mais aussi avec l'indépendance de l'histoire. Otger de Montblanc et Perdigon de Camarade signèrent la donation d'Arsius.

Otger, comte de Pardiac, marchant sur les traces de son parent, donna l'église de St-Christau (1088) (2)

---

(1) Cartulaire d'Auch. M. d'Aignan. Chronique d'Auch, Preuves, page 24.

(*) Les deux comtes abandonnèrent aussi à Guillaume les droits seigneuriaux dûs par quelques tenanciers, savoir : 6 deniers pour un mouton et 12 pour un porc. Le gérant du Chapitre pouvait diner chez ces tenanciers, qui devaient lui servir du pain, du vin, des œufs frits et des noix, et qui devaient encore de l'avoine pour un cheval et des poules à la Nativité de la Vierge.

(2) Cartulaire d'Auch. Chronique, Preuves, page 23.

par un acte où nous voyons figurer Odon de Bassoues, Odon de Peyrusse, Audibert d'Aux, Arsius-Fort de Mored et Garsias, abbé de Mascaras. C'est tout ce que nous savons de cette abbaye qui n'a laissé aucune trace dans les souvenirs historiques, ce qui nous porterait à croire que Garsias était un de ces abbés laïques si fréquents en Béarn, et que l'on appelait de ce nom, parce qu'ils possédaient une partie des droits, biens, rentes ou dîmes qui avaient dans l'origine appartenu aux monastères. Otger était fils(1) de Bernard Pelagos, le premier comte de Pardiac. Bernard eut cet Otger de Marquèse, sa première femme. Après la mort de Marquèse, il épousa Biverne, fille de Ramire, roi d'Aragon, qui lui donna un second fils, nommé Raymond, et qui devenue veuve, se remaria à son tour avec Aymeric, comte de Fezensac. C'est du dernier mariage que naquirent Astanove II, successeur d'Aymeric, et Arnaud, le prévôt d'Auch, dont nous venons de parler. Les Pardiac portaient pour armes d'*argent au lion de gueules avec un orle de corbeaux de sable.*

Otger eut d'Amanène, sa femme (2), Urset, mort avant son père et sans postérité, Arnaud qui lui survécut, mais n'eut point d'enfants comme son aîné, Guillaume, qui succéda à son frère et continua la famille, enfin Aymeric dont on ignore la destinée. A ces quatre fils, il faut ajouter deux filles, Indie et Marquèse. Leur père est le premier qui ait pris le surnom de Monlezun(3), de son principal château (*).

(1) L'Art de vérifier les dates, Grands Officiers de la couronne. — (2) Les mêmes. — (3) Cartulaire d'Auch, Chroniques d'Auch, M. d'Aignan.

(*) L'auteur de cette histoire, né dans l'obscurité d'une famille plébéienne, n'a nullement l'honneur d'appartenir ni aux Monlezun-Pardiac, ni aux diverses branches nobles qui portent ce nom.

A l'exemple de leur suzerain, les seigneurs particuliers se montraient généreux. En 1078, nous trouvons une dame Palumine, assistée de ses fils Guillaume et Léon, donnant à Ste-Marie l'église de Marseillan sur l'Arros, avec le droit de prendre dans la forêt voisine le bois nécessaire pour bâtir une église et des habitations, et d'y conduire les animaux et surtout les porcs(*). Des monastères en nourrissaient jusqu'à 1000. Un parent de l'archevêque restitua St-Mamet en Magnoac et St-Aurense en Astarac et reçut cent-dix sols et un beau cheval sellé et bridé. Hugues de Ste-Christie donna la terre de Gavarret, près de Fleurance, avec son fils Arnaud pour en faire un chanoine. Il réserva toutefois la moitié de la jouissance. A sa mort, cette jouissance devait passer à Arnaud si l'état religieux lui déplaisait, mais alors il devait rendre à l'archevêque douze sols de bonne monnaie que Hugues en avait reçu; et si Arnaud ne voulait pas ou ne pouvait pas compter cette somme, l'archevêque était autorisé à garder la terre entière, en assurant au fils du bienfaiteur un entretien conforme à sa naissance. Mais toujours la rente ou la jouissance s'éteignait avec Arnaud.

(*) C'était l'animal le plus généralement élevé dans le pays à cause de nos immenses forêts. Sa chair était l'aliment ordinaire du riche et presque la seule viande que connût le pauvre.

CHAPITRE IV.

Mort d'Aymeric, comte de Fezensac. — Concile de Clermont. — Mort de l'archevêque d'Auch, Guillaume de Montaut. — St-Bertrand de Comminges. — Mort de Béatrix, comtesse de Bigorre. — Première croisade. — Les sires d'Albret. — Prise de Jérusalem. — Premier affranchissement en Béarn. — Astanove, comte de Fezensac, part pour la croisade. — Raymond, son frère utérin, élu archevêque d'Auch. — Vicomtes de Gavarret, — Monastère de Bassoues, — Astanoye meurt. — Azaline, sa fille, épouse Bernard III, comte d'Armagnac.

Aymeric, qui avait si puissamment aidé de ses exemples à ces pieuses libéralités, mourut de l'an 1088 à 1090 (1). Sur la fin de ses jours, il voulut expier mieux encore la longue excommunication qui avait pesé sur lui, et entraîné par les idées de son siècle, il résolut d'entreprendre le pèlerinage de la Terre-Sainte; mais son âge et ses infirmités le forcèrent à renoncer à son dessein. Guillaume de Montaut devait pousser plus loin sa carrière. En 1089, il approuva une confrérie (2) érigée dans la paroisse de St-Pierre-de-Lillette-Sorimonde. C'est la plus ancienne que nous connaissons dans le diocèse; les statuts, au nombre de onze et l'approbation sont en gascon. Tandis que les rois de France et le clergé du nord n'employaient jamais que le latin, les comtes de la province et souvent les prélats se servaient de la langue du pays. Nos lecteurs regretteront

(1) M. d'Aignan, Oihénart et après lui les Grands Officiers de la couronne le font vivre en 1088. L'Art de vérifier les dates n'assigne pas l'époque de sa mort. — (2) Dom Brugelles, Manuscrit de M. d'Aignan.

peut-être avec nous que ces statuts ne nous aient pas été conservés en entier. On ne surprend jamais mieux les mœurs d'un peuple que dans les règlements intimes qui lient les individus. Par le troisième article, tous les confrères, après avoir assisté à la messe le jour de la fête patronale, devaient manger ensemble *honnêtement tant pauvres que riches.* Dans toutes ses institutions, l'église tendait à rapprocher les rangs et minait ainsi sourdement et par sa base la féodalité, née dans le fond de la Germanie sous l'égide du polythéisme. Le christianisme l'avait subie, modifiée, réglementée peut-être, parce que sa divine mission était d'améliorer et non de détruire; mais il ne l'avait point fait éclore comme l'imaginent les esprits superficiels ou prévenus.

Grégoire était mort (1085) loin de Rome, répétant humblement ces belles paroles du prophète qui racontent toute sa vie : *j'ai aimé la justice et haï l'iniquité voilà pourquoi je meurs en exil;* mais à travers bien des résistances son autorité avait purifié le sanctuaire, réveillé l'Europe, annoncé les croisades. Urbain II, un Français que sa voix mourante avait désigné à la papauté et qui monta sur la chaire de St-Pierre après les longues hésitations et le court pontificat de Victor III, poursuivit avec succès l'œuvre de la régénération. Sous son impulsion, les Conciles succédaient aux Conciles. Amat, transféré d'Oleron à Bordeaux et toujours revêtu du titre de légat du saint-Siége, en assembla, en 1093, un à Bordeaux, où parurent l'archevêque d'Auch (1) avec Dodon de Tarbes et Etienne de Saintes, qui avait remplacé à Bazas Raymond-le-Jeune, mort peu de mois avant Grégoire VII.

---

(1) *Gallia Christiana*, Dom Brugelles.

Deux ans après, Guillaume, malgré son âge, traversait les Alpes, accompagné de quatre de ses suffragants, Sanche Ier de Lescar, Guillaume de Couserans, Dodon de Tarbes et Odon de Benac, qu'Amat avait fait élire à Oleron, quand il avait quitté ce siége. Ils accouraient à une assemblée qu'Urbain avait convoquée à Plaisance et qu'il présida lui-même (1). A cette assemblée il fallut l'étendue des champs, nul édifice n'était assez vaste pour la renfermer. On n'y compta pas moins de deux cents évêques ou archevêques, quatre mille clercs et quarante-mille laïques. Sanche de Lescar y réclama (2) St-Pé-de-Générez ; mais l'évêque de Tarbes étant mort durant le Concile, les réclamations furent ajournées. Le Souverain Pontife passa bientôt en France et rassembla, le 18 novembre 1095, un nouveau Concile à Clermont (3), en Auvergne. Suivant l'historien Berthol, il s'y trouva treize archevêques et deux cent cinq prélats portant crosse, tant évêques qu'abbés ; d'autres en comptent jusqu'à quatre cents. La ville ne put contenir la multitude : les villages voisins se remplirent de peuple. Des tentes furent dressées au milieu des champs. Parmi les archevêques, on remarquait Guillaume de Montaut. Nous ignorons le nom de ceux de ses suffragants qui l'avaient suivi. Les premières sessions furent consacrées au maintien de la discipline ecclésiastique et au renouvellement de la trêve de Dieu. Mais, quand dans la dixième le pape plaçant à côté de lui le pauvre et célèbre *Pierre l'Hermite*, lui eut donné la parole (nous citons (4) M. Gaillardin) et l'eut prise lui-même

---

(1) Le Père Labbe, tom. 10. *Gallia Christiana*. — (2) *Gallia Christiana*. — (3) *Eadem*. Le Père Labbe, tome 10. — (4) Histoire du moyen âge, 4e cahier, page 27.

avec éloquence au nom des chrétiens d'Asie, ce ne fut qu'un cri dans cette assemblée : Dieu le veut, Dieu le veut.... « Oui, répondit le pontife, Dieu le veut. Il a promis de se trouver au milieu des fidèles rassemblés en son nom, et voilà qu'il vous a lui-même dicté cette parole. » Il leur présente une croix ; un cardinal prononce une formule de confession, tous tombent à genoux et reçoivent l'absolution de leurs péchés.

L'évêque du Puy, Adhémar de Monteil, demanda le premier à entrer dans la voie de Dieu et reçut la croix des mains du pape (*). Les autres décorèrent leurs vêtements d'une croix rouge et prirent le nom de Croisés, *porte-croix*. Bientôt, dans tout l'Occident, on ne connut plus que cette parole : Quiconque ne porte pas sa croix et ne vient pas avec moi, celui-là n'est pas digne de moi.

Les décrets du Concile de Clermont promettaient à tous les Croisés la rémission de leurs péchés : l'église prenait sous sa garde leurs personnes, leurs familles et leurs biens ; les dettes étaient suspendues pendant le voyage de la Terre-Sainte. Les Croisades étaient une grande trêve de Dieu, la première répression du désordre féodal. Aussi, de toutes parts, les pauvres, les opprimés, sans inquiétude, faisaient bénir des croix par les prêtres, comme Dieu avait béni la verge d'Aaron, la terreur des rebelles et des impies.

Pendant que se faisaient les préparatifs du départ fixé par le pape à la fête de l'Assomption 1196, l'archevêque Guillaume de Montaut, à peine rentré dans

---

(*) La croix, dans les expéditions d'outre-mer, se plaça sur l'épaule. Dans la guerre contre les Albigeois on la mit sur la poitrine, et c'est là qu'elle est restée depuis dans toutes les institutions de chevalerie.

sa province, alla consacrer (1) le grand autel de l'église de Sos, l'ancienne capitale des Sotiates, alors dans le diocèse d'Auch et maintenant dépendant d'Agen. Il fut assisté dans cette cérémonie par Simon II, évêque de ce dernier siége, et par Pierre d'Aire, qualifié dans la charte d'évêque de Marsan, sans doute à cause de l'ancienne vicomté de Marsan, qui composait la plus grande partie de son diocèse. Le 14 octobre de la même année, Guillaume fut appelé à consacrer l'église de St-Pé-de-Générez. La solennité réunit, avec le métropolitain, Bernard d'Asereix, archidiacre de Tarbes, élu au premier bruit de la mort de Dodon, Sanche de Lescar, un autre Bernard de Dax et Odon de Benac, qui en succédant à Amat avait conservé le titre d'abbé du monastère. Béatrix, comtesse de Bigorre, veuve de Centule, Gaston, vicomte de Béarn et Astanove, comte de Fezensac, y parurent à la tête d'une nombreuse et brillante noblesse. On y comptait Auger, vicomte de Miramont et ses enfants, Bernard de Castelbajac, Bernard de Benac, Pierre de Juillan et ses frères, Garsias-Donat d'Orbeac et ses frères, Pierre de Vidouze, Odon d'Auriabat, Raymond d'Ossun, Comtebon d'Antin et ses frères, Guillem de Seres, Guillem-Bernard de St-Pastou, Odon de Barèges, Raymond-Guillem d'Asereix, Odon, son frère, R. de Domi, Arnaud-Raymond d'Espouey, G.-R. d'Espouey, Olivier d'Auriac, Cagnard d'Astè, Olivier d'Arbocave, Rolland, son frère, Guillaume Garsie de Miossens, Aneloup d'Andouins, Raymond Garsie de Gavaston, Guillaume-Raymond de Saulx, Raymond-Ezei de Basier, Ray-

(1) Dom Brugelles, M. d'Aignan.

mond-Auriol de Laruns, Raymond-Arnaud de Buzi, Bernard-Guillaume d'Escots, Guillaume-Arnaud de Castel, Arnaud-Amery de Montaner et ses enfants, Raymond de Lavedan, Arnaud et Bernard de Fiis, Bernard-Raymond de Spars et ses enfants, Sanche-Garsie de Alea.

Après la cérémonie, Béatrix et Gaston confirmèrent tous les priviléges octroyés à l'abbaye par leur prédécesseur. Gaston les avait déjà ratifiés peu après la mort de son père, en présence de ses principaux vassaux et de Bernard, comte d'Armagnac (1). Il désirait alors recouvrer pour son usage treize vases d'argent et deux pinces ou ciseaux que Centule avait donnés à St-Pé. Odon de Benac s'empressa de les rendre, et le vicomte, pour lui témoigner sa gratitude, accorda tout ce que l'abbé demanda, et y ajouta entr'autres dons quelques paysans, les uns appartenant à ses domaines, les autres engagés temporairement à sa vicomté. L'archevêque d'Auch survécut peu à cette consécration. Il mourut le 15 avril de l'année suivante 1096, comme le portent les nécrologes de St-Sever, de St-Mont et de St-Orens.

St-Bertrand remplissait alors la province du bruit de ses vertus (2). Né, comme nous l'avons vu, à *Ictium Castrum*, aujourd'hui l'Isle-Jourdain, fils de Raymond Atton et neveu du comte de Toulouse, il reçut sous les yeux de ses parents une éducation conforme à sa naissance. On remarqua bientôt en lui, avec les vertus de son âge, un esprit vif et des inclinations nobles; mais il

---

(1) Marca, liv. 5, ch. 4. — (2) *Gallia Christiana*. Histoire manuscrite tirée de la bibliothèque du Séminaire d'Auch.

se distingua surtout par sa grâce et son adresse, dans tous les exercices corporels qui formaient la principale occupation de la jeune noblesse. Guillaume de Montaut, ami de son père, lui conseilla de placer son fils sous la conduite des moines de la Chaise-Dieu en Auvergne, dont St-Bernard venait de fonder l'institut. Dans ce nouvel asile, ses maîtres cultivèrent avec soin son heureux naturel ; mais l'élève ne tarda pas à échapper de leurs mains pour revêtir le heaume et la cotte de mailles. A son âge se mêler à la vie des camps, vie si facile et si ouverte aux plaisirs, l'épreuve était dangereuse ; Bertrand en triompha. Les premiers biographes nous racontent longuement la piété qu'il déploya sous les armes.

Mais ses goûts l'entraînaient ailleurs. Il déposa le casque et alla demander une place à Isarn, évêque de Toulouse, qui par le conseil de l'archevêque d'Auch, venait d'établir la vie claustrale dans son chapitre. A l'ombre des autels, ses vertus brillèrent d'un nouvel éclat. Aussi, l'évêque en fit-il, peu d'années après, son archidiacre. Otger, évêque de Comminges, étant mort sur ces entrefaites, Bertrand fut élu d'une voix unanime pour lui succéder. Isarn et son chapitre applaudirent à ce choix, mais ils ne consentirent à le voir s'éloigner qu'autant qu'il conserverait son canonicat et son archidiaconé. On n'est d'accord ni sur l'année de son élection, ni sur l'époque de son sacre ; on varie même sur celle de sa naissance. On sait toutefois qu'il fut sacré à Auch par Guillaume de Montaut, et que cette cérémonie précéda l'année 1084, car il assista alors avec son métropolitain et les évêques d'Aire, de Bazas et de Tarbes, à l'acte par lequel l'évêque de Dax rendit Puntous à l'abbaye de Fleury.

Il s'occupa d'abord de sa cathédrale. Elle gisait avec la cité de Convennes, sous les ruines où les avaient laissées les généraux de Gontran; et quoique les prédécesseurs du prélat eussent depuis longtemps fondé la collégiale de St-Gaudens, ils faisaient leurs offices dans l'église de Valcabrère, la plus ancienne basilique peut-être de la province, mais certainement une des plus curieuses. Bertrand reprit au haut de la montagne les premiers fondements assis sur l'emplacement d'un temple païen et y bâtit son église dont, au reste, il n'existe plus que quelques faibles parties, l'édifice actuel n'ayant été commencé qu'en 1307. Bertrand adossa à la cathédrale un cloître qui, malgré de nombreuses mutilations, est le monument le plus complet de cette époque. En même temps il releva les murs de la ville et leur donna toute l'étendue que comporte le rocher sur lequel elle semble perchée. Les avantages qu'il offrit, sa naissance, la dignité dont il était revêtu, si vénérée alors, et plus encore la haute réputation de sainteté dont il jouissait au loin, y attirèrent en foule des habitants dont sa charité nourrissait le plus grand nombre.

Béatrix, comtesse de Bigorre, trouva moins de sympathie autour d'elle. Des affaires l'ayant conduite dans la vallée de Barèges (1), elle faillit y être arrêtée par le peuple; mais les notables du pays, plus sensés, firent échouer ce projet. La comtesse, échappée à ce danger, se fit beaucoup prier pour pardonner, et elle n'accorda grâce qu'à condition que lorsqu'elle ou son mari, qui vivait encore, iraient dans la vallée, les habitants leur fourniraient quarante ôtages au delà de ceux qu'ils

---

(1) Marca, liv. 9, ch. 77. Manuscrit du Séminaire.

étaient obligés de donner suivant les anciens usages. Après la mort de Centule, Béatrix fut attaquée par ses voisins avec acharnement, (*ab prœda et ab fueg*, avec proie et feu). Elle somma aussitôt les Barègeois de venir à son aide, mais ils exigèrent qu'elle les déchargeât des quarante ôtages, et la comtesse fut forcée d'y consentir. Ils ne devaient pas plus ménager le fils qu'ils n'avaient ménagé la mère : *Après la condessa morta que avian escarnida la maïré, escarniron lé filh* (1). Le jeune Centule étant allé dans la vallée pour y lever les redevances et se faire payer des amendes, les habitants de la haute vallée se révoltèrent et firent leurs efforts pour l'arrêter et même le tuer. Ils auraient exécuté ce complot, si les communautés de la basse vallée ne se fussent jointes au comte et ne l'eussent défendu. Le comte ne fut pas moins outré que sa mère, et toutefois il n'exigea que le rétablissement des quarante ôtages imposés par elle. On ignore l'époque de la mort de Béatrix ; elle arriva vraisemblablement au moment où les Croisés abandonnèrent leurs foyers.

L'Europe entière s'était ébranlée ; l'enthousiasme était universel. Hommes, femmes, enfants, prêtres, moines, pieuses et timides recluses, tout se précipitait vers l'Orient. On porta cette multitude à huit cent mille âmes ; proie immense qu'attendait la mort. Avant qu'on eût atteint les rivages de la Syrie, les maladies, la faim, le fer et trop souvent l'excès de leurs désordres en moissonnèrent plus des trois quarts. Aucun roi ne prit part à l'expédition, mais une foule de princes et de seigneurs suivirent l'impulsion ou la devancèrent (2). A

---

(1) Manuscrit du Séminaire. — (2) Histoire de France, par Gabourd, tome 1.

leur tête, on remarquait Hugues de France, frère de Philippe I*er*, Robert, duc de Normandie, Robert, comte de Flandre, Boémont et son neveu Tancrède, Raymond de St-Gilles, comte de Toulouse, le plus puissant par ses terres et ses vassaux, et le plus fervent sinon le plus dévoué, car il avait fait vœu de ne jamais rentrer dans sa patrie et d'employer le reste de ses jours à combattre les infidèles; et ce vœu il l'observa religieusement. Enfin, au-dessus de tous brillait le pieux, le chaste, l'intrépide Godefroi de Bouillon, qui avait vendu son duché de Lorraine, et s'en allait avec ses deux frères, Eustache et Baudouin, expier au delà des mers les exploits qui l'avaient illustré au service de l'empereur Henri IV.

Autour des bannières du comte de Toulouse, se rangèrent Raymond (1), seigneur de l'Isle-Jourdain et frère de St-Bertrand de Comminges, Gaston, vicomte de Béarn (2) et Centule, son fils, Roger II (3), comte de Foix, qui aliéna des terres et vendit ses droits sur le Raséz pour pourvoir à son équipement; enfin, Amanieu II d'Albret (4), fils et héritier d'Amanieu I*er*, qu'une charte de Condom mentionne en 1050. Ces deux Amanieu sont les premiers d'Albrets dont l'existence soit incontestable, quoique Oihénard (5) qui les fait descendre des rois de Navarre, et qu'une ancienne généalogie manuscrite (*) du XIV*e* siècle qui les ratta-

---

(1) Dom Vaissette, tome 2, p. 291. — (2) Marca, l'Art de vérifier les dates, et Dom Vaissette. — (3) Dom Vaissette, même page. L'Art de vérifier les dates. — (4) Les mêmes. — (5) *Notitia Vasconiæ*, page 487 et 88.

(*) Les d'Albrets portèrent longtemps pour armes de *Gueules plein*; mais le connétable Charles d'Albret *écartela de France* et

tache à Garsias-Ximénès, comte de Bigorre, nomment avant eux plusieurs membres de cette famille. La double erreur d'Oihénard et du généalogiste nous fait entendre qu'ils appartenaient à la souche Mérovingienne, peut-être à la même branche que les comtes d'Agen et les vicomtes de Lomagne, leurs voisins. Leur seigneurie, titrée de sirerie et d'abord assez bornée, prit son nom du bourg d'Albret, Labret, ou plutôt Labrit (*Leporetum*, pays de lièvres) dans les Landes, mais elle s'agrandit dans la suite, et outre Nérac, sa capitale, elle renferma Casteljaloux, Ste-Bazeille, Castet-Aillas, Milhau, Puynormand, Castel-Moron et quelques autres villes moins importantes.

Les seigneurs de Lisle, de Béarn, de Foix et d'Albret furent suivis de plusieurs de leurs chevaliers. Toutefois l'histoire n'en désigne aucun. Pour les connaître, il faudrait aller demander leurs noms aux généalogies des familles, source à laquelle nous n'avons puisé qu'avec une extrême réserve.

Nous ne suivrons pas les Croisés en Asie. Nous observerons seulement qu'à la journée d'Iconium (1), nul chevalier n'éclipsa Gaston de Béarn; qu'à la bataille d'Antioche où il commandait sous Tancrède, il cueillit

---

ses descendants suivirent son exemple. On sait que, selon l'opinion commune, le blason naquit des croisades, mais ce que l'on sait peut-être moins, c'est que les armes des comtes de l'Isle-Jourdain étaient les armes du comte de Toulouse, et que celles-ci n'étaient autres que le signe apparu à Constantin, une croix cléchée, vidée et pommetée. Raymond de St-Gilles l'adopta en souvenir de son expédition d'outre-mer.

(1) *Guibertus abbas. Albertus Aquensis.*

de nouveaux et éclatants lauriers ; que lorsque l'armée fut arrivée devant Césarée, Raymond de l'Isle-Jourdain (1) saisit un des courriers que le gouverneur dépêchait au loin pour engager les peuples à s'enfuir en resserrant les vivres et amenant leurs troupeaux, et qu'ayant ainsi dévoilé sa perfidie, il le força à revêtir d'autres sentiments; ce qui procura entr'autres choses, aux Croisés, jusqu'à mille chevaux dont ils avaient un extrême besoin. Mais nulle part les talents et la bravoure de Gaston ne brillèrent autant que sous les murs de Jérusalem, où les troupes Franques arrivèrent enfin le 7 juin 1099.

Suivi seulement de trente de ses chevaliers, le premier il en aperçut les tours et en reconnut les environs. Durant le siège, il fut chargé des machines de guerre par Godefroi et les comtes de Normandie et de Flandre, qui prièrent *ce magnifique et excellent seigneur* d'y donner tous ses soins. Ainsi s'exprime Guillaume de Tyr (2). Ce Gaston était, ajoute Raymond d'Agiles, un très noble prince, très honoré de tous pour ses services et sa probité. Il excellait dans l'art militaire, dit un autre chroniqueur (Albert) (3).

Aussi, le vendredi 14 juillet, à trois heures, lorsque Godefroi s'élança le premier dans la ville sainte, lorsque Amanieu d'Albret, qu'un document fait, je ne sais à quel titre, parent du premier roi chrétien de la Palestine, y sauta le second, Gaston suivit de près avec Tancrède et quelques autres chefs; et dans l'enivrement de la victoire, quand le sang ruisselait de toutes parts, son

---

(1) Guillaume de Tyr. Raymond d'Agiles. — (2) Liv. 8, ch. 10. — (3) Voir, pour toutes ces citations, Marca, p. 359.

humanité vint rehausser son courage. Ecoutons un témoin oculaire traduit par Marca (1). « Les Sarrasins se retranchèrent dans le temple de Salomon, où il y eut un rude et très âpre combat tout le jour. Enfin, les chrétiens s'étant rendus maîtres du temple, tuèrent un grand nombre de ces infidèles de tous âges et de tous sexes, à la réserve de ceux qui s'étaient retirés sur le haut du temple auxquels Tancrède et Gaston de Béarn, donnèrent la vie et leurs bannières, et s'en allèrent en même temps par la ville faisant de grands et riches butins d'or et d'argent, de chevaux, de mules et de maisons entières remplies de toutes sortes de richesses. » (*Petrus Tudebodus*).

La prise de Jérusalem fut suivie de près par la bataille d'Ascalon, livrée le 14 août. Tancrède et Gaston y commandèrent le 6ᵉ corps, et parmi les mieux combattants de la journée, Tudebeuf (2) remarque le duc de Normandie, le comte de Flandre, Tancrède et Gaston. Le vicomte ne séjourna pas longtemps sur les rives du Jourdain. Le grand sépulcre était conquis, la croix brillait sur le calvaire; le but semblait atteint. Dès le mois de septembre, Robert de Normandie, Robert de Flandre et Gaston de Béarn, retournaient par mer à Constantinople, d'où ils regagnèrent la France.

Gaston avait rapporté de son pèlerinage des idées d'ordre et de piété. Il ne put supporter la vie peu édifiante des moines de Lescar, et engagea (3) l'évêque Sanche à les chasser et à leur substituer des chanoines

---

(1) Liv. 5, ch. 8. — (2) Liv. 1, ch. 8. — (3) Cartulaire de Lescar. Marca.

réguliers. Amat de Bordeaux, le légat du saint-Siége, approuva hautement ce projet qui fut exécuté en 1101. L'évêque de Lescar abandonna à la nouvelle communauté, Carèsse, objet de tant de contestations, Bordes, Assat, Nére, Sévignac, la quatrième partie du pain et du vin de l'archidiaconé du Vicbil, et enfin la justice des églises, des dîmes et des autres plaids, c'est-à-dire les émoluments qui revenaient à l'évêque, des procès intentés pour possessions des églises, ou à raison des dîmes ou autres plaids (*). Gaston ne se contenta pas d'avoir, avec Talèse, sa femme, provoqué ce changement. Il combla lui aussi le chapitre de ses libéralités et lui donna le gouvernement de l'hôpital que sa femme et lui avaient fondé à Lescar et largement doté pour qu'il servît de retraite aux pèlerins et aux indigents. Il ajouta aux rentes primitives la dîme de tous les fruits que lui et ses successeurs renfermeraient dans leurs greniers avec des terres considérables, près du Gave de Lescar. Ce riche hôpital a disparu depuis longtemps et ses biens sont entrés dans la mense capitulaire. L'hôpital qui existait en 1790, était dû à la piété d'un chanoine.

Le jour de Pâques de l'année suivante, Gaston ajouta en faveur du chapitre le péage qu'il percevait sur le pont du Gave, et l'encens (1) que lui valait son péage d'Oleron. Les Sarrasins le faisaient porter d'Arabie en

---

(*) Nous trouvons dans une charte de St-Pé de Générez que dans le jugement de l'eau bouillante, on donnait une pièce d'argent *unum nummum* pour le fer, *pro clave*, et quatre pour la chaudière. De ces quatre pièces, deux appartenaient au monastère de St-Pé, et les autres à l'église cathédrale. Le prêtre qui bénissait l'eau avec la prière, recevait aussi une pièce semblable. La valeur n'en est pas indiquée.

(1) Cartulaire de Lescar. Marca, p. 380.

Espagne, d'où il venait en France à travers les Pyrénées. Il y ajouta aussi pour le luminaire dix sols annuels sur les droits qu'il levait à la foire de Jacca en Espagne, et le vin clairet de sa vigne de Maubec pour le saint sacrifice. Il donna en même temps à l'hôpital la dîme du blé, du vin et du cidre qu'il cueillait dans une partie de son patrimoine. Gaston confirma vers la même époque la donation faite par son père au prieuré de Ste-Foix de Morlas, et y ajouta cinq sols de rente. Morlas avait dès lors tous les ans une course de chevaux. Les concurrents, pour y être admis, payaient un droit au vicomte. C'est sur ce droit que devaient être pris les cinq sols, mais en même temps le prieur (1) devait recevoir à sa table le cavalier vainqueur à la course, le jour de son triomphe, et le défrayer avec deux de ses suivants. Un autre acte est plus remarquable (2). « Moi, Gaston, vicomte de Béarn, *pécheur et pensant à mon salut*, j'affranchis et je déclare libre la ville de Morlas en l'honneur de Dieu, de St-Pierre de Cluny et de Ste-Foi de Morlas, voulant que personne ne puisse prendre un logement, enlever vache, porc, mouton, ou toute chose quelconque, mais que tout soit sauf. » Presque toutes les chartes sont fondées sur le même motif; elles sont accordées pour l'amour de Dieu et le salut de l'âme. La religion, d'accord avec l'humanité, consacrait comme un acte méritoire aux yeux de Dieu l'affranchissement des esclaves. Gaston avait sans doute observé combien l'Italie était florissante depuis que les villes en étaient libres. Cette révolution s'était opérée pendant le xi° siècle. Les croisades avaient mis les princes chrétiens à

---

(1) Cartulaire de Morlas. Marca, p. 387. — (2) Marca, liv. 5. ch. 13.

portée de reconnaître les avantages de cette innovation. C'était sans contredit le moins prévu de leurs résultats. Louis-le-Gros suivit l'exemple de l'Italie. Il établit les communes dans ses états, mais Gaston eut la gloire de le précéder dans cette carrière. Morlas était libre avant que Louis régnât. Ces justes et belles réflexions de M. Faget de Baure, dans son histoire si remarquable du Béarn (1), on aimera à les retrouver ici.

Peu après l'affranchissement de Morlas, Gaston assista à l'assemblée de la Réole (2) qui nous révèle les formes judiciaires du moyen âge, et où l'on jugea Bertrand, comte de Benauges dans le Basadois. Le comte avait établi aux portes de la Réole, l'ancien Squirs, un nouveau péage sur la Garonne. Or, les péages étaient la meilleure source des revenus seigneuriaux; mais comme ils aggravaient le sort des populations adjacentes, entravaient les communications et paralysaient le commerce si faible d'ailleurs, leur établissement était soumis à certaines formalités dont la première était le consentement du suzerain. Les moines, habitants du lieu, et par là plus lésés que personne, se plaignirent à Guillaume, le fils de Gui Geoffroi. Guillaume se contenta de faire des remontrances au comte de Benauges, qui promit de détruire son œuvre, et n'en continua pas moins à rançonner les passants. De là, nouvelles plaintes au suzerain. Celui-ci députa alors des commissaires pour sommer son vassal de se désister sur-le-champ. Mais cette fois la sommation n'obtint qu'un refus formel. Piqué de ce refus, Guillaume se transporta sur les lieux et assembla (1103), à la Réole, la cour de Gascogne.

(1) Pages 103-104.— (2) Marca, L'Art de Vérifier les dates.

Avec Gaston, on y compta les comtes Astanove de Fezensac et Bernard d'Armagnac, et les vicomtes Loup-Aner de Marsan, Vivien de Lomagne et Pierre de Gavarret, ainsi que les évêques Geraud d'Agen et Etienne de Bazas. Bernard de Benauges n'osa pas pousser plus loin sa résistance ; il s'empressa de comparaître, promit non seulement d'abolir le péage, mais encore de donner au duc d'Aquitaine et aux religieux telle satisfaction qu'il plairait à la cour assemblée d'ordonner, et comme on exigea des garants de sa parole, il donna Gaston de Béarn et Pierre de Gavarret.

Le duc d'Aquitaine était à la veille de franchir les mers à la tête de 30,000 combattants, presque tous Gascons ou Aquitains. Astanove, comte de Fezensac, ne put résister plus longtemps aux accents belliqueux qui retentissaient autour de lui. Il dit adieu (1) à une fille unique encore presqu'au berceau et à une épouse chérie qu'il ne devait plus revoir, et joignit sa bannière aux étendards de Guillaume. Ici, écoutons Bajole (2) : « Entr'autres gentils-hommes qui accompagnèrent Astanove, il y en eut deux, l'un desquels était seigneur de Besoles et l'autre seigneur de Beaumont qui s'aimaient comme frères. Ils firent donc avant de partir leur testament, non deux, mais un par lequel ils se faisaient héritiers mutuellement en cas de prédécès l'un de l'autre, et se promettaient une société individuelle et assistance en toutes choses. Il arriva que le seigneur, ou comme dit l'acte, comte de Beaumont mourut au voyage et que l'autre en revint. Il fut donc son héritier en vertu du testament réciproque, et du depuis ces

---

(1) L'Art de vérifier les dates. Grands-Officiers de la couronne.
(2) Histoire sacrée d'Aquitaine.

deux seigneuries de Besoles et de Beaumont ont demeuré unies en la maison qui porte aujourd'hui le nom de Besoles, comme je l'ai appris de la bouche de celui qui est encore vivant, et m'a dit qu'il en a les actes en ses archives. » Le descendant de ce dernier Besoles tiendrait aujourd'hui un autre langage.

Avant de s'éloigner, Astanove vit placer sur le siége d'Auch son frère utérin. Le procès entre les moines de St-Orens et le chapitre, assoupi sous Guillaume de Montaut, s'était réveillé à sa mort. Des deux côtés on députa au souverain-pontife pour chercher à lui arracher une sentence favorable. La lutte soutenue à Rome se poursuivit plus vivement à Auch, où il s'agissait de nommer le successeur de Guillaume. Les moines accoutumés à donner des prélats à la métropole, intriguèrent pour éloigner tout candidat étranger à leur maison. Le chapitre, de son côté, maître du choix, repoussait tout ce qui venait de ses rivaux et voulait un prélat dévoué à ses intérêts. Malgré des prétentions si opposées, la nomination ne se fit pas trop attendre. Les moines crurent un instant avoir triomphé; le choix s'arrêtait sur un des leurs, mais le temps ne tarda pas à dissiper leur illusion. Le nouvel élu (1) était fils de Bernard Pélagos, premier comte héréditaire de Pardiac, et de Biverne qui avait, comme nous l'avons vu, épousé ensuite Aymeric II de Fezensac et en avait eu Astanove et Arnaud, prévôt du chapitre. Il tenait ainsi à la fois aux deux plus puissantes maisons de la contrée. Voué au cloître, il avait pris l'habit religieux à St-Orens où les vœux du chapitre allèrent le chercher.

(1) *Gallia Christiana*. Dom Brugelles. M. d'Aignan.

Astanove, dépositaire de ses sentiments secrets, s'était rendu garant pour lui et avait entraîné les suffrages.

Pour échapper aux embarras de sa position, Raymond, ainsi s'appelait ce frère d'Astanove, ne fut pas plutôt sacré, qu'il se hâta d'aller prendre part au Concile de Saintes que présidait le légat Amat, de Bordeaux, et de Saintes il se dirigea vers l'Italie. Le pape jugeant que sa nomination donnait gain de cause aux moines, et cédant à leurs importunités, prononça en leur faveur et adressa dans ce sens un bref à l'archevêque. Celui-ci était déjà au-delà des Alpes. Sans se douter de la décision, il poursuivit sa route, et parvenu à Rome, il exposa au saint Père le véritable état des choses et le rendit favorable au chapitre. Néanmoins, par respect pour le dernier bref, la sentence ne fut pas promulguée, peut-être même ne fut-elle que verbale. Urbain ne se contenta pas d'acquiescer aux sollicitations de Raymond. Touché de son mérite, il voulut lui donner une preuve de son estime et lui accorda le pallium (1). C'est le premier de nos prélats que nous sachions certainement avoir été revêtu de cet insigne, alors presque toujours marque de distinction personnelle accordée par le saint-siége, mais devenu depuis l'ornement ordinaire de tous les métropolitains. L'accueil si flatteur qu'il trouvait à la cour Romaine et les honneurs dont il était revêtu, ne faisaient pas oublier au prélat le troupeau que le ciel venait de confier à sa houlette. Il quitta la ville éternelle après un séjour de quelques mois et fut reçu à Auch avec des transports de la plus vive joie par le chapitre et les habitants. Les

---

(1) Dom Brugelles. M. d'Aignan.

moines seuls, se voyant joués, crièrent au traître; mais toute réclamation étant inutile, ils attendirent des temps plus opportuns.

Raymond s'était à peine reposé de son voyage, qu'il fut appelé aux funérailles de Pierre I*er*, vicomte de Gavarret (1). Cette maison ne se rattachait nullement à la souche Mérovingienne et ne remontait qu'à Roger, père de Pierre. Quoique maître de la vicomté, Roger ne possédait pas le château de Gavarret qui était tenu par les vicomtes de Lomagne (2). Bernard Tumapaler le retira de leurs mains par une transaction qui nous a été conservée et le donna au vicomte Roger, ainsi que Manciet (*Mansio*, demeure) et une partie de l'Eusan pour s'en faire un appui contre l'archevêque d'Auch avec lequel il était alors en lutte ouverte, à cause de la fondation de Nogaro.

Pierre, fils de Roger, hérita des préventions de son père contre le métropolitain et ce qui lui appartenait. Jaloux de voir s'élever près de lui une cité nouvelle qui en se peuplant enlevait des serfs à ses domaines, et peut-être encore plus poussé par cette haine instinctive qui animait trop souvent les seigneurs du moyen âge contre la bourgeoisie, il fit des incursions nombreuses contre le territoire de Nogaro et y commit toutes les violences qui accompagnaient ces déplorables expéditions. Jamais la voix de la justice ne se fait mieux entendre qu'auprès d'une tombe. Durant les obsèques, l'archevêque se plaignit du mal fait à son église et à la cité qu'elle protégeait. Les plaintes furent accueillies,

---

(1) *Gallia Christiana*. Dom Brugelles — (2) L'Art de vérifier les dates.

et pour réparer les violences consommées, Agnès, veuve de Pierre, donna au chapitre métropolitain l'église et la seigneurie de Dému (1) avec le plus jeune de ses fils encore en bas âge pour en faire un chanoine, et stipula que s'il venait à mourir, les autres enfants pourraient reprendre Dému, en payant au chapitre 300 sols. L'acte fut ratifié par Pierre II, l'aîné des fils du vicomte et son héritier, et par Arnaud, beau-frère d'Agnès et second fils de Roger, dont nous ne connaissons pas autrement la lignée et les possessions. Pierre II épousa bientôt après Giscarde (2), fille unique de Gaston, auquel elle succéda après la mort de Centule son frère.

L'archevêque, continuant ses pérégrinations apostoliques assista, peu après les obsèques du vicomte de Gavarret, en 1098, au Concile de Bordeaux (3), présidé encore par l'infatigable Amat. Les actes de ce Concile se sont égarés; nous savons néanmoins qu'on y fit droit aux plaintes de l'abbé de Pessan. Quelques années auparavant, un seigneur nommé Arnaud (4), aidé de son frère, s'était emparé, on ne sait trop sur quel prétexte, du monastère de Bassoues, avait chassé les moines et s'était mis en possession des terres et des revenus, après avoir fait abattre tout ce qui dans le couvent convenait peu à une maison seigneuriale. L'abbé et les religieux de Pessan à qui appartenait Bassoues, recoururent à l'archevêque Guillaume, prédécesseur de Raymond.

Guillaume ordonna que l'abbé enverrait d'autres religieux et que le couvent leur serait rendu, ce qui fut

---

(1) M. d'Aignan. Dom Brugelles, Pièces justificatives— (2) Marca. L'Art de vérifier les dates. — (3) *Collect. concil.*, tom. 10.—(4) Cartulaire de Pessan.

exécuté sur-le-champ. Les deux frères avaient cédé malgré eux. Irrités de voir relever les murs, ils se ruèrent sur les travaux, les démolirent de fond en comble, tuèrent quelques religieux et forcèrent les autres à s'éloigner. L'archevêque, à qui on se plaignit de nouveau, envoya cette fois à Bassoues un moine de St-Orens, chargé de vérifier les délits et de statuer à cet égard ; mais au lieu de porter une prompte sentence, le moine traîna l'affaire en longueur et appliqua cependant à sa maison les revenus de St-Frix. L'usurpation était criante. L'archevêque, à qui les moines de Pessan la déférèrent, leur promit justice, mais il fut prévenu par la mort. Le Concile de Saintes instruit à son tour de cette affaire, enjoignit aux Orientains de restituer dans le délai de huit jours le monastère et les fruits à l'abbé de Pessan, et chargea Raymond de faire exécuter le décret. A une décision aussi précise il n'était pas facile de résister. Néanmoins les Orientains trouvèrent moyen de se maintenir à Bassoues jusqu'à ce que le Concile de Bordeaux eût renouvelé la sentence portée à Saintes. Son autorité fit cesser l'injustice.

Les Croisades commençaient à porter leurs fruits. Tout ce que la chrétienté comptait de plus actif, de plus remuant ou de plus intrépide se précipitant en Asie, l'Europe goûta pendant quelques années un repos qu'elle ne connaissait plus depuis trois ou quatre siècles. Raymond profita de la paix qui régnait autour de lui pour jeter les fondements d'un palais archiépiscopal (1). Il le bâtit près des degrés de l'église métropolitaine, sur un terrain que lui cédèrent Montarsin de Montaut

(1) Dom Brugelles, M. d'Aignan, Preuves.

et ses deux neveux Odon et Bernard. L'ouvrage avança si rapidement qu'il put y transporter sa demeure avant l'an 1100.

Depuis plus de 500 ans, ses prédécesseurs habitaient sur les rives du Gers, dans le monastère de St-Martin, possédé par les enfants de St-Benoît qui ne tardèrent pas à faire place aux chanoines réguliers de St-Augustin. Pour indemniser le nouveau chapitre de tout ce que lui enlevait l'absence du premier pasteur, on érigea St-Martin en paroisse, que l'on démembra de Ste-Marie. Cette paroisse existait encore en 1340, comme le prouve le pouillé du diocèse, dressé en cette année. Elle disparut bientôt sans qu'on sache ni l'époque précise, ni la cause de sa destruction. Nous savons seulement que le service paroissial fut transféré à l'église de St-Pierre, qui malgré son antiquité, n'était alors qu'un simple oratoire, et que le chapitre régulier fut uni à celui de Ste-Marie.

Guillaume, comte de Pardiac, neveu de l'archevêque, attristait par ses écarts la vie de son oncle. Jeune encore, il avait demandé et obtenu la main d'une personne de haute condition, nommée Marie (1); mais bientôt dégoûté de sa nouvelle épouse, il la répudia et en épousa une seconde. Raymond protesta longtemps envain; mais enfin le coupable rentra en lui-même, rappela l'épouse délaissée, se soumit à la pénitence que lui imposa l'archevêque, et pour gage de ses sentiments nouveaux il donna à Ste-Marie quelques terres allodiales, situées à Ste-Christie de Pardiac.

A peine consolé des erreurs d'un neveu, Raymond

---

(1) Dom Brugelles, M. d'Aignan, Preuves.

fut condamné à pleurer la fin prématurée d'un frère digne de tous ses regrets. Astanove périt dans son expédition d'outre-mer (1), peut-être même n'aborda-t-il point à la Terre-Sainte; du moins n'est-il nulle part mentionné parmi les seigneurs qui combattirent les Infidèles. Il ne laissait qu'une fille Azaline, ou Adalmur, que l'on maria au chef de la branche cadette (2). Il s'appelait Bernard III; les uns le disent frère et les autres, avec plus de vraisemblance, fils de Geraud II. Il gouvernait depuis longtemps l'Armagnac seul ou associé à son prédécesseur, s'il n'est pas autre que cet Arnaud Bernard que nous avons vu aux prises avec Centulion, comte ou vicomte de Lescar; toujours du moins possédait-il le comté en 1100.

Une étroite amitié l'unissait à Gaston de Béarn son cousin. En 1104, nous les trouvons ensemble auprès des autels de Dyosse (3), sur les confins de leurs seigneuries. Ils juraient la trêve de Dieu entre les mains de l'évêque de Lescar et en présence de leurs vassaux. La même année Bernard fonda à Nogaro (4) un hôpital ou ladrerie. La lèpre, maladie née en Orient, avait été portée en Italie par les armées des empereurs de Constantinople, et en Espagne par les Sarrasins. Les *fors* de Navarre, rédigés en 1074, parlent des lépreux qu'ils appellent *gafous*; mais jusqu'au xii° siècle on les aperçoit à peine. Ils se multiplièrent depuis les Croisades, et l'église qui à leur première apparition avait été touchée de leurs maux, dilata les entrailles de sa charité et leur ouvrit de nombreux asiles.

(1) L'Art de vérifier les dates, tom. 2. Grands Officiers de la couronne. — (2) Les mêmes, dom Brugelles, M. d'Aignan. — (3) Marca, liv. 5. — (4) *Gallia Christiana.*

Nogaro était la ville des archevêques depuis la transaction passée entre St-Austinde et le Tumapaler; mais soit que l'aliénation n'ait pas été complète, soit que les clauses eussent été obscures, les comtes d'Armagnac y faisaient encore reconnaître leur autorité. D'ailleurs, à cette époque, la féodalité n'ayant pas encore creusé son lit, les droits étaient souvent mal définis, et aussi souvent encore quand les droits manquaient la force était là pour appuyer les prétentions. Bernard voulut éteindre à jamais tout différend. Par un acte précis, signé de sa femme et de ses deux fils, il donna (1) aux archevêques et au chapitre de Nogaro tout droit, non-seulement sur la cité existante, mais encore sur l'extension qu'elle pourrait prendre à l'avenir. Naupasie, fille de Boson, vicomte de Turenne, qu'il avait épousée et dont il avait déjà eu quatre enfants, survécut peu à cet abandon. Veuf alors, le comte d'Armagnac épousa la jeune Azeline malgré la disparité de l'âge. Cette alliance était le fruit de la politique; on réunissait ce qui n'aurait jamais dû être séparé.

Devenu comte de Fezensac, Bernard voulut être affilié au chapitre métropolitain et se fit recevoir chanoine honoraire (2), titre qui passa à ses successeurs, et des d'Armagnac aux d'Albret, et par Henri IV aux rois de France. Il percevait en cette qualité sa portion canoniale chaque fois qu'il avait assisté aux offices. Nous verrons plus tard la reine Marguerite, et même Jeanne, la terrible Huguenote, réclamer leur part et fournir leurs quittances. Le comte d'Armagnac ne borna point

---

(1) Manuscrit de M. d'Aignan, Preuves. — (2) L'Art de vérifier les dates. Dom Brugelles.

là son zèle pieux ; il soumit son comté à Ste-Marie d'Auch (1) et s'obligea, pour lui et pour ses successeurs, à une redevance annuelle de deux muids de froment, de douze setiers de vin, de trois porcs et d'un esturgeon, le tout payable à la fête de l'Assomption. Cette soumission n'était nullement un acte de vasselage donnant des droits au chapitre sur le comté. Dom Brugelles en fait la remarque, et nous nous hâtons de le proclamer plus haut que lui. C'était un simple acte de dévotion, semblable à celui du comte de Bigorre. Nos archevêques, différents des évêques du Puy, ne s'y méprirent jamais.

La métropole recevait presqu'en même temps de Compain d'Ydrac (2), de Bernard son frère et de Saura leur mère, la baylie et la viguerie d'Ydrac avec la maison conventuelle. Un autre seigneur, nommé Anesance, offrait aussi au chapitre, avec son fils dont il voulait faire un chanoine, quelques terres situées dans la paroisse et la moitié de l'église de Scissan. Il lui abandonnait encore le repas que l'église devait à sa famille le jour de St-Jacques, patron d'Ydrac. Sanche lui abandonnait aussi la terre de Balourse. La dîme de cette terre appartenait à Guillaume Sarrazin (*) qui en fit hommage à Ste-Marie. Ces dons et ceux que nous

---

(1) L'Art de vérifier les dates, dom Brugelles et Marca. — (2) Cartulaire d'Auch. M. d'Aignan, Preuves.

(*) La famille de Sarrazin s'est perpétuée jusqu'à Henri IV. Le dernier rejeton, Guillaume Sarrazin, comme son premier aïeul, embrassa l'institut des Jésuites et mourut en odeur de sainteté dans le collège d'Auch. Pierre Sarrazin, père du Jésuite, pris par les soldats de Montgomery et traîné aux pieds de la reine Jeanne, brava la fureur des sectaires et aima mieux se soumettre aux amendes et à la confiscation que d'abjurer sa foi.

avons recueillis étaient loin d'enrichir le chapitre, du moins s'il faut en croire un document que nous avons sous les yeux. A peine si les malheureux chanoines pouvaient pourvoir aux premiers besoins de la vie; preuve manifeste que les libéralités que nous enregistrons étaient moins considérables qu'elles nous le paraissent aujourd'hui, ou qu'elles étaient détournées et envahies par les seigneurs. Toujours est-il que la vue de leur détresse porta Raymond à leur abandonner à jamais l'archidiaconé de Pardiac (1) qu'il tenait de son père. Cet archidiaconé ne tarda pas à être érigé en bénéfice particulier qui subsista jusqu'à Mgr de Trappes. Il fut alors supprimé et les revenus réunis à la mense capitulaire. L'acte d'abandon fut dressé en présence de Bernard, évêque de Bayonne, de Pierre, abbé de Pessan, de l'abbé de St-Sever et de plusieurs dignitaires du chapitre. L'archevêque d'Auch passa le reste de ses jours dans la pratique de toutes les vertus, et s'endormit paisiblement dans le seigneur le 1er octobre 1118.

(1) Cartulaire d'Auch. Dom Brugelles, Preuves.

LIVRE VI.

CHAPITRE Ier.

Bernard de Ste-Christie, évêque de Bayonne, passe à l'archevêché d'Auch. — Vicomtes de Labour. — Gaston, vicomte de Béarn, — Ses fondations, — Ses exploits en Espagne. — Mort de St-Bertrand, évêque de Comminges. — Mort de Bernard III, comte de Comminges. — Bernard IV, son fils, possède tout le comté. — Centule, comte de Bigorre. — Nouveaux exploits de Gaston de Béarn, — Sa mort. — Franchises du Béarn et de la Gascogne, antérieures aux franchises du reste de la France.

Le ciel lui destinait un successeur digne de lui dans l'évêque de Bayonne, Bernard de Ste-Christie (1). Bernard appartenait à la maison d'Astarac, dont quelque rameau avait eu dans son héritage une des trois terres qui portent ce nom dans notre département, et l'avait transmise au prélat. Dans sa jeunesse il avait dit adieu au monde, et pour mieux se soustraire aux dignités que sa haute naissance eût pu lui attirer dans son pays, il abandonna la Gascogne et alla demander l'habit de St-Benoît à l'abbaye d'Aleth en Provence, érigée depuis en évêché. Mais souvent, plus nous cherchons à nous dérober aux hommes, plus le ciel se plaît à nous montrer à leurs regards. Le prédécesseur de Raymond, Guillaume de Montaut, n'avait pas vu sans regret s'éloigner de son diocèse un jeune seigneur qui promettait

(1) *Gallia Christiana*, Dom Brugelles, M. d'Aignan.

d'en être un des ornements. Il se hâta de rappeler le fervent religieux et de le fixer près de lui en qualité de vicaire-général. C'est la première fois que nos chroniques se servent de ce nom. Sans oublier les vertus du cloître, Bernard sut y joindre cette douceur et cette indulgence qui les font aimer, et qu'inspira presque toujours aux belles âmes la connaissance des hommes. Chez lui, elles étaient soutenues et rehaussées par une science bien rare à cette époque, car après les ténèbres des invasions Normandes les premières lueurs de l'aurore commençaient à peine à se répandre. Le XII° siècle traînait encore vers sa fin.

Tant de mérites ne pouvaient pas demeurer toujours dans un rang secondaire. L'église de Bayonne était veuve d'un Guillaume qui avait succédé à Raymond-le-Jeune, et dont un prêtre estimable (1) qui nous a généreusement livré le fruit de ses travaux, a retrouvé la place et le nom. Des maux sans nombre avaient pesé sur elle, et malgré leur zèle actif, deux prélats, durant une administration assez longue, n'avaient point fermé toutes ses plaies. Ce bonheur était réservé à Bernard. Arsius Racca, le prédécesseur de Raymond, avait fait un dénombrement (2) qui fixait les limites du diocèse. Bernard fit ratifier cette délimitation par le pape Paschal II, en 1106. La vallée de Thèse jusqu'à la Croix de Charlemagne, la vallée de Baygorry, la vallée d'Arbevue, la vallée d'Urdache, la vallée de Bastan jusqu'au milieu du passage de Belat, la vallée de Lerin, Ernani et St-Sébastien de Pusique jusqu'à Ste-Marie d'Acost et Ste-Friane, formaient le diocèse.

---

(1) L'abbé Menjoulet. — (2) Manuscrit de Bayonne.

sous Arsius. Paschal II y ajoutait l'église de Ste-Marie-de-Maye dans le Guipuscoa.

Durant l'épiscopat de Bernard, sa cathédrale reçut de Fortunio Sanche (1), vicomte de Labour, la moitié de la ville, depuis la porte du midi jusqu'à celle qui conduit dans le port. Ce même vicomte et Sans-Garsie, son gendre, y ajoutèrent plus tard la dîme du port et de tout le péage, revenu dont le chapitre de Bayonne a joui jusqu'à ces derniers temps, et que lui avaient confirmé, en 1694 et 1698, deux arrêts du conseil d'état.

La maison vicomtale de Labour n'a guère laissé que son nom dans l'histoire. Fortunio Sanche (2), le premier que nous connaissions et que nous retrouvons ici devait être alors dans un âge très avancé. Il n'avait eu que deux enfants. Ramire, son fils, entra dans l'église. Reine Torte (*regina torta*, reine boiteuse), sa fille, devenue ainsi son héritière, épousa Sans-Garsie et en eut un fils nommé Garsie qui succéda à sa mère dans la vicomté, et ne laissa d'Urraque sa femme qu'un fils Bertrand, un peu plus connu que ses prédécesseurs.

Bernard gouvernait le diocèse de Bayonne depuis près de 38 ans, lorsque les vœux unanimes de ses concitoyens le rappelèrent à Auch et le placèrent sur le siége métropolitain. Un si long épiscopat n'avait épuisé ni son zèle, ni ses forces, et pour l'accomplissement de ses devoirs il sut retrouver l'activité de ses jeunes années. Le déplorable procès entre le chapitre et les moines de St-Orens se traînait encore, et, il faut l'avouer,

---

(1) Manuscrit de Bayonne et *Gallia Christiana*, *instrumenta*. — (2) Oihénart, page 514.

les variations de Rome ne pouvaient que l'alimenter. Gelase II jugea en faveur des moines le 8 décembre 1118; et le 15 avril 1220 Calixte II, successeur de Gelase, à la demande de Bernard, laissait pleine et entière liberté au chapitre d'ériger son cimetière. Fort de cette décision qu'il avait provoquée, l'archevêque s'empressa de bénir de nouveau le lieu choisi, et convoqua pour l'assister Guillaume de Tarbes, Bertrand de Convennes, Jourdain de Couserans et Guillaume de Lectoure; mais pendant la cérémonie (1), voilà que les moines dépouillent leur froc, prennent le casque et le hautbert, et suivis d'une troupe de cavaliers et de fantassins, ils s'introduisent précipitamment dans la ville, pénétrent dans les maisons voisines de la métropole et y pillent ou y enlèvent tout ce qui tombe sous leurs mains.

Enflammés par ce facile succès, les étranges fils de St-Benoît se précipitent sur l'église et font pleuvoir une grêle de traits dont un va derrière l'autel atteindre mortellement, sous l'aisselle gauche, le page du vicomte de Latour, dont un autre expire aux pieds de l'évêque de Tarbes qui chantait la messe, et dont un troisième lancé d'une main plus sacrilége, perce le corporal sur l'autel même. On s'empresse aussitôt de toutes parts et on force à la retraite ces furieux qui, en s'éloignant, tentent d'incendier l'église, alors construite en bois. Une cause défendue par tant de violences était à jamais perdue. Calixte, peu de jours après, assembla à Toulouse un Concile qu'il présida en personne et où assistèrent l'archevêque et ses suffragants. On produisit le corporal

---

(1) Cartulaire d'Auch, Dom Brugelles, M. d'Aignan.

et la flèche accusatrice. Il n'en fallait pas autant pour faire condamner les moines et assurer à la métropole une sentence favorable. Ainsi finit, au milieu des plus déplorables excès, une lutte de 80 ans, la plus longue et la plus triste dont les annales de notre métropole aient gardé le souvenir.

L'année qui suivit ce triomphe, Bernard réunit à Auch le clergé de son diocèse, et convoqua avec lui les évêques, les abbés et les principaux seigneurs de la province. Il voulait consacrer devant eux l'église même bâtie par Austinde, avec une pompe qui fit oublier les dernières scènes. Pour donner plus d'éclat à la solennité, on y porta des lieux où ils recevaient les hommages des fidèles, les corps de St-Cerat, de St-Julien, de Ste-Dode, de St-Maur, de St-Justin, de St-Frix, de St-Luper, de St-Austregisilde et de St-Sauvy (1). Le concours fut immense. On se pressait de tous côtés sur les pas des saintes reliques, et, au rapport des témoins oculaires, de nombreux miracles signalèrent ces translations. Jamais sans doute cérémonie plus imposante n'avait frappé les regards des Auscitains. Elle eut lieu le 12 février 1121.

Ces soins pieux ne remplissaient pas tous les moments de Bernard de Ste-Christie. Sur le siége de Bayonne il avait vu de près les dangers dont les Musulmans d'Espagne menaçaient l'Aragon et la Navarre. Evêque, plus d'une fois il avait prêté secours à Alphonse-le-Batailleur contre les Infidèles. Devenu métropolitain et par là plus puissant, il lui prêta une assistance plus grande (2). Il paraît même qu'il conduisit en personne

(1) Cartulaire d'Auch. Dom Brugelles, Preuves, page 30. M. d'Aignan. — (2) Les mêmes.

ses renforts dans la Péninsule, et que peu content de braver ses fatigues, il ne craignit pas d'exposer ses jours aux hasards des combats.

Mais nul ne servit la cause du prince Espagnol comme Gaston de Béarn. Depuis le serment de Dyosse la large et rude épée du héros de Jérusalem s'était abattue sur Navarre (1), vicomte de Dax, fils et héritier de Raymond Arnaud. Navarre, d'un caractère violent et emporté, avait trempé ses mains dans le sang de Garsias-Marre, son cousin, qui, aussi violent que son meurtrier avait lui-même tué en duel un de ses proches. Les deux meurtres reçurent leur expiation selon les mœurs du temps. Navarre donna à la cathédrale de Dax, Banoles, et son cousin la moitié de la dîme de St-Vincent-de-Salies. Mais cette expiation ne protégea pas plus le vicomte de Dax qu'elle n'avait protégé sa victime. La justice divine qui avait conduit Garsias sous ses coups, préparait à celui-ci un vengeur dans Gaston; Navarre alluma lui-même cette vengeance.

Toujours remuant, il se prit de querelle avec Arnaud, archidiacre de Dax; il l'attaqua à force ouverte, le fit prisonnier et le contraignit à lui payer une rançon d'environ 5,000 sols. L'archidiacre tenait d'assez près au vicomte de Béarn qui s'empressa de venger l'injure faite à son parent. Il arma ses vassaux et alla à son tour attaquer le vicomte de Dax. Navarre se défendit avec courage, la lutte s'échauffa et agita bientôt toute la Gascogne. Mais enfin le sort des armes fut favorable à Gaston. Dans un dernier combat il défit son ennemi et le tua de sa main; il conquit même un instant la

---

(1) Oihénart, l'Art de vérifier les dates, Marca, page 400.

vicomté, qui toutefois ne tarda pas à retourner aux enfants de Navarre. Le pays seul de Mixte et d'Ostabat resta entre ses mains (1). Du moins ce n'est que de cette époque que nous le trouvons réuni au Béarn; et pour le contenir, il fit élever le fort de Montgiscard, souvenir vraisemblablement de la Pouille qu'il avait traversée et du célèbre Robert Guiscar. En même temps, pour y faire aimer sa domination, il y établissait les forts de Morlas. Après cette victoire, les annales du Béarn se taisent sur les exploits de Gaston, mais ce silence est largement réparé par les chroniques Espagnoles. Nous abrégerons leurs longs récits.

En 1114, Alphonse-le-Batailleur voulant assiéger Saragosse, fit un appel aux seigneurs Gascons. Gaston de Béarn, le comte de Comminges, Centule, comte de Bigorre, Pierre, vicomte de Gavarret, l'évêque de Lescar, Auger de Miramont, Arnaud, vicomte de Lavedan qui épousa au delà des Pyrénées Dona Oria, comtesse de Paillas, accoururent à sa voix (2). Rotrou, comte du Perche, y mena de nombreuses bandes françaises. Malgré des forces aussi considérables, cette première expédition se borna à la prise de Tudèle, des dissentions intestines ayant forcé Alphonse à ajourner son entreprise. En 1118, il appela de nouveau Gaston (3) qui rassembla autour de lui une armée considérable composée de ses vassaux et des seigneurs voisins et passa avec elle les Pyrénées. Il alla camper vers le 15 mai, près d'Ayerbe, et prit d'assaut la ville d'Almodevar, quoique bien fortifiée et défendue par une nombreuse garnison qu'il fit toute entière passer au fil de l'épée.

(1) Marca, liv. 5, ch. 15. — (2) Surita, liv. 1, ch. 41. Marca, liv. 5, ch. 18. — (3) Surita, liv. 1, Annales, ch. 44. Marca.

Ce succès et la sévérité qui l'avait suivi épouvantèrent tellement ceux qui jadis avaient tenu ferme dans les places voisines, qu'ils les abandonnèrent et les laissèrent sans défense. Gaston, après s'en être rendu maître, passa l'Ebre sans obstacle et alla assiéger Saragosse, qu'il pressa de toutes parts. Après huit jours de tranchée il emporta (1) les faubourgs et tous les dehors jusqu'aux murs de la ville. Alphonse, averti de ce progrès, accourut en toute hâte et donna une nouvelle activité au siège. Une armée Maure essaya de secourir la place, mais voyant la sagesse des dispositions qui protégeaient les assiégeants elle n'osa rien entreprendre et se retira de nuit. Le 10 octobre suivant, une seconde armée accourue avec des forces considérables, ayant attaqué les lignes chrétiennes, fut complétement défaite et laissa sur le champ de bataille le fils du Miramolin avec la plus grande partie de ses soldats. Huit jours après cette défaite, les assiégés ouvrirent leurs portes au vainqueur.

Alphonse, pour récompenser le vicomte de Béarn, lui donna le titre de premier ricombre ou pair d'Aragon avec la seigneurie de Saragosse (2). Cette seigneurie ne comprenait toutefois que le quartier occupé par les chrétiens et se bornait presqu'à la paroisse de l'ancienne et célèbre église de Notre-Dame Del Pilar. Encouragé par ces bienfaits, Gaston s'attacha de plus en plus à Alphonse et le suivit dans ses expéditions. Tarragone, Catalayut (l'ancienne *Bilbilis*) et Darroca tombèrent successivement sous leurs coups. Cette dernière

---

(1) Surita. Marca, page 410. — (2) Les mêmes.

place ne se rendit qu'après une bataille sanglante où le vicomte de Béarn se couvrit d'une nouvelle gloire (1).

Quand l'heure du repos fut venue, le roi de Castille traversa les monts, non comme le prétend Surita pour poursuivre le cours de ses triomphes ou faire valoir des prétentions, mais pour visiter Gaston et le pays d'où tant de bras s'étaient armés pour sa défense. Il vint (mai 1122) dans la ville de Morlas (2) où résidaient alors les vicomtes de Béarn. Centule II, comte de Bigorre, le frère utérin de Gaston et son compagnon d'armes, y parut aussi et y préta hommage à Alphonse. Il reconnut tenir de lui le comté de Bigorre et ce qu'il pourrait acquérir dans la suite (3). A ce prix, il obtint du roi d'Espagne la ville de Rhodes près du Xalon, la moitié de la ville de Tarragone avec ses dépendances et une pension de 2,000 sols Jacques. On lui promit aussi la cité d'Albarasin lorsqu'elle serait conquise sur les Maures et quelques autres avantages.

Dès que le printemps s'ouvrit, la guerre se réveilla en Espagne. Gaston y prit une part active; mais avant de s'éloigner de Morlas, connaissant les dangers qui l'attendaient, il voulut se rendre le ciel favorable. Il restitua (4) au prieuré de Ste-Foy la terre du bourg de St-Nicolas avec la rue qu'il y avait bâtie et le cens que lui payaient les habitants. Plus tranquille alors, il rejoignit Alphonse et combattit à ses côtés dans les royaumes de Valence et de Grenade, et dans l'Andalousie. Enfin, ils allèrent attaquer ensemble Cordoue, le boulevard des Musulmans. Dix de leurs rois avaient

---

(1) Surita, Marca, Briz Martinez, Ordine Vital. — (2) Surita, Marca, p. 417. — (3) Surita, ch. 46, Marca, Manuscrit du Séminaire d'Auch. — (4) Charte de Morlas, Marca.

volé à sa défense et joint leurs étendards aux bannières du roi de Cordoue. Ils offrirent la bataille aux chrétiens qui l'acceptèrent avec joie et remportèrent sur eux une bataille plus complète que les précédentes. Après cette journée, où il soutint sa haute réputation de vaillance (1), le vicomte de Béarn paraît avoir résidé quelques années en Espagne, soit dans sa ricombrerie de Saragosse, soit à la cour d'Alphonse. Nous le voyons durant ce temps paraître au conseil du roi ou signer les actes de sa munificence.

Il n'était point rentré dans ses états, lorsque l'archevêque d'Auch, Bernard de Ste-Christie, termina sa longue carrière. Il mourut en 1126 en odeur de sainteté et fut enterré dans l'église de Ste-Marie, près de l'autel qu'avaient béni ses mains vénérables. S'il faut en croire le cartulaire d'Auch (2), plus d'un miracle opéré sur sa tombe vint attester que sa mémoire n'était pas moins précieuse devant Dieu que devant les hommes.

La religion venait alors de perdre parmi nous une autre de ses gloires. St-Bertrand gouvernait le Comminges depuis près de 40 ans. Durant une visite pastorale, il fut atteint d'une fièvre violente qui le força de rentrer au plus vite dans sa ville épiscopale. Son mal s'aggrava et ne laissa bientôt aucun espoir. Mais plus il approchait de ses derniers moments, plus s'accroissaient sa ferveur, sa piété et surtout sa confiance en Marie. Il se fit porter par les chanoines aux pieds de l'autel de la Vierge, patronne de sa cathédrale (3), et y mourut entre leurs bras après avoir donné à son

(1) Surita, ch. 47. — (2) Voir Dom Brugelles et M. d'Aignan. — (3) Vie manuscrite de St-Bertrand, Bibliothèque du Séminaire.

clergé, avec sa dernière bénédiction, de pieux et salutaires avis. C'était le 16 octobre 1123 ou 1124. Les miracles qui avaient signalé sa vie, continuèrent après sa mort. Ils ont été recueillis par un auteur contemporain, né dans le Comminges et habitant le diocèse d'Auch. Nous ne citerons que ceux qui se rattachent aux mœurs de l'époque.

Un homme qui avait été connu particulièrement du saint fut jeté par un chevalier au fond d'une tour où plusieurs chaînes l'attachaient à une pièce de bois. Bientôt il se sentit dévorer par la vermine. Dans son délaissement et ses souffrances il se recommanda à la protection de St-Bertrand qu'il croyait au nombre des bienheureux. La vermine disparut aussitôt et, quelques jours après, le saint lui ayant apparu le délivra de la prison. Un homme nommé Arnaud, enfermé dans le château de Campan, et trois pauvres enfants, qu'un chevalier avait plongés dans un cachot, furent délivrés de la même manière. Un chevalier nommé Pierre, mit un homme en prison et le chargea de chaînes. Ajoutant l'insulte à la cruauté, il disait à son prisonnier que St-Bertrand était tout-puissant pour rompre ses fers, qu'il pouvait s'adresser à lui avec confiance. Le malheureux captif l'ayant fait, le saint vint briser ses chaînes et le conduisit lui-même hors de la prison. Transporté de reconnaissance, cet homme vola au tombeau de son libérateur et publia partout le miracle.

Une vieille tradition (1) raconte encore le fait suivant, que nous sommes loin de garantir. Bertrand était revêtu du caractère de nonce apostolique, lorsque les

---

(1) Vie manuscrite, Manuscrit sur le Bigorre, Marca.

habitants de la vallée d'Azun maltraitèrent quelques-uns de leurs voisins. A cette nouvelle, le saint se transporta chez les aggresseurs et les exhorta à réparer les dommages. Non seulement sa voix fut méconnue, mais tandis qu'il prêchait, les habitants de la paroisse d'Azun portèrent la brutalité jusqu'à couper la queue à la mule qui lui servait de monture. Bertrand, forcé de sortir de la vallée, la frappa d'interdit. Aussitôt les arbres perdirent leurs fleurs et leurs fruits, la terre ne porta plus de semences, les femmes et les femelles des bestiaux devinrent stériles. Le fléau dura cinq ans. Domptés par leur malheur, les coupables vinrent demander pardon à St-Bertrand et s'obligèrent à donner annuellement à l'église de Comminges le beurre qu'on ferait dans la vallée durant la semaine de l'Ascension. Quoiqu'il en soit de ce fait, la redevance fut payée jusqu'en 1790.

Le souvenir de Bertrand remplit la vallée de Barousse. On y montre le rocher qui, détaché de sa base, obstruait la route, et que la voix du saint fit reculer pour laisser le passage libre aux voyageurs. Dans la nef de la cathédrale on voit appendu le squelette d'un lézard ou crocodile, dont on assure que le saint délivra le pays. Ce monstre dont les cris ressemblaient aux vagissements d'un enfant, avait, dit-on, choisi sa retraite dans le quartier appelé de Labat, et dévorait ceux que la pitié ou la curiosité attirait près de son antre. St-Bertrand le mena comme un agneau sur la place de la Cité où il expira. Dans la sacristie on garde la *corne* du saint, son anneau pastoral, ses gants, ses sandales et sa chappe, magnifique brocart d'or.

On croit que le pape Alexandre III, elevé sur la chaire de St-Pierre en 1159, lui déféra les honneurs publics de la sainteté. Le nécrologe de la Case-Dieu porte expressément que Guillaume d'Andofielle, archevêque d'Auch son neveu, le fit canoniser, *eum fecit canonisari*. Clément, à qui l'on attribue généralement cette canonisation, ne fit que relever de terre le corps. On le garde dans une châsse d'argent, achetée en 1748 par les libéralités du clergé de Comminges. La tête, garnie de presque toutes ses dents, est dans un buste d'argent, ornée de la croix pastorale de Mgr Barthélemy Donadieu, mort en odeur de sainteté au commencement du xviie siècle. Ce buste est promené dans la ville dans certaines processions générales. La châsse ne paraît qu'à l'ouverture et à la clôture du jubilé périodique de St-Bertrand. Un bénéficier de Comminges ayant arraché quelques dents du chef, le chapitre ne lui pardonna point une dévotion aussi outrée, et le fit condamner à être fustigé par le viguier autour du cloître (1); ce qui fut exécuté sans miséricorde. Nul nom dans nos Pyrénées n'est aussi populaire que celui de St-Bertrand; et toutefois, le fait est assez étrange pour que nous en fassions ici la remarque, aucune église ne lui est dédiée non seulement dans le diocèse dont il fut longtemps la gloire, mais peut-être même dans toute la Gascogne.

Bernard III, comte de Comminges, avait précédé dans la tombe son premier pasteur. Il était mort vers l'an 1120 et avait laissé plusieurs enfants sous la tutelle de Fortaner, son frère. Bernard IV (2), l'un d'eux, ne

(1) Vie manuscrite de St-Bertrand; elle était destinée à voir le jour. — (2) La Généalogie des comtes de Comminges est pleine d'obscurités. Les Grands Officiers de la couronne, l'Art de vérifier les dates et dom Vaissette ne s'accordent ni sur le nom, ni sur le rang

tarda pas à réunir entre ses mains les parties depuis si longtemps éparses d'un pays assez borné; preuve manifeste que Fortaner et tous ses autres neveux étaient morts sans enfants. Il possédait seul le comté en 1130. La haine qui divisait sa famille et la maison de Bigorre s'était réveillée plus ardente que jamais sous un de ses parents, et vraisemblablement sous son père. A son instigation, Sans Garsie d'Aure refusait à Centule, comte de Bigorre, l'hommage qu'Odon, père de Garsie, avait rendu au père du comte. Centule recourut à la force et obligea son vassal à reconnaître ses lois. Arnaud Laudic (1), parent du rebelle et le comte de Comminges, qui avaient épousé sa querelle avec chaleur, furent si piqués de cette soumission, qu'ils armèrent leurs vassaux et provoquèrent Garsie à un combat. Mais Centule étant accouru à son secours, ils n'osèrent point se mettre en campagne, ni se rendre au lieu assigné. Laudic offrit d'*ester à droit* par devant le comte de Bigorre, et le duel fut ordonné par la cour du comte entre Sans Garsie et Laudic. Celui-ci, au mépris de ses offres, déclina la sentence, abandonna à la discrétion du comte les otages qu'il avait donnés et n'en poursuivit pas moins vivement son ennemi qu'il chassa de la vallée de Larboust. Centule, pour dédommager Garsie, fit bâtir le château de Laubespin et le lui donna; mais malgré ce don, Garsie ne tarda pas à se réconcilier avec son cousin. Le comte, à qui ce projet avait été caché,

---

de ces seigneurs. Nous avons adopté le sentiment de Dom Vaissette. L'historien du Languedoc est plus explicite et paraît avoir mieux débrouillé ce cahos que ses doctes confrères.

(1) Manuscrit du Séminaire d'Auch, Marca, p. 816.

demanda qu'on lui remît son château. Le seigneur d'Aure, sans se presser d'obéir, se rendit en Bigorre avec Raymond d'Aspect, prêta de nouveau serment de fidélité et obtint que le château resterait entre ses mains, après toutefois avoir donné douze otages et promis de le rendre à la première réquisition du comte, en colère ou non, *irato vel non irato*.

Garsie, comme la plupart des seigneurs de son époque, était inconstant et léger. Peu de jours après, il s'accommoda avec le comte de Comminges, ennemi déclaré de Centule, et se retira sur ses terres. Le comte de Bigorre requit l'évêque et le comte de Comminges d'obliger Garsie de lui rendre son château. L'évêque ne voulut pas employer les foudres de l'église et le comte protégea hautement le coupable. La querelle s'envenima et on arma de part et d'autre. Gaston de Béarn, rentré alors d'Espagne, embrassa la cause de son frère et lui envoya des secours sous les ordres de Sans Parra d'Oltia, chevalier de la vallée d'Aspe. Cet officier ravagea le pays de Comminges (1), et s'étant approché de la cité, il enleva des bestiaux appartenant à l'évêque. St-Bertrand, car c'était lui-même, alla en personne les réclamer, mais Parra répondit que n'ayant fait que ce qui lui était permis par le droit de la guerre, il n'était tenu de les relâcher qu'autant qu'on lui en paierait la juste valeur. Le saint insista et assura le général de la part de Dieu qu'il serait récompensé de sa générosité avant sa mort. L'auréole de sainteté qui environnait le prélat donnait du poids à ses paroles; Parra se laissa gagner et rendit les bestiaux.

(1) Vie manuscrite de St-Bertrand.

Nous ignorons, et nos lecteurs ne s'en étonneront point, les autres événements de cette guerre. Nous savons seulement que les deux comtes étant allés à la cour d'Aragon, y trouvèrent Laudic qui s'était rendu vassal du roi, et Sans Garsie, qui à leur vue implora la protection du prince contre Centule. Alphonse, sur les plaintes de ce dernier, ordonna un duel, et statua que si ce duel était contraire à Garsie, son corps serait *forfait*, c'est-à-dire que sa vie et son honneur seraient à la discrétion du suzerain irrité. Le seigneur d'Aure n'osa pas en courir les risques. Il aima mieux se soumettre, remit le château, prêta encore hommage et donna des otages pour assurance qu'il servirait Centule contre tous les hommes du monde. Cette nouvelle promesse ne fut pas mieux gardée que les précédentes. Centule ayant été fait prisonnier, on ne sait en quelle guerre ni en quelle occasion, Garsie ne vint pas à son secours; mais en revanche, quand le comte eut recouvré sa liberté, il réitéra ses protestations en présence (1) d'Arnaud de Lavedan, d'Auger des Angles, d'Odon de Benac, de Fortaner d'Asté, de Ramond d'Elvilar, ou plutôt de Viéla. Odon d'Aure, fils de Garsie, rendit en même temps hommage pour toutes ses terres.

Le frère de Centule de Bigorre, Gaston de Béarn, signalait son retour d'Espagne par des fondations pieuses. Le 6 avril 1117, de concert avec Talèse sa femme et Centule son fils, il bâtit le monastère de Saubalade (2) dans le diocèse de Lescar, et le donna aux Cisterciens. Il le dota du territoire de Saubalade, alors

---

(1) Manuscrit du Séminaire d'Auch. — (2) Charles, Silva Lata, Marca, p. 411.

vaste forêt comme son nom l'indique (*de sylvâ latâ*), et y ajouta cent sols de rente, trente gourbillons, c'est-à-dire cent cinquante conques de sel à prendre au lieu de Salies et soixante barriques de cidre qu'il assigna sur toutes ses terres. Guy de Lot, évêque de Lescar, Fortaner d'Escot, Garsias de Monens et une foule d'autres seigneurs signèrent cette donation avec le vicomte. Malgré l'adhésion de son évêque, le chapitre de Lescar y mit quelque opposition, mais il se désista quand le nouveau monastère eut promis le tribut d'une livre d'encens à la cathédrale et une subjection spéciale au prélat.

Gaston reprit peu de jours après le chemin de la Péninsule, laissant le gouvernement de ses états à Centule son fils, et conduisant (1) sous ses bannières une foule de guerriers nés dans les provinces voisines des Pyrénées. La prise de Molina est le seul fait d'armes qui nous soit resté de cette campagne. En 1130, Alphonse, on ne sait trop pourquoi, vint assiéger Bayonne. Martinès (2) nous montre près de lui les comtes de Béarn et de Bigorre, mais il est peu vraisemblable que le premier ait paru dans les rangs de l'armée Espagnole. Nous préférons l'autorité de Ferreras. Celui-ci prétend que tandis qu'Alphonse assiégeait Bayonne, Gaston et l'évêque de Huesca défendaient ses états contre les Sarrasins de Lérida, de Tortose et de Valence qui voulaient profiter de l'absence du prince pour y pénétrer. A la vue des ennemis, les deux généraux n'écoutèrent que leur courage, et malgré l'inégalité des forces, ils acceptèrent une bataille rangée, où ils périrent après des prodiges de valeur; on croit même

---

(1) Surita, Garibay. — (2) Liv. 5.

que la trahison ou la ruse aida au triomphe des Infidèles (1). Ainsi mourut le héros de Jérusalem comme sans doute il désirait mourir, du moins comme il a toujours été beau de mourir, mais surtout au xii° siècle, en combattant les ennemis de la foi. Transporté à Saragosse, son corps fut déposé dans l'église de Notre-Dame del Pilar, et l'on dit que le trésor de cette église montre encore avec orgueil les éperons et le cor de guerre du valeureux chevalier.

Il mourut en 1130; une charte de son fils constate l'année. Il eut de Talèse, fille unique et héritière du vicomte de Montaner, cinq fils dont le dernier, Centule, lui survécut seul avec une fille nommée Guiscarde. Sa piété égala son courage. Les fondations que lui doit l'église sont sans nombre. On lui attribue communément la gloire d'avoir bâti le monastère de Ste-Christine (2) sur le point culminant de la montagne qui sépare la France de l'Aragon, vraisemblablement parce qu'il l'avait restauré. Ce fut longtemps le St-Bernard des Pyrénées, destiné à donner asile aux pèlerins, aux marchands, aux laboureurs, aux pauvres qui s'égaraient souvent parmi les neiges ou les orages. S'il faut en croire l'ancienne légende trop gracieuse pour que nous ne la recueillions point, les bâtiments ne s'élèvent pas à l'endroit où l'on avait d'abord résolu de les construire. Un ramier (3) portant une croix en son bec, s'alla percher un matin sur un buis. Les ouvriers accoururent pour le contempler, mais il s'envola à une légère distance, et de vol en vol, il les entraîna ainsi jusqu'au lieu où il

(1) Marca, liv. 5, ch. 23. — (2) Marca, ch. 24. — (3) Charte de Gabas, Marca, 428 et 29.

laissa tomber la croix, et qu'ils crurent désigné du ciel pour y bâtir l'église. Ils y transportèrent les matériaux et gravèrent sur l'autel un ramier blanc avec la croix en son bec. Ce furent depuis les armes du monastère.

Gaston éleva encore dans le passage des Pyrénées l'hôpital de Gabas, dans la vallée d'Ossau, à trois lieues de Ste-Christine. Guillaume, prieur de ce dernier monastère et évêque de Pampelune, né lui-même dans le Béarn, y conduisit les clercs qu'il prit dans sa communauté, et Gaston fournit les rentes et octroya les immunités nécessaires. L'évêque d'Oleron, Arnaud de Bas, consentit qu'on érigeât à Gabas une chapelle, en bénit l'autel et permit à ceux qui habitaient la maison d'y établir un cimetière. Peu de temps après, les clercs de Ste-Christine achetèrent de Brun et d'Auger de Bidouse et de Bernard de Nay, une grande étendue de terre, appelée à Nay, au milieu de laquelle s'élevait jadis un bourg alors complètement ruiné et démoli. Ils firent cet achat pour trois cents sols et un cheval. Bernard de Nay voulant ensuite retenir par ruse un paysan, ils ajoutèrent trois cents sols Morlas. A cette querelle en succéda une autre plus vive avec le chapitre de Lescar pour le territoire de la Pause, donné successivement et au chapitre et à leur monastère. La transaction qui survint leur permit de bâtir une église à Nay (1); c'est la première origine de la ville qui porte ce nom et qui ne prit son développement que sous la comtesse Marguerite, alors veuve de Roger Bernard, comte de Foix. La transaction se fit sous les auspices de Gaston, entouré de sa cour majour, où figuraient Odon de Cade-

(1) Marca, liv. 5, ch. 24.

lon, R. Garsias de Gavaston, Assieu de Navailles, Garsias de Mieussens, G. Odon d'Andouins, R.-A. de Gerderez, Bernard de Coarase, Bernard et Fortaner d'Espouey, Gautier de Meillon, Odon d'Enguy, Sicard d'Assat et Raymond de Bidanos.

Gaston, durant sa longue et brillante carrière, avait aggrandi les états de Béarn, des vicomtés de Montaner et de Soule. Talèse, sa femme, lui avait porté la première. Ses armes avaient conquis la seconde, sans qu'on puisse assigner ni l'époque, ni les causes, ni les événements de cette conquête. Chrétien pieux, preux chevalier, un dernier rayon manquait à sa couronne, et pour que sa gloire fût complète, Gaston sut l'y ajouter. Il octroya les franchises de Morlas et celles d'Oleron, les plus anciennes qui nous soient connues. Dans les premiers jours de son administration, il avait confirmé les *fors* ou coutumes de Béarn dont la compilation était antérieure, et dont l'origine se perd, dit-on, dans la nuit des temps. La cour majour assemblée en 1240, déclara que les diverses peuplades du Béarn s'étaient réunies dans le principe sous les auspices du for général.

A part l'Italie, notre Gascogne devança le reste de l'Europe dans la carrière de la liberté. Elle n'oublia peut-être jamais complètement les formes du gouvernement Romain, ou du moins ce souvenir se réveilla bientôt. Aussi, longtemps avant que les provinces du nord, secouant enfin les chaînes pesantes sous lesquelles les avait comprimées la hache des Barbares, fissent entendre le noble cri d'émancipation, le Béarn, le Bigorre et sans doute aussi nos autres grandes seigneuries étaient émancipés. Le Bigorre surtout avait son droit écrit. A peine Bernard III, le frère puiné de Gaston eut-il succédé à sa mère Béatrix, que Guillaume, évêque de Tarbes (1), Grégoire, abbé de St-Pé, Pierre, abbé de St-Savin, Guillaume, prieur de St-Lisier, Arnaud, vicomte de Lavedan et toute la cour de Bigorre lui demandèrent de faire rédiger les coutumes du pays, comme elles avaient été ordonnées par Bernard II, son aïeul (*). Le jeune seigneur fit assembler ceux qui avaient vécu sous le vieux comte; le nom de ces vieillards nous a été conservé : c'étaient Raymond-Guillaume de Seméac, Raymond-Guillaume d'Asereich, Garsias-Donat d'Orbeac et Arnaud-Aner de Montaner. Sur leur rapport, Bernard III fit colliger quarante-trois articles. La noblesse, le clergé, le tiers-état même concoururent à cette rédaction qui s'est conservée jusqu'à nous, et où l'on trouve des détails précieux. N'osant point la donner toute entière, à cause de sa longueur, on nous permettra d'en analyser rapidement les principales dispositions. Nous empruntons ce travail à M. Faget de Bore (2); nous ne saurions choisir un meilleur maître lorsqu'il s'agit de législation Gasconne.

Art. 1er. Après le serment du comte, tous les chevaliers doivent lui prêter serment de fidélité et lui donner caution, s'il l'exige. Tous les habitants des vallées, soit chevalier, soit fantassin ou roturier, doivent faire le même serment en personne ou par procureur.

Art. 2. Nul ne peut élever un fort sans l'aveu du comte. Si le fort existe, nul ne peut le reconstruire en

(1) Marca, liv. 9, ch. 6. Manuscrit du Séminaire d'Auch. —
(2) Histoire du Béarn.

(*) Voir la note 9 à la fin du volume.

pierre sans la permission du comte. En cas de contravention, le fort sera démoli ou remis au comte. Les forts bâtis avec son consentement seront livrés une fois chaque année au seigneur apaisé ou courroucé; mais le seigneur ne pourra les retenir au mépris de la loi territoriale.

Art. 3. Les domaines aliénés pendant la minorité du comte, ou pour subvenir aux dépenses d'une guerre, seront restitués au comte à la première réquisition.

Art. 4. Si quelqu'un prétend avoir reçu quelque tort du comte, au préjudice de la loi, il s'adressera d'abord au comte par le canal de ses secrétaires familiers. S'il n'obtient pas justice, il aura recours aux gentilshommes du pays qui semondront le comte deux fois. Si ce moyen est employé sans succès, il portera sa plainte à la cour du pays, fera ses preuves et laissera s'écouler quarante jours. Après ce délai, s'il n'obtient aucune satisfaction, il pourra se retirer hors du pays. S'il revient dans la suite après avoir fait sa paix, le comte lui pardonnera les dommages qu'il aura causés pour se venger du déni de justice, et tous ses biens lui seront rendus.

Art. 5. Les franchises, les exemptions, les sauvegardes et la paix seront conservées aux monastères, ainsi qu'aux églises paroissiales dans les limites fixées. Les voleurs publics seront arrêtés, malgré le droit d'asile. Les monastères, s'ils acquièrent des alleux, seront obligés de fournir un homme d'armes de service. La paix sera gardée en tout temps aux clercs, aux moines, aux voyageurs, aux dames et à leur suite. Si quelqu'un se réfugie auprès d'une dame, il aura sûreté de sa personne en réparant le dommage.

Art. 6. Que la paix soit toujours avec le rustique,

que ses bœufs et ses instruments aratoires ne puissent jamais être saisis. S'il est caution de son seigneur, qu'il ne soit jamais contraint de payer au delà de ce qu'il doit lui-même à son seigneur.

Art. 7. Le comte aura droit d'exiger des gens libres trois corvées par an, un repas, une poule à Noël, un agneau à Pâques. Les rustiques assujettis au cens, ainsi que les gens libres, ne seront tenus de suivre le comte à la guerre que dans le cas d'une invasion et pour la défense du pays; les habitants des vallées seront tenus de suivre le comte dans les expéditions légitimes.

Art. 8. Si les personnes libres reçoivent quelque tort de leur seigneur particulier, elles lui demanderont justice; et vingt jours après le déni, elles pourront, sous la protection du comte, choisir le seigneur qu'elles voudront. Si quelque homme libre, à la mort de son seigneur, quitte la seigneurie, il sera tenu de choisir un seigneur dans le délai de trois semaines. S'il n'a pas fait un choix après le terme, un chevalier, quel qu'il soit, mettra sur lui le plaid du comte et le dénoncera. Le comte attribuera l'homme libre à l'un de ses chevaliers, qui deviendra le seigneur légitime de cet homme, et le dénonciateur recevra cinq sols. Il est défendu d'acquérir un alleu dont la franchise est ignorée. Toute recherche tendant à faire revivre cette franchise est interdite. En cas de contravention, l'acquéreur sera assujetti au service envers le comte.

Art. 9. Si quelqu'un trouble la paix et refuse une composition amiable, on s'adressera d'abord au seigneur du délinquant, et si l'on n'obtient pas justice, le recours au comte est ouvert. On ne recevra dans le Bigorre aucun champion étranger. Si quelque Bigordan possède un fief hors du comté, que les Bigordans le tiennent en paix.

Art. 10. Défense à tous de pêcher, de chasser, avoir autour, etc. etc., et tenir taverne, sauf aux monastères et aux chevaliers allant à l'armée, et gardant plaids et cour. Ce qui est écrit des chevaliers s'entend seulement de ceux qui suivent par état l'armée, la cour et les plaids.

Art. 11. Le comte a seul le droit d'armée et de chevauchée. Les amendes au dessus de cinq sols lui appartiennent, et lui seul exerce la haute justice, même dans les terres de ses barons. La confiscation des biens n'a point lieu, etc. etc.

Telle est l'ancienne coutume du Bigorre; la plupart de ces articles sont répétés dans le for du Béarn, et les droits du souverain y sont stipulés à peu près de la même manière. Une disposition propre à celle du Bigorre, est l'obligation imposée aux personnes libres de choisir un seigneur et la prescription des alleux. Elle nous apprend par quel moyen les seigneurs parvinrent à classer les biens et les personnes dans le système féodal.

Une disposition non moins remarquable est celle qui met sous la sauve-garde publique le laboureur, le voyageur, l'ecclésiastique et les femmes. On y reconnaît avec plaisir la voix de l'humanité qui protège les faibles. Un sentiment plus délicat encore a dicté cette loi qui permet au coupable de se réfugier auprès d'une femme, et qui donne à cette espèce d'asile le privilége des temples. Les Germains croyaient sentir dans les femmes la présence de la divinité. Est-ce à ce respect religieux qu'il faut rapporter l'usage adopté par le Bigorre, ou faut-il l'attribuer à l'esprit de la chevalerie ?

CHAPITRE II.

Évêques de Tarbes, — de Lescar, — de Dax, — d'Oleron, — de Bazas, — de Bayonne, — d'Aire, — de Lectoure. — Fondation du monastère de Bouillas. — Guillaume d'Andozille passe du siége de Lectoure à l'archevêché d'Auch.

L'évêque Guillaume, qui avait provoqué la rédaction des coutumes du Bigorre, avait succédé sur le siége de Tarbes, à Pons II (1). Pons avait eu besoin de toute sa sagesse pour rétablir la régularité et la paix, sa compagne inséparable, dans le prieuré de Madiran, que Bonpar avait laissé à sa mort à Guillaume Par son fils. Celui-ci (2), après quelques années d'une administration brillante et prospère, se laissa aller à l'orgueil et aux vices que l'orgueil amène. Le scandale fut si public, que l'évêque Pons et Centule Ier, l'époux de Béatrix, le chassèrent du prieuré et mirent à sa place un religieux, tiré d'une maison étrangère. Ce religieux ne vécut pas longtemps. A sa mort, et avant que l'élection nouvelle fût terminée, Pons et le sénéchal du comte survinrent et firent reconnaître les droits de l'abbaye de Marcillac. La maison fut renouvelée et confiée au prieur Boson qui, par son zèle, sa prudence et son habileté, parvint à guérir les plaies faites à la discipline et à ramener les vertus dans un sanctuaire d'où les exemples de son ancien supérieur les avaient bannies.

(1) *Gallia Christiana*. — (2) Cartulaire de Madiran, Manuscrit du Séminaire d'Auch.

Guillaume eut à soutenir une lutte contre l'évêque de Lescar.

Guy de Loth, ou plutôt de Loos, ainsi se nommait le dernier prélat, était né dans le Béarn (1) d'Arnaud-Guillem de Loos, seigneur de ce village, et de *Sanchéa Vacca* (Sanchie la Vache), sa femme. Son père le fit admettre dans le chapitre de Lescar, sous l'épiscopat de Sanche, et lui donna pour son entretien une dîme et quelques domaines. Le nouveau chanoine s'appelait Galbert; il prit à son sacre le nom de Guy. Un de ses premiers soins fut d'assurer au chapitre qui l'avait élu les donations que lui avait faites son père, et qu'il augmenta, quand la mort de Cajard de Loos son frère, eut accru ses richesses. On dirait qu'il consacra sa vie entière à agrandir les revenus de son église, soit en provoquant de nouvelles libéralités, soit surtout en faisant restituer celles qui étaient usurpées ou détenues. Trois frères, sous l'évêque Sanche, avaient donné à Lescar la moitié de l'église de Tèse; mais bientôt ils avaient eux-mêmes fait naître au sujet de ce don des difficultés que le chapitre leva, en leur comptant cent sols Morlas. Alors leur neveu réveilla l'instance, et pour acheter son désistement, Guy se chargea de son entretien. Raymond de Bizanos remit à l'évêque, en vertu du testament de son père, le quart de l'église d'Abos; mais après la mort de Raymond, son fils voulut reprendre la dîme de vive force. Toutefois, il ne tarda pas à se repentir de ses violences, et confirma la donation en présence de la vicomtesse Talèse. A cette occasion, il reçut de Guy cent-cinquante sols Morlas, et ses

---

(1) *Gallia Christiana*, Marca, liv. 5, ch. 30.

trois pleiges ou cautions en reçurent quarante. La raison de cette libéralité s'expliquera sans peine, si l'on se rappelle que, d'après la coutume de Béarn, les cautions payaient les infractions garanties.

Raymond de Sévignac, chanoine de Lescar, peu après la mort de sa sœur, et selon son désir, donna la moitié de l'église de Sévignac. Arnaud et Guillemat, ses neveux, et Sans-Garsie, leur père, y consentirent, mais Odon de Sévignac s'y opposa et interdit à ses tenanciers l'entrée et la sortie de l'église par sa terre. Mais enfin, s'étant trouvé présent à la consécration de l'église de Serigos, il abandonna ses prétentions entre les mains de Guy, leva les défenses faites à ses hommes et accorda à jamais la libre entrée et sortie de l'église. Il vint ensuite à Lescar, entra dans la salle capitulaire, fut reçu en société de bonnes œuvres et confirma sur l'autel son désistement. L'évêque lui délivra en même temps cent-trente sols et en délivra vingt à Jourdain de St-Leser, frère d'Odon, et quarante à trois pleiges, dix à Guillem-Arnaud de Montaner, dix à Pierre de Semacourbe et vingt à Bernard Garsie de Cadelon. Les témoins sont Cérébrun de Cadelon, Arnaud d'Espouey, Brun de Bidos, Odon de St-Jean-Poutge avec son fils Arnaud-Garsie, Ramond de Carrère et G. de Lanafrancon.

Nous avons déjà vu que les seigneurs savaient rendre nul le don des églises fait au clergé quand ce don leur déplaisait. Maîtres du village entier, et par là des terres qui environnaient l'église, ils interceptaient le passage, et ainsi l'exercice des cérémonies religieuses devenait impossible. Le clergé transigeait alors presque toujours et levait l'obstacle à prix d'argent. La vie de Guy nous en offre un exemple. Comme le prélat se rendait à St-Pé de Générez, Aramond-Garsie de Mont, accompagné de Cornélie, sa femme, lui donna les deux tiers de l'église de ce lieu, en présence de Pierre des Angles et d'Esdon-Guiraud de Juranson, et en reçut deux cent cinquante sols Morlas. Quelque temps après, Ramond de Clarac, parent du donateur, et qui possédait la seigneurie du village de Mont et de l'entrée et de la sortie de l'église, *qui habebat dominium villæ d'Esmont et super introïtum et exitum ecclesiæ*, céda tous les droits héréditaires qui lui appartenaient sur l'église et en assura les voies à perpétuité.

Guy savait, quand il le fallait, recourir aux formes judiciaires. Bernard de Corbères retenant le casal de Luc, que Galinde, son frère, chanoine de Lescar, avait légué au chapitre, l'évêque en appela au vicomte Gaston, qui en ordonna la restitution, moyennant seize sols Morlas. Raymond de Bisanos ne voulait point rendre le quart de l'église de ce nom, sous le prétexte que son père avait donné un cheval à Bernard de Bas, un des prédécesseurs de Guy, et en avait reçu cette dîme en paiement. Guy l'attaqua devant la cour majour et obtint qu'on en viendrait au jugement du fer chaud. Le chevalier n'osa pas tenter l'épreuve, il rendit la dîme et prit dix sols pour la valeur du cheval. Guillaume de Lanafrancon retenait la dîme de Pau, alors encore simple château, à peine entouré de quelques champs en culture au milieu d'une immense lande (1). Sur la plainte de l'évêque, le duel fut ordonné et Guillaume céda. Guillaume, évêque de Dax, disputait à Lescar le fief ou *honneur* de Sault. Le combat judiciaire eut

---

(1) Marca, page 450. Cartulaire de Lescar.

lieu, mais comme le succès était égal entre les deux champions, les prud'hommes accordèrent les parties et les obligèrent à partager les revenus du fief. La sentence fut placée sous la sauve-garde du vicomte de Sault.

Dans les combats judiciaires, la victoire terminait le procès, le ciel avait prononcé lui-même; mais il y avait transaction quand le succès se balançait. Les habitants de Lescar réclamaient l'usage d'un bois des héritiers de la maison d'Arrigaloube. Gaston, saisi de la plainte, ordonna le duel qui dura huit jours sans avantage pour aucune des parties. Elles s'accordèrent en présence du vicomte et de Fortaner d'Escot, d'Arnaud de Lescures, d'Odon de Cadelon, de Ramond Garsias, de Gaston, de Guillemod d'Endouins, d'Arnaud de Mieussens et d'Espagnol de Monens.

Quand la justice des hommes était impuissante ou menteuse, Guy en appelait aux foudres spirituelles que la religion avait déposées dans ses mains. Un jugement rendu au nom de Gaston par Forton de Pau, viguier héréditaire du vicomte, lui avait ôté l'église de Lar, près de Morlas, donnée au chapitre par Guillaume Gassie de Lar et l'avait transportée à Garsias, abbé laïc de Romas. L'évêque frappa Garsias d'excommunication et mit l'église sous l'interdit; le vicomte s'interposa en qualité de *bon baron*. Garsias garda l'église durant sa vie, mais promit de la rendre à sa mort, ce qui fut exécuté par ses héritiers, qui y ajoutèrent les droits qu'ils avaient sur Romas.

Des libéralités volontaires vinrent en grand nombre enrichir la cathédrale sous son épiscopat. Arnaud de Coarrase, pour le prix de cent sols Morlas, donna la dîme de onze maisons situées dans son lieu du Bas, depuis incorporée à Coarrase. Talèse et son fils Centule assistaient à cette donation. Le chanoine de Caubios lui légua la moitié de l'église d'Osse avec deux dîmiers (*desmers, decimarii*) dans Monens. Arnaud de Gardères, par l'avis de Gaston et d'Auger de Miramont, donna la moitié de l'église de Cazenave et reçut de Guy cinquante sols Morlas et un cheval de prix, que son père Aremon-Arnaud avait légué au chapitre. Guisle d'Andouins, veuve d'Aner-Loup d'Andouins, fut encore plus généreuse. De concert avec son fils Bertrand, elle abandonna à l'église de Lescar la propriété des abbayes laïques d'Arthez et d'Occures, et plus tard elle y ajouta en société avec Guillaume Odon et Gassie, ses deux autres fils, deux paysans dans Arthez. On sait que les d'Andouins finirent à la célèbre Corisandre qui porta les biens de cette opulente maison dans la famille de Gramont. Parmi les bienfaiteurs, le cartulaire de Lescar cite encore Arnaud-Garsias d'Arbeis, Fortaner de Lagor, Guillem-Fuert son fils, Bernard de Livron, Garsias-Sans de Gelos, Bernard d'Abon, Odon d'Arzac, Pierre de Luc, Sans-Aner de Bomort, Bertrand de Lanuce, et plusieurs autres dont il serait trop long de recueillir les noms.

Guy ne fut pas aussi heureux contre l'évêque de Tarbes et le prieur de Ste-Foy qu'il l'avait été contre les seigneurs de Béarn. Le premier garda la suprématie sur St-Pé de Générez, malgré une longue procédure qui parut un instant donner gain de cause à son adversaire, et le second les dîmiers de Ste-Foy, en payant toutefois à l'évêque de Lescar vingt conques de grain. Guy se consola de ce noble échec en allant combat tre les Infidèles (1); il s'arma du casque, prit la conduite d'un corps d'armée et parut au siège de Saragosse, à côté de Gaston et de Centule. Blanca, qui nous a conservé ce fait, nous le montre ensuite confirmant l'indulgence accordée à tous ceux qui aideraient de leurs deniers la reconstruction de l'église de Notre-Dame del Pilar, qu'on a appelée ainsi parce qu'on y montre le pilier sur lequel la Ste-Vierge apparut à l'apôtre St-Jacques, patron de l'Espagne. Lui-même, à son retour, fit paver en mosaïque le chœur de son église. Il vécut longtemps encore et ne termina qu'en 1141 une carrière que ses contemporains approuvèrent et bénirent, mais qui paraît pour le moins très-étrange à nos mœurs. Il fut enterré dans le chœur qu'il avait orné; mais sous Montgomméry, sa tombe fut profanée et ses cendres jetées au vent. Cinquante ans après, Mgr de Salettes, un de ses successeurs, recueillit la pierre tumulaire et y grava une inscription qui nous apprend que le corps fut trouvé entier.

Pendant que l'évêque de Lescar disputait à Tarbes l'abbaye de St-Pé, l'évêque de Dax revendiquait la Soule et le pays d'Agarenx. Bernard de Mugron (2), qui les avait vainement réclamés, était mort vers la fin du xie siècle, après avoir vécu soixante-quinze ans et en avoir siégé vingt-quatre ou vingt-cinq. Il n'avait pas mieux réussi contre l'abbé de la Reoule que contre l'évêque d'Oleron. Il revendiquait sur celui-ci le prieuré de Puntous, qui dans l'origine avait appartenu au monastère de Florac. Otger, un des moines de cette maison, étant devenu prieur de la Reoule, ses anciens

---

(1) Marca, page 451 et suiv. — (2) *Gallia Christiana*, Marca.

confrères lui cédèrent Puntous, et l'abbé de Florac soutint la cession faite par sa communauté. Cette cession fut maintenue après de longs débats. Bernard, vaincu ici comme il l'avait été dans la Soule, mourut peu après. Le chapitre élut à sa place Raymond Arnaud, le même vraisemblablement qui avait défendu avec ardeur les prétentions de l'église de Dax, et qui avait mérité ainsi de s'asseoir sur le siége dont il avait voulu augmenter la splendeur.

Néanmoins, le catalogue des évêques de Dax donne à Bernard, pour successeur, Arnaud de Seucrai, qui après avoir été blessé dangereusement en combattant contre les Maures d'Espagne, s'était voué à la vie religieuse dans l'abbaye de Divielle. D'un autre côté, un acte de la cathédrale prouve que le successeur immédiat de Bernard, s'appelait Raymond de Saintes. Ces trois noms désignent-ils un même prélat ? M. l'abbé Dutems (1) n'ose pas le décider. Nous imiterons sa réserve. Moins encore oserons-nous affirmer que Raymond de Saintes fut le frère de Roger de Saintes, qui avait remplacé sur le siége d'Oleron Odon de Benac (2). Le nom semble indiquer une parenté, mais la vivacité des débats qui s'élevèrent entr'eux au sujet de la Soule et du pays d'Agarenx, n'annonce rien moins que des sentiments fraternels. Etienne, évêque de Bazas, surnommé aussi de Saintes, et que quelques-uns disent aussi leur frère, attaqua en même temps Raymond de Dax et envahit quelque recoin de son diocèse. Il était assez triste de voir des prélats lutter pour agrandir leurs diocèses comme les seigneurs luttaient pour éten-

(1) Le Clergé de France, tom. 1. — (2) *Gallia Christiana*. Manuscrit des évêques d'Oleron.

dre leurs fiefs, sans que nous soyons forcés d'ajouter que ces prélats oubliaient dans cette lutte les liens du sang qui les unissaient.

Raymond recourut à Rome pour se défendre contre Etienne de Bazas, et fit confirmer par le pape Pascal les limites de son diocèse. Il en obtint encore un rescrit, adressé à Raymond de Pardiac, archevêque d'Auch, pour qu'il assignât devant lui non seulement l'évêque de Bazas, mais encore celui d'Oleron. Néanmoins le métropolitain ne paraît s'être occupé que de la première affaire. Elle dura sept ans. Mais enfin, après bien des efforts et des dépenses, Raymond de Saintes gagna sa cause et recouvra ce qu'Etienne lui avait enlevé. Encouragé par ce jugement, Raymond retourna à Rome, en rapporta un nouveau bref qui chargeait Gérard, évêque d'Angoulême, légat du saint-siége, de vider son différend avec l'évêque d'Oleron. Roger n'était plus (*) et son siége était occupé par Arnaud Ier,

---

(*) On avait conservé jusqu'en 1790, dans la cathédrale d'Oleron, un tabernacle en forme de tour carrée, couvert de lames d'argent artistement travaillées, autour duquel on lisait les vers suivants qui attestent la foi de notre province touchant le mystère de l'Eucharistie.

Sur le devant :

Res super impositas commutat spiritus almus,
Fit de pane caro, sanguis substantia vini.
Sumpta valent animæ pro corporis atque salute.

Sur le derrière :

Dantur in hac mensa sanguis caro potus et esca.
Verba refert cœnæ super hæc oblata sacerdos,
Munera sanctificat, et passio commemoratur.

Au-dessus :

Hanc Morlanensis Raynaldus condidit aram ou arcam,
Præsul Rogerius Olorensis jussit ut essem.

qui sut défendre l'œuvre de ses prédécesseurs; du moins cette querelle s'éteignit alors pour toujours, et Arnaud garda le pays contesté (1).

Raymond de Saintes, rendu enfin au repos après ces longues contestations, se livra tout entier à l'administration de son diocèse qu'il partagea en quatre archidiaconés. Il siégea près de dix-huit ans, et il vivait encore en 1107, puisqu'il reçut alors de Gaston de Béarn et d'Olivier son baron, l'église qu'ils avaient fondée dans le bourg de Castelle, non loin de Montgiscar. Ce fut sous son pontificat que fut établi le Saintou (2). On appelait ainsi une rente de froment que les diocésains s'engagèrent à payer à leur évêque, comme une offrande qu'ils faisaient à Dieu. Ce nom lui vint sans doute de ce prélat. Le nécrologe marque sa mort au 28 mars sans assigner l'année.

Guillaume de Falgars, Fulgars ou Furgars, *Falgariensis*, qui lui succéda, est nommé dans les lettres où Guillaume, duc d'Aquitaine, confirma tout ce que son père avait donné au monastère de Sordes, placé au confluent du Gave de Pau avec le Gave d'Oleron. L'abbaye de la Cagnote existait depuis la fin du ix° siècle. Othier, évêque de Dax, lui avait fait à cette époque quelques donations, mais elle avait partagé le sort des autres abbayes et était tombée comme elles sous la hache des Normands. Elle ne s'était point encore complètement relevée, lorsque Raymond, vicomte d'Orthe (3), dont la famille s'est depuis longtemps fondue

---

(1) Pour toutes ces contestations, voir Marca, liv. 5. — (2) Dutems, le Clergé de France, tom. 1. — (3) *Gallia Christiana*, tom. 1, page 1065.

dans celle d'Aspremont, entreprit de la restaurer. Il donna à cet effet à l'abbé Guillaume de Borets et à ses religieux, enfants de St-Benoît, toute l'étendue de terre qu'ils voudraient dans la forêt de la Cagnote; et pour que sa libéralité fût moins contestée, il la fit entre les mains de Bernard de Ste-Christie, archevêque d'Auch, et de Guillaume de Fulgars, évêque de Dax, et en présence de tout son clergé qui faisait la procession accoutumée dans le cloître, le jour de la Pentecôte, 14 mai 1122. Guillaume fut lui-même très généreux envers les églises. Il donna à sa cathédrale la terre de son nom qu'il acheta de Bernard de Fulgars, son parent, sous la réserve pour celui-ci et pour sa femme d'être enterrés dans le cloître de l'église. Ce prélat fut aussi humble que libéral. Entraîné par la dévotion de son temps, il fit le pèlerinage de Rome. A son retour il tomba malade dans la ville d'Aquapendente. Sentant son mal s'aggraver, il se fit porter à l'hôpital (1) et voulut mourir parmi les pauvres de J.-C. Sa mort arriva au plutôt dans les derniers jours de septembre 1142, suivant la charte de la fondation de l'Escale-Dieu, et plus vraisemblablement deux ans plus tard.

Etienne de Saintes, évêque de Bazas, se distingua aussi par sa générosité envers les maisons religieuses du pays (2). En 1087, il donna au monastère de la Sauve-Majeure l'église de Branens avec ses revenus, en présence de Garini, doyen de sa cathédrale, de Garsias d'Aguiron, son archidiacre, et de Garsias de Benquet, sacristain. Il y ajouta plus tard, avec le consentement

---

(1) *Gallia Christiana*, Dutems. — (2) *Gallia Christiana*, l'abbé Oreily.

du chapitre, la rente d'un tonneau de vin. Cette rente avait été servie par Raymond-le-Jeune; Etienne la rendit perpétuelle. En 1098, il confirma en faveur de la Reole le quart de la dîme de Gajac (*Gothgiacum*, terre des Goths) que Guillaume de Lartigue avait faite à cette abbaye. D'après M. l'abbé Oreily, sous son pontificat on retrouva la conque d'argent qui renfermait la relique de St-Jean-le-Précurseur, objet de la dévotion particulière de l'église de Bazas. Un prêtre l'avait cachée pour la soustraire à la profanation des Normands. La cathédrale venait alors d'être rebâtie à neuf. Etienne pria le pape Urbain II de vouloir la consacrer de ses mains. Le souverain pontife, après le Concile de Clermont, se rendit à ses prières, et la consécration terminée, il vérifia la relique et en permit l'exposition. S'il fallait en croire la chronique Bazadoise, Urbain aurait vainement sollicité une partie de cette relique et n'aurait obtenu que la conque ou le reliquaire qui la renfermait.

Quoiqu'il en soit de ces faits, Etienne vivait encore en 1103; mais en 1108 il était remplacé par Bertrand de Baslade, qui marchant sur les traces de son prédécesseur, donna à la Sauve-Majeure les églises de Ruchx, de Castels, de Ciourac et de Blagnac, et confirma toutes les donations faites déjà à ce monastère par les évêques de Bazas. Les moines de la Réole reçurent de lui l'église de St-Eparch, vulgairement St-Cibard de Meilhan, avec des droits paroissiaux assez mal définis, pour une chapelle nouvellement construite dans leur cloître. A son exemple, Amanieu III d'Albret et son frère Bertrand, fils du héros de la croisade mort l'an 1100, et d'Arsinde de Narbonne sa femme, donnèrent la dîme entière de la paroisse de la Goulade. Ce don et un autre fait à l'abbaye de Condom sont les seuls actes que nous sachions d'Amanieu III, qui prenait le titre de sire d'Albret, et eut pour fils Bernard Ier, qualifié de sire comme son père, dans un titre de l'abbaye de Souche en Bordelais. Bernard vivait en 1140.

Bertrand de Baslade eut à se plaindre des empiétements de l'évêque d'Agen qui voulait reculer les limites de son diocèse aux dépens de celui de Bazas. Le pape Pascal chargea l'évêque d'Angoulême, son légat, d'arranger ce différend; mais le légat s'étant prononcé en faveur de l'évêque d'Agen, Bernard en appela au pape Calixte II, successeur de Pascal, qui lui fit restituer la ville de Castel-Jaloux (*Castrum Gelosum*, château sur la Gélise) avec ses dépendances déjà adjugées à son compétiteur. Cependant l'évêque d'Agen ne pouvait oublier d'avoir été repoussé du Bazadois; son ressentiment était si public, que quelques personnes crurent lui plaire en mettant le feu à la ville. L'incendie se manifesta d'abord avec une effrayante intensité, dans l'église de St-Martin qui fut entièrement consumée (1); à peine si l'on put retirer le corps du saint évêque Alain, que l'on retrouva frais et entier comme le jour où il s'endormit dans le Seigneur, et que l'on transporta dans la cathédrale. Ainsi le raconte le grave et estimable auteur de l'essai sur la ville de Bazas; mais nous ignorons sur quel document il étaye son récit.

L'église de Bayonne, si longtemps troublée dans ses possessions, jouissait d'une paix que ne connaissaient pas ses sœurs de Tarbes, de Lescar, de Bazas et de Dax.

---

(1) L'abbé Oreily, Essai sur les Bazadois.

Garsias avait été placé à sa tête, quand Bernard de Ste-Christie fut appelé sur le siége métropolitain en 1119 (1). Il donna à sa cathédrale plusieurs terres qu'il avait achetées dans le Bastan, son pays natal, ou qu'il tenait de sa famille, et fut remplacé par un Guillaume qui, avec Guy de Lescar, fut témoin lorsque Guillaume, duc d'Aquitaine, confirma une donation faite par son père à l'abbaye de Sordes. Raymond de Martres est plus connu. Sous lui, le duc d'Aquitaine donna à la cathédrale la moitié de la ville de Bayonne, ou plutôt en sa qualité de suzerain il en ratifia la donation. Mais il y ajouta de son chef le padouan, le droit de mouture, et celui de pêche dans la mer et dans les eaux douces. L'acte en fut dressé à St-Sever, d'où Raymond de Martres avait été tiré pour être promu à l'épiscopat. Afin de le rendre plus solide, le duc toucha l'évêque de son gant (2), *guanto meo suprà memoratum episcopum confirmo*, en présence d'Etienne de Caumont, de Geoffroi de Roquefort, d'Aimar d'Archiac, de Bardon de Caunac, de Gaston de Béarn, de R.-G. de Gensac, de Robert, vicomte de Tartas, de Pierre de Mugron, de Loup, vicomte de Marennes, de Guillaume de St-Martin et de B. de Bayonne. Malgré cette formalité, Raymond de Martres le fit encore confirmer par l'archevêque de Bordeaux, le vicaire-général de l'archevêque d'Auch et les évêques de Lescar, d'Oleron, de Dax, d'Aire et de Bazas, qui apposèrent chacun leur sceau à sept cordes, comme on le voit encore dans l'original.

La fin de son épiscopat fut marquée par la fondation de l'abbaye de Font-Guillem (3), près de Flaujaques

---

(1) *Gallia Christiana.* Manuscrit de Bayonne. — (2) Manuscrit déjà cité. — (3) *Gallia Christiana*, *instrumenta*, page 190.

(Grignols), fille de celle de Condom, et due à Pierre, vicomte de Castillon ou Castels. Le fondateur et toute sa famille furent reçus en participation de tous les biens spirituels et temporels de la nouvelle communauté. Bonnefille, épouse du vicomte, Giraude et Garsias Guillaume, ses enfants, Cénébrun de Masseille et Garsias Guillaume, ses neveux, Arnaud-Bernard de Sauviac et plusieurs autres seigneurs approuvèrent cet acte de religion. On le jura entre les mains de l'évêque qui fit bâtir lui-même la maison et la bénit. Parmi les témoins nous trouvons Etienne de Lebret ou Albret, archidiacre de Bazas, qui avait été honoré de l'épiscopat. Quelques-uns soupçonnent que c'est le même qu'Etienne de Saintes. Avec le haut rang qu'occupait cette maison, on conçoit que trois de ses membres se soient à la fois assis sur trois siéges voisins; mais pourquoi Etienne aurait-il abdiqué l'épiscopat pour se réduire à un simple archidiaconé ? Comment surtout aurait-il prolongé de plus de vingt ans une carrière déjà avancée ? Nous n'essayerons point de le dire, car rien ne l'indique. L'année suivante Bertrand chanta la première messe dans une église de Navarre et bénit le cimetière à la prière d'Alphonse l'*Empereur*, roi d'Aragon. Il mourut peu après le 17 septembre 1126.

Les voix unanimes du chapitre s'arrêtèrent aussitôt sur Geoffroi (1), abbé de la Sauve-Majeure, dont les talents et les vertus jetaient un vif éclat. Le nouveau prélat n'oublia pas le monastère qu'il abandonnait. Il lui céda l'église de Langon (*de Lingonio*), à condition que les moines la rebâtiraient. Quatre ans plus tard, il se rendit médiateur entre les religieux et les enfants

---

(1) *Gallia Christiana.*

de Raymond de Lagardère qui se disputaient quelques biens. Il approuva aussi et confirma la donation qu'avait faite Guiraude, fille du vicomte de Castillon, en faveur de Font-Guillem, et aida à la construction de l'église de pierre que ces religieux substituèrent à la chapelle de bois bâtie par le premier abbé, et encouragea les libéralités de ses ouailles par une indulgence de quarante jours. On nous a conservé la lettre qu'il écrivit à ce sujet aux fidèles du diocèse. Pour éviter toute contestation avec les moines de la Réole, il leur délaissa, en 1130, l'église de Gironde (*girus undæ*, tournoiement des eaux), sans se réserver d'autres priviléges que la nomination du chapelain et les contributions qu'elle payait ordinairement à l'occasion de la visite du pape.

Le duc Guillaume affectionnait Bayonne; il lui octroya des coutumes (1) et commença à agrandir son enceinte en y ajoutant ce qu'on appela depuis le Bourg-Neuf avec quelqu'autre quartier. Quand l'ouvrage fut terminé, le nom de Labour disparut insensiblement et fut remplacé par celui de Bayonne. Les évêques et les vicomtes n'en prirent pas d'autre. Bertrand, fils de Garsie Sanche, possédait alors la vicomté. Il s'associa à Raymond de Martres, et convoqua avec lui les barons et les nobles du Labourdan, et du pays voisin. Dans cette assemblée on établit une confrérie pour bâtir la cathédrale, mais la mort ayant frappé bientôt le prélat, les fondements n'en furent jetés que sous Arnaud-Loup de Bassabat, né de l'ancienne maison de Bassabat au diocèse d'Agen.

(1) **Manuscrit de M. Compaigne.**

Pierre d'Aire, le prélat le plus zélé de la province, et que nous avons trouvé à toutes les assemblées ecclésiastiques de son époque, n'était plus depuis longtemps. Le nécrologe de St-Sever place sa mort au 15 juillet 1092, tandis qu'Oihénard la recule jusqu'en 1095. Avant de descendre dans la tombe, il vit fonder le prieuré de Gavarret (1). Pierre Ier, vicomte du Gavardan, qui l'établit en l'honneur du St-Sépulcre, le mit sous la discipline de St-Guiraud, premier abbé de la Sauve-Majeure, et en fit confirmer les franchises par Guillaume, archevêque d'Auch, par Pierre, évêque d'Aire, et par Guillaume, duc d'Aquitaine. A Pierre succéda Guillaume, moine de Ste-Croix de Bordeaux. Celui-ci fut, dit-on, sacré par Pascal II ; mais si cette assertion est vraie, le siége vaqua assez longtemps, car Pascal ne ceignit la tiare qu'en 1099. On prétend qu'il existait au trésor de Pau une charte d'après laquelle Guillaume consentit à ce que Gavarret et le pays environnant, alors dépendant du diocèse d'Aire, passassent sous la houlette de l'archevêque d'Auch. Cette charte porterait pour date l'an 1104. Ce qui est incontestable, c'est que la réunion s'opéra dans ce siècle. Le nécrologe de St-Sever fait mourir Guillaume le 21 novembre 1115, et donne après lui Vital de St-Hermet ou Hermette, dont l'existence est assez problématique, et dont au moins le pontificat ne se prolongea guère ; car, dès 1120, un monument authentique montre sur le siége d'Aire l'évêque Bonhomme, dont nous parlerons souvent.

Guillaume Ier et Jourdain Ier qui avaient remplacé successivement sur le siége de Couserans (2) Raymond

---

(1) Dom Brugelles, M. d'Aignan, Marca, Manuscrit d'Aire. —
(2) *Gallia Christiana*.

Pelet, mort vers l'an 1078, n'ont pas laissé plus de traces dans les souvenirs publics que Guillaume et Vital d'Aire. Jourdain gouvernait le diocèse en 1117, et trois ans après il avait pour successeur Pierre Ier dont l'administration d'abord calme et paisible devait rencontrer de nombreux et violents obstacles.

Le restaurateur du siége de Lectoure, Raymond Ebbon, après avoir triomphé de ceux qu'il avait trouvés sous ses pas, fournit une longue carrière (1). En 1091, il confirma la donation que Vivien, vicomte de Lomagne, vraisemblablement fils d'Odon Ier, et Béatrix sa femme, firent à l'abbaye d'Uzerche en Limousin, de la terre et de l'église de Gaudonville. Parmi les témoins, nous nommerons Raymond-Arnaud de Faudouas, le premier seigneur de cette illustre maison qui nous soit parfaitement connu. En 1075, il assista à la consécration de l'église de Brioude en Auvergne, et en 1097, il reçut un bref d'Urbain II qui le chargeait de travailler à faire restituer à l'abbaye de Moissac quelques églises de son diocèse détenues par les laïques. Cette année fut la dernière de son épiscopat et sans doute aussi de sa vie. L'année suivante, nous trouvons son siége occupé par Pierre Ier qui parut en 1103 à une nouvelle donation faite par le vicomte Vivien aux religieux de Moissac. Après cet acte, l'évêque et le vicomte disparaissent ; ils sont remplacés, Vivien par Odon II, vraisemblablement son fils, mais très-certainement petit-fils d'Odon Ier (2), et Pierre par Garsias. Celui-ci n'a laissé que son nom dans l'église de Lectoure.

(1) *Gallia Christiana*. — (2) L'Art de vérifier les dates, Manuscrit de M. d'Aignan.

Après lui vint Guillaume, fils du seigneur d'Andozille ou Andoufielle, selon les uns, frère, et selon les autres avec plus de vraisemblance, beau-frère de St-Bertrand de Comminges, mais d'après tous issu des seigneurs de Montaut. On raconte que sa mère, qui avait déjà eu plusieurs enfants et les avait tous perdus en bas âge, se plaignit de son malheur à Guillaume-Bernard de Montaut, archevêque d'Auch, son parent. Le prélat lui conseilla de consacrer à Dieu le premier fruit qu'elle concevrait et de le vouer à l'église ou au cloître. Guillaume d'Andozille, qui nâquit bientôt après, fut d'abord élevé sous les yeux de St-Bertrand dans sa ville épiscopale (*). On l'envoya ensuite dans le monastère de St-Paul de Verdun, d'où il passa à Toulouse pour y être admis dans le chapitre de St-Etienne où vivait encore le souvenir des vertus de son oncle. C'est là que les vœux du clergé de Lectoure vinrent le chercher pour le placer à la tête du diocèse. A une haute naissance, Guillaume joignait toutes les qualités qui font les grands prélats : piété sincère, connaissance profonde des sciences divines et humaines, sens profond, prudence consommée, sage fermeté, constance inébranlable dans les projets ; nous nous laissons aller au plaisir de traduire les vieux cartulaires (1).

Peu après son sacre, en 1122, nous le trouvons à la donation de Bragayrac (2). Ce monastère, situé dans

(*) Dom Brugelles fait élever Guillaume dans le Chapitre de St-Étienne avant la promotion de son oncle à l'épiscopat. Il lui donne ainsi bien plus de 100 ans de vie, puisqu'il mourut en 1177, et que St-Bertrand monta sur le siége de Comminges vers l'an 1073.

(1) Cartulaire d'Auch. Dom Vaissette.— (2) Histoire du Languedoc, tom. 2, page 392.

l'ancien diocèse de Lombez, aux limites de notre département, avait été fondé pour une communauté de filles et dépendait, au milieu du xi° siècle, de l'abbaye de Moissac. Il fut détruit dans la suite et rétabli pour des hommes. Aymeric, qui en était prieur, le donna en 1122 à Pétronille, abbesse de Fontevraud, et lui promit obéissance de l'agrément d'Amélius, évêque de Toulouse, et en présence de Guillaume, évêque de Lectoure, et de Béatrix, vicomtesse de Lomagne.

En 1125, Guillaume, de concert avec Fortanier, prieur de St-Geni, engagea Ardouin de Bouillas à fonder un monastère en l'honneur de la Ste-Vierge. L'Ordre de Cîteaux venait d'être institué par St-Robert de Molesme. Le nouvel Ordre aimait les lieux solitaires, et dans les possessions d'Ardouin de Bouillas, aux portes de Lectoure, s'étendait une vaste forêt nommée Porte-Glands. Arnaud en abandonna une portion à Bernard, abbé de Condom. Bonne, sa sœur, et Raymond de Castelar (peut-être Castarède), époux de Bonne, Guillaume et Garsias del-Perul y ajoutèrent quelques possessions voisines (1).

Après la mort d'Ardouin survenue sur ces entrefaites, Abrin son frère, Bonne et Castelar firent de nouvelles donations, et les fondements du monastère furent jetés; mais Guillaume ayant été transféré ailleurs, son absence se fit sentir. Les travaux avancèrent lentement et l'édifice demeura inachevé durant quelques années. Dégoûté de ces lenteurs, l'abbé de Condom abandonna la maison et l'affilia à l'abbaye de l'Escale-Dieu en Bi-

(1) *Gallia Christiana*, page 1024, tom. 1. Dom Brugelles. M. d'Aignan.

gorre. Garsan ou Galin, le premier abbé, reçut des biens considérables d'Airard de Saussède, en 1141. Le couvent était alors terminé. Il s'appelait Porte-Glands comme la forêt au milieu de laquelle il avait été bâti; mais ayant été consumé deux fois par les flammes, il perdit ce premier nom et ne s'appela plus que Bouillas, du nom de son bienfaiteur. Nous ne saurions assigner l'époque de ce changement. C'est la première maison que la congrégation de Citeaux ait comptée dans le diocèse. L'année qui suivit cette fondation, l'évêque de Lectoure fut appelé selon la volonté et le choix de Dieu, *Deo volente et eligente* (1), à remplacer Bernard de Ste-Christie sur le siége métropolitain d'Auch.

Guillaume d'Andozille écrivit aussitôt au pape pour lui demander le pallium. Honoré II était alors assis sur la chaire de St-Pierre. Il répondit à Guillaume par une bulle du mois de mars, dans laquelle il confirmait non seulement la sentence portée par son prédécesseur en faveur du cimetière de Ste-Marie, mais encore toutes les possesions dont jouissait cette église (*). Cette bulle

---

(1) *Carta fundationis Portaglonii vulgò* Bouillas.

(*) C'était l'église de Nogaro avec sa paroisse, l'église de Sos avec les paroisses qui en dépendaient, l'église de St-Pierre de Vic avec toutes ses dépendances. Hors de la ville d'Auch, les églises de St-Martin, de St-Pierre et de St-Laurent (chapelle de l'archevêché) avec les dîmes des terres qui y étaient attachées. Dans le Pardiac, l'église de St-Christaud et de Marseillan; dans l'Astarac, l'église de Ste-Aurence avec la ville entière; dans le Comminges, l'église de St-Ferréol; dans le Magnoac, l'église de St-Mamet; dans l'Eusan, l'église de Ramousens; dans le Savanez, l'église de St-Giles de Peyrusse avec ses dépendances, toute la ville de Ste-Christie avec ses terres, ses vignes et ses vilains (habitants), l'église de St-Jean d'Espax, l'église de St-Martin de Goyne, l'église de St-Jean de Berdale (maintenant Aubiet) avec ses dépendances, ses terres et ses dîmes, enfin l'église de Ste-Marie d'Eauze, l'ancienne Cioutat.

fut suivie d'une seconde par laquelle le pape l'établissait son légat dans la Gascogne et la Navarre. Ses quatre successeurs(1) l'honorèrent de la même confiance et lui continuèrent sa légation : Innocent II en 1130, Célestin II en 1143, Léon II en 1144, et enfin Adrien IV en 1145.

L'Eglise, nous avons besoin de le répéter souvent, était, durant ces trois ou quatre siècles, la seule sauvegarde du faible et du malheureux. L'Europe entière semblait vivre sous les armes. Au haut de l'échelle, le monarque attaquait le monarque; sur les degrés, le seigneur luttait contre le seigneur, et au bas, le village se ruait sur le village, le hameau sur le hameau. Troubles, périls, larmes et sang partout, paix et surtout sécurité nulle part. Après s'en être pris aux hommes, on s'en prenait aux bois, aux vignes, aux champs, aux maisons, aux animaux utiles. Le feu achevait de dévorer ce que le fer n'avait pu détruire. A une religion d'union et de charité il appartenait d'atténuer d'abord le mal et de le guérir ensuite. Trop prudente pour l'attaquer sur-le-champ de front, elle commença bientôt à ordonner une paix momentanée ; on l'appela du nom si juste de Paix ou de Trêve de Dieu. A ces fiers barons, à ces indomptables chevaliers, il n'y avait que Dieu qui pût commander. Surtout il n'y avait que lui qui pût s'en faire obéir. D'ailleurs la trêve était venue du ciel. Un ange l'avait dictée à un évêque d'Aquitaine. Diverses révélations avaient confirmé les paroles de l'ange. Nul ne douta ni des révélations, ni de la vision angélique. Comment ne pas croire que Dieu ne prît en

---

(1) Dom Brugelles, M. d'Aignan.

pitié la détresse du genre humain. Le vicaire de J.-C. donna le signal; la trêve fut solennellement promulguée au Concile de Clermont. Mais la voix du souverain-pontife, d'abord couverte d'applaudissements, se perdit bientôt dans le lointain. On n'arrêta jamais tout-à-coup les débordements d'un siècle; il faut du temps aux passions pour se calmer. Aussi, presque tous les Conciles renouvelèrent la prescription. Guillaume profita du double droit que lui donnait son titre de légat et de métropolitain. Il fit l'ordonnance suivante que nous transcrivons toute entière. Mieux que nos paroles, elle nous peindra et le mal et les mœurs de l'époque.

« Guillaume (1), par la grâce de Dieu, archevêque d'Auch et légat du saint-siége, à ses très-chers frères en J.-C., les vénérables évêques et les autres prélats des églises, à ses chers fils les comtes, vicomtes et barons, à tout le clergé et les peuples de la province ecclésiastique d'Auch, salut et bénédiction. Tenu par le devoir de notre charge de pourvoir au bien des fidèles commis à nos soins, et pressé par les ordres du souverain-pontife à qui il appartient de veiller à l'avantage de toute la chrétienté, nous devons nous occuper plus spécialement de la paix et trêve de Dieu. Ainsi, d'après les statuts du Concile général récemment tenu à Rome, nous ordonnons de la part de Dieu, du seigneur pape et de la nôtre qu'elle soit inviolablement observée de tous; en voici la forme. Il y aura trêve depuis le mercredi après le coucher du soleil jusqu'au lundi après son lever; depuis le dimanche de l'Avent jusqu'après l'octave de

---

(1) Cartulaire de Lescar, Marca, page 397.

l'Epiphanie, et depuis la Septuagésime jusqu'après l'octave de Pâques. Si quelqu'un la viole, que son suzerain et l'évêque avec le peuple le forcent à réparer le dommage selon le jugement de l'évêque, du suzerain et des autres barons. Si le suzerain, les barons ou le peuple ne s'en mettent point en peine, que les suzerains et les barons soient excommuniés, et toute leur terre soumise à l'interdit, nonobstant tout privilége contraire. Durant ce temps, durant toutes les fêtes de la Vierge, ainsi que le jour qui les précède et les suit, les fêtes de St-Jean-Baptiste, de St-Pierre et de St-Paul, et de la Toussaint, et durant l'octave de la Pentecôte, que tous ayent paix et sécurité. Que les chanoines, les moines, les prêtres et les clercs, toutes les personnes vouées à la religion, les pèlerins, les marchands, les paysans allant et venant et se livrant à l'agriculture, les animaux dont ils labourent et avec lesquels ils portent leurs semences aux champs, en jouissent en tout temps, aussi bien que les dames avec ceux de leur suite, pourvu qu'ils soient sans armes, et toutes les femmes et toutes les propriétés du clergé, et des religieux et les moulins. Toutefois, nous n'entendons point aller contre les droits et les coutumes des suzerains et des seigneurs des terres. Que les églises aient une franchise ou sauveté de trente pas de circonférence, et les monastères une de soixante. Pour que ces injonctions soient mieux observées, nous ordonnons que depuis l'âge de sept ans, les comtes, les vicomtes, les barons et le clergé prêtent entre les mains de l'évêque, et le peuple entre les mains des prêtres le serment d'observer la paix et la trêve de Dieu selon la teneur prescrite, d'en poursuivre les violateurs et de n'acheter sciemment aucune de leurs rapines. Si quelqu'un attente contre ce décret, soit en ne prêtant pas le serment, soit en ne poursuivant pas les violateurs, soit en les prenant à leurs gages, soit en les favorisant, soit en leur donnant asile, soit en achetant les choses volées par eux, que le suzerain du coupable et toute sa terre, s'ils n'en tirent pas une juste vengeance, soient soumis à l'interdit et à l'excommunication, nonobstant tout privilége contraire. Que les excommuniés ne soient point salués, qu'on ne coupe point les cheveux de leurs têtes, qu'on ne leur offre point l'eau pour se laver, qu'ils ne mangent point sur une nappe, qu'on ne les reçoive point à la communion chrétienne, excepté pour le baptême des enfants et pour leur donner la pénitence à leurs derniers moments. Que le seigneur et les fidèles qui auraient aidé à la paix, de leurs bras ou de leurs conseils et combattu contre ces violateurs, s'ils meurent dans une vraie pénitence, occupés au service de Dieu, ne doutent point d'avoir, par l'autorité de Dieu, du seigneur pape et de toute l'Eglise, l'indulgence de tous leurs péchés et les récompenses éternelles; aux autres qui auront pris les armes et combattu contre eux, nous accordons deux ans d'indulgences et donnons à leur évêque le pouvoir d'en octroyer une plus longue s'ils le jugent convenable. Nous ordonnons que tous ceux qui refuseront d'obéir aux évêques à cet égard soient privés de la communion; enfin, que les évêques ou les prêtres qui ne s'opposeraient pas fortement à ces violations, soient privés de leurs charges jusqu'à ce qu'ils aient obtenu le pardon du siége apostolique. »

L'Eglise, en arrêtant les combats journaliers, voulait non seulement protéger le sang de ses enfants, mais encore multiplier les soldats de la croix. Les hostilités avaient recommencé en Espagne. Centule ne pouvait longtemps rester oisif dans le Béarn. A l'exemple de ses pères, il s'empressa d'aller se ranger sous les drapeaux d'Alphonse. Il prit part à toutes ses expéditions et périt avec lui le 17 juillet 1134 à la journée de Fraga, si fatale aux armes chrétiennes (1).

Sans-Parra, qui avait suivi le vicomte, fut fait prisonnier ainsi qu'un grand nombre de ses compatriotes, et comme eux il allait être transporté en Afrique d'où étaient venus une partie des vainqueurs. La nuit qui précéda le départ, St-Bertrand (2), mort alors depuis dix ans, apparut environné de lumière dans l'affreux cachot où il gémissait, et lui dit qu'il venait acquitter la promesse qu'il lui avait faite au nom du ciel. En même temps il lui ordonna de le suivre. Les chaînes tombent aussitôt d'elles-mêmes, les portes de la prison s'entr'ouvrent et ils se mettent en marche. Parra crut d'abord être le jouet d'un de ces rêves flatteurs qui viennent quelquefois caresser l'infortuné sur la couche de sa douleur. Mais quelle ne fut pas son agréable surprise, lorsqu'au jour naissant il se trouva à Esquitto dans la vallée d'Aspe. Le saint lui recommanda alors d'aller rendre grâces à Dieu sur son tombeau, et disparut. L'ancien captif prit à peine le temps de se faire reconnaître de ses parents et de ses amis, et s'achemina vers le Comminges, dont l'église célébra depuis cette délivrance par une fête particulière.

(1) Surita, liv. 1, ch. 52. Orderic Vital, liv. 13. Marca, liv. 5, ch. 27. — (2) Vie manuscrite de St-Bertrand. Bréviaire du diocèse de Convenues.

CHAPITRE III.

Guiscarde, sœur de Centule, vicomte de Béarn, succède à son frère.— Centule, comte de Bigorre, ne laisse qu'une fille mariée au vicomte de Marsan.— Mort de Bernard III, comte d'Armagnac. — Adalmur, comtesse de Fezensac, la veuve, meurt sans postérité. — Géraud, comte d'Armagnac, s'empare du Fezensac. — Maison de Montesquiou. — Fondation des abbayes de Berdoues et de Gimont. — Comtes d'Astarac. — Fondation de la Case-Dieu. — Comtes de Pardiac. — Comtes de Comminges. — Comtes de Foix. — Zèle de l'archevêque d'Auch. — Incendie de la ville de Simorre.

Centule, vicomte de Béarn, ne laissa point d'enfants; avec lui finissait la descendance masculine des premiers vicomtes. La maison de Béarn ne comptait plus qu'une fille, Guiscarde, née, comme Centule, de Gaston et de Talèse, et veuve de Pierre II, vicomte de Gavarret, dont elle n'avait eu qu'un fils encore en bas âge. La mère et le fils (1) furent appelés à recueillir la succession. Plusieurs actes de ce temps, dit M. Faget de Baure (2), présentent les noms réunis de Talèse, de Guiscarde et du jeune vicomte Pierre. La vicomtesse Guiscarde conserva la seigneurie de Notre-Dame-du-Pilier; mais la ricombrie de Saragosse sortit de sa maison. C'était une dignité personnelle qui ne se transmettait point encore aux héritiers. Talèse avait part au gouvernement, et peut-être exerçait-elle une juridiction indépendante dans le pays conquis par Gaston. On eu

---

(1) L'Art de vérifier les dates. Marca, liv. 5, ch. 28. — (2) Essais historiques sur le Béarn.

voit un exemple dans le bailliage de Mixe. Espagnol de Labour, partant pour le siège de Saragosse, vendit à l'abbé de Sordes la moitié de l'église St-Félix-de-Garris. Arnaud de la Guingue allant à Jérusalem engagea à l'abbé l'autre moitié de la dîme, et la lui vendit à son retour pour quatre cents sols Morlas, cinq marcs d'argent, une mule et un mulet. Muni de cet argent, il repartit et alla se faire tuer à Campodoliente. La fille unique de la Guingue attaqua cette vente; l'instance fut portée à la cour de Talèse. Les juges qui la composaient étaient Sault, Domy, Beaumont et Cassabé.

S'il fallait en croire un cartulaire (1), Centule de Bigorre aurait été alors en lutte avec la dame de Miramond et Garsie Arnaud de Navailles, au sujet de quelques terres, et Guiscarde se serait engagée à garantir son oncle de tout trouble, et lui aurait même donné des otages pour sûreté de son engagement. Mais le fait est supposé, ou plutôt les dates sont fausses. Il s'agit non de ce Centule, mais d'un autre Centule son petit-fils. Le grand-père mourut avant 1128, ne laissant d'Amable, sa femme, qu'une fille nommée Béatrix (2), mariée à Pierre, vicomte de Marsan, fils de Loup Aner que nous avons mentionné, et dont la famille, comme toutes ces maisons vicomtales, ne remontait qu'aux premiers jours du xe siècle. Le comte de Bigorre, à l'exemple de Bernard, son frère, s'appliqua à faire fleurir la justice dans son comté. C'est lui qui donna aux villes de Tarbes et de Lourdes les premières coutumes que nous leur connaissons. Les trois fils de Centule de Béarn furent ainsi les législateurs de leurs peuples.

(1) Cartulaire de Bigorre. Manuscrit du Séminaire d'Auch. —
(2) Même manuscrit, Marca, l'Art de vérifier les dates.

L'archevêque d'Auch, longtemps avant la journée de Fraga, avait envoyé des secours au roi d'Aragon. Ce prince, pour lui témoigner sa reconnaissance, dota le chapitre d'Auch de l'église d'Alagon (1) et de quelques biens situés dans le diocèse de Saragosse. Notre métropole ne jouit pas longtemps de cette libéralité. A la mort d'Alphonse, l'évêque de Saragosse réclama Alagon et les terres données. La contestation fut portée à Rome; mais quoique Eugène III et Anastase IV, son successeur, eussent jugé en faveur de notre église, l'évêque Espagnol garda ce qu'il avait envahi en donnant à l'archevêque d'Auch une faible indemnité.

Guillaume fut plus heureux avec Adalmur, veuve du comte d'Armagnac; Bernard III était mort sans qu'on puisse assigner l'année. Il avait laissé de sa première femme deux fils (2) : Géraud, qui lui succéda dans le comté d'Armagnac, et Othon dont on ignore le sort, et qui eut pour apanage la vicomté de Magnoac, c'est-à-dire la ville de Mauléon et quelques terres voisines. Le reste du Magnoac était partagé entre la maison d'Astarac et celles d'Aure et de Labarthe. Ces divers partages ne jettent pas peu d'obscurité sur l'histoire des seigneurs de Magnoac. D'Adalmur, Bernard n'eut qu'une fille, Béatrix, que les uns (3) marient au vicomte de Béarn, et d'autres, sans nul fondement, à un seigneur d'Armagnac ou peut-être même à Géraud, mais qui vraisemblablement mourut sans avoir contracté d'alliance.

Adalmur, sa mère, en perdant son mari, rentrait

---

(1) Cartulaire d'Auch. — (2) Grands Officiers de la couronne, l'Art de vérifier les dates. — (3) Oihénart.

maîtresse du comté de Fezensac. Les chanoines de Ste-Marie avaient été dépouillés injustement des moulins de Chélère. L'archevêque revendiquait encore l'église de Ste-Marie d'Eauze que le pape venait dans sa bulle de relater parmi les possessions archiépiscopales. Les moulins avaient été engagés au comte de Fezensac pour la somme de cent sols. Le chapitre rendit le prix de l'engagement et recouvra ses moulins. Adalmur restitua (1) aussi la moitié de l'église réclamée et garda l'autre. Elle traînait une vie languissante lorsqu'elle souscrivit à cette restitution. Elle ne tarda pas à descendre dans la tombe, et sa mort fut suivie de près de celle de sa fille. Avec celle-ci finissait la descendance d'Astanove et peut-être de la maison de Fezensac.

Le cartulaire d'Auch (2) lui donne pour ligne collatérale les barons de Montesquiou; les termes sont formels : « Moi, Arsius de Montesquiou, fils de Raymond Aymeric, frère du comte Guillaume Astanove. » Raymond Aymeric est désigné dans un acte comme un des grands seigneurs du comté de Fezensac. Son fils Arsius possédait des droits sur plusieurs églises aux environs d'Auch, et ces droits il les tenait de son père (*ex paternâ successione*). Il avait un territoire aux portes de la ville par droit héréditaire des comtes de Fezensac (*jure hereditario consulum*). Enfin, le domaine de Montesquiou, sans être très large, n'était pas sans importance. Fourcés donné jadis à un autre puîné et la partie de Magnoac qui vient d'échoir à Othon ne le valaient peut-être pas. Ajoutons que la filiation légitime a été

---

(1) Cartulaire d'Auch. — (2) Ch. 37. Dom Brugelles, Pièces justificatives, p. 24 et suiv. M. d'Aignan, aussi Pièces justificatives.

adoptée par les ouvrages les plus justement estimés, *les grands Officiers de la couronne*, *l'Art de vérifier les dates*, Moreri et Marca, et proclamée par dom Merle, dom Clément, dom Poirier, Bretigni, Garnier, Bejot et Dacier.

Certes, ce n'est pas nous qui attaquerons ce qui a pour soi toutes les autorités que la science vénère et renomme. Cependant l'impartialité de l'histoire veut que nous le remarquions : si cette descendance est admise, les barons de Montesquiou avaient des droits pour le moins aussi naturels que qui que ce soit au comté de Fezensac; et toutefois, non seulement ils ne s'en mirent pas en possession, mais aucun monument connu n'atteste qu'ils aient fait le moindre effort pour le revendiquer. Tout, au contraire, semble prouver que Géraud III, chef de la branche cadette, recueillit paisiblement l'héritage de sa sœur consanguine. Voici ce que nous lisons dans la seule charte (1) qui nous parle de cette succession. Après la mort de la comtesse Adalmur et de sa fille, le comte Géraud désirant avoir le comté de Fezensac, eut soin de confirmer ainsi que Bertrand son fils la restitution faite par la comtesse; et au milieu d'un immense concours de peuple, la main étendue sur l'autel de la bienheureuse Marie, le père et le fils jurèrent qu'ils renonçaient à jamais pour eux et leur postérité à toute prétention sur les moulins. C'est alors sans doute que Géraud et son fils renouvelèrent l'hommage voué à Ste-Marie par le comte Bernard III. Seulement la redevance établie en nature, ils la changèrent en douze

---

(1) Cartulaire d'Auch, ch. 99. Dom Brugelles et M. d'Aignan, Pièces justificatives.

sols Morlas qui devaient se prélever aux foires de Nogaro sur les péages des deux portes de l'ancien bourg.

Ces évènements eurent lieu vers l'an 1140. Depuis cette époque les deux comtés ne furent plus séparés. Géraud et ses successeurs écartelèrent leurs armes de l'un et de l'autre. Dans les titres et les actes l'Armagnac eut le pas, mais dans les états du pays le Fezensac garda sa prééminence. De la quiétude avec laquelle les barons de Montesquiou acceptèrent ce fait, plusieurs ont auguré, ou que le cartulaire postérieur à l'évènement a été induit en erreur, ce qui certes n'est pas sans exemple, ou que la filiation venait de la main gauche. La baronie de Montesquiou leur paraît d'ailleurs trop petite pour un puîné de Fezensac, les apanages étant toujours proportionnés à la grandeur de la famille. Enfin, disent-ils, si les Montesquiou eussent appartenu à la branche aînée, ils auraient même après avoir été évincés, conservé une place à part au dessus de la noblesse de Fezensac, et toutefois ils ne paraissent jamais les premiers, mais toujours les seconds (*).

(*) On connaît le proverbe qui fixait le rang de nos quatre derniers grands barons.

Parlo Montaout : Arrespond Montesquiou.
Escouto Pardeillan : Que dises tu, Lahillo?

Parle, Montaut, et réponds Montesquiou.
Écoute Pardeillan; toi, l'Isle, que dis-tu?

Nous aurions cru faillir aux devoirs sacrés de l'histoire, si nous n'avions mis sous les yeux de nos lecteurs les pièces d'un procès qui arrêta à la fin du dernier siècle les regards de la France entière. Que chacun prononce; mais quel que soit le jugement, la place est belle pour les barons de Montesquiou. Nulle famille de la province n'a eu plus d'illustrations. Ni la pourpre romaine, ni le bâton de maréchal, ni les ambassades, ni le ministère, ni la pairie, rien ne leur a manqué.

Pendant que la branche aînée se mourait, la branche d'Astarac poussait de nombreux rameaux. Bernard I*er*, chef de cette branche, fut marié (1) deux fois. De sa première femme, morte jeune, il eut Sanche et Bernard, et de Longue-Brune la seconde, Bibelmont, Béamond ou Boémond. Ces trois frères succédèrent ensemble à leur père. Chacun d'eux prit le titre de comte d'Astarac, ce qui prouve qu'ils gouvernaient par indivis. Sanche II, appelé quelquefois Asnaire-Sanche, avait été associé au gouvernement vers le commencement du siècle. En 1134, il fonda avec son père, sous la juridiction et entre les mains de Walter, abbé de Morimont, et de l'agrément de Guillaume d'Andoufielle, archevêque d'Auch, l'abbaye de Berdoues près de Mirande (*de Bardonis*, terre des Bardes). Les deux comtes donnèrent la terre de Berdoues avec ses dépendances, les bois de Violes et quelques autres possessions. Les seigneurs de Sariac, de Barbazan, d'Orbessan, de Mauléon et une foule d'autres s'empressèrent d'y ajouter leurs libéralités. Parmi cette noblesse, ceux qui ne purent pas confirmer leurs dons par leur signature l'attestaient en jetant en l'air de légères branches d'arbres, et tous disaient : Je donne (2).

Le nouveau monastère, achevé en 1138, devint bientôt un des plus riches de la contrée, et eut presqu'à sa naissance deux filiations : Eunes dans le diocèse de Toulouse et Gimont dans le diocèse d'Auch. Géraud du Brouil, seigneur du Brouil, de Castelnau, de Mar-

---

(1) L'Art de vérifier les dates, Manuscrit de M. d'Aignan. — (2) *Principes et priores milites Astaraci qui suum donum non potuerunt ipsâ manu firmare illud affirmabant jactu ramorum, singuli clamantes : ego dono.*

mont ou Miramont et de Florensac, Gaulsens, sa femme, Guillaume, Raymond et Géraud, leurs fils, et Mathilde, épouse de Guillaume, donnèrent à Albert, abbé de Berdoues, établi par Walter, toute la terre de Cahusac, d'Artigues et de Planseuve avec l'église rurale de Cahusac, bâtie par leurs ancêtres en l'honneur de la Ste-Vierge. Cette libéralité fut pour condition qu'on bâtirait dans la forêt de Planseuve ou de Laplagne une abbaye qui prendrait le nom de Gimont (*), de la Gimone qui baignait la forêt, et lui assurèrent une entière immunité, ne réservant que l'hommage et le serment de fidélité au comte d'Armagnac ou Fezensac. L'acte fut passé au château de Miremont près d'Aubiet, le 7 avril 1142, en présence de l'archevêque Guillaume qui approuva et ratifia la donation, et devant Anez, chapelain de Miremont, Bernard Aner d'Aubiet, Pierre de Larroque, chanoine d'Auch, Thibaud de Maravat, Sanche d'Arcamont, Garsie de Pessoulens, Guillaume d'Arné et Assin de St-Guiraud, presque tous chevaliers. Les fondements en furent jetés le 17 octobre 1145, et les travaux avancèrent si rapidement, qu'à la fin de l'année suivante la maison fut habitée. Sa prospérité s'accrut sous Arnaud de St-Justin, son premier abbé et ses successeurs; et plus féconde que Berdoues, sa mère, elle compta bientôt quatre filles, Sauvelade dans le diocèse de Lescar, Roter, Buxère et Junquère en Espagne.

Après la mort de Bernard Ier, arrivée peu après la fondation de Berdoues, Longue-Brune, sa veuve, se sentit pressée de quitter le monde. Sanche et l'archevêque

---

(*) Charte de la fondation de Gimont, *Gallia Christiana*, page 1028.

d'Auch lui bâtirent (1) le monastère de Boulieu (*de bono loco*, d'où nous avons fait Boulau) sous la règle de Fontevrauld, et l'en établirent prieure. Deux ans après, Sanche donna à la prieure et à ses religieuses une forêt considérable dans le voisinage avec quelques terres adjacentes, en présence d'Odon de Semezies, de Pierre Desbarats, de Vesian de Marrast et de Sanche Forto son paysan (*Sancicus Forto villicus comitis*). Sa vie se prolongea jusqu'en 1167. On ignore s'il fut marié, mais on est assuré qu'il ne laissa point d'enfants. Bernard II, son frère germain, ne fut pas moins généreux que lui pour l'église. Toutefois, sa piété ne lui fit pas oublier les soins du gouvernement. Il fit bâtir (2) de concert avec Guillaume Arnaud Desbarats (*de Vallatis*), la ville et le château de Castelnau-Barbarens. Les deux fondateurs donnèrent (3) ensemble à la nouvelle ville des coutumes que nous verrons renouveler plus tard. Bernard dut précéder son frère dans la tombe quoiqu'en dise l'Art de vérifier les dates, qui le fait vivre jusqu'en 1204, le confondant ainsi évidemment avec Bernard III son fils. Bernard ne paraît que jusqu'en 1148. Il laissa deux fils, Sanche et Bernard ; le second seul nous est connu. Quelques-uns attribuent à ce Bernard et à Sanche son fils, la fondation de Berdoues que d'autres donnent à son frère et à son père. La similitude des noms et des titres a fait naître cette confusion et ne permet guère de la débrouiller avec assurance.

Boémond, frère consanguin de Sanche II et de Bernard II, et co-seigneur (4) avec eux de l'Astarac, fit

---

(1) Dom Brugelles, M. d'Aignan. — (2) L'art de vérifier les dates. (3) Manuscrit de M. d'Aignan. — (4) L'Art de vérifier les dates.

plusieurs donations au monastère de Boulau, gouverné par Longue-Brune, sa mère. Rouge (*Rubea*) sa femme et ses trois filles, Marie, Marquèse et Béatrix s'associèrent à ses générosités.

Guillaume de Pardiac, chef de la branche puînée d'Astarac, entraîné par les passions et suivant des exemples encore assez fréquents dans ce siècle, répudia (1) sa femme et épousa Constance. Bientôt, touché de remords et cédant à la voix de Raymond, archevêque d'Auch, il donna à Ste-Marie, en expiation de son divorce, la terre qu'il possédait à Auch avec les paysans (*cum rusticis*) qui la travaillaient. Il y ajouta ensuite en son nom et au nom de tous ses parents les rentes et la propriété dont il jouissait à Ste-Christie. Pour mieux expier sa faute il contribua puissamment, en 1135, avec Bernard, comte d'Armagnac, à la fondation de l'abbaye de la Case-Dieu (2). Chrétien, maître d'une chapelle dédiée à la Ste-Vierge, l'abandonna à Guillaume d'Andoufielle. L'archevêque eut recours à Gautier, abbé de St-Martin de Laon, qui mena dans le Pardiac une colonie de ses religieux. Bernard de Troncens, seigneur de Peyrusse, de Tourdun et de Juillac, donna le local pour bâtir le monastère qui appartenait à l'ordre de Prémontré. Cet ordre était récent dans l'église : St-Norbert son fondateur était mort l'année précédente sur le siége de Magdebourg.

Les nouveaux religieux furent à peine connus dans le pays, qu'ils reçurent des dons de toutes parts. Pierre, comte de Bigorre et vicomte de Marsan, les introduisit

(1) Le P. Montgaillard, Manuscrit de M. d'Aignan. — (2) Manuscrit de la Case-Dieu.

dans l'abbaye de la Castelle occupée par des chanoines réguliers de St-Augustin dont la vie n'était pas très édifiante. Pierre, évêque de Couserans, et Arnaud, comte de Pailhas, s'unirent pour établir une abbaye dans une vallée nommée Combelongue. Ils obtinrent de Bernard Ier, abbé de la Case-Dieu, des religieux pour la peupler. L'hôpital de Notre-Dame de Vic-Fezensac fut donné par un prêtre nommé Forton. Vital connu par le nécrologe de la Case-Dieu fonda l'abbaye de Lacapelle, diocèse de Toulouse. L'abbé Bernard, chargé de pourvoir à quelques autres établissements, ne put pas en prendre possession sur-le-champ. Néanmoins il en fit confirmer, en 1143, la fondation par Bernard, comte de L'Isle-Jourdain, fils de Jourdain Ier. Celui-ci (1) était né sans doute dans l'expédition d'outre-mer, où son père se signala et avait été baptisé dans le Jourdain. C'est de lui et de ses descendants que la ville de l'Isle a pris son surnom, ou plutôt sur les ruines du château de Sillio, Jourdain en bâtit un second que l'on appela bientôt du nom de son fondateur. Comme son père, il s'attacha aux comtes de Toulouse, et ne laissa d'Alver de Muret, fille de Geoffroi, seigneur de Muret, que Bernard. C'est ce Bernard qui venait de succéder à son père quand il donna son assentiment à la fondation de Lacapelle.

L'abbaye de la Case-Dieu fut encore mère de celle de Divielle dans le diocèse de Dax, de la Honce dans celui de Bayonne, de Font-Caud dans celui de St-Pons. Elle enfanta aussi le prieuré de Labarthe et les abbayes de Betpouy, de Retorte, de Lidan et d'Ourdache en Espagne. Ces développements lui méritèrent longtemps

---

(1) Grands Officiers de la couronne, tom. 2. Dom Vaissette, tom. 2.

l'honneur d'occuper le premier rang parmi les monastères de l'ordre de Prémontré dans la province de Guienne.

La religion ne tarda pas à triompher dans le cœur du comte de Pardiac, si déjà le triomphe n'était pas consommé en 1135. Du moins, en 1142, Marie, sa première femme, avait reconquis ses droits et sa place. Elle accompagna son mari à Auch, et durant ce voyage, Guillaume transigea avec le vicomte de Gavarret sur certains fonds qu'ils se disputaient. Un échange accepté des deux seigneurs ramena la paix entre leurs maisons. Cet acte est le dernier trait connu de la vie de Guillaume (1). Il mourut le quatre avril selon le nécrologe de St-Mont qui ne fixe pas l'année. Les auteurs se divisent sur son successeur. Dom Clément (2), dans l'Art de vérifier les dates, le fait remplacer par Boémond son fils qu'il conduit jusqu'en 1182, et à qui il ne donne de sa femme Rouge que deux filles, Marie et Marquesie, et à Boémond il fait succéder Otger son parent et peut-être son gendre. Il s'appuie de l'autorité d'Oihénart qui nomme Boémond après Guillaume et le soupçonne d'être le même que Boémond d'Astarac. Alors s'expliquent le nom de Rouge donné à sa femme, et les noms de Marie et de Marquesie donnés à ses filles. Mais ce soupçon est peu vraisemblable. Aussi Oihénart est-il loin d'affirmer comme dom Clément. Dom Brugelles (3) place après Guillaume, Bernard Licier, un des bienfaiteurs du couvent du Brouil dont nous parlerons plus tard, Odet de Biran, et enfin Otger II ou Auger

(1) L'Art de vérifier les dates. — (2) Ouvrage précité, tom. 2, page 286. — (3) Chroniques d'Auch.

qu'il croit avoir épousé l'héritière du Pardiac. Le Père Anselme (1) est plus explicite. A Guillaume il donne deux fils, Boémond, et Bernard dont il fait l'aîné et qu'il dit avoir été présent à l'échange fait entre son père et le vicomte de Gavarret. Ce Bernard aurait possédé le comté en 1174 et vécu jusqu'en 1182, époque où il fit une donation du consentement d'Amélie sa femme et de ses six enfants dont Otger était l'aîné. Enfin, M. l'abbé d'Aignan (2) dont le travail nous a été si utile, est plus prudent dans ses assertions. Il s'arrête après Boémond et prétend qu'il n'y a qu'incertitude pendant près de cinquante ans; mais lui aussi, comme tous les autres, se rattache à Otger. Après une pareille divergence, et quand un nouveau titre ne saurait être produit, à quoi bon hasarder des conjectures ? Mieux vaut adopter Otger de prime abord.

Celui-ci était-il étranger à l'ancienne famille de Pardiac, parvint-il au comté par son mariage avec l'héritière du dernier comte; était-il surtout petit-fils de Guillaume ? nous n'oserions rien décider. La donation qu'indique le Père Anselme dissiperait bien des doutes, mais nous n'avons pu la vérifier; nous savons seulement que les grands comtés ne passèrent jamais en des mains étrangères sans que ce changement ne fût enregistré dans l'histoire. Les comtes de Pardiac eurent d'ailleurs toujours rang parmi les hauts et puissants seigneurs du pays. Ils prirent le titre de comte par la grâce de Dieu. Enfin, ils se placèrent constamment à côté des comtes d'Astarac et des vicomtes de Fezensaguet. Toutes ces

---

(1) Grands Officiers de la couronne, tom. 2, p. 627. — (2) Manuscrit d'Auch.

preuves démontrent irréfragablement, ce nous semble, qu'Otger appartenait à la grande souche de Mitarra et tenait à la famille qu'il devait perpétuer.

Les longues hésitations de l'histoire sur les comtes de Comminges s'étaient, comme nous l'avons vu, fixées à Bernard II qui possédait seul le comté en 1130. Il s'entremit (1) avec le comte de Toulouse et avec Roger III, fils et successeur de Roger II, comte de Foix, pour rétablir la paix entre Ramire, roi d'Aragon, et Alphonse, roi de Castille qui le combla de libéralités. Il assista ensuite avec eux au couronnement d'Alphonse en qualité d'empereur de toutes les Espagnes. Une origine vraisemblablement commune, ou du moins des liens de parenté qui unissaient les principaux seigneurs de l'Aquitaine aux souverains de la Castille, expliquent assez dans cette occasion leur présence au delà des Pyrénées, sans qu'il soit nécessaire de recourir à des hommages ou à un vasselage que rêvent les auteurs Espagnols, et dont on ne trouve nulle part un acte authentique. En 1138, Bernard fut témoin (2) d'un désistement assez étrange. Jusqu'alors les comtes de Toulouse avaient joui du droit de se saisir de la dépouille de leur évêque après sa mort. Alphonse renonça solennellement à ce droit en présence de tout le peuple de Toulouse, assemblé un dimanche dans l'église de St-Etienne. Roger de Foix et Gautier, vicomte de Tarride, le premier seigneur de ce nom qui nous soit connu, assistèrent aussi à cette cérémonie. La vicomté de Tarride s'étendait dans le Gimois, ainsi nommé de la Gimone qui l'arrose, vers le confluent de cette rivière avec la Garonne. Ses

(1) Dom Vaissette, tom. 2. — (2) Le même.

maîtres prenaient indifféremmeut le nom de vicomte de Gimont ou de Tarride, château qui était le chef-lieu de leur domaine.

Roger III venait de fonder (1), en 1136, de concert avec la comtesse Ximène sa femme, la commanderie de Ville-Dieu, la première que les Chevaliers du Temple créés à Jérusalem en 1120 aient possédée dans nos contrées. Trois ans plus tard, l'abbé de Lesat assembla les nobles du pays, et à leur tête les comtes de Foix et de Comminges, et leur exposa le triste état où les courses des gens de guerre avaient réduit son monastère. Pour le mettre à l'abri de toute attaque, on l'entoura de murs ainsi que le bourg, et on y ajouta un château fortifié. Ainsi nâquit la ville de Lesat. Le comte de Foix renonça à cette occasion à tous les droits qu'il avait sur l'abbaye. Le comte de Comminges et les autres seigneurs imitèrent cet exemple et tous promirent de ne jamais se faire la guerre dans les limites de l'abbaye et de ses dépendances. Au nombre de ces dernières se trouvait le prieuré de St-Béat où l'on possédait alors les reliques du saint. Roger de Nur, successeur de St-Bertrand, en avait fait la translation en 1132. Cet évêque était frère de Bernard de Montaut qui se joignit à lui pour donner l'église de Nur à Raymond, évêque de Toulouse et à son chapitre. Il s'employa, en 1136, à la fondation de la plus riche abbaye du Comminges. Flandrine de Montpezat et ses trois fils, Bernard, Fortaner et Guillaume, donnèrent à l'abbé Walter, que nous avons vu recevoir Berdoues, la terre de Bonnefond (2). L'abbé de Morimont y envoya des religieux qui y vécurent quel-

(1) Dom Vaissette, tom 2. — (2) *Gallia Christiana*.

que temps de racines, d'herbes et de feuilles d'arbres, et purent à peine y élever quelques murs à demi couverts de broussailles et de pampres de vigne sauvage. Encore furent-ils troublés dans leur possession, ce qui les obligea de s'éloigner; mais l'évêque, affligé de ce départ, leur envoya divers messagers, et parvint à force d'instances à les faire rentrer dans Bonnefond où se fit une nouvelle assemblée plus nombreuse que la première. On y confirma les libéralités précédentes et on y en ajouta de nouvelles.

Roger, qui s'était montré si actif pour Bonnefond, fonda encore le prieuré de St-Laurent de l'ordre de Fontevrauld, et le donna à Longue-Brune, prieure de Boulau. L'acte en fut passé en 1111, en présence de l'archevêque d'Auch et des comtes de Toulouse et de Comminges. L'évêque mourut l'année suivante.

Le comte de Comminges avait épousé (1) vers l'an 1136, Dias (*), fille et héritière de Godefroi, seigneur du château de Muret. Il en eut quatre fils, Bernard, Roger, Odon surnommé de Samatan parce qu'il eut vraisemblablement cette châtellenie pour apanage, et Fortanier. Il en eut aussi une fille nommée Bernarde qu'il maria presqu'au berceau avec Roger, vicomte de Carcassonne. Il la dota des châteaux de l'Isle et de Caselas dans le Comminges. Son beau-père y ajouta le château de Muret; mais ce mariage ayant été stérile, tous ces châteaux rentrèrent dans la maison de Comminges. Bernarde survécut à son mari et retourna auprès de son père, qui mourut en 1140, assassiné dans

---

(1) Grands Officiers de la couronne.
(*) Voir la note 10 à la fin du volume.

une embuscade près de St-Gaudens. Bernard IV avait eu de longs et vifs démêlés avec Pierre, évêque de Couserans, auquel il voulait arracher le paréage de St-Lizier. Ayant trouvé le moyen de s'introduire par ruse dans la ville (1), il la pilla, la livra aux flammes et en amena les habitants prisonniers à St-Girons. St-Lizier demeura sept ans désert, parce qu'il ne voulut jamais permettre qu'on en réparât les murs si on ne lui en donnait une portion.

Las de ne pouvoir rien obtenir, il attaqua l'évêque lui-même quoiqu'il lui fût lié par les liens de l'affinité, le prit et le retint captif sous une garde étroite, jusqu'à ce qu'il lui eût arraché un traité qui lui abandonnait la moitié de la ville. Cet accord trouva de nombreux contradicteurs dans tout ce que le chapitre comptait de plus honorable; mais bientôt l'auteur de ces violences ayant été blessé à mort dans une embuscade près de St-Gaudens, fit appeler près de lui les évêques de Toulouse, de Comminges et de Couserans, et les abbés de l'Escale-Dieu et de Bonnefond, et entre leurs mains il rendit à Pierre et à ses successeurs les deux parties de la ville qu'il avait extorquées et lui légua même vingt chevaux en réparation de ses injustices. Il fut enterré dans l'abbaye de Bonnefond où il avait choisi sa sépulture, et fut remplacé par Bernard Odon ou Dodon son fils aîné. Ses deux frères se contentèrent de titres seigneuriaux et laissèrent à la branche aînée la qualité de comtes de Comminges. Dodon gouverna le comté trente-un ans et mourut dans l'abbaye des Feuillants, où il avait pris l'habit de Cistercien (2) et où il fut inhumé.

(1) L'Art de vérifier les dates. *Gallia Christiana*. — (2) L'Art de vérifier les dates. Grands Officiers de la couronne.

Roger, comte de Foix, avait précédé son cousin dans la tombe. Avant sa mort, il consacra la restitution que son père avait faite en faveur de l'abbé et des moines de St-Antonin, du village de Frédelas avec le château et quelques hameaux voisins. Il s'engagea en outre à payer aux moines une rente annuelle d'un demi-muid de froment, d'un demi-muid de bon vin, d'une vache grasse, de quatre cochons et de quatre sols. L'abbé, de son côté, pour empêcher le comte et ses successeurs d'envahir les biens de l'abbaye, leur donna la garde du château et du village de Frédelas et des terres adjacentes avec la moitié des droits féodaux et de la justice. Sous ce paréage (1) le nombre des habitants s'accrut, et du village et des hameaux voisins il se forma une ville qu'on appela Pamiers, en souvenir vraisemblablement de la ville d'Apamée en Syrie, où s'était signalé Roger II. Bernard Roger, fils et successeur de Roger III, fit un traité d'alliance avec Raymond Trincavel, vicomte de Béziers, et épousa Cécile sa fille, le 12 juillet 1151. Ce mariage fut brillant. Cécile lui apportait en dot dix mille sols Melgoriens, savoir : cinq mille en deniers et cinq mille en sols, les deux châteaux de Ste-Gabelle et de Montaut, et quelques autres terres. En 1167, Raymond, comte de Toulouse, irrité de ce que Roger, fils de Raymond Trincavel avait, quoique son vassal, rendu hommage au roi d'Aragon, le dépouilla du Carcassès et de tous ses domaines, et en investit Bernard Roger, son beau-frère; mais Roger ne tarda pas à se réconcilier avec le comte de Toulouse, et l'investiture demeura sans effet. Durant cette querelle, le comte de Foix fut

(1) Dom Vaissette, tom. 2.

appelé en paréage de la ville de Foix par l'abbé de St-Volusien, et lui-même accorda à l'abbé quelques avantages. Ces deux évènements sont à peu près les seuls que nous ait transmis l'histoire sur sa longue administration.

Plus heureux que plusieurs de ses suffragants, l'archevêque d'Auch ne recueillit durant sa longue carrière que des témoignages d'une sympathie que rien n'altéra. Sous son épiscopat, Pierre, abbé du Mas-d'Aire et sa communauté s'obligèrent à faire à la métropole une rente de dix livres de cire pour un cierge pascal, et obtinrent ainsi d'être admis par le chapitre en participation de bonnes œuvres, ou en confraternité, comme on disait alors. Le chapitre (1) s'enrichit vers la même époque de plusieurs autres dons considérables. Deux frères, dont l'un voulait être reçu chanoine, lui donnèrent Antissan et ses dépendances avec la moitié des dîmes qu'ils tenaient de leurs ancêtres; ils y étaient autorisés par Bernard de Bassoues et ses frères qui étaient seigneurs de l'église et des dîmes. Milacon de Lamazère offrit aussi aux chanoines l'église du lieu dont il portait le nom, à condition qu'ils instruiraient son fils Bertrand dans les belles lettres et l'admettraient dans leur sein. Les conditions agréées, le jeune Bertrand fut conduit dans le cloître; mais, après la mort de son père, il se dégoûta des lettres et de la vie claustrale, il embrassa la carrière des armes et signala sa valeur sur plus d'un champ de bataille. Cependant, au milieu des combats et surtout dans ses nuits solitaires, l'image de son père irrité, les vœux de la religion qui l'attendaient,

---

(1) Cartulaire d'Auch, Dom Brugelles, M. d'Aignan.

la bénédiction du prélat descendue sur son jeune front se présentaient à son esprit et pesaient sur son cœur. Il ne put tenir à ces reproches; il revint se jeter aux pieds du chapitre assemblé, demanda et obtint d'être reçu de nouveau. On lui permit même de disposer de l'église et de ses revenus, et de distribuer de ses mains deux sols aux pauvres chaque Jeudi-Saint. L'archevêque, entre les mains duquel il remit son église, la confia aussitôt à un chanoine qui, trouvant l'édifice bâti en bois, l'abattit et jeta les fondements d'une église en pierre, la même qui subsiste encore.

Chaque siècle a ses travers et ses faiblesses. Voués à la religion presque dès leurs berceaux par des parents qui ne consultaient le plus souvent que leur piété ou les intérêts de leur famille, de malheureux enfants sentaient plus tard naître dans leur cœur des inclinations peu religieuses. D'autres fois, jetées dans le cloître par le malheur, par une passion trompée, par une ferveur peu réfléchie, par le besoin d'expier une vie coupable, des âmes ardentes oubliaient quelque temps leurs maux dans le calme de la retraite; mais bientôt le dégoût et le repentir venaient saisir ces tristes victimes. La plupart luttaient contre elles-mêmes et finissaient sans doute par trouver le repos. Le fleuve le plus impétueux en battant toujours les mêmes rives parvient à se creuser un lit qui emprisonne ses ondes et calme leur fureur. Et d'ailleurs, au sortir du cloître, que leur eût donné le monde, surtout à cette époque? D'autres, plus faibles ou plus passionnés rejetaient le froc, mais il était presqu'inouï qu'après quelques années d'une vie orageuse, ils ne retournassent pas mourir près des autels qui avaient reçu leurs premiers serments. L'épiscopat de Guillaume nous en offre encore un exemple.

Raymond-Guillaume des barons de Salbazan ou Sabazan (1), poursuivi par l'esprit malin, dit la chronique, et ne trouvant nul remède ailleurs, se jeta entre les bras de la religion et en revêtit les livrées dans le chapitre d'Auch. Néanmoins, la reconnaissance ne l'enchaîna pas longtemps dans le cloître. Le noviciat commencé sous de si heureux auspices ne fut point achevé, et le château de ses ancêtres revit bientôt le jeune seigneur plus brillant et plus dissipé que jamais. Là aussi, continue le chroniqueur, l'attendait l'esprit malin pour le tourmenter avec une nouvelle force. Ramené par ses souffrances, Raymond-Guillaume rentra dans le cloître, recouvra de nouveau sa santé, et dans l'excès de sa gratitude, il abandonna tous ses biens au corps qui l'avait adopté. Le cartulaire d'Auch raconte seulement que Raymond-Guillaume, atteint d'un mal très-grave, vint à Auch où il demeura longtemps alité, et que son état s'aggravant, il confessa tous ses péchés, reçut la pénitence et fit son testament; et comme il avait commis de nombreux excès, il donna à Ste-Marie pour le remède de son âme la moitié de la dîme de Montesquiou que ses ancêtres avaient partagée entre lui et son frère Centule. Ce don fait entre les mains de l'archevêque fut consenti par Gausion, mère du malade, par B. de Marestan, son frère, et par Guillaume Garsias d'Orbessan, et eut pour témoins Bertrand de Lisle, Bernard de Biran, Guillaume Fuert de Biensan Cellerier, Guillaume de Montaut, Fortaner de Labadens, Pierre

---

(1) Cartulaire d'Auch, Dom Brugelles, M. d'Aignan, Preuves.

d'Antissans, Vicius de Lasserre, chanoines, et Raymond de Merens ou Marrens (*de Marenis*), écuyer de Raymond-Guillaume de Salbajan. Le malade survécut peu à ce dernier acte de ses volontés, et le chapitre dans sa reconnaissance lui fit faire des obsèques magnifiques.

La seigneurie de Montesquiou était alors et fut longtemps encore divisée. L'antique famille qui porte ce nom avait pour chef Raymond Aymeric, fils de Bertrand Ier et arrière petit-fils de Raymond Aymeric Ier. Raymond guerroyait avec Géraud d'Orbessan, le parent sans doute de ce Guillaume Garsias dont nous venons de parler, si toutefois il n'est pas le même. La lutte fut longue et les chances diverses; mais enfin trahi par la fortune (1), le baron de Montesquiou tomba au pouvoir de son ennemi, qui le chargea de fers et le confina dans le château de Lavardens. Bernard de Montesquiou, évêque de Tarbes, oncle paternel du prisonnier, et Géraud de Labarthe, archidiacre d'Auch, son oncle maternel, s'employèrent aussitôt pour le rendre à la liberté, mais le vainqueur fut sourd à toutes les sollicitations. Il exigea sept cents sols Morlas, somme bien forte pour un simple seigneur. Ne pouvant autrement briser les fers de son neveu, l'archidiacre d'Auch se décida à les prendre à sa place et se constitua captif au château de Lavardens. Sorti de sa prison, Raymond visita successivement ses parents et ses amis, et implora leur assistance; mais tous les coffres étaient vides ou ils se fermèrent à sa prière. Dans sa détresse il se retourna vers l'archevêque d'Auch et son chapitre, et les conjura avec les plus vives instances de lui prêter le prix exigé

(1) Cartulaire d'Auch. *Gallia Christiana*. M. d'Aignan, Preuves.

pour sa rançon en acceptant en gage toute la terre de Berdale aujourd'hui Aubiet avec les droits qui y étaient attachés. L'offre fut acceptée, et pour preuve qu'elle fut faite de bonne foi, l'infortuné seigneur se consacra lui-même à Ste-Marie et demanda à être reçu chanoine sans néanmoins en prendre l'habit. Dès ce jour, en effet, et tant qu'il vécut, il reçut sa part comme les autres membres du chapitre. C'est sans doute à cette occasion que les barons de Montesquiou devinrent chanoines laïques de notre métropole.

Des dissensions bien autrement déplorables que ces écarts individuels attristèrent l'archevêque Guillaume, grand zélateur de la paix de l'Église et de la discipline ecclésiastique. Les chanoines de la métropole ne vivaient pas en bonne harmonie avec les moines de St-Martin. Les bornes des deux paroisses assez mal fixées jusques là servaient de prétexte à ces troubles. Guillaume les éteignit (1) dans le Concile provincial qu'il assembla à Auch, en 1137. Ce jugement fut signé de Guillaume de Tarbes, Guy de Lescar, Arnaud d'Oleron, Guillaume de Dax, Bonhomme d'Aire, Vivien de Lectoure, Roger de Comminges et Pierre de Couserans. Mais là n'était pas le procès le plus difficile. Les moines de St-Orens ne pouvaient oublier leur condamnation, et dans leur dépit ils se plaignaient que la paroisse de Ste-Marie envahissait leurs droits. Leur prieur Garsias Eis fit en personne le voyage de Rome pour porter ses plaintes jusqu'aux pieds du saint-Père. L'archevêque députa de son côté deux de ses archidiacres pour exposer ses raisons et combattre les prétentions des Orientans. Eugène,

(1) Cartulaire d'Auch, Dom Brugelles.

qui gouvernait alors l'église, après avoir entendu les deux parties, ne voulut point prononcer et renvoya l'affaire devant l'archevêque de Bordeaux, les évêques d'Agen et de Tarbes, et l'abbé de Faget. Guillaume accepta volontiers ces juges et les pressa par écrit et de vive voix de venir prononcer leur sentence. Ils le promirent tous, mais au jour fixé l'archevêque de Bordeaux fut retenu par une maladie qui le conduisit peu de temps après au tombeau. L'évêque d'Agen et l'abbé de Faget ne voyant point paraître celui qui devait présider l'assemblée se désistèrent. Seul l'évêque de Tarbes se rendit sur les lieux et, assisté de quelques abbés et de quelques personnes prudentes, il fit agréer à l'archevêque et au prieur de St-Orens deux arbitres qui établirent une démarcation que les cartulaires nous ont conservée, mais que nous chercherions vainement aujourd'hui (*).

(*) Ces deux affaires terminées, Guillaume fit quelques réglements particuliers à sa métropole, et voici à quelle occasion. Près des murs de Ste-Marie s'élevait la chapelle de St-Laurent sur les ruines de laquelle a été bâtie depuis la chapelle de l'archevêché. Le sacristain de la métropole y prétendait exercer sa charge, tandis que le cellerier, curateur du Chapitre, en réclamait toute l'administration. Le différend fut vidé par les deux archidiacres, Vital de Camasses et Antoine de Logorsan, d'un côté, et Arnaud de Jegun et Raymond de Pouy de l'autre. Les prétentions du cellerier furent condamnées et les droits du sacristain maintenus. La part de celui-ci fut alors réglée comme il suit : chaque année il devait, durant cinq jours, recevoir du pain à l'église pour acheter le jonc dont était parsemé le pavé du cloître le dimanche des Rameaux et les dimanches qui précèdent l'Ascension, la Pentecôte, la Toussaint et la Purification de la Vierge. Au sacristain appartenait aussi la dîme du pain, du blé et de tous les légumes qui se percevaient aux fêtes de l'Assomption et de la Nativité. A lui encore revenaient les cierges déposés sur l'autel de St-Etienne, et tout ce qui était placé ces jours-là sur l'autel de St-Jean.

Pendant que le prélat ramenait la paix dans le cloître, un incendie, fléau si commun alors, menaça le monastère de Simorre. La ville entière fut détruite. Elle s'élevait sur une petite éminence qu'on appelle maintenant St-Nicolas, du nom d'une chapelle qui y fut bâtie plus tard et que les Calvinistes détruisirent en 1573. Après l'incendie on la transporta plus bas dans l'enclos du couvent et on l'entoura d'un mur de terre et d'une palissade. Ce changement fut arrêté dans une assemblée (1) où Bernard, comte d'Astarac, parut entouré de ses deux fils Sanche et Bernard. On y arrêta des coutumes que le comte et ses fils jurèrent, et que jurèrent après eux tous les bourgeois.

Enfin, le cellerier devait lui payer deux sols pour acheter les cordes des cloches. A la mort d'un chanoine, tous les membres du Chapitre devaient, pour le repos de l'âme du défunt, s'ils étaient prêtres, dire dix messes dans le mois; s'ils étaient diacres, sous-diacres ou simples clercs, lire cinq psautiers; mais si quelque chanoine ne savait pas lire, il n'était obligé qu'à des psaumes ou à des *Pater* jusqu'à la concurrence de trois psautiers. On devait encore admettre pendant un an un pauvre à la table claustrale et lui servir une livre de pain, une obe de vin et une portion suffisante de viande et des autres mets. Au bout de l'an on devait chanter le grand office des morts et une messe solennelle, mais surtout on ne devait pas oublier, ce jour, le pauvre au réfectoire.

(1) Dom Brugelles, Preuves, p. 14.

CHAPITRE IV.

Fondation de Mont-de-Marsan. — Château de Vic-Bigorre. — Pierre, vicomte de Béarn. — Évêques d'Oleron, — de Dax. — Pierre, vicomte de Béarn, meurt. — Gaston, son fils. — Mort de Pierre, comte de Bigorre. — Centule, son fils. — Évêques de Bayonne. — L'archevêque d'Auch admet Bernard, comte d'Armagnac, au paréage de la ville. — Évêques de Bazas. — Géraud de Labarthe, archevêque d'Auch. — Violences du comte d'Armagnac et de son fils.

L'année 1141, qui vit rebâtir Simorre, vit s'élever les murs de Mont-de-Marsan. Pierre, comte de Bigorre, maître de la vicomté, s'adressa aux habitants de St-Geniez et de St-Pierre, leur découvrit le dessein où il était de bâtir un château et les engagea à venir le peupler les premiers, leur promettant des franchises et une amitié constante. Les habitants répondirent qu'ils avaient pour seigneur selon Dieu l'abbé de St-Sever, et qu'ils ne pouvaient pas se transporter ailleurs sans sa permission. Ainsi, le comte Pierre alla trouver l'abbé de St-Sever et le pria de permettre aux habitants de St-Geniez de s'établir dans son château, situé hors de la paroisse de St-Pierre qui appartenait au monastère. Il s'engagea à lui donner dans les nouveaux murs, outre l'église, une maison libre de tout cens, et autant de pouvoir qu'il en avait au dehors. L'abbé répondit d'abord qu'il perdrait encore beaucoup, parce qu'il prélevait à St-Geniez six deniers par feu, qu'il y avait droit de justice et plusieurs autres avantages. Mais à la fin il céda aux vœux des habitants et permit au comte d'attirer chez lui ses vassaux, à condition qu'il garderait sur eux tous les droits dont il jouissait à St-Geniez. Pierre lui accorda toutes ses demandes et lui confirma sa promesse par un serment prêté sur l'autel de St-Pierre, et confirmé par tous les futurs habitants du château.

Bonhomme, évêque d'Aire, et son chapitre n'avaient pas été consultés. Le prélat se prétendit lésé par cet arrangement et soutint avec quelque raison que toute église paroissiale nouvellement bâtie appartenait à l'évêque. Les esprits s'aigrirent et on en vint bientôt à une inimitié déclarée, qui fut enfin suivie d'une guerre ouverte. L'abbé et l'évêque plaidèrent devant l'archevêque d'Auch et les évêques de Gascogne à Perquies et au concile de Nogaro. Des prêtres faux témoins se levèrent et accusèrent l'abbé de plusieurs délits; mais les Pères du concile ne crurent pas à leur déposition parce que leur témoignage se combattait. Longtemps après, les deux parties s'accordèrent. L'abbé donna à l'évêque et à l'église d'Aire cent trente sols Morlas, et l'évêque et son chapitre abandonnèrent à l'abbé et à son couvent tout ce qu'ils pouvaient réclamer sur la nouvelle église. Vital de St-Germier, archidiacre de Marsan, Vital de la Bouheïre, archidiacre de Tursan, Garsias Dufour, sacristain et plusieurs autres signèrent avec l'évêque la transaction dont la date est incertaine.

L'année suivante, Pierre et Béatrix, sa femme, aidèrent à transférer l'abbaye de l'Escale-Dieu sur les bords de l'Arros. Cette abbaye, une des plus fécondes des filles de Citeaux, puisqu'elle enfanta dans le diocèse d'Auch, Bouillas et Flaran, et au delà des Pyrénées une multitude de monastères, et que tous les grands Ordres de chevalerie d'Espagne la reconnaissent pour mère, cette abbaye était née en 1136. Forton de Vic, son fondateur, l'établit à Cap-à-Dour; mais Bernard, son premier abbé, trouvant la situation trop pénible, s'employa auprès du comte et de la comtesse de Bigorre (1), et par eux il obtint de transporter sa maison dans la gorge pleine d'ombre, de fraîcheur et de verdure, où s'élèvent encore ses murs. Pierre et Béatrix la prirent sous leur protection, lui firent des largesses et approuvèrent celles que firent à leur exemple divers seigneurs. Cette translation et plus encore sans doute cette protection et ces largesses portèrent l'Escale-Dieu (*scala Dei*, l'échelle de Dieu) à un degré de splendeur que ne laissaient guère présager ses commencements jusques là si précaires.

Pierre passa bientôt les Pyrénées. Nous le trouvons en 1143 à la cour du roi d'Aragon. Il signa avec le comte de Comminges les privilèges que ce prince donna aux Templiers. A son retour il eut à se défendre contre Raymond Garsie, vicomte de Lavedan. Ce seigneur avait épousé Cornélie (2), fille unique d'Arnaud de Barbasan, qui lui apporta en dot *les garçons, les filles et ensuite tous les hommes de son père*, c'est-à-dire qu'elle fut établie son héritière universelle. Guillaume Arnaud de Barbasan, cousin germain de Cornélie, outré de voir cette riche succession lui échapper, fit assassiner le père, déclara la guerre à la fille et la dépouilla de tous ses biens à main armée. Cependant le comte Pierre s'étant mêlé à cette querelle, Guillaume Arnaud retint six casaux ou terres, la moitié de l'*endomenja-*

---

(1) *Gallia Christiana*, Manuscrit du Séminaire d'Auch. —
(2) Pièce manuscrite du Séminaire. Larcher.

dure de Marqueric et six *caveries* (*). Il renonça au reste, et pour que sa renonciation fût plus assurée, il donna pour cautions, Aner Sans des Angles et Hispar d'Asté. Cet arrangement ne satisfit pas le vicomte de Lavedan. Il s'en prit au comte de Bigorre qu'il accusait d'avoir favorisé son ennemi. Pierre étant venu peu après en Lavedan, Raymond Garsie se porta en armes contre lui et chercha à le tuer ou du moins à se saisir de sa personne. Le comte, échappé de ce danger, se mit à la tête de ses troupes et courut assiéger le vassal félon, dans son château de Barbasan, et pressa l'attaque avec toute l'ardeur d'un suzerain hautement outragé. Mais les seigneurs du pays s'étant mis à la traverse, le comte s'apaisa moyennant la promesse que lui fit Raymond Garsie de lui remettre tous ses châteaux trois fois l'année avec ou sans forfait, avec ou sans colère.

La proximité du Béarn et du Bigorre occasionnaient de fréquents désordres dans ces temps où les suzerains eux-mêmes manquaient souvent de forces pour réprimer des excès qui retombaient toujours sur leur peuple. Pierre de Marsan, sensible aux maux de ses sujets, permit aux habitants de Vic-Bigorre (1) de bâtir un château auprès de leur bourg, afin de réprimer les courses des Béarnais, et accorda plusieurs priviléges à ceux qui viendraient l'habiter. Il les exempta de payer aucun leude dans tout le comté de Bigorre, s'engagea à les nourrir lorsqu'ils iraient faire des corvées dans ses

---

(*) L'endomenjadure et la caverie, *indominicatura et cavaleria* étaient deux fiefs nobles; le second l'emportait sur le premier, soit par le rang qu'il donnait, soit par le service qu'il imposait.

(1) Arch. de Vic, **Manuscrit du Séminaire.**

champs et dans ses vignes, et promit de ne pas les contraindre à lui vendre des draps ou du vin si ce n'est de gré à gré. En même temps pour mieux punir le vol, il voulut que celui qui en serait convaincu fût puni de vingt sols d'amende, ou qu'il eût l'oreille coupée. Sous ces faveurs, Vic-Bigorre s'agrandit et devint bientôt une des villes considérables de la contrée.

Cornélie de Barbasan, aïeule de la vicomtesse de Lavedan, avait une grande dévotion pour St-Savin (1). Elle donna au monastère de ce nom la moitié de l'abbaye de l'église d'Agos (*), en présence de Guillaume de St-Pastou et de plusieurs autres personnes de condition. L'autre moitié de l'abbaye de la même église était entre les mains d'Arnaud de Tors. Ce seigneur n'avait que deux enfants, l'un et l'autre sourds et muets; il les offrit à Dieu et à St-Savin, et s'offrit ensuite lui-même avec sa femme et tout ce qu'il possédait.

Arnaud-Guillaume de Barbasan (2), époux de Cornélie, lui survécut. Se trouvant près de mourir, il demanda aux religieux de St-Savin l'habit de religion

---

(1) Cartulaire de St-Savin.

(*) L'abbaye d'Agos, dont il est question, n'est nullement un monastère, mais une abbaye laie ou plutôt des biens ecclésiastiques. Presque toutes les dîmes en Béarn étaient inféodées. Les Seigneurs laïques, qui les possédaient, se nommaient abbés, les terres et les domaines qui composaient leurs fiefs s'appelaient terres abbatiales, et ces fiefs eux-mêmes abbayes. Ces abbés percevaient les dîmes de la paroisse, à l'exception du quart, revenant de droit au curé comme portion congrue. Ils jouissaient des honneurs de l'église et présentaient au bénéfice. Le nombre de ces abbés n'était point fixé; dans certaines paroisses il y en avait jusqu'à quatre.

(2) Manuscrit du Séminaire.

et leur abandonna ce qu'il possédait encore dans Agos. La comtesse de Bigorre, Guillaume Raymond de Baseillac, Raymond Arnaud de Lacase et plusieurs autres *familiers* de Béatrix assistèrent à cet acte suprême. La vicomtesse de Lavedan, de l'aveu de son mari, ratifia toutes ces donations dès qu'elle se vit maîtresse paisible de la plus grande partie des biens de sa maison.

L'Ordre des Templiers, né sous le ciel de l'Orient, quoique récent encore, s'étendait dans toute la chrétienté. Pierre de Marsan voulut l'établir dans son comté de Bigorre. Il lui abandonna tout son domaine de Bordères (1) sans aucune réserve, et y ajouta les fiefs et les maisons qu'il possédait à Saragosse. Pierre de Roxera, Maître de la milice et Frère Arnaud de Villeneuve, reçurent cette libéralité au nom de l'Ordre. L'acte en fut passé au château de Lourdes, le 7 février 1148, en présence de Bernard, abbé de l'Escale-Dieu. Le comte le revêtit de son sceau sous les yeux de Béatrix, sa femme, et de Centule, son fils, qui s'associèrent à sa bienfaisance. Greffier des Angles, Arnaud Guillaume d'Augut, Pierre d'Astugues, Raymond de Casamate, Raymond Garsie de Lavedan et Dodon de Benac, le scellèrent après leur suzerain.

L'évêque de Tarbes, Lobat de Montesquiou, qui avait succédé à Guillaume, mort à la fin de 1143, luttait alors (2) pour l'église de Rive-Haute (*ripa alta*), devenue plus tard Plaisance, comme nous le verrons. Raymond de Sarraute (*Lasserrade*), donna la moitié de cette église à Forton de Vic, le même qui fonda l'Es-

---

(1) Manuscrit du Séminaire. — (2) Cartulaire de la Case-Dieu, *Gallia Christiana*, Histoire manuscrite des abbés de la Case-Dieu.

cale-Dieu, et donna à la Case-Dieu l'hôpital de Vic-Fezensac. L'autre moitié était disputée par les moines de St-Pé de Générez, auxquels leur ancien abbé Odon de Benac, oncle de Raymond de Sarraute, l'avait léguée. Guillaume, archevêque d'Auch, apaisa cette dispute, et les moines de St-Pé la relâchèrent à Forton et à ses compagnons. Ceux-ci en firent un don à la Case-Dieu, et alors naquit un nouveau différend entre les abbés de ce monastère d'un côté et les évêques de Tarbes et les archidiacres de Rivière-Basse de l'autre. Les archidiacres réclamaient sept sols Morlas pour leur quart de dîme. On leur en accorda deux, et Lobat de Montesquiou retira ses prétentions, mais elles ne moururent pas avec lui. L'archevêque d'Auch s'était mêlé aussi à ce différend et avait soutenu vivement les moines.

Pierre, vicomte de Béarn, a laissé moins de traces dans l'histoire que le comte de Bigorre. Raymond de Crème disputait à l'abbé de St-Pé (1) un casal ou fief. Le différend fut remis au jugement du jeune vicomte et de Guiscarde sa mère, qui condamnèrent l'abbé à payer cinquante sols Morlas, et Raymond de Crème à abandonner le casal et à donner pour caution Arnaud d'Artix et Bernard de St-Jean d'Abos. Parvenu à sa majorité, Pierre gouverna seul et tint en personne, en 1147, sa cour majour à Morlas. Il y confirma l'accord passé entre les frères hospitaliers de Gabas et le prieur de Ste-Christie. Raymond, évêque de Lescar, et Arnaud, évêque d'Oleron, confirmèrent avec lui cet accord. Le premier avait remplacé Gui de Loos, et le second Roger de Saintes (2).

(1) Marca, liv. 5, ch. 29. — (2) *Gallia Christiana.*

Le cartulaire de Dax qui a attaqué ce dernier prélat durant sa vie, le poursuit jusques dans la tombe. Suivant lui, Roger fut enlevé durant le Concile de Nogaro, par l'effet d'une potion violente qu'on lui administra, et mourut *sans testament et sans confession*. L'archevêque d'Auch, après avoir présidé à ses obsèques, apprit ces circonstances de la bouche des chanoines. A ce récit, poussant plus loin ses questions, il apprit encore qu'entr'autres méfaits, le prélat avait interpolé une bulle accordée à une église et en avait fait écrire une seconde. Un témoin déclara l'avoir vu transcrire sous ses yeux. L'archevêque s'étonna que Roger se fût oublié à ce point; néanmoins, par respect pour sa mémoire, il ordonna le silence et se contenta de livrer aux flammes le document falsifié. Quoiqu'il en soit de cette anecdote, dont la source nous paraît très suspecte, Arnaud Ier, successeur de Roger, ne survécut pas longtemps à l'assemblée de Morlas. Il fut remplacé par un second Arnaud, surnommé Dizeste. Celui-ci avait embrassé dans sa jeunesse l'institut de Cluny; il devint successivement prieur de Morlas et abbé de Sordes, où il réforma divers abus. On le tira de son abbaye pour le placer sur le siége d'Oleron (1). Son nom est mentionné dans la fondation de l'hôpital d'Urdos, provoquée par Arnaud Guillaume de Sort, évêque de Dax.

Arnaud Guillaume était fils de Guillaume Arnaud, seigneur de Sort et de Jeanne de Rostain. Il succéda à Guillaume de Falgar, en 1144, et s'établit le défenseur des biens de son église. Il frappa sans pitié d'excommunication ceux qui les retenaient, et en obtint

---

(1) Marca, liv. 5, ch. 29. *Gallia Christiana.*

ainsi la restitution. Bernard de Falgar, le parent de son prédécesseur, s'était repenti sans doute du pacte conclu, et au mépris d'une vente consommée, il avait repris la terre dont il portait le nom. Malgré les liens qui l'unissaient à Guillaume, il ne fut pas traité avec plus de douceur, et comme les autres il céda à la crainte. Mais Arnaud Guillaume ne sut pas s'arrêter; il se crut maître absolu de ce qui appartenait à l'église dans son diocèse, il toucha aux biens du chapitre, et étonné de la résistance qu'opposait le corps, il voulut déployer une rigueur nouvelle. Les chanoines crièrent à l'arbitraire et à l'avarice, et se constituèrent ses ennemis. Leur haine et leurs intrigues ne lui firent néanmoins rien perdre de son crédit auprès de ses ouailles. La fondation du nouvel hôpital en est la preuve (1).

Trois Normands de haute naissance se rendant en pèlerinage à St-Jacques de Compostelle, furent égorgés dans la forêt d'Urdos par quelques brigands qui jetèrent leurs corps dans un lac voisin. Mais Dieu qui a toujours les yeux ouverts sur le crime ne laissa pas celui-ci impuni. Les brigands, arrêtés plus tard, périrent sous les coups de la justice du seigneur du lieu. D'un autre côté, la bonté divine qui ne faillit à personne, révéla le meurtre par le ministère de l'Archange Gabriel à un saint prêtre, nommé Raymond Porchet de Scendos, et lui ordonna de retirer les pèlerins du lac et de les ensevelir à l'endroit même où il avaient été massacrés. Porchet obéit avec joie à cette injonction. Mais bientôt le même envoyé céleste vint l'avertir par trois fois d'avoir à bâtir en l'honneur de Dieu une maison sur la tombe des pèlerins.

(1) Marca, liv. 5, ch. 28. *Gallia Christiana.*

Le prêtre n'osant pas résister à celui à qui tout obéit, se hâta de se présenter à Arnaud Guillaume de Sort et de lui raconter la mission qu'il avait reçue. Le prélat l'exhorta à la remplir au plutôt. C'est pourquoi Porchet demanda à Pierre, vicomte de Gavarret et de Béarn, qu'il lui donnât Urdos afin d'y bâtir une maison pour les pauvres qui entreprenaient le pèlerinage de St-Jacques, transformant ainsi un ancien repaire de brigands en un refuge d'indigents et une demeure de pèlerins. Pierre acquiesça volontiers à sa demande, et donna avec joie la terre d'Urdos avec tous les droits qu'il y possédait, en présence de toute sa cour, et en particulier d'Arnaud Bornio, abbé de Sordes, de Vivien de Gramond, de Pierre de Luxe, d'Arnaud Aramon de Garris et de Fortaner d'Escot.

Pierre passa bientôt en Espagne et alla prendre possession de la dignité et des terres qui lui appartenaient; mais la seigneurie de Saragosse ayant été enlevée à Centule V, son oncle, il reçut en échange celle de Huesca. Comme ses ancêtres, il combattit contre les Infidèles dans les rangs Espagnols. Surita le nomme à la tête des Ricombres d'Aragon, qui emportèrent le 24 octobre 1149 la ville de Fraga. Pierre mourut au retour de cette expédition, vers 1150, laissant de sa femme dont le nom est resté inconnu, mais qu'on croit avoir été parente du roi d'Aragon, deux enfants en bas âge, Gaston et Marie. Guiscarde, sa mère, vivait encore. Elle reprit l'administration du Béarn jusqu'aux premiers jours de 1154 où se termina sa longue vie. Peu après cet évènement, Odon de Cadeillan ayant épousé Armesinde de Benac, qui lui porta en dot la seigneurie du village de Serres, s'empara de l'église que le chapitre de Lescar possédait en paix depuis longues années. L'évêque et les chanoines ne pouvant s'en plaindre à leur seigneur, car *ils n'avaient pour vicomte que Gaston, encore enfant*, en appelèrent à l'archevêque d'Auch, qui excommunia l'usurpateur (1) ; mais ses foudres furent méprisées. D'autres faits semblables firent sentir le besoin d'un chef pour protéger les droits et punir les violences.

Les prélats et les barons jetèrent les yeux sur Raymond, comte de Barcelonne. Arnaud, évêque d'Oleron, Raymond, évêque de Lescar, Raymond, abbé de St-Sever Cap de Gascogne, Fortaner d'Eschot, Raymond Garsie de Gavaston, Raymond Arnaud de Gerderest, Garsias-Arnaud de Domi, Gajard de Morlane, Raymond Garsias d'Espalunque, Raymond Guillaume de Larre, Othon de Castillon ; Raymond de Vielle, à la tête d'un grand nombre de Béarnais, de Morlanais, d'Aspaix et d'Ossalais, se rendirent au lieu de Camp-Franc en Aragon, et là agissant pour eux et pour les absents, ils firent hommage à Raymond, lui prêtèrent serment de fidélité, et l'élurent pour leur seigneur et gouverneur, sous la réserve expresse de la fidélité due aux enfants de Pierre, vicomte de Béarn (2). L'acte daté du mois d'avril 1154, fut passé sous les yeux de Pierre, comte de Bigorre.

Le jeune Gaston grandit sous cette tutelle, et obtint du roi d'Aragon la Ricombrerie de Fraga, au lieu de celle de Huesca. Mais lorsqu'il fut parvenu à sa majorité, le comte de Barcelonne déposa son autorité entre ses

---

(1) Marca, liv. 5, ch. 34. — (2) Le même et l'Art de vérifier les dates.

mains et lui rendit fidèlement son vaste patrimoine. Gaston paraît l'avoir administré avec sagesse, quoiqu'on ne connaisse avec détail aucun fait spécial de son administration. On sait seulement qu'il termina sa vie en 1170(1). Il avait épousé en premières noces Béatrix, héritière de Fezensac, si toutefois ce mariage rapporté par Oihénart n'est pas supposé, et en secondes, Léofas, ou plutôt Sancie, fille de Garsias-Ramire, roi de Navarre, et il n'eut point d'enfants de ses deux femmes.

Un ancien raconte (2) que Sancie était enceinte à la mort de son mari, et qu'elle accoucha d'un avorton, ce qui répandit la consternation parmi les grands et le peuple. Déjà on croyait voir plusieurs prétendants se disputer le pays et le livrer au meurtre et au pillage. On s'en prit à la vicomtesse qu'on accusa d'être l'auteur de son avortement, comme si elle n'avait pas doublement à le déplorer comme mère et comme future gouvernante d'une vaste contrée. Le roi de Navarre, Sanche IV, son frère, au tribunal duquel on la déféra, la jugea avec son conseil. On était au siècle des épreuves. Sanche condamna sa sœur à être précipitée pieds et poings liés du haut du pont de Sauveterre dans le Gave qui coule au dessous; mais Sancie, dit l'écrivain que nous abrégeons, après l'Art de vérifier les dates, ayant appelé la bienheureuse Vierge au secours de son innocence, fut portée sur les eaux à la distance de trois jets d'arc et s'arrêta sur le sable. Ce prodige lui rendit son honneur, et pour réparer d'injustes soupçons on la reconduisit en triomphe dans son palais.

Pierre, comte de Bigorre, qui consacra de sa présence

---

(1) Marca, Oihénard. — (2) L'Art de vérifier les dates.

le serment prêté à Camp-Franc, avait précédé Gaston dans la tombe. Les derniers traits de sa vie, parvenus jusqu'à nous, sont des hommages que lui rendirent Guillaume Arnaud de Canet pour Cahusac et Canet (1), et Arnaud d'Aragon pour les châteaux d'Ourbeville, Pouyferré et Beaucens. Il mourut en 1163, ne laissant qu'un fils de son mariage avec Béatrix. Cette union n'avait pas toujours été heureuse. Une charte nous apprend qu'ils vivaient séparés et en mauvaise intelligence, en 1151. Pierre échangea alors avec l'abbé de la Reoule le village de Luerry contre celui de Peyret, et s'obligea à faire ratifier cet échange par Centule, son fils et par sa femme, dès que la paix et la concorde seraient rétablies dans sa maison. Après cet acte, nous retrouvons encore quelque temps le nom de Béatrix, mais nous ignorons l'époque précise de sa mort.

Centule, que quelques-uns nomment Pierre Centule, ou même simplement Pierre, succéda (2) à son père dans le Marsan et à sa mère dans le Bigorre, et posséda en outre un quartier de Saragosse. Il épousa Matille, parente du roi d'Aragon qui donna aux deux époux en faveur de cette alliance et aussi pour reconnaître les services que Centule avait rendus et rendait tous les jours à sa couronne, la vallée d'Aran et la seigneurie de Bordères; mais il y avait pour condition que le comte et ses successeurs se reconnaîtraient à jamais vassaux de l'Aragon.

Pendant que les rois d'Aragon s'efforçaient d'affermir et d'étendre leur suzeraineté sur le Bigorre, un

---

(1) Manuscrit du Séminaire. Marca, liv. 9, ch. 8. — (2) Le même, l'Art de vérifier les dates.

autre roi bien autrement puissant commençait à faire sentir la sienne à l'autre extrémité des Pyrénées. Louis-le-Jeune, se souvenant dignement sans doute du mari outragé, mais oubliant trop le roi de France, avait répudié l'héritière du dernier duc d'Aquitaine, et la volage Eléonore avait presqu'aussitôt (1142) donné sa main à Henri Plantagenet, duc d'Anjou, qui ne tarda pas à monter sur le trône d'Angleterre. Avec sa main elle apportait à son nouvel époux l'Aquitaine, le Poitou, le Limousin, le Périgord, la Saintonge, l'Aunis et l'Angoumois.

L'ancien Labour avait toujours dépendu de l'Aquitaine. Fortaner (1), successeur d'Arnaud Fermatel, occupait alors le siége de Bayonne. Sous son épiscopat, Bertrand, vicomte de Labour, arrêta par le conseil, l'assentiment et la volonté des barons du pays et de tout le peuple, que celui qui aurait deux montures en laisserait à sa mort une à l'évêque; que celui qui n'en aurait qu'un et quatre bœufs, laisserait la monture ou le meilleur bœuf; que celui qui n'aurait que quatre bœufs de travail laisserait aussi le meilleur; que celui qui n'aurait que deux bœufs de labour et dix autres têtes de bétail laisserait, à son choix, une vache pleine ou son veau; enfin, que celui qui avec deux bœufs de travail n'aurait pas dix têtes de bétail, mais des porcs et des brebis, laisserait cinq sols. Au prix de cette redevance, l'évêque devait une messe au défunt; il était même obligé de la porter dans la paroisse où gisait le corps, si les parents ou les amis le désiraient. Il fut encore arrêté que les dîmes des juments, des vaches,

---

(1) *Gallia Christiana*, Manuscrit de Bayonne.

des porcs et des brebis seraient exactement payées, et que s'il y avait plainte de fraude par l'évêque ou son délégué, l'habitant dîmé jurerait avec deux notables de sa paroisse avoir agi loyalement. Ainsi statuèrent en présence de Fortaner et de tout son chapitre, Bertrand, vicomte de Bayonne, G. de Bayonne, P. de Bonion et ses fils, B. d'Urtubie, Arnaud de Naubies, Antoine de Sault, A. d'Artucega et Brasc de Sance.

Fortaner enrichit encore son église de la dîme de Biarrits, et lui assura les quarts décimaux du Bastan que lui disputait le vicomte. Sept chanoines jurèrent que la cathédrale de Bayonne avait de tout temps joui de cette rente. Leur serment termina la contestation. Le prélat siégeait encore en 1166, lorsque fut fondée l'abbaye de St-Bernard (1) placée aux portes de Bayonne vers les côtes de la mer. Bâtie pour des religieux, elle porta d'abord le nom de St-Etienne de Rive-Adour, de la rivière qui la baignait. Bientôt, et au moins dès 1245, changeant de destination et de nom, elle fut occupée par des religieuses, et s'appela tantôt abbaye de Betbezè ou Beïbèdé (*bello visu*), à cause de son vaste et riche horizon, tantôt de Notre-Dame ou même de Steyron, mais le plus souvent de St-Bernard.

La fin de l'épiscopat de Fortaner fut troublée par un long et vif procès qu'il eut à soutenir contre les bourgeois de Bayonne, et qu'il légua à son successeur, Pierre Bertrand d'Espelette, dont la famille s'éteignit sous Louis XIV qui accorda la baronnie au duc de Gramond. Nous ferons plus tard mieux connaître le procès.

La ville d'Auch prit vers cette époque un nouveau

(1) Manuscrit de Bayonne.

développement. Les archevêques avaient plusieurs fois cherché à accroître son étendue, mais ils trouvaient toujours des obstacles dans la rivalité des comtes de Fezensac qui faisaient tous leurs efforts pour amener l'église à les admettre en paréage. Quand le Fezensac fut entré dans la maison d'Armagnac, ces efforts redoublèrent. La reconnaissance toutefois et la haute piété dont ils faisaient professsion forcèrent Bernard III et son fils Géraud à des ménagements; mais celui-ci mourut au plus tard en 1160, sans laisser de ses deux épouses, Sancie dont on ignore la famille, et Anizette de Lomagne, que Bernard IV qui lui succéda (1). Jeune et impétueux, ou plutôt violent et emporté, Bernard ne pouvait s'accommoder d'une lutte sourde. L'archevêque avait son marché, le seul que possédait la ville. Le comte en établit de son chef un second à lui propre. C'est vraisemblablement là l'origine du marché de Latreille. Une enceinte de murs commençait à s'élever au nom du prélat. Les travailleurs furent insultés et les ouvrages détruits par les soldats de Bernard.

Guillaume protesta d'abord contre ces violences, mais voyant que ses protestations étaient méconnues, pacifique comme il était, il céda et admit le comte au paréage, non seulement de son marché et des impôts qu'on y prélevait, mais encore de la cité elle-même; ou plutôt le paréage de la cité ne fut pas d'abord complet. Guillaume n'abandonna au comte qu'une partie du terrain de la ville, et encore à la double condition qu'il la clorait de murs et qu'il la peuplerait d'habitants; il se réserva spécialement toute la paroisse. Mal-

---

(1) Chroniques d'Auch, Cartulaire d'Auch, M. d'Aignan.

gré cette réserve, la puissance des comtes sut bientôt établir l'équilibre et même faire pencher la balance de leur côté.

Bernard, après avoir arraché la première concession, s'empressa de remplir les conditions exigées. Il éleva des remparts dont on retrouve quelques légers vestiges, et attira dans leur enceinte les habitants de quelques hameaux voisins. Les moines de St-Orens, toujours peu bienveillants pour la métropole, l'aidèrent dans son entreprise, et pour prix de leur secours ils réclamèrent une part dans la cité. S'il fallait en croire un ancien document (1), leur réclamation aurait été accueillie, et au lieu d'un seigneur, Auch en aurait compté trois : l'archevêque, le comte d'Armagnac et les moines de St-Orens. Mais les droits de ceux-ci, s'ils en eurent quelqu'un, se perdirent bientôt, ou plutôt rien n'atteste qu'ils aient jamais été reconnus.

Peu content d'avoir accordé à Bernard d'Armagnac ce qu'avaient vainement recherché jusques-là et ce comte et ses prédécesseurs, Guillaume s'attacha à lui, le soutint contre quelques seigneurs voisins et prodigua pour lui son argent et ses vassaux. Ces bienfaits amollirent cette âme de bronze, et tant que vécut Guillaume, Bernard respecta son caractère sacré et les propriétés de son église.

La mission d'homme de modération et de paix qui sied si bien aux pasteurs des âmes, personne ne la comprenait mieux que l'archevêque d'Auch. Sa voix, nous disent les vieilles chroniques, se mêlait aux différends qui divisaient ses ouailles, et elle arrêtait les contes-

---

(1) Manuscrit de St-Orens.

tations, rapprochait les cœurs, ramenait la concorde. Quelquefois elle se faisait écouter au loin. Le chapitre de St-Etienne de Toulouse se plaignait que son évêque eût disposé arbitrairement de l'église de la Daurade, et il était prêt à en porter ses plaintes au Concile de Clermont présidé par le pape Innocent III en personne. Guillaume, que les chanoines consultèrent, les en détourna, et ils suivirent son avis.

Cependant une affaire préoccupait vivement notre prélat. Neveu de St-Bertrand (1), et élevé sous ses yeux, il avait vu de trop près les vertus de son oncle pour ne pas désirer de les transmettre à la postérité. Il intéressa à son pieux dessein le cardinal Hyacinthe, et à la prière de ce cardinal, Vital qui avait vu le jour dans la province ecclésiastique d'Auch, et que son mérite et sa science avaient conduit à la cour Romaine, où il remplissait les fonctions de notaire apostolique, écrivit la vie du célèbre évêque de Comminges. Là ne s'arrêta pas le zèle de l'archevêque d'Auch : il mit sous les yeux des souverains pontifes qui se succédèrent assez rapidement les preuves de sainteté qu'offrait une vie si belle, et avant de descendre dans la tombe il eut le bonheur de voir ses efforts couronnés du succès. La bulle de canonisation fut publiée par Alexandre III, vers l'an 1160, et non par Clément V, comme le porte par une erreur inexplicable le bréviaire d'Auch. C'est une des premières canonisations faites solennellement par les papes. Innocent II, en 1134, en canonisant St-Hugues, évêque de Grenoble, avait réservé au saint-siége un jugement et une appréciation qui intéressent

---

(1) *Gallia Christiana*, Bréviaire d'Auch.

à un si haut degré la religion tout entière. Jusques là on reconnaissait publiquement pour saint celui dont le tombeau était honoré par des miracles ; et alors, sans autre formalité, on retirait le corps sacré du sépulcre pour le placer sur les autels et lui rendre un culte pieux.

Tant de soins devaient, ce semble, épuiser tous les moments de Guillaume. Néanmoins sur la fin de ses jours on le vit se charger de l'administration du diocèse de Bazas, durant le pèlerinage de la Terre-Sainte entrepris par Garsias du Benquet (1), qui venait de monter sur ce siége. Godefroi était mort depuis longtemps et avait été remplacé, au plus tard, en 1138, par Fort Garini, un des archidiacres de la cathédrale. Garsie donna alors à son chapitre l'église de St-Côme ; il y ajouta deux ans après la moitié de la justice de Bazas. Il ne se montra pas moins généreux envers Fontguilhem, qui reçut de lui l'église de Masseille, et envers la Réole qui eut St-Vibien. Il approuva encore en faveur de ce monastère la donation qu'avait faite Amanieu de Buglon, du quart de sa terre du Mirail. Il mourut en 1143, et eut pour successeur Raymond III (2), omis par les auteurs de la Gaule chrétienne. Sous lui, l'évêque d'Agen renouvela ses anciennes prétentions et chercha à envahir quelques paroisses limitrophes de son diocèse. Raymond s'en plaignit au pape Lucius II ; mais voyant que ses plaintes n'étaient pas assez tôt accueillies, il se transporta à Rome et obtint d'Eugène III, successeur de Lucius, que l'archevêque de Bordeaux serait chargé de tracer définitivement les bornes qui sépareraient désormais Agen et Bazas.

(1) *Gallia Christiana.* — (2) Mentionné dans le travail sur l'arrondissement de Bazas, par l'abbé Oreilly.

Raymond recueillit à peine les fruits de son voyage, car il mourut l'année suivante. Guillaume-Arnaud de Tonsalon (1), qui vint après, est plus connu. En 1154, il approuva la fête qu'Adon, prieur de la Réole, avait établie(*) dans son monastère, en faveur de l'Immaculée Conception de Marie. Le pieux abbé de la Réole observa à cette occasion que cette solennité se célébrait très-dévotement par le peuple chrétien dans toute la Gaule. Il était digne d'une province dont presque toutes les cathédrales sont dédiées à Marie, de proclamer la première le culte qui paraît plaire le plus à son cœur maternel.

Peu de temps après, Amanieu IV d'Albret, fils et successeur de Bernard Ier, mort vers l'an 1140, se jeta sur les paroisses situées à l'extrémité méridionale du diocèse, en enleva un large butin, et ne trouvant point de résistance, il continua ses déprédations jusques sous les murs de Bazas. Enhardi par ses succès, il osa même attaquer la ville. L'évêque était alors absent. Les chanoines alarmés appelèrent à eux tout ce qu'ils purent de de défenseurs, et tombant à l'improviste sur ces hardis maraudeurs, ils les battirent complètement et leur enlevèrent leur butin. Amanieu n'échappa à la vengeance du peuple qu'en prêtant le serment solennel de ne jamais plus molester les Bazadois. Cet évènement, l'approbation donnée à l'abbé de la Réole et quelques libé-

---

(1) *Gallia Christiana*, tom. 1.

(*) A l'occasion de la nouvelle solennité, les moines devaient à la grand-messe revêtir leurs chappes ou l'habit de grande cérémonie, à moins que le temps ne fût pluvieux ; et au réfectoire, le syndic ou cellerier devait servir un premier repas meilleur que le repas ordinaire. Le prieur s'obligeait à en ajouter un second à ses frais.

ralités distribuées à diverses communautés religieuses, sont les seuls traits connus de son épiscopat, qui se termina en 1165 ou 1166. Garsias du Benquet le remplaça (1). Il avait été chanoine sous Fort Garsie et avait fait le voyage de Rome pour y défendre les droits de son église. Il composa un ouvrage intitulé (2) : le *Baptiste du Sauveur* (c'est-à-dire le ministre de son baptême, *Baptista Salvatoris*), sorte de chronique religieuse de Bazas, s'arrêtant au prélat qui l'admet dans son chapitre. Après avoir vu Rome, il voulut visiter la Terre-Sainte, et durant son absence il confia son troupeau à son métropolitain. Son absence ne fut pas longue; nous le retrouverons à Bazas en 1170.

L'archevêque d'Auch, en acceptant l'administration du diocèse de Bazas, n'avait consulté que son zèle. Il ne résista pas longtemps à ce nouveau travail, et mûr pour le ciel, il alla se reposer dans le sein de Dieu, en 1170. Il portait pour armes, au premier et au quatrième, de gueules au sautoir d'or, et au deuxième et au troisième, échiqueté d'or et d'azur. Dom Brugelles, s'étayant d'une charte du couvent de Boulau, le fait vivre jusqu'en 1177, et veut qu'en 1170, épuisé par l'âge et accablé sous le poids des travaux désormais supérieurs à ses forces, il ait résigné son siége entre les mains de son successeur, tout en se réservant l'administration, comme s'il eût fallu des forces pour siéger et non pas pour administrer. Un autre acte puisé aussi dans les archives de l'Ordre de Fontevrauld, nous parle, sous l'épiscopat de Guillaume, d'un Sanche de Fenogret; mais s'il n'y a pas erreur dans le nom, ce n'était là qu'un évêque *in*

---

(1) *Gallia Christiana.* — (2) L'abbé Oreilly.

partibus, faisant les fonctions de vicaire-général. Des monuments nombreux et irrécusables attestent que Guillaume d'Andozille gouverna sans interruption la métropole, depuis l'an 1126 jusqu'en 1170.

A sa mort, Bernard, comte d'Armagnac, voulut lui donner pour successeur un de ses nombreux enfants, mais ses brigues furent inutiles. Toutes les voix se réunirent aussitôt sur Géraud de Labarthe (1), cet oncle de Raymond Aymeric de Montesquiou que nous avons vu prendre les fers de son neveu. Géraud appartenait à l'ancienne famille des comtes d'Aure, qui posséda si longtemps les quatre vallées, et dont plusieurs rameaux subsistent vraisemblablement (*) encore dans le pays. Il était fils d'Arnaud Esparc de Labarthe et de Condorine d'Aure, son épouse. Il embrassa d'abord la vie canoniale à Auch; puis il passa à Toulouse, dont l'évêque le fit son archidiacre. Guillaume d'Andozille l'avait vu s'éloigner avec regret. Il se hâta de le rappeler auprès de lui et de lui confier le même emploi qu'il exerçait à Toulouse. Sa courte administration laissa des souvenirs dans cette dernière ville, et quand la mort

---

(1) *Gallia Christiana*, Dom Brugelles, M. d'Aignan.

(*) Nos lecteurs voudront bien comprendre, et aussi, nous l'espérons, approuver notre excessive réserve touchant les prétentions plus ou moins fondées des familles qui habitent ou ont habité la Gascogne. Nous ne pouvons ni ne devons étayer ou infirmer aucune généalogie. Nous disons, sans en taire aucun, les noms que nous trouvons devant nous. Là finit la mission de l'histoire. A chacun à reconnaître et à proclamer ses ancêtres. Seulement, nous sommes intimement convaincu qu'il y a dans nos quatre départements bien plus de familles anciennes qu'on ne le croit communément. A cet égard, comme sous beaucoup d'autres rapports, la Gascogne a peu de chose à envier aux autres provinces.

vint, en 1164, frapper l'évêque Bernard Bonhomme, le chapitre de St-Etienne élut à sa place son ancien archidiacre. A côté des puissants comtes de Toulouse et des seigneurs, presque tous riches, du Languedoc, ce chapitre plus qu'aucun autre avait souffert des malheurs du temps. Ses biens avaient été en partie aliénés ou envahis. Géraud (1) dégagea les uns et obtint la restitution des autres. Il fit plus, il se dépouilla lui-même et ajouta à ce qu'il avait fait rentrer le cens annuel que les Juifs de Toulouse payaient à l'évêque. Cinq ans s'étaient écoulés à peine, et déjà sa sagesse avait changé son diocèse; mais la province qui lui avait donné le jour et où il s'était formé aux vertus ecclésiastiques, devait le voir à sa tête. Guillaume venait de descendre dans la tombe, et pendant que le terrible Bernard IV manifestait ses désirs et les appuyait de sa puissance, les chanoines se dérobant à ses obsessions, et sans doute aussi bravant ses menaces, nommèrent l'évêque de Toulouse.

Géraud était beau-frère du comte, qui avait épousé Etiennette de Labarthe, sa sœur. Une parenté aussi étroite ne permettait pas à Bernard de faire éclater son ressentiment avec quelque honneur. Aussi dissimula-t-il quelque temps; rien du moins ne prouve qu'il ait d'abord troublé l'archevêque dans l'exercice de son ministère. En 1174, nous trouvons Géraud transigeant paisiblement avec l'abbé de Berdoues, et réduisant la redevance promise pour l'abandon des dîmes d'Artigues. Cette même année il fut nommé légat du saint-siége par le pape Alexandre III. Il en prend le titre dans l'achat qu'il fit des terres de Lamaguère et d'Arcagnac (2).

(1) M. d'Aignan. — (2) Cartulaire d'Auch. Dom Brugelles, Preuves, page 38. M. d'Aignan.

Les guerres et les folles passions appauvrissaient souvent les seigneurs. L'église pacifique et économe savait mieux administrer ses revenus. Tout d'ailleurs lui faisait un devoir de ménager des biens qui appartenaient aux pauvres et à la religion. De là cet excédant que les châteaux enviaient et auquel ils étaient forcés de recourir quelquefois.

Guillaume de Lamaguère et Arnaud, surnommé Magur, son frère, vendirent leur héritage pour le prix de six cents sols, dont trois cents sols leur furent comptés, et dont le reste fut donné à leurs créanciers. La vente comprenait avec les biens les hommes qui les travaillaient. Elle fut consentie par Boémond, comte d'Astarac, en sa qualité de haut seigneur, par Rose Blanche, sa femme, et par Marie et Marquesie, leurs filles. Le comte et tous les siens abandonnèrent en leur nom et au nom de leurs successeurs tous les droits qu'ils pouvaient prétendre sur les terres achetées. L'acte fut passé à Montcassin, dans la maison d'Arnaud de Lapalu (mars 1174), et signé des abbés Guillaume de Simorre, Pierre de Pessan, Arsius de Saramon, Pierre de Faget, Bertrand de St-Dode, et Pierre de Sère. Parmi les seigneurs on comptait Guillaume ou Guiraud d'Orbessan et Guillaume Garsias, son frère, celui-là même qui avait retenu prisonnier l'archevêque avant sa promotion, Bernard de Panassac, Guillaume-Bernard de Lamazère, Arnaud Desbarats, Guillaume-Arnaud de Labarthe, Jourdain de St-Romain, Sance d'Aguin, Guillaume de Marrast, et parmi les chanoines d'Auch, Bertrand de Biran et Guillaume de Rouede.

Béatrix, la dernière fille de Boémond, n'est point nommée dans l'acte. Elle avait pris le voile dans le monastère de Boulau, que gouvernait encore Longue-Brune, sa grand-mère. Rose Blanche, sa mère, ne tarda pas à l'y suivre, et Boémond (1) lui-même, imitant leur exemple, abandonna à son tour le siècle, et alla revêtir l'habit religieux dans l'abbaye de Berdoues ; ce qui ne dut arriver qu'après 1183, car, à cette année, on datait encore de son administration. Avant d'être admis parmi les religieux, il renonça en leur faveur à tous les droits qu'il pouvait prétendre sur les biens possédés par l'abbaye, et leur donna dans tout le comté le droit de *chasse* et de pacage. On ignore ce que devinrent ses deux filles. On sait seulement qu'elles n'eurent point de part à l'héritage paternel, ou plutôt nous croirions volontiers qu'elles communiquèrent leurs prétentions aux divers seigneurs que l'on vit prendre à la fois le titre de comtes d'Astarac. Bernard III, qui partageait alors ce comté avec Boémond, mourut vers la même époque que son oncle, après avoir fait comme lui des donations à Berdoues. Il laissa deux fils, Amanieu et Centule. Nous verrons le premier prendre une part brillante à la Croisade de Philippe-Auguste.

Après l'achat de Lamaguère, Géraud alla présider à Bordeaux un Concile où assistèrent les évêques d'Agen, de Saintes, de Bazas et de Dax, et où il termina quelques différends ecclésiastiques. Il partit bientôt après pour Rome, où il allait rendre compte de sa légation et chercher le pallium.

Bernard profita de son absence pour donner cours à toute la violence de sa haine (2). A peine l'archevêque

---

(1) L'Art de vérifier les dates, tom. 2. Grands Officiers de la couronne. — (2) Cartulaire d'Auch. Dom Brugelles, Preuves, p. 40. M. d'Aignan.

eut-il traversé les monts, qu'il attaqua à main armée l'église métropolitaine, en détruisit une partie, saccagea la maison canoniale, abattit les trois tours qui défendaient les cloîtres des chanoines et se jeta sur le palais archiépiscopal qu'il démolit après l'avoir pillé. Un vieux cartulaire (*) lui reproche d'avoir enlevé en particulier du grenier de Ste-Marie trois cents conques de millet et de maiture. Il les vendit, et de leur prix il fit bâtir la tour de Jegun ; et avec les débris de l'archevêché, du cloître et de l'église métropolitaine, il fit construire les murs de la ville. Cependant Géraud, après avoir reçu à Rome l'accueil que lui assuraient son mérite et le caractère dont il était revêtu, et visité les lieux chers à la piété chrétienne, reprit le chemin de la Gascogne. Sur sa route il apprit les excès auxquels s'était abandonné son beau-frère. Il n'en hâta pas moins son retour, et sans se laisser effrayer des violences passées, il se présenta, accompagné d'une partie de ses suffragants et suivi d'une multitude de fidèles, devant l'église métropolitaine, pour y célébrer avec pompe le saint sacrifice sur le maître-autel, comme le prescrivaient les lois ecclésiastiques après un long pèlerinage. Malgré son titre d'archevêque, les portes se fermèrent

---

(*) Le Cartulaire lui reproche encore d'avoir enlevé du dortoir du cloître 24 lits ; de la cuisine, des chaudières, un grand pendant de feu en fer, un chenêt aussi en fer ; enfin, une longue chaîne de puits ; et de l'archevêché, d'avoir enlevé des chaudières et des pendants de feu, deux conques ou mesures d'airain, des armoires où l'on gardait les livres et les habits de l'archevêque, une table ronde sur laquelle mangeait le prélat, en un mot, tous les ustensiles que renfermaient le cloître et l'archevêché. Qu'on juge par ce reproche du luxe du 12e siècle.

devant lui, et il dut aller pontifier dans l'église de St-Martin, moins maltraitée que Ste-Marie. Mais là aussi le poursuivit la haine aveugle du comte d'Armagnac. Le sacrifice s'achevait à peine lorsque ses gens forcent l'enceinte sacrée, culbutent et dispersent les fidèles, et s'élançant à l'autel, y enlèvent le pain de l'offrande destiné au clergé.

A cette audace sacrilège l'archevêque n'eût dû opposer que la modération et tout au plus les armes spirituelles, les seules que la religion eût déposées dans ses mains. Mais il se laissa entraîner par les perfides conseils de Raymond Aymeric, son neveu, et il résolut de défendre ses droits par la force. Il lève quelques troupes, et jugeant la résistance plus difficile dans une vaste cité, il court se renfermer dans l'église de Marsan qu'il fortifie à la hâte, et sur le sommet de laquelle il fait construire une tour. Son ennemi ne lui laisse pas le temps de l'achever; il se présente bientôt à la tête d'un corps nombreux de cavalerie et d'infanterie. Devant des forces si supérieures toute lutte était impossible. Géraud eut à peine le temps de s'échapper. L'église prise et pillée fut détruite de fond en comble ainsi que la tour qui la dominait. Le reste du clergé n'était pas mieux traité que le premier pasteur. L'habit sacerdotal ne trouvait partout qu'outrages et violences. Deux ans entiers l'archevêque et les chanoines errèrent d'asile en asile dans la province. Enfin, des amis communs s'interposèrent et parurent avoir amené une espèce de réconciliation.

L'archevêque retourna à son siége et travailla à réparer les brèches faites à sa métropole et à son palais; mais le cœur de son ennemi était trop ulcéré pour lui laisser goûter longtemps les douceurs de la paix. Sans aucun prétexte plausible il fit arrêter et jeter dans un cachot le secrétaire (*scriptorem*) de l'archevêque, et lorsque celui-ci voulut se plaindre, il leva tout-à-fait le masque. Géraud, son fils aîné, entra dans son ressentiment et le fit partager à Raymond, comte de Toulouse. Raymond ne pardonnait pas à l'archevêque d'avoir retiré de ses mains, de gré ou de force, les biens du chapitre. Aussi n'eut-il pas de peine à prêter ses troupes au fils du comte d'Armagnac, tandis qu'il irait attendre à Lectoure l'issue de cet évènement. Le jeune Géraud ne perdit pas un instant et courut assiéger le cloître même de l'église métropolitaine. S'en étant rendu maître sans grands efforts, il mit le feu aux maisons des chanoines, brûla ensuite le palais archiépiscopal, démolit une partie de l'église et s'en appropria les meubles les plus précieux. Le sacristain ayant voulu opposer quelque résistance, fut fait prisonnier et condamné à payer cent vingt sols pour sa rançon.

Ivres de ce facile succès, les soldats se jetèrent sur l'église de St-Martin qui disparut dans les flammes avec son monastère. Leur rage n'épargna pas même les vignes qui s'élevaient sur les côteaux voisins. De là ils se répandirent dans les domaines de l'archevêque, et partout ils commirent les mêmes violences. Castin, Jegun, Vic surtout éprouvèrent leur fureur. Le prélat contraint de fuir de nouveau, s'était renfermé dans le château de Lamaguère avec une poignée de soldats. Le bayle du comte, Forton de Labatut, osa l'y assiéger; et ne pouvant l'y forcer, il mit le feu au château et à la tour où s'était réfugié l'archevêque avec un de ses affidés, et d'où il ne s'échappa que par une protection spéciale du ciel. Furieux d'avoir manqué sa proie, Forton s'acharna sur le château, pilla tout ce qu'il renfermait, amena les chevaux du pontife et ne laissa après lui qu'un monceau de ruines. Ces vexations durèrent encore deux années. Il paraît qu'on en vint ensuite à un nouvel accommodement, car nous ne voyons pas que Bernard ait continué ses violences, au moins avec la même fureur, pendant le reste du pontificat de Géraud.

LIVRE VII.

CHAPITRE Ier.

Marie, vicomtesse de Béarn. — Révolte des Béarnais. — Ils placent successivement à leur tête quelques seigneurs, et appellent enfin Gaston, fils de Marie. — Révolte des seigneurs d'Aquitaine contre Richard. — Siège de Dax, — de Bayonne. — Priviléges octroyés à ces deux villes. — Soumission du vicomte de Lomagne. — Fondation du couvent du Breuil. — Évêques d'Aire. — Troisième croisade sous Richard. — Comtes d'Astarac. — Gaston, vicomte de Béarn, épouse Pétronille, comtesse de Bigorre. — Comtes de Comminges. — Évêques de Couserans. — Fondation du Sallegrand. — Géraud, comte d'Armagnac. — Bernard de Sérillac, archevêque d'Auch.

Le Béarn et les pays limitrophes de la Guyenne n'étaient pas plus paisibles que l'Armagnac et le Fezensac. Après la mort de Gaston ses états passèrent à Marie, sa sœur, à peine âgée de dix-huit ans (1). La jeune vicomtesse vivait en Espagne. Alphonse II, roi d'Aragon, profita de sa faiblesse et de son inexpérience, et surtout de la parenté qui les unissait pour s'établir son protecteur; et sous le voile de cette protection il lui arracha un acte de vasselage inconnu aux anciens vicomtes de Béarn. Il se transporta dans la vallée de Jacca, voisine des Pyrénées. Marie s'y rendit aussi le dernier d'avril 1170, et lui fit hommage pour elle et ses successeurs de toute la terre de Béarn et de Gascogne que lui avaient laissée Pierre de Gavarret, son père, et Gaston, son

(1) Marca, liv. 6, ch. 1. L'Art de vérifier les dates.

frère. Elle lui promit de ne pas prendre de mari sans son consentement, mais toutefois en se réservant qu'elle ne serait point contrainte dans le choix. Bernard de Sadirac, abbé de St-Pé-de-Générez, qui avait remplacé sur le siége d'Oleron, Pierre, successeur d'Arnaud d'Yseste, et Sanche Asnaire ou plutôt Sans de Gerderest qui, après Odon et Guillaume dont les noms seuls sont restés dans les dyptiques de l'église, avait succédé à Raymond d'Assade, Arnaud d'Alascun, Fort Dat, Arnaud de Cadellon, Rey d'Arbus, Og de Gabias, Oldebert de Morlas, Peregrin de Bordel, Pierre Arnaud et Brun de Ste-Croix, Arnaud de Maslac et Guillaume de Busi, s'engagèrent aussi au nom et par le commandement de la vicomtesse. Elle-même promit de faire ratifier cet acte par cent des plus notables de Morlas, cinquante d'Oleron, cinquante d'Aspe et cinquante d'Ossau; elle promit encore de remettre pour l'assurance de cet accord, les châteaux de Gavarret et de Manciet, et un des trois châteaux qu'elle possédait dans le Vicbilh : Cadelon, Escure ou Maubec, *celui qu'elle pourrait le mieux avoir*.

Alphonse, de son côté, prit Marie et toute sa terre sous sa protection, et s'engagea à la défendre contre tout agresseur. Il lui confirma en même temps la pleine possession des domaines et des honneurs, dont les vicomtes de Béarn jouissaient dans son royaume. Quelques nobles Aragonais se rendirent garants de la parole de leur roi. Les termes de l'acte et les garanties que l'on réclame prouvent l'indépendance du Béarn alors même qu'on l'asservit. Aucun pays, dans notre vieille France, ne fut libre comme cette vicomté. Peu de mois après Alphonse fit épouser à Marie, Guillaume de Moncade (1), d'une noble et ancienne famille de Catalogne. Le nouvel époux ne pouvait refuser l'hommage à son bienfaiteur; il le prêta aussi explicite que sa femme (2).

Les Béarnais, malgré le serment de leurs évêques et de quelques seigneurs qui les avaient imités, s'indignèrent de cette sujétion; et préférant leur indépendance au sang de leurs anciens maîtres, ils repoussèrent Marie et l'époux qu'elle venait de se donner. Ils élurent pour leur seigneur un chevalier de Bigorre (3), issu sans doute des anciens comtes, et dont le courage et la sagesse semblaient offrir des garanties au choix public. Mais il commandait à peine depuis un an, et déjà il portait atteinte aux priviléges du Béarn. La cour majour s'assembla à Pau, le somma de maintenir intacts les fors et coutumes du pays, et sur son refus, elle se jeta sur lui et le massacra en pleine assemblée.

Les Béarnais appelèrent alors, d'Auvergne, un chevalier nommé Centule (4), hautement connu pour son mérite, et le placèrent à leur tête; mais après deux ans d'administration, son insolence et sa tyrannie avaient soulevé tous les cœurs. Chassé et poursuivi, il fut tué sur le pont de Saranh, aux confins du Béarn et de la Soule. Ce double essai était peu propre à populariser chez les Béarnais l'exercice de la souveraineté. Aussi, à travers l'obscurité dont s'enveloppent les anciens documents, il est facile de se convaincre que sans chercher d'autres maîtres ailleurs, ils se retournèrent vers le sang de leurs anciens vicomtes. Ecoutons le premier for du Béarn.

(1) Marca, liv. 6, ch. 2. L'Art de vérifier les dates. — (2) Marca, iv. 6, ch. 5. — (3) Idem, ch. 6. L'Art de vérifier les dates. — (4) Les mêmes.

« Après, ils entendirent parler avec éloge d'un chevalier en Catalogne, lequel avait eu de sa femme deux enfants en une seule fois, et les gens du Béarn eurent conseil entr'eux et envoyèrent deux prud'hommes de la terre pour demander un de ses enfants pour leur seigneur; et quand ils furent là, ils allèrent les voir et les trouvèrent tous deux endormis, l'un les mains fermées et l'autre les mains ouvertes. Ils s'en vinrent avec celui qui avait les mains ouvertes (1). » Ils l'élevèrent dans le Béarn qu'il gouverna sous le nom de Gaston. Nous aimons à voir ces terribles justiciers, ces hommes d'une sauvage énergie, s'arrêter devant un berceau et fixer leur choix du côté où un léger indice semblait leur promettre largesse et libéralité (2).

Mais, quel était le père de l'enfant élu? le cartulaire et le for affectent de le taire. Il est toutefois facile de le deviner. Le fils de Centule que nous verrons bientôt occuper la vicomté, s'appelle de Moncade, comme l'époux de Marie. D'un autre côté, un acte passé en 1178 nous montre Sance de Larrun dans la Soule et sa mère Anderenique, cédant leurs droits sur cette paroisse au monastère de la Sauvelade, Raymond Guillaume étant vicomte de Soule, le vicomte Gaston, fils de Marie, dominant en Béarn : *Gastone vicecomite filio Mariæ dominante in Bearno.* On voyait aussi dans les titres du prieuré de Morlas, après la donation faite à ce couvent par Gaston IV, la confirmation de Gaston V, fils de Pierre de Gavarret et de Guiscarde, et à côté étaient ces mots : « Moi aussi, Gaston III, *fils de Marie*, le confirme, et fais ce signe de croix de ma main, au château de Pau, en présence des

---

(1) Marca, idem. Voir tout le chapitre 6. — (2) M. Faget de Baure.

évêques de Lescar et d'Oleron, de Guillaume-Pierre de Béarn, de Sans Aner de Maubec et de toute la cour. »

Cette élection explique pourquoi Marie, quoique assurée de l'appui que lui eût prêté le roi d'Aragon, ne tenta pas de faire valoir ses droits sur les vicomtés de Béarn, de Bruilhois et de Gavarret. Tranquille au delà des Pyrénées, elle en abandonnait la possession à son fils. Du reste, sa vie fut courte, et elle ne survécut pas longtemps à sa déchéance ou à son désistement. Gaston n'avait que deux ans lorsqu'on l'enleva à sa tendresse maternelle. Il fut placé sous la tutelle de Peregrin de Casterazol (1), d'une ancienne et illustre famille d'Aragon. Peregrin paraît avoir réuni les fonctions de régent du Béarn avec le titre de tuteur du jeune vicomte. Géraud de la Sauvelade acquiert, en 1177, de Bergaud de Cos, la terre de Labrige, et fait confirmer la vente par le vicomte de Tartas, Gaston étant prince de Béarn sous Peregrin de Casterazol : *Gastone principante in Bearno sub Peregrino de Casterazol.*

Mais, comment les Béarnais choisirent-ils un étranger pour protéger et élever l'enfant de leur seigneur, et comment surtout allèrent-ils le demander à une nation suspecte? Crurent-ils mieux prévenir les rivalités en prenant un tuteur au dehors; ce choix leur fut-il imposé par Marie; voulurent-ils donner à la mère et au roi d'Aragon une garantie après les scènes sanglantes dont leur pays venait d'être le théâtre ? Nous ne pourrions émettre à cet égard que des conjectures plus ou moins plausibles.

(1) Marca, l'Art de vérifier les dates.

Enfin, d'après les auteurs de l'Art de vérifier les dates (1), que nul historien moderne n'a suivis, les Béarnais forcèrent Marie et Guillaume de Moncade, son époux, de signer un traité par lequel ils se désistaient de la vicomté de Béarn, à condition qu'on élirait pour vicomte un de leurs enfants. Mais toujours est-il que le Béarn offrit durant cinq ou six ans un spectacle dont les annales du moyen âge ne présentent pas en France d'autre exemple, mais qui néanmoins tranche moins qu'on ne croit communément avec les mœurs publiques.

Tout n'était pas servitude sous la féodalité. La liberté se concentra d'abord généralement dans la noblesse. Là du moins elle était forte, jusqu'à ce que s'étendant d'âge en âge et s'affaiblissant par ses progrès, elle expira sous le bras despotique de Richelieu et de Louis XIV. Outre la noblesse libre partout, dans notre Gascogne, et surtout dans le Béarn, le peuple eut toujours ses priviléges. Le souvenir des franchises romaines ne s'y effaça jamais complètement. Quelques coutumes particulières furent gracieusement octroyées par les seigneurs, on le conçoit sans peine: on donnait à ce qui naissait et n'existait pas la veille; mais les coutumes générales ne furent jamais un pur don, un gracieux octroi. Les priviléges qui en faisaient la base étaient des droits antérieurs à la puissance des seigneurs, ou tout au plus nés avec elle et la dominant. Ces priviléges furent seulement reconnus, consacrés, étendus. Pour qui fouille l'histoire, l'indépendance originelle du peuple n'est pas une vaine théorie d'invention moderne. Le seigneur, le suzerain

---

(1) Tom. 2, page 259.

jurait le premier à ses hommes, et ses hommes juraient ensuite à leur seigneur. Il y avait contrat réciproque, mais toujours placé sous la sauvegarde de Dieu. Nous ne connaissons point autrement ni le moyen âge, ni la féodalité. Ajoutons une autre remarque encore spéciale à nos contrées, et qui n'aura peut-être pas échappé à nos lecteurs. Tandis que, dans les autres provinces, on rappelait toujours dans les actes le règne des rois de France, en Béarn on ne rappelait jamais que les vicomtes, et dans l'Armagnac et le Fezensac, souvent nous ne trouvons mentionnés que nos comtes.

L'Aquitaine, dont l'agitation avait commencé longtemps avant les troubles du Béarn, était alors en armes. Elle n'était passée qu'à regret sous les lois de l'Angleterre, et certes, le gouvernement despotique de Henri II n'était pas propre à ramener les esprits. Les barons, irrités des atteintes graves et nombreuses portées à leurs priviléges, et il faut le dire aussi, secrètement excités par Louis-le-Jeune qui avait compris trop tard toute la grandeur de sa faute, se révoltèrent ouvertement en 1167. Mais ils furent presqu'aussitôt forcés de rentrer dans le devoir. Henri crut apaiser leur mécontentement en cédant, en 1169, la province à Richard, son second fils. Il lui donna pour lieutenant, Raoul de Lafaye dont l'insolence et les exactions amenèrent bientôt un nouveau soulèvement. Richard sortait à peine de l'enfance, il ne comptait que treize à quatorze ans; mais cet enfant devait être un jour le terrible *Cœur-de-Lion*. Sa première campagne révéla le héros. Après quelques mois de lutte, tous les mouvements étaient calmés. Il est vrai que ce calme dura encore moins que les précédents. Enflés de leur victoire, les Anglais se montraient plus arrogants et plus cupides. Le joug parut intolérable et une nouvelle révolte éclata en 1175. Conduite par le comte d'Angoulême et de la Marche, en peu de jours elle s'étendit dans toute la province.

Richard, accouru de l'Angleterre où il se trouvait alors, soumit d'abord les deux principaux chefs de la haute Aquitaine. Il descendit ensuite vers la Gascogne. Son épée y chercha Pierre II vicomte de Dax (1). Pierre Ier son grand oncle, le fils de Navarre Ier, était mort sous les coups de l'ennemi et avait laissé la vicomté à Giraude, sa sœur, qui survécut peu à son frère, et fut remplacée par Navarre II, son fils; celui-ci vivait encore en 1156. Il fut marié à Béatrix, sœur de Centule III, comte de Bigorre, et en eut Pierre II et Navarre, d'abord chanoine de Dax, puis abbé de Combelongue, et enfin évêque de Couserans. Oihénart donne avant Béatrix une première femme à Navarre II et la fait mère de Pierre. Il donne encore Béatrix pour fille et non pour sœur de Centule, et la confond avec Stéphanie ou Etiennette dont nous parlerons bientôt. Dom Clément (2) confond aussi Béatrix avec Stéphanie, mais il la fait épouser à Pierre II. Malgré le respect dû à l'autorité de ces deux grands noms, nous pensons que leurs sentiments ne sauraient se soutenir. Dans le premier cas, l'évêque de Couserans n'eût pas été voué à l'église et eût hérité du Bigorre. Dans le second, le jeune Navarre, fils de Pierre II et de Béatrix, eût du moins

---

(1) Oihénart, page 472. — (2) L'Art de vérifier les dates, tom. 2, page 269.

partagé l'héritage paternel avec Pétronille, sa sœur utérine. Pour échapper à ces difficultés, nous avons cru que Béatrix et Stéphanie devaient être distinguées ; que l'une fut sœur et l'autre fille de Centule, et que la première épousa Navarre et non Pierre. Comme toujours, nous nous empressons de livrer notre opinion à l'appréciation de nos lecteurs.

Quoiqu'il en soit de notre dire et de leur jugement, une étroite alliance unissait les maisons de Dax et de Bigorre; car Centule se joignit à Pierre contre Richard. Mais à l'approche des armées anglaises, les deux seigneurs n'osèrent pas tenir la campagne et coururent se renfermer dans la ville de Dax qu'ils avaient fortifiée. Richard parut sous les murs de la place le lendemain de Noël, et après dix jours de siège il la contraignit à lui ouvrir ses portes et à recevoir sa loi. Mais à peine le vainqueur se fut-il éloigné, que le vicomte de Dax, toujours soutenu par le comte de Bigorre, se révolta de nouveau.

Richard retourna en toute hâte sur ses pas à la tête d'une armée nombreuse pour sévir avec toute la rigueur qui le caractérisait. La place fut vaillamment attaquée et plus vaillamment défendue. Malheureusement Pierre fut tué en repoussant les assaillants. Cette mort termina la résistance. Les habitants craignirent que le prince anglais ne fît tomber sur eux le poids de son ressentiment. Ils se soulevèrent contre Centule qu'ils accusaient sans doute d'avoir excité leur maître à sa folle tentative, se saisirent de sa personne, l'enfermèrent dans leur prison et le remirent dans les mains de

Richard. Non seulement ils achetèrent ainsi leur pardon, mais ils obtinrent la confirmation et l'extension des priviléges octroyés à leur ville par Henri II. Dès 1153, le père de Richard, presqu'en venant de recevoir la main d'Eléonore, accorda à Dax l'exemption de tout subside. Vingt ans plus tard, il y ajouta le droit de mairie et de jurade, et l'affranchissement de tout cens coutumier en Poitou, Guyenne et Gascogne. Richard n'abusa point, cette fois encore, de sa victoire. Alphonse II, roi d'Aragon, s'intéressa au sort de son parent. Il vint trouver le duc d'Aquitaine dans son camp et obtint que Centule serait rendu à la liberté en abandonnant au vainqueur Clermont et le château de Montbrun. Le comte de Bigorre vécut jusqu'après 1189, mais on ignore l'époque de sa mort. Il ne laissait qu'une fille nommée Stéphanie. Pierre II ne laissa lui aussi qu'une fille appelée Navarre qui épousa Raymond, fils d'Arnaud, vicomte de Tartas, et lui porta tous les biens de sa maison.

De Dax, Richard marcha sur Bayonne dont le vicomte Arnaud (1), suivant les traces de son voisin, lui refusait l'hommage. Arnaud était le second fils de Bertrand et venait de succéder à Pierre, son frère aîné, mort sans enfants peu après son père. Le vicomte de Bayonne se confiait dans la force de ses remparts, mais quelques jours suffirent pour les faire tomber devant les forces, le talent et le courage du prince anglais. Ici encore nous ignorons le sort du vaincu. Après lui la vicomté échappa à sa maison et passa à Guillaume Raymond de Sault, fils de sa sœur.

(1) Oihénart, page 545.

Richard s'était déjà montré à Bayonne, en 1170, sous le vicomte Bertrand. Il accorda alors à la ville quelques priviléges que signa avec lui l'évêque Pierre-Bertrand d'Espelette. Le prélat réclamait toujours la moitié de la justice en vertu du don fait à son église par le duc Guillaume. Richard ratifia le don et ne garda pas moins pour lui toute la justice. Seulement, pour dédommager l'évêque, il lui abandonna tous les droits de boucherie. Pierre Bertrand mourut peu après la prise de Bayonne et fut remplacé par Adhemar (1), qui s'arrêta à peine sur le siége et eut pour successeur Bernard de Lacarre, d'une des plus nobles et plus anciennes familles de la Navarre.

Le sort des vicomtes de Dax et de Bayonne n'intimida nullement le vicomte de Lomagne (2). Avec toute l'imprévoyance de son époque, il refusa de reconnaître Richard pour son suzerain alors que la soumission du reste de l'Aquitaine ne laissait aucune chance à son refus. Richard accourut en toute hâte et assiégea Lectoure. Le vicomte n'attendit pas d'être forcé ; il s'offrit de prêter le serment de vasselage qui fut accepté, et la réconciliation fut si complète que *le Cœur-de-Lion* l'arma chevalier au mois d'août suivant (1181). Le vicomte se nommait Vesian et était fils d'Odon II, qui s'intitulait : *par la grâce de Dieu* vicomte de Lomagne et d'Auvillars. Odon eut pour frère Arnaud qui épousa Rose ou Rogie, sœur d'Amanieu IV, sire d'Albret, et fut la tige de la maison de Bats (3). La filiation a été reconnue par les Bénédictins dom Clément et dom

---

(1) *Gallia Christiana*, Manuscrit de Bayonne. — (2) L'Art de vérifier les dates, tom. 2. Oihénart. — (3) L'Art de vérifier les dates, tom. 2, page 281.

Poirier, par le docte Brequigni et par quelques autres célébrités. Les deux frères donnèrent, le 28 octobre 1160, des coutumes à la ville de Lupiac dépendante de leur châtellenie de Bats dont ils se disaient seigneurs. Ils confirmèrent en même temps les concessions qu'Odon Ier leur aïeul avait faites aux habitants de cette petite ville (1). La châtellenie de Bats resta quelque temps indivise entre les fils d'Odon et d'Arnaud, comme elle l'avait été entre leurs pères; mais le 29 novembre 1195 Vesian céda les droits qu'il y avait à son cousin Odon en faveur de son mariage avec Miramonde, fille du comte de Magnoac. C'est depuis cette concession qu'Odon prit le surnom de Bats que sa postérité a conservé.

La maison d'Armagnac ne se mêla nullement aux troubles de l'Aquitaine ; elle était assez occupée de sa lutte avec l'archevêque Géraud. Odon d'Orbessan, archidiacre d'Auch, voulut rédimer la métropole des violences du comte Bernard et de Géraud son fils. Il lui donna tout ce qu'il possédait au Rieutort; mais quelque temps après l'archevêque et son chapitre cédèrent cette terre au couvent du Brouil, moyennant une rente annuelle de six conques de blé. Ce couvent, de l'ordre de Fontevrauld, avait été fondé vers l'an 1140 (2) par l'archevêque Guillaume d'Andozille et par Bernard III, comte d'Armagnac. Licier, comte de Pardiac, s'associa à leur œuvre et contribua à la dotation. Sanche de Fenogret, cet évêque *in partibus* dont nous avons parlé, s'inscrivit aussi parmi les bienfaiteurs. Condo-

---

(1) L'Art de vérifier les dates, tom. 2, page 281. — (2) Cartulaire d'Auch et du Brouil. Dom Brugelles, page 441. M. d'Aignan.

rine de Labarthe, sœur de l'archevêque, y prit le voile et en était prieure en 1170. Néanmoins elle avait cédé sa place à Marie de Béarn lorsque, dix ans après, sa communauté reçut la libéralité de Géraud et de son chapitre.

L'archidiacre Odon d'Orbessan ne tarda pas à monter sur le siége d'Aire. Bonhomme était mort le 14 décembre 1147 et avait été remplacé par Antoine (1) qu'ont omis Oihénart et la Gaule chrétienne. Animé des mêmes sentiments que son prédécesseur pour l'ordre de Prémontré, Antoine fit venir quelques moines de Joni près de Sens et les conduisit, le 8 mai 1151, dans le désert de Pontaut en Chalosse, où il leur avait préparé une maison. Il mourut avant 1167 et eut Odon d'Orbessan pour successeur (2). On ignore l'époque certaine de la mort de celui-ci, mais on sait qu'il fut remplacé par Fortanier Bertrand qui avait embrassé dans sa jeunesse la règle de St-Benoît et était abbé de Guistres dans le diocèse de Bordeaux lorsqu'il fut élevé à l'épiscopat. On le dit de la maison de Marsan, ce qui est assez problématique. Fortanier siégea six ou sept ans et fut remplacé en 1188 par Guillaume Bernard. Le nouveau prélat dut employer les censures pour obliger Guillaume de Marsan et Antoine de Sault à déposer les armes et à cesser des hostilités qui désolaient une partie de son diocèse.

Parmi ces troubles, l'hérésie des Albigeois, née dans l'ombre, se répandait dans le Midi. C'était moins une hérésie particulière qu'un amas d'erreurs empruntées à presque tous les siècles, et où dominait le dualisme

---

(1) Manuscrit d'Aire. — (2) *Gallia Christiana*, Oihénart.

des Manichéens avec les tristes et déplorables conséquences qui en sont toujours découlées. Le pape Alexandre III envoya à Toulouse, dès 1178, le cardinal de St-Chrysogone avec quelques légats pour comprimer l'hérésie à sa naissance. Géraud de Labarthe se joignit à eux, nous ne saurions dire à quel titre. Henri, abbé de Clairvaux, qui accompagnait le légat du saint-siége et qui fut bientôt promu au cardinalat et à l'évêché d'Albano, après avoir raconté les aberrations des nouveaux sectaires, ajoute en finissant (1) : toutes ces erreurs, les hérétiques les ont confessées devant nos vénérables frères Géraud, archevêque d'Auch, Géraud, évêque de Cahors, et Gosselin, évêque de Toulouse. Trois ans après, le cardinal Henri devenu légat à son tour assembla le Concile provincial de notre métropole à Bazas (2). Ce lieu fut choisi à cause de son voisinage d'Agen où l'hérésie avait fait tant de progrès que ses adeptes furent, suivant un auteur, d'abord nommés Agenais, nom qu'ils changèrent depuis pour celui d'Albigeois. Les actes de ce Concile sont perdus; nous savons seulement que Géraud y assista à la tête de ses suffragants. Garsias du Benquet occupait encore le siége de Bazas ; il ne mourut qu'en 1186, et fut remplacé par Gaillard de Lamothe.

L'Europe était alors plongée dans le deuil, Jérusalem venait de retomber (1187) sous le joug des Musulmans. Urbain III, successeur d'Alexandre, était mort à cette fatale nouvelle. Des chants lugubres retentissaient dans toutes les villes. Bientôt du sein de la consternation générale un long cri se fit entendre des bords du Tage

---

(1) Dom Vaissette, tom. 3, page 31. — (2) Dom Brugelles.

aux rives du Bosphore : la croix! la croix! Plusieurs souverains la placèrent sur leurs épaules, mais aucun ne la prit avec plus d'enthousiasme que Richard, devenu roi d'Angleterre par la mort de Henri II son père, qu'avait précédée celle de Henri Court-Mantel, l'aîné des trois fils du monarque anglais. Violent, emporté, brave jusqu'à l'extrême témérité, licencieux souvent, fils de l'église quelquefois assez peu soumis et surtout assez peu respectueux et néanmoins toujours fortement croyant, sacrifiant même à sa religion ses trésors, son repos et sa vie, Richard était le véritable type du chevalier du moyen âge; car à nos yeux, Godefroi de Bouillon n'en est que le beau idéal. Il publia lui-même la Croisade, il vint à Bazas et se rendit ensuite à la Réole, où il avait convoqué les prélats et les seigneurs du pays. On s'enrôla en masse sous ses bannières. Le rendez-vous général fut assigné à Chinon.

Richard, prenant le commandement de la cavalerie, s'achemina vers Marseille, où l'infanterie, placée sur des vaisseaux, eut ordre de le venir joindre. L'archevêque d'Auch, l'évêque de Bayonne, et peut-être celui de Bazas voulurent prendre part à l'expédition. Les deux premiers avaient su se faire aimer et estimer du roi d'Angleterre. Le prince, avant de quitter Chinon, leur confia le commandement des troupes de mer (1), en leur adjoignant trois seigneurs anglais. Les deux corps ne se réunirent qu'à Messine. Durant le séjour qu'on y fit, Géraud de Labarthe eut une dispute publique avec le fameux abbé Joachim, espèce de visionnaire dont les prophéties avaient alors et eurent quelque

(1) Roger Loveden.

temps encore un immense retentissement. A ses prophéties, Joachim avait mêlé quelques erreurs sur la nature divine, sur la Trinité et sur la durée de l'Évangile. L'archevêque les réfuta (1) victorieusement, et sa réfutation fut depuis consacrée par le Concile de Latran qui condamna le moine Sicilien. L'évêque de Bayonne fut un des garants du traité de paix conclu entre le roi Tancrède et Richard et assista aux noces de son roi célébrées dans l'île de Chypre.

Nous ne suivrons pas la Croisade; nous observerons seulement qu'après la prise de Ptolémaïs, seul résultat ou à peu près d'une expédition qui épuisa l'Europe, l'archevêque d'Auch et l'évêque de Bayonne sont nommés parmi les prélats qui purifièrent les mosquées et les vouèrent au culte chrétien. Géraud mourut peu après. Le nécrologe de la Case-Dieu place sa mort au 24 août. Il portait pour armes, d'or à quatre pals de gueules, qui est d'Aragon de Labarthe depuis le commencement du xii° siècle.

De cette foule de seigneurs Gascons qui se pressèrent sous les bannières de leur suzerain, l'histoire ne désigne que le comte de Foix. Mais dans la Croisade précédente, sous Louis-le-Jeune, elle signale Amanieu d'Astarac (2), fils de Bernard III, qui se distingua par ses exploits contre les infidèles et mourut dans l'île de Chypre en retournant dans sa patrie. On l'ensevelit dans l'île quoiqu'il eût demandé à l'être dans l'abbaye de Berdoues. Les moines s'en plaignirent au pape Lucius III et obtinrent que le corps leur fût rendu, ce qui fut exécuté avec la pompe que méritait un seigneur illus-

(1) *Gallia Christiana.* — (2) *L'Art de vérifier les dates.*

tre mort en combattant pour la Croix. Par honneur, on plaça son tombeau dans le sanctuaire, du côté de l'épître. On l'y vit jusqu'en 1793, avec un bas relief où cette translation était représentée.

Son père vivait encore, et bientôt à sa place et à la place de Bernard, son oncle, nous trouvons (1) Roderic ou Rodrigue, de 1182 à 1196; Essemène dont quelques-uns font le mari de Marquèse, fille aînée de Boémond, et Bernard, fils aîné d'Essemène, vers 1188; Vital de Montagut ou Montaigu, de 1193 à 1206, suivant dom Brugelles, et jusqu'en 1233 suivant l'Art de vérifier les dates, sans parler de Bernard V, comte de Comminges, qui prit le titre de vice-gérant de l'Astarac de 1194 à 1208. D'où vient cette multiplicité de seigneurs? nous le demanderions vainement aux auteurs contemporains. Peut-être faut-il l'attribuer au défaut de partage sous Bernard Ier. De ses trois fils nâquirent des filles qui portèrent à leurs maris les titres de leurs pères. Quoiqu'il en soit, Centule, frère d'Amanieu, devait voir disparaître toutes ces prétentions rivales. Il avait été associé au comté dès 1175. Le cartulaire d'Auch nous le montre gouvernant l'Astarac avec Bernard III, son père, en 1183. Peu après il se ligua avec le comte de Toulouse et quelques autres seigneurs contre Richard, alors duc d'Aquitaine, dont l'ambition et la tyrannie soulevaient les craintes et les mécontentements; mais la confédération s'étant dissipée l'année suivante, il fut des premiers à rentrer dans le devoir.

Les troubles qui venaient d'agiter le Béarn ne per-

(1) L'Art de vérifier les dates. Dom Brugelles. M. d'Aignan.

mirent pas à Gaston de se mêler à la lutte contre le duc d'Aquitaine. Dès qu'il eut atteint sa seizième année, il dut traverser les Pyrénées pour aller faire hommage à Alphonse (1) des terres qui lui appartenaient dans l'Aragon. Le prince espagnol étendit cet hommage à toutes les terres que possédait le jeune vicomte. C'était y comprendre le Béarn et ainsi s'exposer à réveiller les justes susceptibilités ou plutôt la noble indépendance des Béarnais. Une clause vague fut destinée à apaiser les esprits. Gaston s'avouait vassal pour toute sa terre, excepté celle qu'il tenait de Richard, comte de Poitiers. Tels furent toujours les actes diplomatiques. A ses peuples il pouvait faire entendre qu'il combattrait l'une par l'autre les prétentions des deux princes voisins, tandis que, avec Alphonse, il pouvait se prévaloir de ce qu'il devait à Richard, et contre Richard il pouvait s'étayer de ce qu'il avait juré à Alphonse. Celui-ci fut néanmoins si satisfait de cet acte de vasselage, qu'il lui ménagea la main de l'héritière du Bigorre, jeune enfant presqu'au berceau.

Alphonse l'avait retenue près de lui sous prétexte de parenté. Les fiançailles eurent lieu au mois de septembre 1192. Alphonse y parla en suzerain ou plutôt en maître, et y inséra des clauses d'une injustice révoltante (2); mais l'avenir devait tromper sa cupidité. Il donna son comté de Bigorre et sa chère cousine à Gaston, à condition que le vicomte de Béarn tiendrait d'Alphonse et de ses successeurs en hommage et fidélité le comté avec toutes ses appartenances, villes, châteaux, forteresses, nobles et autres hommes depuis le

---

(1) Marca, liv. 6, ch. 8. L'Art de vérifier les dates.— (2) Idem.

plus grand jusqu'au moindre, et qu'il épouserait la comtesse dès qu'elle aurait atteint l'âge nubile. Si elle mourait avant le mariage, Gaston pouvait épouser une de ses parentes, avec laquelle il jouirait du comté aux mêmes clauses; mais si la comtesse ou sa parente mouraient après le mariage et sans enfants, ou si les enfants décédaient avant la mère, alors toutes les terres de Bigorre revenaient de plein droit à la couronne d'Aragon. Seulement Alphonse devait à son choix donner à Gaston cinquante-cinq mille sols Morlas ou lui abandonner pendant sa vie la jouissance du comté. Enfin, Gaston devait remettre entre les mains du roi ou de ses commissaires le château de Lourdes et les autres forteresses chaque fois qu'il en serait requis. En imposant ces conditions, le roi d'Aragon gardait la vallée d'Aran précédemment cédée à la maison de Bigorre, et toutefois le faible Gaston, non content de les jurer lui-même, s'engageait à les faire jurer par les seigneurs et les nobles du comté, et par cent notables de chaque ville.

Péronnelle ou Pétronille, ainsi se nommait la jeune fiancée de Gaston, était petite-fille de Centule III et devait le jour à Stéphanie (1) qui, après son veuvage, si toutefois elle entra dans la maison de Dax, épousa en 1185, Bernard V, comte de Comminges, fils aîné de Dodon. Bernard n'eut pas plutôt pris en main l'administration du Comminges, qu'il fit revivre les prétentions de son aïeul sur la ville de Couserans et renouvela ses violences. Depuis la victime de Bernard IV, trois prélats s'étaient assis (2) sur la chaire de St-Lizier. Roger II, le successeur immédiat de Pierre, aima la paix

---

(1) L'Art de vérifier les dates, Marca. — (2) *Gallia Christiana*.

et la rétablit entre l'abbé de Bonnefond et les Templiers. Augustin vint après; il siégeait en 1177. Etienne de Tournay, dans une lettre adressée à l'archevêque de Tours, l'appelle dans le style de son siècle, *le fils de la concorde, l'héritier de la douceur, le citoyen de toutes les vertus.* A Augustin succéda Auger, d'abord chanoine, puis archidiacre de Toulouse. C'est lui que persécuta Bernard.

Le comte, peu content d'armer ses vassaux, s'adjoignit une troupe de routiers (1), soldats mercenaires qui sous ce nom et celui de Brabançons, infestaient alors le Midi et se montraient toujours prêts à vendre leurs bras et leur rapacité à qui voulait les acheter. Fort de ce secours, il attaqua Auger et ses chanoines, les chassa de la ville et livra au pillage et à la dévastation tout ce qui leur appartenait. Ces vexations ne se terminèrent pas avec l'épiscopat d'Auger. Laurent, qui le remplaça après Arnaud, fut obligé de donner en fief le château de Tortose au seigneur de Tarsac pour qu'il le défendît contre le comte de Comminges. Il chercha même un appui plus haut et plaça son église avec toutes ses possessions sous la protection du saint-siége, mais la sauve-garde du pape fut méconnue et les violences continuèrent.

Bernard ne traita pas sa femme avec plus d'égards que son évêque; à peine en eut-il une fille, que dégoûté de la mère, il la renvoya sans autre forme de procès et épousa Contors (2), fille d'Arnaud-Guillaume de Labarthe. On ignore ce que devint Stéphanie. Elle vivait

---

(1) L'Art de vérifier les dates. — (2) Idem. Grands Officiers de la la couronne. Marca.

en 1190, mais elle dut mourir peu après, car elle ne parut point aux fiançailles de sa fille, et depuis ce moment Gaston prit le titre de comte de Bigorre, ce qu'il n'eût pu faire durant la vie de sa belle-mère. Quelques auteurs prolongent toutefois encore la carrière de Stéphanie, car ils accusent son mari d'avoir eu trois femmes à la fois. Nous pensons que leur accusation manque de preuves.

Le mariage de Gaston se célébra à Massac le 1ᵉʳ juin 1196. Il fut béni par Bernard, abbé de la Sauvelade, en présence de l'évêque d'Oleron et de quelques seigneurs. Le vicomte de Béarn venait alors de conclure la paix avec Arnaud-Raymond de Tartas. Celui-ci, en mariant son fils à l'héritière de la vicomté de Dax, songea à revendiquer les droits de sa belle-fille sur les pays conquis jadis par Gaston III. L'occasion était belle et il sut en profiter (1). En peu de jours la Mixe, l'Ostabat, Orthès et quelques quartiers voisins se soumirent à ses armes. Gaston, devenu majeur, ne pouvait, sans ternir son honneur, souscrire paisiblement à ses pertes. Il arma à son tour, reprit Orthès et eût poussé plus loin ses succès, si le vicomte de Tartas ne se fût empressé de lui offrir des conditions assez honorables qu'il accepta. Orthès et ses dépendances lui furent assurées. A ce prix il abandonna la Mixe, l'Ostabat et le reste du pays contesté.

Tandis que Gaston sacrifiait à son amour pour la paix une partie des conquêtes de ses ancêtres, Bernard, comte d'Armagnac, cherchait à expier selon les mœurs du temps les excès où l'avaient entraîné le res-

---

(1) Marca, liv. 6, ch. 12.

sentiment et la jalousie. Suivi de Géraud, son fils, qu'avaient séduit ses exemples, il se rendit en 1188 dans l'hôpital de Serregrand (1), bâti sur le chemin de St-Jacques pour la subsistance des pauvres pèlerins et des autres voyageurs qui allaient y demander l'hospitalité. Après le souper, à la prière des religieux, le père et le fils donnèrent à Dieu, à St-Jacques de Serregrand, au frère Vital, prieur, et à la communauté toutes les terres de leur dépendance qui avoisinaient l'hôpital. Ils ajoutèrent que si quelque personne noble voulait y donner en tout ou en partie son héritage, ils y consentaient et affranchissaient le don. La libéralité de Bernard et de Géraud eut pour témoins Fort Loup d'Auxion, Amanieu de Broquère et Garsie Arnaud de Larroque. L'hôpital de Serregrand ou plutôt de Sallegrand se cachait au fond d'une vallée profonde et inculte, à une certaine distance de la petite ville de Barran. C'est le premier acte authentique de son existence. L'Art de vérifier les dates et après lui tous les auteurs, trompés par le chemin de St-Jacques, l'ont placé sur les frontières d'Espagne et dans les gorges des Pyrénées. Seulement, ils s'étonnaient que le vieux comte allât expier si loin ses longues erreurs, et surtout qu'il y possédât des propriétés.

Bernard mourut peu après cette expiation, car son fils lui avait succédé lorsque Géraud de Labarthe s'embarqua pour la Palestine. Il laissait trois fils, Géraud (2), Arnaud et Roger. Quelques-uns y ajoutent Pierre Géraud qui, après la mort de Géraud et de Ber-

(1) Cartulaire d'Auch. Chartes du Séminaire.—(2) Grands Officiers de la couronne. L'Art de vérifier les dates.

nard, se regarda, au rapport d'Oihénart, comme comte d'Armagnac. Outre ses fils, il laissait aussi une fille qui, plus heureuse que ses frères, renonça de bonne heure au monde et fonda le monastère de Ste-Marie de Carrizo où elle prit le voile et où son exemple attira une foule de jeunes personnes de distinction. Devenue supérieure, elle gouverna sa communauté avec tant de sagesse et de piété qu'elle mérita d'être placée parmi les saints (1). Sa mère, Stéphanie de Labarthe, l'y alla joindre après la mort de son époux. Elle eut la douleur de survivre à sa fille et fut ensevelie près d'elle dans le chœur de l'église.

Géraud portait le titre de vicomte de Fezensaguet, petit pays démembré du Fezensac, ayant la ville de Mauvezin pour capitale, et s'étendant des portes de Fleurance et de St-Clar aux environs d'Auch et de Cologne. En succédant à son père il céda ce titre et la vicomté à son frère Roger. Esprit souple et artificieux, il sut, malgré la répulsion que devait inspirer sa conduite passée, capter tellement la bienveillance de Géraud de Labarthe, son oncle, que le prélat, lorsqu'il s'éloigna d'Auch, plaça ses ouailles sous sa protection. Peut-être Géraud cherchait-il par là à désarmer son neveu et espérait-il le forcer à la paix; mais, quels que furent ses sentiments, son attente fut trompée, et Géraud, libre désormais, renouvela toutes ses violences (2). La nomination de Bernard de Sédirac ou Sérilhac vint mettre un terme à ces excès. Il appartenait à la noble famille de ce nom qui exista longtemps dans le département du Gers, et

---

(1) Grands Officiers de la couronne. Oihénart, page 493.
(2) Grands Officiers de la couronne.

peut-être n'était-il pas autre que ce Bernard de Sédirac, abbé de St-Pé de Générez, qui gouverna cette abbaye depuis 1170 jusqu'en 1179 où il fut élevé sur le siége d'Oleron.

Sa prudence et sa modération étaient si connues (1), que Géraud de Labarthe, dans les circonstances difficiles où il se trouvait, le choisit pour son vicaire-général en 1188, et lui laissa l'administration de son diocèse lorsqu'il partit pour la Terre-Sainte. Ennemi de toute réaction, à toutes les violences du comte d'Armagnac il n'opposa que la douceur et la justice des droits de l'église confiée à ses soins. Cette modération était sans doute un acte de haute sagesse, du moins le jugea-t-on ainsi; car les vœux de la plus grande partie du chapitre le placèrent sur le siége archiépiscopal. Avec les sentiments connus du nouveau prélat, la réconciliation ne pouvait se faire attendre. L'année n'était pas encore écoulée que le calme régnait dans Auch et dans le diocèse. Le comte avait-il reconnu et surtout réparé ses torts? nous l'ignorons. Nous pensons plutôt que l'archevêque avait cédé sur tous les points. Aussi, sa consécration fut-elle retardée quelque temps. Le pape hésita à le reconnaitre, soupçonnant peut-être sa faiblesse, mais il lui avait rendu son estime en 1195. Il lui adressa la bulle qui fixe les droits de l'archevêque d'Auch (*).

Bernard méritait cette faveur par sa piété et par son zèle pour la religion. En 1198 il écrivit au pape (2)

---

(1) Dom Brugelles. M. d'Aignan.
(*) Voir la note 11 à la fin du volume.
(2) Dom Vaissette, tom. 3.

Innocent III pour l'informer des progrès que l'hérésie faisait dans la Gascogne et les pays voisins. L'année précédente, il avait donné au monastère de Sauve-Majeure l'église de Loze en faveur du prieuré de Gavarret. Gaston de Béarn y ajouta d'autres priviléges, et en particulier le droit de posséder seul dans tout le Gavardan une chaudière judiciaire.

CHAPITRE II.

Le comte de Comminges répudie sa femme et épouse Marie de Montpellier, — il fait la guerre au comte de Foix, veut répudier Marie, la force à se retirer près de son père, et est obligé de la reprendre. — Comtes de l'Isle-Jourdain. — Guerre des Toulousains avec le vicomte de Lomagne. — Évêques de Lectoure. — Marie fait casser son mariage avec le comte de Comminges. — Gaston, vicomte de Béarn. — Évêques de Bayonne. — Mairie de Bayonne. — Évêques de Dax, — d'Aire. — Bernard de Montaut, archevêque d'Auch. — Progrès de l'hérésie des Albigeois. — Bernard de Montaut est déposé.

Les mœurs des chrétiens d'Occident s'étaient amollies au contact de la molle Asie ; les guerres d'ailleurs et surtout les guerres lointaines poussent toujours à la licence. Enfin, l'église, gardienne des austères prescriptions, ne pouvait se montrer très-sévère pour ceux qui allaient verser pour elle et leurs trésors et leur sang. On le sent, les foudres de Grégoire VII et de ses premiers successeurs durent plus d'une fois dormir durant les Croisades. Ajoutons, pour notre Midi, le voisinage des Musulmans dont les faciles harems se prêtaient aux caprices des passions. Ainsi s'expliquent ces divorces fréquents dont l'histoire de cette époque attriste nos regards, contre lesquels l'église protestait toujours et avec lesquels elle ne pactisait que lorsque l'inflexibilité de ses lois était sauvegardée. Bernard, comte de Comminges, avait déjà eu un fils de Contors de Labarthe; mais ni le fils ni la mère ne purent fixer son cœur, et dégoûté de sa seconde femme encore plus vite que de la première, il prétexta une parenté éloignée et se présenta dans l'église de Comminges au mois de novembre 1197 (1), Contors y parut de son côté accompagnée de ses proches. Le comte établit devant l'évêque que sa femme descendait de Brune de Comminges, sœur de Roger, son trisaïeul. Contors en convint en présence des siens, de tout le clergé et d'une multitude de peuple accouru au spectacle d'une épouse et d'une mère délaissée, et donna son consentement à la dissolution du mariage. L'évêque prononça la séparation, et l'archevêque d'Auch la ratifia sur-le-champ en sa qualité de métropolitain.

L'évêque de Comminges se nommait Raymond Arnaud (2). Il avait remplacé vers l'an 1190 Arsias, successeur d'Arnaud Roger, dont le testament nous a été conservé. Celui-ci appartenait à la famille de Comminges et possédait avec son évêché l'abbaye de Bonnefond. Ces trois titres expliquent à peine l'immensité de ses legs (*). Au commencement de son épiscopat Raymond

(1) Dom Vaissette, tom. 3. L'Art de vérifier les dates. — (2) *Gallia Christiana*.

(*) Nous apprenons par ce testament que sur la fin de ses jours, le prélat alla passer deux ans à Montpellier, et qu'il y dépensa 25 sols par jour; qu'il y acheta quatre mulets pour 1000 sols tournois, et deux palefrois pour 500 tournois; qu'il donna à R. de Clermont, sacristain de Maguelonne, une mule qui valait 200 sols Morlas. A sa mort il fit les legs suivants: au Chapitre général de Citeaux, pour qu'on lui fît un service solennel dans tout l'Ordre, 2000 sols; à l'abbaye de Fonfroide, 100; à Villelongue, 50; à Bolbonne, 100; à Casers, 50; à Eulnes, 50; aux Dominicains, 400; aux Franciscains, 50; à Peyricias, 40; à Belleperche, 50; à Grandselve, 100; à Bouilhas, 50; à Flaran, 50; à la Case-Dieu, 50; à Berdoues, 100; à Boulau, 50; à l'Escale-Dieu, 100; à Sarrancolin, 60; à la Bénédiction-Dieu, 100; à St-Laurent, 100; à Fabas, 100; aux Feuillans, 100; à cinq églises, 250; aux Chanoines de St-Bertrand, la valeur de 3000; aux Chanoines de St-Gaudens, 1500; à Monsaunier,

Arnaud transigea avec l'abbesse de Fabas pour les dîmes dues à son siége ; mais, en 1195, il se relâcha de ses droits et exigea pour toute redevance une livre de poivre pour lui, et une seconde pour le chapitre de St-Gaudens.

Stéphanie de Bigorre vivait encore; néanmoins ni les prélats ni le comte ne paraissent avoir songé à elle. Bernard avait porté ailleurs ses vues. Il était appuyé par Raymond IV, comte de Toulouse, son cousin germain, aussi inconstant ou plutôt aussi licencieux que lui. Conduit par ce parent, accompagné de l'archevêque d'Auch et des évêques de Comminges, de Toulouse et d'Agde, et suivi de quelques seigneurs, il se rendit peu de jours après à Montpellier et y épousa Marie (1), fille de Guillaume VIII, comte de cette ville, et veuve de Barral, vicomte de Marseille. Guillaume constitua à sa fille deux mille marcs d'argent (près de 200,000^f), et Bernard lui assura pour douaire le château de Muret avec ses dépendances. Il fut stipulé que le fils qui naîtrait de ce mariage succéderait à son père dans tous ses domaines, et que s'il n'y avait qu'une fille, elle recueil-

---

1000; aux Chapelains de son diocèse, 2000, en restitution de ce qu'il avait levé sur eux injustement; à ses domestiques, 1000, à partager entre eux selon leurs services; à un médecin, 60 sols. Enfin, 2000 sols à Bonnefond pour que deux prêtres y célébrassent à perpétuité le St-Sacrifice pour le repos de son âme; 1000 aux Feuillans et 1000 à Monsaunier pour une messe obituaire à dire tous les jours. Après quelques autres legs, il établissait Dodon, son neveu, son héritier universel, et lui abandonna la terre de St-Frajou jusqu'à ce qu'il eût achevé de solder toutes les sommes léguées par le testament.

(1) Dom Vaissette, tom. 3. L'Art de vérifier les dates. Grands Officiers de la couronne.

lerait toute la succession paternelle, à l'exception du comté de Comminges. Bernard ne se réserva que quatre châteaux pour en disposer en faveur du fils qu'il avait eu de Contors. Le comte de Toulouse, Vital de Montaigu, et trois ou quatre autres seigneurs jurèrent les clauses au nom du comte de Comminges. L'archevêque d'Auch et les évêques promirent de leur côté d'excommunier le comte et de jeter l'interdit sur toutes ses terres, et Raymond s'engagea à venir l'attaquer à la tête de tous ses vassaux s'il n'exécutait pas fidèlement ses promesses. Comme s'il n'était pas assez de ces garanties, Hugues de Baux, Guillaume son frère et Arnaud d'Anduze se portèrent pour cautions du contrat. Toutefois toutes ces précautions ne devaient rendre le mariage ni plus solide, ni plus heureux.

L'année qui le suivit, Bernard déclara la guerre à Roger Bernard, comte de Foix, occupé alors à combattre Armensol, comte d'Urgel (1). Cette dernière querelle, née à l'occasion de la limite des deux états, partagea toute la Catalogne. Le comte de Foix franchit les Pyrénées, désola le pays, assiégea et prit Urgel, pilla la cathédrale, rançonna les moines qui la desservaient et laissa commettre à ses troupes d'horribles profanations.

Nous ignorons ce qui advint de sa lutte avec Bernard, comte de Comminges. Nous savons seulement qu'il s'aida contre lui des seigneurs de Gannac, avec lesquels il contracta une alliance offensive et défensive. Mais cette alliance lui servit assez peu, la guerre ayant fait place à une union si étroite, que Bernard réconcilia Raymond de Foix avec le comte de Toulouse

---

(1) Dom Vaissette, tom 3.

prêt à l'attaquer pour quelques droits qu'il réclamait sur le château de Saverdun. Cette paix, en rendant le comte de Comminges à ses foyers, le rendit à son inconstance naturelle. Deux années ne s'étaient pas encore écoulées, et déjà son cœur se lassait de la jeune et belle Marie. Pour rompre ces nouveaux liens devenus chaque jour plus pesants, il recourut au prétexte qu'il avait invoqué contre Contors; mais l'archevêque d'Auch et l'évêque de Comminges, loin de lui prêter leur ministère, combattirent hautement son projet (1). Bernard descendit alors à la violence, et à force de brutalités il contraignit (1200) l'infortunée Marie à abandonner le Comminges et à se réfugier auprès de son père. Guillaume prit en main avec chaleur les intérêts de sa fille; mais comme si tout devait être triste dans ce drame déplorable, en la défendant il obéissait non à sa tendresse, mais à un vil égoïsme et à un froid calcul. Bernard et Marie avaient renoncé au comté de Montpellier en faveur d'enfants nés d'une mère que Guillaume avait épousée du vivant de sa première femme. Le vieux père craignait qu'un divorce ne donnât à sa fille un mari moins généreux. De là l'ardeur qu'il mit à la faire rentrer dans le lit conjugal. Il s'adressa au pape et se plaignit à lui des tentatives de son gendre et des mauvais traitements dont il accablait Marie.

Le pape était Innocent III dont le dernier siècle n'avait ni su comprendre, ni peut-être osé apprécier (2) l'action sur l'église et la société, et que notre époque moins prévenue et plus juste commence à glorifier, à

---

(1) Dom Vaissette, tom. 3. Guillaume de Puylaurens.
(2) Paroles de M. Laurentie.

l'égal des plus grands pontifes du catholicisme. Il écrivit (1) aussitôt à l'archevêque de Narbonne, à l'évêque de Comminges et aux chapitres d'Auch et de Toulouse dont les siéges vaquaient alors pour leur ordonner d'avertir le comte de Comminges de reprendre Marie et de la traiter comme sa femme légitime. Il leur enjoignit de recourir, s'il le fallait, aux censures ecclésiastiques pour l'y contraindre. Bernard n'osa pas lutter contre Innocent, et obéissant à regret il rappela Marie et la garda tant que vécut Guillaume. Cette double affaire avait été précédée d'une querelle plus vive encore avec Jourdain II, comte de l'Isle, auquel il réclamait les châteaux de Castéra, de Lasserre et de Monfiel avec le droit de guidage du chemin de St-Jacques depuis Toulouse jusqu'à Auch en passant par Aubiet. Jourdain redemandait de son côté le château de St-Thomas. Ces prétentions diverses (2) amenèrent une guerre atroce et implacable, comme presque toutes les guerres de cette époque. Averti par la clameur publique, Raymond, suzerain des deux comtes, interposa enfin son autorité. Il ordonna d'abord à Bernard et à Jourdain de poser les armes. Il les réunit ensuite à Verdun, dans le mois de janvier 1191, les fit désister de leurs demandes réciproques et leur fit jurer l'oubli du passé en présence de Garsias, abbé de Grandselve, de Roger de Mongaillard et de Hugues de Ségouville ou Ségoufielle. La réconciliation n'était nullement volontaire. Les deux seigneurs avaient dû céder à la puissance de Raymond. Aussi, déclarèrent-ils n'agir ainsi qu'à la prière et par l'exprès commandement du comte de Toulouse.

---

(1) Lettre d'Innocent III. — (2) Dom Vaissette, tom. 3.

Jourdain acheta au mois de mars suivant, d'Arnaud de Montaigu, son cousin, la moitié de la vicomté de Gimois (1), située sur les deux rives de la Gimonne. La vicomté entière avait été possédée avec la seigneurie de Verdun par Arnaud, frère d'Escarone, sa mère. Arnaud alla mourir en 1163 dans le couvent de Grandselve; mais avant de quitter le siècle, il partagea ses biens à ses trois fils, Bernard, Arnaud et Guillaume. Les deux premiers, dont l'un prit le titre d'Astafort, et l'autre celui de Montaigu, eurent le Gimois. Verdun échut au troisième qui en garda le nom. Jourdain survécut peu à cet achat, si toutefois il n'est pas le même que celui qu'on a appelé Jourdain III, ce qui est très vraisemblable et ce qu'affirme dom Vaissette. Celui-ci avait épousé Esclarmonde, fille du comte de Foix. Il fit son testament (septembre 1200) du consentement de Raymond, comte de Toulouse, et donna à sa femme deux mille sols Morlas qu'il lui assigna sur le château du Thil. Il reconnut en outre lui devoir mille deniers Morlas, sept verres et deux coupes d'argent. Il légua à Escarone, sa fille, et à Ratier, son mari, neuf mille sols Melgoriens pour lesquels il lui donna en gage le château de Castéra. A sa fille Obice et à son mari Pelfort il laissa six mille sols Melgoriens. Il institua pour héritiers ses trois fils (2), Bernard Jourdain, Jourdain et Othon. Bernard Jourdain eut pour sa part le comté de l'Isle avec ses dépendances et le château de Castéra engagé à sa sœur Escarone. Il était chargé de marier Philippe, une autre de ses sœurs, et de la doter de cinq mille sols Melgoriens; mais si cette monnaie était dé-

---

(1) Dom Vaissette, page 84. — (2) Idem, tom. 3.

préciée, il devait lui compter cent marcs d'argent fin. Jourdain eut Launac avec quelques terres, et Othon Bernard deux châteaux et la moitié de la partie du Gimois qu'avait acquise son père ; l'autre moitié était partagée entre les deux aînés. Leur père établissait que désormais les filles n'auraient point de part aux domaines de la maison de l'Isle, mais que leur dot serait toujours payée en argent. L'acte fut signé par Raymond, comte de Toulouse, Bertrand, évêque d'Agen, Raymond Roger, comte de Foix, Othon de Montaut et Isarn de Verfeuil.

Bernard Jourdain n'hérita pas de la haine de son père ou de son grand-père pour le comte de Comminges. La réconciliation était complète au commencement de février 1207. Le comte de l'Isle épousa alors Indie (1), sœur naturelle de Raymond VI et veuve de Guillabert de Lautrec. Indie se constitua en dot cinq mille sols Melgoriens qu'elle abandonna à son mari en cas de survie, et Bernard Jourdain, de son côté, lui assigna un pareil douaire. Ce mariage eut pour témoins Bernard, comte de Comminges, Raymond de Rabastens, Jourdain de Villeneuve, Jourdain, frère du nouvel époux, Doat d'Allemand et Aymeric de Castelnau. Raymond n'eut pas plutôt vu sa sœur unie au comte de l'Isle qu'il s'éloigna de Toulouse et alla porter les armes sur les bords du Rhône. En partant pour la Provence, il laissa sans doute dans le Languedoc son beau-frère et Bernard de Comminges, car nous les voyons avec plusieurs autres seigneurs présider à l'accord passé à Toulouse durant le mois d'août suivant entre les consuls de

---

(1) Dom Vaissette, tom. 3, p. 151.

cette ville et les consuls de Cahors. Les deux cités brouillées pour quelques différends s'étaient portées mutuellement à des excès que cet accord tendait à faire oublier.

La ville de Toulouse venait alors de faire sa paix avec Vésian (1), vicomte de Lomagne, et Odon, son fils. Ceux-ci avaient augmenté la leude ou impôt que les étrangers payaient à Auvillars. On se soumit généralement, mais de mauvaise grâce au nouveau tarif. Les marchands de Toulouse, plus hardis, ayant refusé de l'accepter, subirent des vexations. Les Toulousains se vengèrent sur les marchands de la Lomagne. D'autres sévices réciproques aigrirent les esprits et on en appela enfin aux armes des deux côtés. Le sort des combats paraît avoir été favorable aux Toulousains. *Leur armée*, commandée par les consuls, assiégeait Auvillars, lorsque le vicomte et son fils s'engagèrent à ramener la leude à l'ancien état. A ce prix le passé fut oublié et la confiance rétablie. L'acte fut passé à Auvillars le lundi, 14 juin 1204, en présence de Géraud, comte d'Armagnac, d'Odon de Lomagne son parent, de Raymond, évêque de Toulouse, de Bernard de Marestan, de Pierre Raymond, frère du comte de Toulouse, de Bernard Jourdain, comte de l'Isle, de Bernard d'Orbessan, de Pierre de Montbrun, de Jourdain de Villeneuve et de quelques autres seigneurs. Bernard d'Orbessan (2) composa aussi avec les consuls de tous les méfaits et de toutes les déprédations dont son père et lui avaient pu se rendre coupables à l'égard des habitants de Tou-

---

(1) Lafaille, Annales de Toulouse, Preuves, tom. 1, pag. 53 et suiv. — (2) Idem.

louse, et s'engagea à voler au secours de la ville avec six chevaliers bien et dûment armés dès qu'il en serait requis. Pélegrin de Legmond ou Léomond et trois autres seigneurs se rendirent garants de la parole de Bernard d'Orbessan.

Bernard II (1) occupait alors le siége de Lectoure. Plusieurs prélats s'étaient assis sur ce siége depuis Vivien, mort après 1166 ou peut-être après 1183; car vers cette époque une charte de Belleperche nous parle d'un En Besian, évêque de Lomagne, le même, pour ceux qui connaissent la langue Gasconne, que notre Vésian. Mais si la date est vraie, Vésian épuisé par l'âge s'était démis de son évêché. Il est certain qu'en 1170 il avait été remplacé par Bertrand de Montaut, qui, ainsi que Garsias Sanche son successeur, n'a laissé que son nom dans quelques donations faites aux abbayes de Belleperche et de Gimont. Bernard est plus connu. Il s'attacha à la maison d'Aquitaine et parut à côté d'Aliénor, lorsque la princesse confirma en 1197 les priviléges accordés par Henri II son mari et Richard son fils au monastère de Sauve-Majeure. Il l'accompagna deux ans après à Poitiers et fut témoin de quelques actes de souveraineté qu'elle fit avant d'associer à son duché Jean-Sans-Terre, que la mort de Richard venait d'appeler au trône d'Angleterre.

Cependant Guillaume, comte de Montpellier, étant mort, Marie, sa fille, qui n'avait pu oublier ni l'outrage, ni les mauvais traitements de Bernard, provoqua à son tour son divorce. Elle prétendit n'avoir donné sa main au comte de Comminges que malgré elle et sous la

(1) *Gallia Christiana*, Dutemps, Oihénart.

terreur des injonctions paternelles. Bernard appuya sa réclamation et prétexta, de son côté, qu'il n'avait pas été légitimement séparé de Stéphanie, sa première femme. Il faisait encore valoir une double parenté naturelle et spirituelle au quatrième degré. Ces raisons furent admises (1) et les deux époux séparés canoniquement. Marie conclut presqu'aussitôt un nouvel hymen avec Pierre II, roi d'Aragon, et le volage Bernard de son côté forma une quatrième alliance. Ils avaient eu deux filles : Mathilde qui épousa Sanche de Labarthe, vicomte d'Aure, et Péronelle ou Pétronille, mariée dans la suite au brave Centule II, comte d'Astarac.

Bien différent de son beau-père, Gaston de Béarn, en paix avec tout ce qui l'entourait, fit chérir son nom et conquit par un gouvernement doux et paternel le glorieux surnom de *Bon*, que lui décerna la reconnaissance de ses peuples. Mais sa bonté ne l'empêchait pas de réclamer ses droits dès qu'ils étaient méconnus. D'après la coutume du Béarn ou plutôt d'après les lois de la féodalité, tous les seigneurs devaient trois fois l'an remettre leurs châteaux entre les mains de leurs suzerains. Cet usage prévenait les révoltes et assurait la suprématie. Raymond Garsie de Navailles voulut s'y soustraire (2). Le vicomte de Béarn s'avança aussitôt en armes pour l'y contraindre. Des amis communs s'entremirent et Garsie se soumit. Il s'obligea à ne pas *nuire* avec son château à Gaston et à le lui remettre trois fois l'an. Dans le cas où il ne le rendrait pas, dès qu'il en serait requis, il consentait à être tenu pour parjure et

---

(1) Dom Vaissette, tom. 3. L'Art de vérifier les dates.—(2) Marca, liv. 6, ch. 13.

traître au vicomte, qui, s'il pouvait s'emparer du château, ne serait plus obligé de le restituer ni à Garsie, ni à ses successeurs; mais aussi Gaston devait garder le château sans y faire aucun dommage, et s'il refusait de le rendre il serait tenu pour parjure et traître à Garsie; et si celui-ci pouvait le recouvrer, il ne serait pas obligé de le livrer à Gaston ni à ses successeurs. Cette convention fut garantie par les seigneurs de Gavaston, d'Audouins de Lanusse, de Gerderest, de Domi, de Cadelon, de Castelpujos, de Miossens, de Jasses, de Tasque, d'Espouy, de Bidouse, d'Arcisan, de Lays, de Montaner, d'Escot et de Miramont, qui tous s'obligèrent à donner mille sols à la partie lésée. Les témoins furent Guillaume de Cazenove, Arnaud de Clarac, Nespa d'Aspe, Bernard d'Ouse, Guillaume-Raymond de Nay, N. d'Arricau, Raymond-Guillaume de Coarrase et une foule d'autres. Gaston assiégeait alors le château de Miramont enlevé sans doute au seigneur de ce nom qui paraît dans cet accord, mais on ignore pour quel motif il avait entrepris ce siège.

Le reste de la Gascogne n'était pas plus paisible; Alphonse-le-Noble, roi de Castille, y faisait la guerre à Jean, roi d'Angleterre, contre lequel il revendiquait sans doute cette province qui paraît avoir été donnée en dot à la jeune Aliénor, sa femme, fille d'Henri II et de la trop célèbre Aliénor d'Aquitaine. Ce qui nous le fait augurer, c'est que l'année précédente (26 octobre 1204), Alphonse attira à St-Sébastien Gaston, vicomte de Béarn, Géraud, comte d'Armagnac, Arnaud Raymond, vicomte de Tartas, et Loup Garsie, vicomte d'Orthe. Bernard, évêque de Bayonne, et Gaillard, évêque de Bazas, y parurent aussi, et en leur présence le roi et sa femme (1) donnèrent quinze paysans à l'église de Dax et à son évêque Fortaner, qu'ils qualifiaient du nom de leur cher ami. Alphonse prend dans cet acte le titre de seigneur de la Gascogne où il règne (*). Nous ignorons le succès de cette lutte dans laquelle les auteurs espagnols, avec leur exagération ordinaire, ont vu une conquête armée.

L'évêque de Bayonne était encore Bernard de Lacarre. Aucun de ses successeurs n'a laissé plus de traces dans le cartulaire de la cathédrale. En 1186, peu de mois après être monté sur son siége, il fit une transaction qui adjugeait à son chapitre les deux tiers des biens et des revenus de son église, et des immeubles des chanoines, et lui assurait le reste. Cet acte fut passé à Dax, sous les auspices de l'évêque de cette ville, de l'archevêque d'Auch et de l'abbé de Sordes. Deux ans plus tard quelques nouvelles difficultés s'étant élevées au sujet des nominations aux cures, l'évêque d'Aire se joignit au métropolitain et à l'évêque de Dax, et adjugea avec eux quatre paroisses à l'évêque et trois au chapitre; ces trois dernières étaient Arsais, St-Jean-de-Luz et Anglet (2). Bernard de Lacarre transigea à la même époque avec les hospitaliers de St-Jean de Jérusalem au sujet d'un hôpital que ceux-ci possédaient dans le bourg du St-Esprit. Au retour de la Croisade, il reçut de Raymond-Guillaume de Sault la confirmation de tous les droits que Bertrand, vicomte de La-

---

(1) Marca, liv. 6, ch. 13.

(*) *Dominus Vasconiæ*, et plus bas, *Ego Alphonsus regnans in Castilla et Toledo et in Vasconiâ*.

(2) Manuscrit de Bayonne.

bour, avait jadis concédés à l'église de Bayonne dans toute l'étendue de la vicomté.

Cette libéralité fut l'acte suprême de la maison vicomtale. Elle disparaît depuis, sans qu'on sache certainement ce qu'il advint et d'elle et de sa vicomté. On soupçonne que celle-ci passa dans les mains du roi d'Angleterre, ou plutôt qu'elle se perdit dans le duché d'Aquitaine. Du moins, en 1215, Jean-Sans-Terre (1) accorda à Bayonne la faveur dont il avait gratifié peu d'années auparavant La Rochelle, et l'érigea en espèce de république, comme l'étaient en France Marseille et Montauban. Il y établit un maire et cent pairs, dont douze seraient échevins et douze conseillers ou jurats. Les premiers étaient pris parmi les nobles et les bourgeois ; les seconds appartenaient au corps des marchands, le reste pouvait être choisi parmi les artisans. Tous étaient élus librement chaque année ; à eux appartenaient la justice criminelle et la justice civile. Seulement le roi se réserva le droit de choisir le maire sur trois candidats que la communauté lui présenterait. Ce magistrat recevait cent livres Morlas d'émoluments ; mais comme on craignit plus tard la corruption, les habitants arrêtèrent, en 1327, que les trois candidats après leur élection, et le maire après la confirmation royale, prêteraient serment qu'ils n'avaient point acheté les suffrages des électeurs ou le choix du prince.

Bernard de Lacarre termina un long différend que son église avait avec la maison de Bardos au sujet de la dîme des landes de cette paroisse et de deux paroisses voisines. On convint de six arbitres auxquels fut ajouté

---

(1) Oihénart, page 545. Manuscrit déjà cité.

un septième pour faire exécuter la sentence des autres. Le jugement rendu, le seigneur de Bardos renonça, à la vue de toute la cour, au droit qu'il prétendait sur ces landes moyennant deux cents sols qu'il reçut. L'évêque recouvra plusieurs autres dîmes; celle d'Anglet lui coûta quinze cents sols et une rente de quatre deniers; encore fallut-il compter trois cents sols à un autre seigneur qui en possédait une partie. Ces transactions et ces priviléges furent confirmés par le pape Célestin III. La bulle dénombre les biens dont jouissaient alors l'évêque et son chapitre (*).

A la mort de Bernard de Lacarre, le siége de Bayonne resta quatre ans sans pasteur, s'il faut en croire le manuscrit de M. Compaigne, qui attribue cette vacance à la guerre allumée entre les rois de France et d'Angleterre. Les chanoines, selon lui, craignant de déplaire à l'un ou l'autre des deux monarques, s'abstinrent longtemps de nommer; mais leur choix s'arrêta enfin sur Arsius de Navailles. Ainsi l'ont écrit avant lui Denis et Scévole de Ste-Marthe. Oihénart et les titres de la cathédrale se taisent sur cette double assertion, et placent après Bernard, Raymond d'Onzac, dont le pontificat commença le plus tard en 1213.

Gaillard de Lamothe, évêque de Bazas (1), qui avait traversé les Pyrénées avec l'évêque de Bayonne, avait franchi aussi avec lui les mers et pris part à la Croisade de Richard-Cœur-de-Lion. Avant de s'embarquer il fixa à dix-huit le nombre des chanoines de la cathédrale. A son retour, il les enrichit des dîmes de Marim-

---

(*) Voir la note 12 à la fin du volume.
(1) *Gallia Christiana*. L'Abbé Oreilly.

baud et de Préchac, et termina les différends qui avaient régné entre ce corps et ses prédécesseurs. Cet accord fut suivi d'un second qui ramena la paix entre les chanoines de sa cathédrale et ceux du Mas-d'Agenais divisés au sujet de la possession de l'église de Casteljaloux. Son amour pour la paix ne l'empêcha pas de s'élever contre les exactions des anglais toujours portés à traiter l'Aquitaine en pays conquis. Ils dépouillaient les riches, maltraitaient les prêtres, pressuraient le peuple. Gaillard frappa les coupables d'excommunication et suspendit ainsi leurs excès. Une note ajoutée à la marge du livre rouge de Bazas nous apprend qu'à la fin de ses jours Gaillard se démit de son siége et alla prendre l'habit religieux dans le monastère de la Couronne, diocèse de Limoges, où il mourut en odeur de sainteté le 15 juillet 1214. La chronique Bazadoise le fait remplacer par un Guillaume dont l'existence ne repose que sur ce titre.

L'évêque de Dax, dévoué aux intérêts d'Alphonse, avait déterminé ses ouailles à reconnaître ce prince pour duc de Gascogne, du chef de sa femme. Ainsi s'explique le titre de cher ami que lui donne le prince espagnol et la libéralité dont il gratifia son église. Fortanier (1) mourut dans le mois de mars 1215. Il appartenait à une branche de la famille de Mauléon et était monté sur son siége en 1199, après la mort de Jean de Caunar, ou plutôt Cauna, omis par Oihénart, et qui à peine sacré accompagna Richard dans la Palestine où il mourut. Jean avait remplacé Guillaume Bertrand, fils de Bertrand, vicomte de Labour et frère des vicomtes

---

(1) *Gallia Christiana*. Manuscrit de Dax.

Pierre et Arnaud. Il fut d'abord abbé de la Cagnote, d'où il fut élevé en 1167 ou 1168 sur le siége de Dax. Il ratifia la transaction passée entre son prédécesseur et le chapitre de la cathédrale, en signa une autre avec l'abbé de La Réole et reçut de trois seigneurs Béarnais nommés Baylens, Forcade et Cando, la dîme de Casteltarbe. Il assista au Concile de Latran en 1179, et en 1193 à la confirmation des priviléges déjà accordés par son père à l'église de Bayonne. Raymond de Sault, neveu du prélat, en les confirmant, cédait aux conseils de son oncle. Guillaume Bertrand vécut encore quelques années. Rymer (1) le nomme parmi les témoins présentés par Jean, roi d'Angleterre, dans le traité qu'il conclut en 1202 avec le roi de Navarre. Le nécrologe de Dax ne le fait mourir que l'année suivante; mais, ou ces dates sont erronées, ou Bertrand avait abdiqué avant la Croisade.

Enfin, l'évêque d'Aire était ce Guillaume Bernard (2) que nous avons rencontré à la naissance de l'hérésie des Albigeois. On croit qu'il mourut vers l'an 1192. L'Ordre de Prémontré faisait depuis près de cinquante ans l'ornement du diocèse d'Aire. On jeta les yeux sur Martin, abbé de la Castelle, pour succéder à Guillaume Bernard. Cet abbé était réformateur apostolique des monastères de la province. Ses lumières, son zèle et plus encore sa piété avaient attiré sur lui les regards du souverain pontife, qui ne tarda pas à lui donner cette haute marque de confiance. L'église d'Aire avait besoin d'un prélat semblable; mais malheureusement

---

(1) Actes d'Angleterre, tom. 1. — (2) Manuscrit d'Aire, *Gallia Christiana*.

elle le perdit trop tôt, car élu en 1194, il descendit dans la tombe en 1199. Hugo donne une autre époque à son élection et à sa mort: il met la première en 1188, et recule la seconde jusqu'en 1208. Martin avait fait briller tant de vertus qu'on alla chercher son successeur dans son Ordre, et qu'aussitôt après ses obsèques on nomma d'une voix unanime Vital d'Albret, abbé d'Arthous, qu'on dit appartenir à l'illustre famille de ce nom, mais qui vraisemblablement était simplement né dans le lieu d'Albret (*). Oihénart assure qu'il vivait encore en 1211. Il mourut le 28 avril suivant le nécrologe de St-Sever.

Le métropolitain de tous ces prélats, Bernard de Sérillac, survécut peu au refus qu'il avait fait de servir les caprices licencieux du comte de Comminges. Il mourut à la fin de cette même année ou au commencement de la suivante, et fut remplacé par Bernard de Montaut que les auteurs de la Gaule Chrétienne ont confondu avec le précédent, et que dom Vaissette (1), par erreur aussi, nomme Bernard de Labarthe. Il ne fut pas plutôt intronisé qu'il reçut deux brefs d'Innocent III. Le Midi s'agitait, sourdement travaillé par le levain des plus monstrueuses erreurs, et sous cette fermentation de graves abus s'étaient introduits dans le sanctuaire. Des clercs avides se jetaient sur les bénéfices comme sur une proie et les accumulaient sur leurs

---

(*) Quand l'usage des noms particuliers s'introduisit en Europe, les hommes de lettres et les religieux tirèrent les leurs des lieux de leur naissance, les seigneurs et les nobles de leurs fiefs, les bourgeois et les gens du peuple des qualités ou des défauts de leur corps ou de leur esprit. Vital suivit sans doute la loi commune.

(1) Tom. 3, p. 205.

têtes. D'autres ne pouvant les obtenir des prélats ecclésiastiques allaient les demander aux puissants du siècle et s'en mettaient en possession à main armée. Le pape engagea Bernard à avertir les coupables et à les suspendre s'ils résistaient à sa voix. L'archevêque se montrait alors digne de la confiance du souverain pontife; du moins paraît-il avoir déployé quelque zèle. Il se joignit plusieurs fois à ses suffragants, et écrivit à leur tête (1) à Innocent pour l'informer des progrès que l'hérésie faisait autour de lui. Le pape lui répondit; il l'exhortait à employer tous les moyens qu'il jugerait convenables pour extirper l'erreur, et lui ordonnait de frapper des foudres de l'église non seulement les hérétiques, mais encore ceux qui avaient quelque commerce avec eux. Si l'autorité de l'église était méconnue, Innocent III voulait que les évêques appelassent à leur secours le bras séculier.

Mais que pouvaient contre un mal qui débordait de toutes parts la parole et les actes d'un pontife dont les exemples poussaient à la licence, du moins s'il faut en croire ses accusateurs? Aussi, l'erreur faisait chaque jour de nouveaux prosélytes. Raymond VI, comte de Toulouse, dont elle favorisait le hideux libertinage, la protégeait hautement. Roger, comte de Foix, séduit dans une conférence à Castelnaudary, en avait adopté ouvertement les principes. La vie du comte de Comminges appartenait naturellement à la nouvelle secte; la noblesse était gagnée; le haut clergé lui-même hésitait, et comment se fût-il prononcé avec ardeur, les mœurs d'un grand nombre de prélats n'étant rien moins

---

(1) Dom Brugelles. *Gallia Christiana.*

qu'exemplaires. Les premiers légats du saint-siége avaient été peu écoutés. L'un d'eux, Pierre de Castelnau, venait même de tomber sous le fer d'un assassin. Dans ces déplorables conjonctures, un remède extrême pouvait seul sauver la foi et avec elle la civilisation. Innocent ne balança pas à y recourir : il publia une Croisade, et exhorta le roi de France et ses principaux vassaux à prendre les armes pour extirper les hérétiques de la province.

Raymond, comprenant que l'orage allait tomber sur sa tête, envoya (1) aussitôt à Rome Bernard de Montaut, archevêque d'Auch, et Raymond de Rabastens. Un historien anonyme leur adjoint l'abbé de Condom, le prieur des hospitaliers de St-Gilles, et Bernard, seigneur de Rabastens, frère de l'évêque Raymond. Les deux premiers étaient entièrement dévoués au comte, mais leur choix dut surprendre Innocent. Raymond, repoussé d'abord du siége de Toulouse, puis sacré, avait été déposé presqu'aussitôt, et l'archevêque, par sa conduite scandaleuse, avait forcé son chapitre à se plaindre au saint-siége et à demander sa déposition. Néanmoins le pape les admit à son audience, les écouta favorablement et fit répondre au comte que puisqu'il se soumettait à toutes les ordonnances de l'église, il acceptait ses sentiments et promettait de l'absoudre s'il prouvait son innocence.

Cependant les Croisés avaient franchi la Loire, conduits par le duc de Bourgogne et les comtes de Nevers, de St-Paul et de Montfort. On comptait encore dans leurs rangs Guy de St-Paul et Enguerrand de Coucy, sans y comprendre les archevêques de Rheims, de Sens

(1) Dom Vaissette, tom. 3, p. 205.

et de Rouen, six ou sept évêques et un grand nombre d'abbés suivis de leurs vassaux. A leur approche, le faible et hypocrite Raymond, non content de s'être soumis à une expiation humiliante, courut se placer sous leurs drapeaux ; mais bientôt désertant leur camp, il passa du côté des Albigeois et s'en déclara le chef. Autour de lui vinrent se ranger (1) les comtes de Foix et de Comminges, et les vicomtes de Béarn et de Lomagne à la tête de presque tous les nobles de la Gascogne ; tandis que le comte d'Astarac, fidèle à son passé, portait son épée aux défenseurs de la foi. Seul, le comte d'Armagnac, moins belliqueux ou plus prudent, attendit pour se prononcer l'issue des combats. La lutte devint alors plus vive et plus tranchée : nous ne la retracerons point ici ; on combattit presque toujours au delà de la Gascogne. D'ailleurs, les documents de l'époque nous paraissent singulièrement empreints d'une partialité qu'ont partagée à leur insçu peut-être la plupart des historiens. En les parcourant, on le sent bien vite, la religion ne fut souvent qu'un prétexte, ou du moins à son impulsion vinrent se joindre les rivalités nationales. Le Nord se ruait sur le Midi, et le Midi repoussait le Nord.

C'est là, dit un historien moderne (2), ce qui révèle le secret des excès épouvantables qui furent commis de part et d'autre. Ce n'était point une religion toute d'amour et de douceur qui donnait le signal des combats et des supplices, mais bien les haines héréditaires qui portaient pour ainsi dire un peuple à dévorer un autre peuple. Avouons-le aussi : les légats du pape, témoins

---

(1) Dom Vaissette. l'Art de vérifier les dates. Grands Officiers de la couronne.—(2) Histoire de France, par Amédée Gabourd, tom. 2.

des atrocités commises par les Albigeois et des souffrances inouïes éprouvées par les fidèles, entourés d'autels détruits, d'églises livrées aux flammes, de martyrs ou de confesseurs saignants, mutilés et égorgés, de cloîtres souillés par le meurtre, de lieux saints épouvantés par les sacriléges, ne surent point assez se défendre de l'horreur que tant de crimes leur inspiraient. Ils se laissèrent trop aller à tolérer d'affreuses représailles, à fermer les yeux sur d'immenses massacres, sur des exterminations dont le souvenir nous glace d'effroi, et durant lesquelles on fit trop petite la part de la pitié et de la miséricorde, et trop grande celle de la rigueur et de la colère. Ces mêmes légats, comme pour s'étourdir et se justifier, trompaient le pape et ne lui faisaient pas connaître les malheurs de cette guerre. Toutefois, lorsque de loin en loin la nouvelle de ces excès parvenait à Innocent, il adressait à ses légats de sévères réprimandes; il ouvrait ses bras aux hérétiques et se prêtait à leur repentir souvent peu sincère; mais le glaive était sorti du fourreau et la querelle ne devait s'éteindre que par la lassitude des parties.

Navarre, évêque de Couserans, un des légats, mourut au commencement de la Croisade et échappa ainsi aux reproches qui pèsent sur la mémoire de ses collègues. Il était fils (1) de Raymond Arnaud, vicomte de Dax, et de Stéphanie, fille ou sœur de Centule, dernier comte de Bigorre. Il se voua au cloître, embrassa l'institut de Prémontré et devint abbé de Combelongue d'où il fut élevé sur le siége de Couserans. Le pape l'honora de sa confiance; il la méritait par un zèle qui

---

(1) *Gallia Christiana*. Oihénart.

ne se démentit jamais et qui lui attira la haine des sectaires. Odon de Montégut se déclara contre lui; mais après de nombreuses usurpations et d'odieuses violences, il rentra en lui-même, donna quelques vignes en réparation de ses nombreux méfaits, et jura de défendre jusqu'à son dernier soupir le prélat qu'il avait longtemps poursuivi.

Vital, fils d'Odon (1), parut d'abord hériter de ses sentiments; mais bientôt irrité d'un léger refus qu'il avait reçu du prélat et excité par le comte de Comminges, il menaça publiquement Navarre de lui couper la tête et attaqua la ville de Couserans durant la foire qui se tenait aux environs de la Toussaint, frappant, pillant, amenant tout ce qui tombait sous sa main. La multitude fuyait éperdue devant sa lance. Dans cette précipitation, plusieurs se jetèrent dans la rivière et vingt-sept personnes y perdirent la vie. Outre ce malheur, Couserans eut encore à déplorer des dommages qui s'élevèrent à plus de cinquante mille sols. Après ces excès, Vital leva entièrement le masque et embrassa hautement l'hérésie. Navarre ne vit pas la fin de ces scènes déplorables; il mourut durant la Croisade et fut remplacé par Sanche dont le nom a été omis dans la Gaule Chrétienne. La présence des Croisés ramena Vital et le comte de Comminges à d'autres sentiments; ils demandèrent à entrer en composition, et choisirent pour arbitres les évêques d'Agen et de Comminges qui les condamnèrent et adjugèrent au successeur de Navarre la ville entière de Couserans et quelques moulins, cause ou prétexte de tous ces mouvements. L'évêque

---

(1) *Gallia Christiana*, *instrumenta*, page 185.

de Comminges, que nous trouvons ici, se nommait Grimoal; il avait succédé à Garsias Delort (*de horto*) que le chapitre d'Auch venait de placer à sa tête.

Les plaintes s'étaient multipliées contre Bernard de Montaut. Vainement, pour apaiser son chapitre et lui témoigner son attachement comme porte la charte, le prélat lui avait abandonné (1) la chapellenie de l'Isle d'Orbessan, maintenant de Noé (16 mai 1212), en présence des archidiacres Odon de Ferrabouc, Hugues de Pardaillan, Guillaume de Rouede et Guillaume-Raymond de Logorsan. Plus vainement encore avait-il espéré endormir la vigilance d'Innocent en paraissant au Concile de St-Gilles. Le chapitre poursuivit sa déposition, et le pape écrivit à l'archevêque de Bordeaux, à l'évêque d'Agen et à l'abbé de Clairac que jugeant Bernard impropre à gouverner son église, il l'a engagé plusieurs fois à abdiquer sa dignité et lui a fait réitérer ses instances par ses légats; que ceux-ci n'ayant pu rien obtenir, l'avaient plusieurs fois cité à leur tribunal, mais que non seulement l'archevêque ne s'était nullement mis en peine de comparaître, mais qu'excommunié par l'archevêque de Narbonne, il avait continué d'exercer ses fonctions. Innocent (2) ajoutait qu'on lui reprochait de favoriser, de recéler et de nourrir les hérétiques; qu'on l'accusait de dilapidation, de simonie, de parjure et d'un libertinage poussé jusqu'à l'inceste. En face d'aussi graves accusations confirmées presque par un silence obstiné, le pape avait jugé à propos de le suspendre. Après la suspense il les chargeait d'infor-

---

(1) Dom Brugelles, Manuscrit du Séminaire. — (2) Lettres d'Innocent III, liv. 2, lett. 32, liv. 4, lett. 5. Manuscrit de M. d'Aignan.

mer exactement. S'il se présentait des accusateurs qui convainquissent Bernard de quelque crime, il leur ordonne de le déposer sur-le-champ et de lui faire donner un successeur par son chapitre; mais que si personne ne se présentait pour soutenir devant eux les griefs qu'on lui imputait, il veut qu'ils lui donnent, selon les canons, la facilité de se purger avec la cinquième main, c'est-à-dire par son serment et par le serment de cinq de ses suffragants. Le pape observait en finissant que le saint-siége ne pouvait résister plus longtemps à la clameur publique, et statuait que si Bernard ne s'était point justifié dans le délai d'un mois, il fût déposé de nouveau et sans retour.

Rien ne prouve que l'archevêque ait cherché à se laver de tant d'imputations. Peut-être ne trouva-t-il point parmi les suffragants cinq mains qui voulussent se lever en faveur de son innocence. Dans ce temps de foi ardente et en présence des bataillons armés pour la défense de la religion véritable, des ecclésiastiques et des évêques surtout devaient craindre de s'associer à un fauteur d'hérésie. Aussi, le chapitre procéda à une élection nouvelle, et son choix tomba sur l'évêque de Comminges.

CHAPITRE III.

Évêques de St-Bertrand. — Garsias de Lort, l'un d'eux, transféré à Auch. — Les comtes de Foix et de Comminges, et le vicomte de Béarn se soumettent à l'Eglise. — Guillaume succède à Gaston dans la vicomté de Béarn. — Sa férocité. — Pétronille, comtesse de Bigorre, épouse Guy de Montfort. — Géraud, comte d'Armagnac, rend hommage à Simon. — Guerre des Albigeois. — Mort de Simon de Montfort. — Siège de Marmande. — Mort de Guy de Montfort, comte de Bigorre. — Mort de Géraud, comte d'Armagnac. — Ses successeurs. — Mort des comtes de Foix et de Comminges. — Législation du Béarn.

Garsias (1) avait pris, jeune, l'habit monastique dans le monastère de St-Pé-de-Générez, s'y était distingué par sa piété et en avait été élu abbé vers l'an 1183. Il gouvernait depuis longtemps cette maison lorsqu'il fut appelé sur le siége de St-Bertrand où s'étaient à peine arrêtés Sparague et Adhémar. On place son sacre en l'an 1210. Quelques chartes de Bonnefond parlent de lui en 1212 et même 1213 (avril). Ainsi, la déposition de Bernard de Montaut que rien ne fixe, est postérieure à cette date. C'est Garsias qui à la bataille de Muret, un des plus brillants faits d'armes de ce siècle, prit la relique de la vraie croix que tenait Foulques, évêque de Toulouse, et s'écria en l'élevant aux yeux de l'armée du comte de Montfort, réunie à ses pieds (2) : « *Allez au nom de J.-C. ; je vous servirai et je vous serai caution au jour du jugement que tous ceux qui*

---

(1) *Gallia Christiana*, M. d'Aignan, Dom Brugelles. — (2) Pierre de Vaux, Sermai.

mourront dans ce noble combat, obtiendront la récompense et la gloire des martyrs, sans passer par le purgatoire, pourvu qu'ils se soient confessés avec les sentiments d'une contrition véritable, ou du moins qu'ils aient une ferme résolution de déclarer à un prêtre, après l'action, les péchés qu'ils n'ont point encore déclarés. »

A peine eut-il pris possession de son nouveau siége qu'il partit pour le Concile de Montpellier, convoqué le 7 décembre 1214 (1) par Robert de Courçon, et où furent appelés avec l'archevêque d'Auch les métropolitains de Bourges, de Narbonne et de Bordeaux, avec les évêques, les abbés et les archidiacres des quatre provinces. On y élut Simon de Montfort pour *prince* et *monarque* du pays, et on députa à Rome l'archevêque d'Embrun et quelques ecclésiastiques pour supplier le pape de confirmer cette élection.

Quelques mois auparavant (18 avril) (2), les comtes de Comminges et de Foix, défaits à Muret le 13 septembre 1213, avaient fait leur soumission au cardinal de Bénévent; ils abjuraient toute doctrine contraire à l'enseignement de l'Église et promettaient sur les saintes reliques, l'eucharistie et la vraie croix, non seulement de ne pas favoriser, mais de combattre les hérétiques et les routiers, et d'accepter la pénitence et la satisfaction qui leur seraient imposées pour les excès qu'ils avaient commis et qui leur avaient attiré l'excommunication. Ils s'engageaient, en outre, à remettre entre les mains du cardinal, le premier, le château de Salies, et le second, le château de Foix avec toutes les places que

---

(1) Pierre de Vaux, Sermai. Dom Vaissette, tom. 3. — (2) Les mêmes.

le légat jugerait à propos de demander. Enfin, ils consentaient à ce que les châteaux qu'ils devaient livrer au légat demeurassent confisqués au profit de l'église romaine, et à être réputés eux-mêmes excommuniés et parjures s'ils manquaient à leurs promesses.

Le vicomte de Béarn, qui n'avait point combattu à Muret, mais qui y avait envoyé des troupes, se soumit avant eux. Le Concile de Lavaur l'avait accusé (1) entr'autres méfaits de s'être joint aux hérétiques contre les Croisés, d'avoir marché au secours des Toulousains durant le siège de Castelnaudary, d'être le persécuteur déclaré des églises et des ecclésiastiques, de garder près de lui le meurtrier de Pierre de Castelnau, d'avoir eu longtemps et d'avoir encore à ses ordres des routiers; enfin, d'en avoir introduit l'année précédente quelques-uns dans la cathédrale d'Oleron où ils commirent un affreux sacrilége. Ils coupèrent la corde qui tenait suspendue la boîte qui renfermait la Ste-Eucharistie, et répandirent ainsi par terre le corps sacré du Sauveur. Ces accusations paralysèrent la bienveillance du souverain-pontife et tous les efforts que Pierre d'Aragon faisait en sa faveur; déjà sa vicomté de Bruillois avait été saisie. Simon de Montfort, après la victoire, marcha sur le Bigorre et alla assiéger le château de Lourdes; mais il y trouva plus de résistance qu'il n'espérait, et fut contraint de se retirer sans s'être assuré d'aucune place.

Le succès n'endormit point la prudence de Gaston; il sollicita de nouveau sa grâce; le comte de Comminges la sollicitait aussi de son côté. Innocent commit le car-

---

(1) Pierre de Vaux. Marca, liv. 6, ch. 16.

dinal de Bénévent. Le 20 janvier 1214, il lui adressa le bref suivant (1) : « Quoique les excès des nobles hommes, le comte de Comminges et Gaston, soient très graves et énormes, néanmoins comme les portes de l'Église ne doivent pas être fermées à ceux qui y frappent humblement, nous mandons à votre discrétion qu'après avoir reçu d'eux une caution suffisante, selon que vous le jugerez expédient, vous les réconciliez à l'unité de l'Église et vous disposiez d'eux selon Dieu, comme vous croirez le devoir faire suivant le conseil d'hommes prudents. »

Le cardinal désigna l'évêque d'Oleron, Bernard de Morlas (2) pour absoudre Gaston. En rentrant dans l'Église, le vicomte voulut réparer tous les dommages qu'il avait causés au prélat et à son chapitre durant sa liaison avec les hérétiques. Il leur abandonna les hommes et les droits qu'il possédait à Ste-Marie et à Catron. L'acte de cession fut passé à Monens, jadis station romaine et aujourd'hui petite ville de la Soule. Déjà, en 1209, il leur avait donné la dîme de Sauveterre, ville voisine de Monens, avec le privilége de pouvoir accepter sans son autorisation les dîmes et les autres droits ecclésiastiques dont le gratifieraient ses vassaux. Gaston survécut peu à sa réconciliation avec l'Église ; il mourut dans les premiers mois de l'année 1215 sans laisser d'enfants. Ses états appartenaient de droit à Guillaume Raymond, son frère. Néanmoins, sa reconnaissance souffrit quelques difficultés. Raymond Guillaume prétendait prendre en main l'administration par le droit

---

(1) Lettre d'Innocent III, liv. 4, lettre 171. — (2) Marca, *Gallia Christiana*.

de sa naissance, tandis que les Béarnais, accoutumés depuis trois générations à élire leur seigneur, voulurent qu'il attendît sa nomination (1). Pour triompher de la résistance, Guillaume fit un traité d'alliance défensive avec Pétronille l'année même de son veuvage; mais ni cette alliance, ni l'attitude fière et menaçante de Guillaume n'intimidèrent les Béarnais. Ils défendirent ce qu'ils regardaient comme un de leurs droits les plus précieux, et la querelle se poursuivit.

Guillaume était né avec un caractère violent. C'est lui qui dans son berceau avait été trouvé les poings fermés, triste présage qui avait arrêté les députés du Béarn et qui ne tarda pas à se vérifier. Bernard, archevêque de Tarragone, l'avait comblé de bienfaits et lui avait donné sa nièce en mariage; mais le prélat crut devoir en exiger un hommage pour quelques fiefs dépendants de son église. L'âme altière du jeune seigneur s'indigna de cette exigence, et dans son ressentiment il ne craignit pas de porter des mains sacriléges sur un oncle doublement sacré. Le meurtre fut accompagné de ces circonstances atroces qu'on trouve souvent dans les siècles de barbarie (2). Une bulle nous en a conservé le récit. Cachant son noir dessein, Guillaume supposa le nom de sa femme et invita Bernard à s'avancer jusqu'à Gironne pour traiter avec elle d'une affaire importante. Comme le prélat approchait sans défiance, le traître se porte à sa rencontre, et le frappant d'une main sûre, il le renverse de son mulet. La blessure était mortelle, néanmoins il redouble par trois fois, et ajoutant l'impiété à

---

(1) L'Art de vérifier les dates, tom. 2. Marca, liv. 6. ch. 21 et 22.
— (2) Cartulaire de l'église de Tarragone, Marca, liv. 6, ch. 27.

la barbarie, il s'efforce d'empêcher que son oncle puisse confesser ses péchés à son chapelain, tandis que celui-ci criait à la victime de pardonner à son meurtrier. Le prélat avait rendu le dernier soupir et Guillaume s'était éloigné, mais sa vengeance n'était pas encore satisfaite. Il retourne au cadavre, s'acharne sur lui, et après l'avoir percé de mille coups il s'élance de son cheval, et de la pointe de sa lance il entr'ouvre le crâne et fait jaillir au loin la cervelle.

On déféra ce lâche assassinat au roi d'Aragon, mais ce prince et son épouse s'en émurent aussi peu que si Guillaume *eût égorgé un mouton ou un veau*. Cette froide indifférence ou plutôt ce déni de justice enflamma le zèle du souverain-pontife. Il frappa d'excommunication le coupable et ses complices, et ordonna aux vassaux de l'église de Tarragone de courir sur eux comme sur de désespérés Sarrasins. Il menaça même de ses foudres le roi et la reine d'Aragon. Le meurtrier n'osa pas lutter avec les chefs de l'Église et courut à Rome chercher son pardon.

En l'absolvant, le cardinal grand pénitencier le condamna, aussitôt qu'il serait rentré dans la Catalogne, à aller visiter la ville de Tarragone. Mais dès qu'il en apercevrait les murs il devait descendre de cheval et continuer sa route nu-pieds, en chemise, la hart au col et des verges dans la main. Entré dans la cité, à chaque église qu'il rencontrerait sous ses pas, il se ferait battre par quelque prêtre. Parvenu enfin à la cathédrale, il demanderait humblement pardon au chapitre et à l'archevêque successeur de sa victime, leur prêterait l'hommage refusé et leur assurerait trente livres de rente sur sa terre. Comme il avait reçu la croix des mains du souverain-pontife, il lui enjoignit encore de passer les mers, d'y conduire à ses dépens dix chevaliers et trente archers bien armés, et d'y combattre cinq ans les Infidèles. Là ne se bornait pas la pénitence : tous les vendredis il devait jeûner au pain et l'eau, aussi bien que tous les anniversaires du jour où il avait commis son forfait. A ces anniversaires il devait nourrir cent pauvres et leur donner un habit de lin. Il devait étendre le jeûne du Carême à l'Avent et à tous les lundis et les mercredis de l'année, à moins qu'il n'aimât mieux nourrir ces deux jours cinq pauvres ou qu'il ne combattît les Infidèles. Enfin il devait, avant son voyage à la Terre-Sainte et après son retour, porter sur sa chair un cilice qu'il ne pouvait déposer que dans de rares circonstances. Seulement, le cardinal romain laissait aux évêques de la province le soin de mitiger la pénitence s'ils la jugeaient trop dure. Il dut en coûter à l'orgueilleux seigneur qu'une légère sujétion avait transporté de fureur, de subir des conditions aussi rudes et aussi humiliantes, mais on ne s'affranchissait pas alors des prescriptions de l'Église. Guillaume se soumit; néanmoins il différa de passer les mers. Les prétextes ne manquaient jamais à de tels délais.

Pétronille, comtesse de Bigorre, sa belle-sœur, fut plus empressée de contracter un nouveau mariage (1). Quelques mois s'étaient à peine écoulés depuis la mort de Gaston, qu'oubliant ce qu'elle devait à la mémoire de son époux, elle passa dans les bras de dom Nunno ou Nugno, comte de Cerdagne, neveu de Pierre d'Aragon et petit-fils d'Alphonse II. Les noces se firent avec

---

(1) L'Art de vérifier les dates, tom. 2, Marca.

une solennité qui ne laissait guère pressentir une prochaine rupture; mais presqu'aussitôt Nugno et Pétronille prétendirent être dans les degrés de parenté prohibés par les lois ecclésiastiques, et soit qu'ils obéissent aux sentiments d'une foi véritable, soit que la religion ne fût qu'un vain prétexte et qu'ils cédassent à un dégoût ou à une répulsion réciproques, ils se séparèrent volontairement sans attendre le jugement de l'Église.

Quelques écrivains (1) ont avancé que Simon de Montfort ne fut pas étranger à cette détermination. Craignant que le nouveau comte ne se déclarât pour Raymond de Toulouse comme l'avait fait son prédécesseur, le chef des Croisés se servit, d'après eux, du ministère du clergé qui lui était dévoué pour semer dans le cœur de Pétronille des doutes sur la validité de son mariage, et amena ainsi une séparation contraire aux règles ou du moins insolite, car elle n'avait point été précédée par un jugement canonique; les parties n'avaient pas même été entendues. Telles sont les raisons que firent valoir dans la suite les partisans de la maison de Béarn, mais elles nous paraissent bien faibles. Il y avait parenté, tous l'avouent. Cette parenté était-elle au degré prohibé? C'était là la question; car celle-ci admise, qu'importait l'instruction de l'affaire, ou même la sentence juridique? Et certes, en voyant presque tous les évêques de la province sanctionner de leur présence et de leur bénédiction le troisième mariage de la comtesse, il doit rester peu d'hésitation dans les esprits. Ce n'est pas sous Innocent qu'ils eussent osé violer

---

(1) L'Art de vérifier les dates, Guillaume de Puylaurens.

hautement les Canons. Nous ne trouvons pas mieux fondés les soupçons qu'on fait planer sur la tête de Simon de Monfort; aucune preuve positive, aucun monument ne les étaie.

Simon triomphait alors. Géraud, comte d'Armagnac, crut devoir se plier aux circonstances et reconnaître les droits de la victoire. Peut-être craignit-il que ses démêlés avec l'archevêque d'Auch ne le fissent confondre avec quelques seigneurs que poursuivaient les armes des Croisés; ou plutôt, arrogant et emporté devant l'Église faible et désarmée, il se fit lâche et petit en présence du courage et de la force, et s'abaissa à un acte de vasselage dont aucun de ses ancêtres ne lui avait donné l'exemple. Le 8 juin il souscrivit en présence de Louis, fils de Philippe-Auguste, l'acte que nous transcrivons (1).

« Géraud, comte de Fezensac et d'Armagnac, non par contrainte, mais librement et volontairement, agissant en mon nom et au nom de tous mes héritiers, je reçois en foi et hommage de vous, seigneur Simon, comte de Montfort, et de vos héritiers, le comté de Fezensac et d'Armagnac, et la vicomté de Fezensaguet, et tout ce que je possède dans le Magnoac, excepté ce que j'ai dans la cité d'Auch et son aleu, dans le château et aleu de Jegun, et dans les villes et aleux de Vic et de Nogaro qui appartiennent à l'église d'Auch. Je fais à vous et à vos héritiers foi et hommage contre tous les hommes. Chaque fois que mes héritiers et moi serons requis par vous, par Amaury votre fils, par Guy de Montfort votre frère, ou par les vôtres, nous nous

---

(1) Dom Vaissette, tom. 3, Preuves. Manuscrit de M. d'Aignan.

joindrons à vous et vous suivrons par toute la province d'Auch et même au delà de la Garonne dans les évêchés de Toulouse et d'Agen. S'il arrive que vous ayez à soutenir un combat en plein champ ou à faire lever le siège de quelqu'une de vos cités, châteaux, villes ou forteresses situées au deça de Montpellier, et que vous nous requériez, nous volerons à votre secours. Je jure enfin, sur le saint évangile, que je remplirai fidèlement toutes ces promesses. Et moi, Simon, comte de Montfort, j'accorde à vous, Géraud, comte de Fezensac et d'Armagnac, et à vos héritiers, en fief et hommage les susdits comtés et vicomté avec toutes les terres exprimées ci-dessus. »

L'évêque de Carcassonne et l'archevêque d'Auch ratifièrent cet hommage, mais l'archevêque eut soin de réserver tous les droits de la métropole. Le comte s'était fait accompagner d'Arnaud, son frère, de Bernard-Jourdain de l'Isle, d'Odon de Montaut, d'Odon de Pardaillan, de Géraud de Cazaubon et de Guillaume Vital d'Aignan, *Guillermi Vitali de Agnan*. (Passé à Montauban).

Simon de Montfort était trop habile politique pour ne pas faire entrer dans sa maison le comté de Bigorre. La main de la comtesse Pétronille était libre ; il la demanda et l'obtint pour Guy, son second fils. Il partit de Toulouse à la Toussaint, se rendit à St-Gaudens et alla ensuite à Tarbes, où le contrat fut passé le dimanche suivant (1216) (1). Arnaud de Biran qui occupait encore ce siége, Guillaume, évêque de Comminges, Sanche de Couserans, Bernard d'Oleron, Jean d'Aire,

---

(1) Marca, liv. 3, ch. 10. L'Art de vérifier les dates.

Pierre, abbé de Clairac, Odon, abbé de St-Pé-de-Générez et Arnaud de St-Savin s'y trouvèrent. Pétronille constituait en dot à son mari le comté de Bigorre et la vicomté de Marsan, et en assurait la succession aux enfants qui naîtraient de leur mariage. Guy, de son côté, abandonnait à sa femme toute la terre que son père lui assignerait, et il voulait qu'après elle cette terre fût possédée par leurs enfants communs. Outre ces institutions héréditaires, on stipula un douaire de cinq mille marcs pour le survivant. Guy donna pour *pleiges* ou garants à Pétronille et à ses barons le duc son père et Amaury, son frère aîné, et la comtesse fournit quatre de ses barons : Raymond Garsie de Lavedan, Comtebon d'Antin, Bernard de Castelbajac et Arnaud-Guillaume de Barbasan. Le lendemain les noces ayant été solennellement célébrées selon les rites de l'Église, les seigneurs de Bigorre et les bourgeois de Tarbes prêtèrent, par ordre de Pétronille, serment à leur nouveau comte, après toutefois lui avoir fait jurer qu'il gouvernerait suivant les bonnes et louables coutumes du pays. L'archevêque d'Auch arriva à Tarbes peu de jours après et confirma de son sceau le contrat, à l'instance de toutes les parties qui se soumirent à toutes les censures de leur métropolitain si elles venaient à en violer aucune des clauses.

Simon et le nouveau comte allèrent peu après assiéger le château de Lourdes qui était toujours entre les mains de leurs ennemis (1); mais la garnison se défendit avec tant de valeur qu'ils furent obligés d'abandonner cette entreprise. Centule, comte d'Astarac, combattait avec

---

(1) Dom Vaissette, tom. 3.

eux ; peu content de s'être signalé contre les Albigeois, il avait profité d'un instant de calme que goûtait le Midi pour traverser les Pyrénées et voler au secours d'Alphonse ; il cueillit de nouveaux lauriers à la journée de Las-Navas-Tolosanas (1) où les chrétiens remportèrent le 6 juillet 1212, une victoire complète sur les Infidèles. Rentré en France après ce triomphe, il s'attacha au service de Montfort et l'accompagna devant Lourdes.

Les Croisés furent plus heureux ailleurs. Tout pliait sous leurs armes, lorsque les habitants de Toulouse, outrés des rigueurs exercées parmi eux, rappellent le vieux Raymond qui accourt suivi du comte de Comminges, de Roger Bernard, fils du comte de Foix, et de quelques autres seigneurs. Il traverse à gué la Garonne sous le moulin du Basacle, entre sans être aperçu et s'empare de la ville le 13 septembre 1217. La comtesse de Montfort se trouvait dans le château Narbonnais avec la comtesse de Bigorre et ses enfants. Guy, qui se battait du côté de Carcassonne, instruit du péril que courait sa famille, vole à son secours. Comptant emporter la place d'emblée, il y donne mais inutilement deux assauts successifs. Ces essais lui firent comprendre qu'un coup de main ne lui rendrait point Toulouse. Il implora le secours de l'archevêque d'Auch et du comte d'Armagnac (2).

Géraud n'avait point paru jusqu'ici sur le théâtre de la guerre. Il se fût sans doute abstenu encore, mais il n'osa pas résister à une voix que la prudence lui con-

(1) L'Art de vérifier les dates, tom. 2.
(2) Dom Vaissette.

seillait de ménager; il accourut avec ses troupes. Simon de Montfort, occupé à combattre le jeune Raymond sur les bords du Rhône, se hâta, de son côté, de conclure une trêve et de se replier sur Toulouse, où il donna un nouvel assaut plus infructueux que les premiers. Guy, son frère, y eut les deux cuisses percées d'un trait lancé par le comte de Comminges, et Guy de Bigorre y fut aussi dangereusement blessé (1). L'archevêque d'Auch approchait à la tête d'un renfort levé avec peine; les populations du Midi ne se prêtaient qu'à regret à soutenir Montfort. Les soldats que conduisait l'archevêque saisirent le prétexte de cet échec; ils se débandèrent et rentrèrent dans leurs foyers.

Simon, sans se laisser déconcerter, change l'attaque subite en siége régulier; en même temps il veille sur le pays qui reconnaît sa domination. La fidélité des habitants de Montauban lui était suspecte. Pour les contenir, il en exigea des ôtages et envoya parmi eux son sénéchal d'Agenais et l'évêque de Lectoure (2), Arnaud, élu vers l'an 1215. Ces précautions irritèrent les habitants. Ils firent prévenir secrètement le comte de Toulouse et promirent de se saisir du prélat et du chevalier, et de les lui livrer pour peu qu'ils fussent soutenus. Raymond détacha aussitôt cinq cents hommes d'armes. Introduits dans la ville au point du jour, les soldats étrangers s'emparent des places publiques, et cernant les maisons qu'habitaient les deux envoyés de Simon, ils y portent une grande quantité de bois, prêts à y mettre le feu s'ils ne pouvaient s'emparer de leurs personnes; mais les Français qui étaient dispersés dans la ville s'é-

(1) Dom Vaissette. — (2) Idem.

veillent au bruit de leurs pas, courent aux armes, attaquent les conjurés, les forcent à reculer, délivrent l'évêque et le sénéchal, et, dans leur exaspération, ils abandonnent la ville aux flammes et au pillage.

Cette tentative avertissait Simon de s'assurer de l'Isle-Jourdain dont le comte s'était d'abord déclaré pour Raymond, son beau-frère, et avait été forcé plus tard de subir la loi des Croisés. La ville fut mise en sequestre (1) dans les mains du comte d'Armagnac, de Roger, son frère, d'Anessance de Caumont, et d'Othon de Montaut, qui s'engagèrent à la garder pour le comte de Montfort jusqu'à la fête de la Toussaint, et se rendirent garants jusqu'à cette époque des sentiments de Bernard et des habitants. Cet engagement fut passé sous les murs de Toulouse le 18 décembre 1217. Le siège de cette dernière ville traîna en longueur tout l'hiver. Le printemps ayant ramené de nouvelles troupes, Simon le poussait avec vigueur, lorsque le 25 juin 1218 il fut atteint d'une pierre lancée du haut des murailles. Il n'eut que le temps de recommander son âme à Dieu, et il expira. Ainsi mourut les armes à la main, après avoir longtemps rempli la chrétienté du bruit de ses exploits, un des plus grands capitaines dont s'honore la France. Nul historien ne lui refuse les qualités qui font les héros. Plusieurs accusent son ambition et son fanatisme. Pour nous, qui n'avons point osé raconter cette lutte qu'il est si difficile d'apprécier sainement, nous regrettons qu'il n'ait pas su, en refusant sa part dans les dépouilles des vaincus, préserver de tout soupçon malveillant le souvenir de ses victoires.

(1) Trésor des chartes de Toulouse, dom Vaissette, Preuves, 259.

Cette mort changea la fortune et jeta la division dans l'armée catholique. Les uns prêtèrent serment à Amaury, fils aîné de Simon, les autres demeurèrent indécis ou passèrent à la maison de Toulouse. Parmi ces hésitations Amaury, abandonné de la plupart des Croisés, dut se borner à protéger les conquêtes faites par son père. Le jeune Raymond n'eut qu'à se montrer dans l'Agenais pour le ramener à son obéissance. Condom, Marmande, Aiguillon, s'empressèrent de lui ouvrir leurs portes (1) et chassèrent les garnisons que le comte de Montfort y avait établies. Le comte de Comminges prit aussi quelques troupes, et à leur tête il recouvra tous les domaines qui lui avaient été enlevés durant la Croisade. Chaque jour amenait quelque perte, et malgré le zèle et l'activité des prélats restés fidèles à la famille de l'ancien général, le triomphe de Raymond de Toulouse n'eût pas été éloigné, si Louis, fils aîné de Philippe-Auguste, ne fût venu au secours d'Amaury. Celui-ci assiégeait alors la ville de Marmande où commandait le comte d'Astarac.

Centule ne s'était pas contenté d'abandonner les Croisés après la mort de Simon ; il s'était réconcilié avec le comte de Toulouse et s'était chargé de défendre Marmande. Vésian, vicomte de Lomagne, Amanieu de Buglon, Arnaud de Blanquefort, Guiraud de Samatan, Guillaume-Arnaud de Tantalon et plusieurs autres seigneurs avaient voulu partager ses dangers et s'y étaient renfermés avec lui (2). La présence du prince français et de l'armée brillante et nombreuse (*) qui se pressait

(1) Dom Vaissette, Manuscrit de M. Peyrèse. — (2) Les mêmes.
(*) On y comptait, dit-on, une vingtaine d'évêques, 33 comtes, plus de 500 chevaliers et 10,000 archers.

sous ses bannières, n'intimida pas leur courage ; ils osèrent braver l'attaque : mais que pouvait une poignée de braves protégés par des murs à demi entr'ouverts contre des forces si supérieures ? Au premier assaut, Louis s'empara d'une partie des ouvrages extérieurs. Les assiégés comprenant alors que toute résistance serait inutile, offrirent de se rendre pourvu qu'on leur accordât vie et bagues sauves ; mais on ne voulut les recevoir qu'à discrétion.

La condition était dure et tout faisait craindre que les vainqueurs, prétextant l'outrage fait à la couronne de France, n'abusassent de la victoire. Il fallut néanmoins s'y soumettre. La garnison sortit de la place et vint se ranger devant la tente de Louis où ses chefs étaient réunis pour décider de son sort. L'évêque de Saintes conclut à la mort de Centule ; les comtes de St-Paul et de Bretagne, au contraire, opinèrent en sa faveur. Les esprits étaient en suspens, lorsque Géraud Delort, archevêque d'Auch, prit la parole. Jamais bouche sacerdotale ne fit entendre un langage plus noble et plus évangélique ; pourquoi faut-il qu'il ait été si rare dans cette guerre déplorable ! Nous traduisons, d'après M. Dumège, un document de l'époque : « Pardon ! beau seigneur roi, si le droit est connu, le comte ni les siens ne seront morts ni perdus, car il n'est ni hérétique, ni faux, ni apostat : au contraire, il a suivi la croix, et par lui les droits de celle-ci ont été maintenus, et bien qu'ensuite il ait mal agi avec l'Église, il n'est pas cependant hérétique ni n'a point failli contre la foi. L'Église doit recevoir avec bonté les pécheurs vaincus, afin que l'âme ne soit ni confondue, ni perdue. Songez d'ailleurs que Foulcaut est prisonnier à Toulouse, et que si vous condamnez le comte, Foulcaut sera pendu. Beau seigneur archevêque, vous serez cru, dit Guillaume des Roches, le comte ne périra point; il sera livré pour la rançon de Foulcaut (*).

Non seulement l'échange prévu s'accomplit, mais la garnison entière conduite d'abord à Puylaurens fut rendue à la liberté afin d'obtenir l'élargissement des soldats pris par le jeune Raymond dans un combat récent. La ville de Marmande fut moins heureuse que sa garnison: une soldatesque effrénée s'y étant introduite durant la conférence n'épargna ni l'âge ni le sexe et égorgea tout ce qui tomba sous sa main (1). Cette boucherie irrita, dit-on, l'âme royale de Louis; néanmoins il s'avança vers Toulouse dont il forma le siège le 6 juin 1219. Le jeune Raymond y avait rassemblé l'élite de ses chevaliers. Autour des comtes de Comminges et de l'Isle-Jourdain, du vicomte de Lomagne et du jeune Roger-Bernard de Foix se pressaient les Noé, les Montaut, les Labarthe, les Montus, les Villeneuve, les Dubarthas et une foule de noms (2) dont quelques-uns ont disparu. Tous jurèrent de défendre vaillamment les postes qui leur seraient confiés. Le Nord se ruait contre le Midi; cette fois du moins le Midi triompha. Le nombre vint se briser contre l'obstination et le courage. Voyant ses efforts inutiles, Louis leva le siège après cent quarante-cinq jours de tranchée ouverte; il s'éloigna avec tant de précipitation, qu'il abandonna toutes ses machines. Ce départ privait Amaury d'un appui tous les jours plus nécessaire. Plusieurs places

(*) Voir la note 13 à la fin du volume.
(1) Histoire des Albigeois en Languedocien, dom Vaissette. —
(2) Les mêmes.

que la crainte ne retenait plus sous ses lois ouvrirent volontairement leurs portes; d'autres, mal défendues, se rendirent.

Le vieux Raymond ayant recouvré Montauban, la donna en fief avec quelques autres villes à Raymond-Roger, comte de Foix, en récompense de ses services. Son fils ratifia quelques jours après cette donation et y ajouta bientôt quelques terres situées dans Castelnaudary. Amaury et Guy, son frère, assiégeaient alors cette place. Le jeune Raymond avait eu le temps de s'y jeter avec Roger-Bernard, fils du comte de Foix. Leur présence et leurs exemples animaient la garnison qui, peu contente de repousser les assiégeants, allait souvent les chercher dans leurs lignes. Une de ses sorties fut surtout meurtrière (13 juillet 1220); le comte de Bigorre sur qui tomba principalement le choc reçut une large blessure, fut pris par les ennemis et expira entre leurs mains (1).

Le jeune Raymond honora son triomphe par la noblesse et la générosité de sa conduite. Oubliant ce que le père de Guy avait apporté de malheurs et à sa famille et à la province, il fit enfermer le corps dans une bière, et le recouvrant d'un drap de pourpre, il le renvoya à son frère. Guy était un seigneur jeune, brave, actif, bien fait; sa mort fut vivement sentie de tous les siens. Amaury, qui l'aimait tendrement, jura de le venger et s'obstina aux pieds des remparts, mais rien ne prospérait à ses armes. Après huit mois d'efforts inutiles, il fut obligé de lever le siège, et à quelque temps de là il cédait au prince Louis, fils et héritier de Philippe-

---

(1) Guillaume de Puylaurens. Dom Vaissette.

Auguste, toutes ses prétentions sur les conquêtes de son père (février 1223).

Le vieux Raymond était mort au mois d'août précédent après avoir vu descendre dans la tombe le comte d'Armagnac. Nous ne saurions assigner d'une manière certaine l'époque où ce dernier termina sa carrière. Le nécrologe de la Case-Dieu le fait mourir le 30 juillet 1219 ; mais dom Vaissette le fait vivre quelques années encore. Sa femme se nommait Mascarose et appartenait, suivant dom Clément, à la famille de Labarthe, d'où était sortie l'ancienne comtesse d'Armagnac, sa mère ; ce qui est peu probable vu la sévérité des lois ecclésiastiques pour toute parenté dans les mariages. Il laissa deux fils en bas âge, Pierre et Bernard, et deux filles, dont l'aînée, Mascarose, épousa le comte de Lomagne, et Seguis, la cadette, fut mariée à Centule, comte d'Astarac, après la mort de Pétronille sa première femme.

Arnaud, second fils de Bernard et frère de Géraud IV, profita de la faiblesse de ses neveux (1) pour s'emparer des comtés d'Armagnac et de Fezensac. Ainsi le racontent la plupart des écrivains qu'il nous a été donné de consulter. Pour nous, nous pencherions à croire qu'il en prit seulement l'administration et qu'il les géra au nom de ses pupilles. Mais fils de comte, comte lui-même, et administrateur des deux comtés, les rares chroniques qui nous ont conservé son nom l'ont qualifié de comte Arnaud de Fezensac et d'Armagnac ; de là l'erreur que nous soupçonnons. Quoiqu'il en soit, si son usurpation fut réelle, du moins elle ne lui profita pas longtemps.

---

(1) L'Art de vérifier les dates. Grands Officiers de la couronne.

Il vivait en 1222, mais il mourut au plus tard en 1228 sans laisser de postérité. Dom Brugelles lui donne pour femme, Véronique, fille de Guillaume de Labarthe, seigneur des quatre vallées. Ainsi, le père et les deux fils seraient allés demander des épouses à la même famille, ou si vous le voulez, à des branches diverses de la même souche. Ce spectacle ne se vit peut-être jamais dans le moyen âge. Nous croyons qu'il ne faut assez souvent admettre qu'avec réserve les assertions du Bénédictin de Simorre.

A la mort d'Arnaud les deux comtés passèrent entre les mains de Pierre Gérard ou Géraud dont Oihénart suivi par les auteurs de l'Art de vérifier les dates et des Grands Officiers de la couronne, fait le fils de Bernard IV et le frère des deux derniers seigneurs; mais son nom lui assigne un autre père. Pierre-Géraud, dans le langage ordinaire du temps, signifie Pierre, fils de Géraud, comme Arnaud-Bernard signifiait Arnaud, fils de Bernard. D'ailleurs, pourquoi après lui, Roger, le dernier des frères qui survécut à tous les membres de sa famille, n'eût-il pas imité ses aînés et tâché d'usurper lui aussi l'Armagnac? Dans notre opinion, Pierre nâquit de Géraud IV. Au décès d'Arnaud, son tuteur, il prit en main l'administration qu'il garda jusqu'à sa mort dont l'époque est incertaine. Le nom de sa femme et de ses enfants, s'il en eut, sont restés ignorés; peut-être même ne fut-il jamais marié, ce qui nous fait augurer qu'il descendit jeune dans la tombe. Quelques auteurs contestent même son existence. Son successeur est plus connu. Bernard V (1), fils non contesté de Géraud, et

---

(1) L'Art de vérifier les dates. Grands Officiers de la couronne.

vraisemblablement frère de Pierre, saisit enfin les deux comtés dont tant de morts lui laissaient l'entière et paisible jouissance.

Raymond Roger, comte de Foix, avait survécu à Géraud d'Armagnac, mais il avait suivi de près dans la tombe le vieux Raymond dont il s'était montré un des plus fermes appuis. Il venait d'achever de reconquérir les domaines que lui avaient enlevés les Croisés. Il laissait, outre plusieurs enfants naturels, Roger Bernard qui hérita du comté de Foix et déjà marié depuis 1202 à Ermessinde, fille et héritière d'Arnaud, vicomte de Castelbon, et Aymeric, à qui il légua tous les biens situés dans les diocèses de Narbonne et de Carcassonne. Raymond se piqua de poésie et compta au nombre des troubadours (*troubaïres*, *inventeurs*). On n'a de lui que deux courtes chansons.

Le vieux comte de Comminges, content d'avoir recouvré ses possessions, s'était retiré de la lutte pour se livrer exclusivement aux pratiques religieuses (1). Ses longs égarements lui faisaient sentir la nécessité d'une expiation, et les continuelles agitations de sa vie appelaient le repos. Aussi, quelques auteurs prétendent que vers la fin de ses jours il prit l'habit religieux à Bolbone, où il mourut et fut enterré l'an 1224. Près de mourir, il maria son fils aîné, Bernard, à Cécile, fille de Raymond, comte de Foix, qui porta à son époux neuf mille trois cents sols Toulousains ou cinq cents marcs d'argent. Cette alliance destinée à resserrer les liens qui unissaient la maison de Foix et de Comminges fut célébrée le 6 mai (2). Le vieux Bernard vivait en-

---

(1) **L'Art de vérifier les dates**, dom Vaissette. — (2) **Dom Vaissette**, Preuves, pag. 255.

core ; Catel prolonge sa vie jusqu'au mois de février 1225 ou plutôt 1226 et le dit enterré à Monsavez ou Monsaunés. Outre son successeur Bernard, il laissait, dit-on, un second fils, Arnaud Roger, qui prit l'habit religieux à Bonnefond et monta sur le siége de Comminges.

Pendant que les pays de Foix et de Comminges rentraient sous les lois de leurs maîtres, les discussions qui éloignaient du Béarn Guillaume-Raymond de Moncade s'apaisaient. Un accommodement provoqué par l'évêque de Lescar, Raymond de Benac, amena l'établissement de douze jurats perpétuels (1) chargés de rendre la justice avec le vicomte et de contrebalancer son autorité. On nomma les seigneurs de Navailles d'Andouins, de Lescun, de Coaraze, de Gerderest, de Gayrosse, de Gabaston, d'Arros, de Miossens, de Domi, de Miramont et de Mirepoix. Leurs places furent déclarées héréditaires ; mais l'un d'eux ayant choqué les mœurs du temps par un jugement trop sévère, fut déposé et remplacé. On a consigné cet événement dans une ancienne compilation de nos fors, et l'idiome Béarnais l'exprime avec une naïveté qu'il est difficile d'imiter en français. « Item judia lo signor de Mirapeix que » si augun diu dars diers et no los pot pagar, que posqué, » et fa disposat de judia que era deüs doutze de Bearn. » (Item a jugé le seigneur de Mirapeix que si quelqu'un » doit des deniers, et qu'il soit dans l'impossibilité de » les payer, il faut qu'il le puisse. Ce seigneur fut dé- » posé de la place de juge ; il était un des douze du » Béarn.) » On nomma à sa place le seigneur de Bidouse.

(1) Marca, liv. 6, ch. 12 et suiv. Voir aussi M. Faget de Baure.

Il paraît que les deux évêques étaient membres de ce corps; ainsi, le tribunal désigné sous le nom de la cour majour était composé de quinze juges.

Au jour marqué, le souverain paraissait assis sur un banc élevé, couvert de tapisseries aux armes de Béarn; les deux évêques étaient à ses côtés. Le souverain assis, appelait les Jurats, juges de la cour, dans l'ordre qu'il lui plaisait de suivre; ils se plaçaient sur des bancs disposés à sa droite et à sa gauche, et moins élevés que le sien; quelquefois le prince les faisait tapisser comme le sien. Lorsque les juges avaient pris leurs places, un clerc ou un chevalier, par l'ordre du seigneur, disait à haute voix : « Seigneurs et bonnes gens, le seigneur se « présente ici avec sa cour pour faire droit et jugement « à toutes sortes de gens suivant le for et la coutume de « la terre. » Le seigneur ordonnait ensuite au notaire assis à ses pieds, d'écrire le nom de ceux qui se présentaient.

Il faut en convenir, cette manière de rendre la justice n'avait rien de barbare : les formes en étaient aussi simples que sages; elles étaient les mêmes que celles des Romains, et peut-être étaient-elles en Béarn les derniers vestiges de leur domination. Dès l'instant où la cour majour devint un tribunal permanent, la manière de rendre la justice devint uniforme; les mêmes questions furent constamment décidées de la même manière. On conserva la mémoire des jugements, et la jurisprudence devint le supplément des lois. L'ancienne compilation des fors n'est presque qu'un recueil d'arrêts. On admire souvent la sagesse de ces décisions antiques. Il en est quelques-unes que notre siècle avouerait.

Dans l'assemblée où l'on décréta la création des douze

barons et jurats, Raymond-Guillaume confirma les fors de Morlas. L'année suivante, 1221, il se transporta dans la vallée d'Ossaux, *Ursi saltus*, et y arrêta avec les habitants les lois qui les régiraient. Nous emprunterons ici quelques traits à M. Faget de Baure qui a abrégé Marca. « Si les seigneurs voisins offensent le vicomte ou refusent justice à ses sujets, les Ossalois sont tenus de faire ost, c'est-à-dire de prendre les armes et de marcher hors du Béarn deux fois par an, si le seigneur l'ordonne. Mais il doit venir en personne exposer ses griefs dans l'assemblée de la vallée, convoquée à cet effet par les officiers du vicomte. Le vicomte aura le droit de choisir ensuite dans chaque maison l'homme le plus fort et le plus adroit. Le nombre des levées ne doit pas excéder trois cents soldats; la moitié sera armée de boucliers et de rondaches, l'autre doit être munie simplement de haches.

« Les Ossalois étaient encore assujettis chaque année à un troisième armement. Ils devaient suivre le vicomte jusqu'aux bords de la Garonne lorsque le vicomte ferait ost, c'est-à-dire armerait pour le duc de Guyenne. Enfin, si des étrangers faisaient une incursion dans le Béarn, ou si le vicomte était forcé d'assiéger le château d'un vassal rebelle, les Ossalois devaient prendre les armes et former la garde du prince, soit pendant le siège, soit durant la campagne.

« Les Béarnais ne devaient à leur souverain qu'un service militaire borné aux frontières du pays : il se renouvelait trois fois par an, il ne durait que neuf jours. Les Ossalois s'assujettirent à marcher hors de leurs frontières; cette espèce de surcharge dut être rachetée par quelques avantages. Les vicomtes de Béarn leur accordèrent des priviléges particuliers. Les amendes furent réduites pour eux à dix-huit sols, tandis qu'elles étaient, en Béarn, portées à soixante-six sols. Ils avaient la garde du camp lorsque le vicomte faisait des tournois à Castet-Gelos, château placé à l'entrée de la vallée, aujourd'hui démoli. Enfin, lorsque la cour majour se tenait au château de Pau, ils avaient une table et des siéges séparés au haut bout de la salle. Peut-être faut-il attribuer cette dernière prérogative à la situation du château bâti sur le terrain du Pont-Long dont les Ossalois sont propriétaires. Ajoutons encore ce trait : si l'on surprenait un Ossalois picorant et ravageant dans la terre du vicomte, on pouvait l'arrêter et le retenir prisonnier dans une basse fosse jusqu'à la réparation du dommage. Si l'Ossalois entrait avec son butin dans la terre d'Ossau, il ne pouvait plus être arrêté. Le lendemain même il reparaissait sans crainte à la cour du vicomte. En vain les intéressés portaient leur plainte, elle n'était point reçue ; mais le vicomte, ou la vicomtesse en son absence, avait le droit de se transporter en Ossau pour y rendre la justice en personne. Les Ossalois étaient tenus de lui donner main forte pour l'exécution de ses jugements. C'est alors que les voisins dépouillés par les Ossalois venaient former leur plainte et réclamer des indemnités. Quiconque s'était réfugié dans la vallée, y vivait tranquille : c'était une espèce d'asile, mais ce privilége cessait à l'arrivée du prince. »

Guillaume fit aussi rédiger cette année les coutumes de la vallée de Baretous. Les fors des Aspais ne le furent que vingt-sept ans après sous Gaston VII. Il semble que leur seigneur comptait peu sur leur fidélité ; il n'entrait point dans la vallée sans exiger deux otages qui répondaient de sa sûreté personnelle et de celle de sa suite. Ils s'avançaient jusqu'au ruisseau nommé Loo, et là se plaçant à cheval au milieu du ruisseau, il recevait les hommages et les otages des Aspais.

Les habitants de ces trois vallées étaient fréquemment en guerre avec leurs voisins. Il existe quelque vestige (ici encore nous citerons l'abréviateur de Marca), il existe quelque vestige de ces anciennes querelles dans un droit appartenant à la vallée d'Aspe; elles sont mieux constatées encore par une cérémonie renouvelée tous les ans dans la vallée de Baretous. Nous allons recueillir les t aditions du pays à ce sujet; vraies ou fabuleuses, les traditions sont utiles puisqu'elles découvrent, ou l'histoire, ou le caractère des peuples.

Les chroniques des Aspais racontent qu'ils entrèrent en armes dans la vallée de Lavedan. Un abbé laïc employa contr'eux le secours de la magie. Les Aspais sont frappés près de St-Savin par l'effet du charme; ils demeurent immobiles, glacés et sans défense. Les habitants de Lavedan les massacrent de sang-froid. Le pape, instruit de ce crime, lance ses anathèmes sur la terre de Lavedan. L'effet en est aussi prompt et plus terrible encore que celui de la magie; le ciel devient d'airain, la terre se dessèche, les animaux sont frappés de stérilité, et cette proscription s'étend jusqu'aux femmes elles-mêmes. Six ans s'écoulent et le fléau dure encore. Enfin, les habitants de Lavedan implorèrent la miséricorde du souverain-pontife; il se laissa fléchir et permit aux évêques de Lescar et de Tarbes de lever l'interdit. Les deux évêques mandèrent dix députés de Lavedan et dix d'Aspe. La paix fut jurée à perpétuité, et l'infracteur fut dévoué à l'excommunication. On prescrivit aux habitants de Lavedan un pèlerinage de dix députés au tombeau de St-Jacques, et ils furent en outre condamnés à payer annuellement trente sols Morlas au syndic d'Aspe. Cette dette est déclarée imprescriptible; le paiement doit être fait dans l'église de St-Savin, le jour de St-Michel. Est-il retardé? les Aspais ont le droit d'arrêter un habitant de Lavedan sur les terres de Béarn et de le retenir jusqu'à ce qu'il ait acquitté la dette de son pays. Plusieurs arrêts ont maintenu ce droit. La composition pour un meurtre était, en Béarn, fixée à trois cents sols. L'intérêt de cette somme, au denier dix, était trente sols; ainsi la rente imposée en faveur des Aspais était le prix d'un meurtre. Quelle pouvait avoir été l'occasion d'une querelle entre les deux vallées? On l'ignore. Et l'on ne sait pas davantage quelle est l'origine d'un usage observé dans la vallée de Baretous.

Chaque année, le 13 juin, les jurats des sept communautés espagnoles de Roncal et sept jurats de Baretous avec un notaire, se rendent chacun de leur côté sur le sommet des Pyrénées au lieu nommé Arna, lieu qui sépare le Béarn de l'Espagne. Tous sont armés de piques, et les députés des deux nations s'arrêtent sur leur territoire. Les Espagnols proposent aux Béarnais de renouveller la paix. Les Béarnais y consentent et posent leurs piques sur la ligne de démarcation. Les Espagnols les placent en croix sur celles des Béarnais, et le fer est tourné vers le Béarn. Ensuite, Roncalois et Béarnais, tous mettent la main sur la croix formée par les piques. Le notaire lit une formule de serment, et les députés de part et d'autre répètent cinq fois: « *pats à baut*, paix à l'avenir. » Après ce serment, les députés se mêlent et se parlent comme amis. Cependant on voit sortir des bois trente hommes de Baretous, partagés en trois bandes, conduisant trois vaches exactement pareilles; ils les placent tour à tour sur les limites, la moitié du corps en Espagne et l'autre en Béarn; les députés de Roncal les examinent et les reçoivent. Trente habitants de Roncal viennent les prendre. S'ils les laissent échapper, elles sont perdues pour eux, et les Béarnais ne sont pas tenus de les rendre. Après cette cérémonie, les Espagnols traitent les Béarnais en pain, vin et jambon, et la fête est terminée par un marché de bétail qui se tient dans le territoire de Béarn. Quelle que soit leur origine, ajoute M. Faget, ces cérémonies ont quelque chose d'antique. On les remarquerait chez les Romains; on les dédaigne chez des peuples inconnus.

CHAPITRE IV.

Testament de Guillaume, vicomte de Béarn. — Mariages successifs de Pétronille, comtesse de Bigorre. — Mort de l'archevêque d'Auch. — Soumission et mort du comte de l'Isle-Jourdain. — Soumission du comte de Toulouse, — du comte de Foix, — du comte d'Astarac. — Mort de Guillaume, vicomte de Béarn. — Sévérité de Boson de Matias, comte de Bigorre. — Evêques d'Aire, — de Lescar. — Etablissement de l'Inquisition. — Grimoal, évêque de Comminges. — Mort des comtes de Foix, — de Comminges, — de l'Isle-Jourdain, — du comte d'Astarac, — de l'archevêque d'Auch.

Guillaume-Raymond n'avait pas accompli son voyage d'outre-mer, lorsqu'il fut appelé à succéder à son frère. Les divisions qui l'éloignèrent quelque temps du Béarn et, quand il y eut été reçu, les soins qu'il se donna pour recueillir les coutumes et établir la législation, ne lui permirent guère de l'exécuter. La mort le surprit à Oleron. A ses derniers moments (1), cédant aux conseils de Garsias, archevêque d'Auch, d'Arnaud-Guillaume de Biran, évêque de Tarbes, et de Pierre de Cluny, il abandonna aux Templiers, en compensation de son pèlerinage, la terre de Mazères où s'élevait jadis un magnifique château. Il en réserva seulement les dîmes pour l'église d'Auch et le péage qu'il affranchit de tout droit. Il supprima aussi le péage de Manciet et assura sur ses terres le libre et paisible passage des voyageurs. Il donna à l'archevêque d'Auch, Eauze et Dému, en nantissement de neuf mille sols Morlas que lui avait

(1) Marca, liv. 6, ch. 28. *Gallia Christiana.*

prêtés ce prélat ou son prédécesseur. Il affecta au paiement de ses autres dettes les revenus que produiraient ses terres jusqu'à l'arrivée de son fils Guillaume ; et lorsque son fils aurait pris possession du Béarn, la moitié de ses revenus devait être employée au même objet. Ses dettes payées, cette moitié devait être pendant deux ans convertie en aumônes. Ses vassaux ne furent pas plus oubliés que les voyageurs et les marchands. Le vicomte voulut assurer leur tranquillité, et signa avec les comtes d'Armagnac et de Bigorre une trêve de cinq ans que l'archevêque d'Auch et l'évêque de Tarbes se chargeaient de faire accepter. Enfin, il nomma les deux prélats ses exécuteurs testamentaires et leur adjoignit R. G. de Navailles, J. Od. d'Andouins, G. A. de la Gingue et R. A. de Coarase. Il leur confia l'administration de sa terre jusqu'à l'arrivée de son héritier. Il leur ordonna néanmoins de conserver les gouverneurs actuels de tous ses châteaux. Ce testament est du 17 février 1223. Le vicomte de Béarn ne laissait qu'un fils, Guillaume de Moncade, jeune et brillant seigneur mêlé aux guerres civiles qui désolaient l'Aragon sous la minorité du roi Jacques.

Arnaud-Guillaume de Biran qui avait recueilli les derniers soupirs de Raymond-Guillaume, ne lui survécut que quelques mois. Il fut remplacé par Amanieu ou Emmanuel de Gressignac, de la noble famille de ce nom (1). Amanieu était né à Rioms, petite ville du Bordelais sur les rives de la Garonne, et avait été attaché à l'église d'Angoulême, dont il était devenu le doyen, lorsqu'il fut élevé le 1er juin 1224 sur le siége de Tar-

---

(1) *Gallia Christiana.* Dom Brugelles.

bes. Le prédécesseur d'Amanieu vit, avant de descendre dans la tombe, Pétronille de Bigorre passer dans les bras d'un quatrième mari, quoique le second vécût encore; mais ce mariage dura encore moins que le précédent. Aymar de Rancon, ainsi se nommait le nouvel époux, et Nugnos, moururent presqu'à la fois, et Pétronille, toujours volage, contracta une cinquième alliance avec Boson de Mastas ou plutôt de Mattas, seigneur de Cognac en Angoumois.

La lutte avec les Albigeois s'était affaiblie; le saint-siége en hâtait la fin, mais les Conciles de Montpellier et de Bourges ne paraissent pas avoir secondé ses desseins. L'archevêque d'Auch avait pris part à l'un et à l'autre; il mourut en odeur de sainteté peu de temps après le dernier (22 mars 1226) et fut enterré au monastère de la Sauve-Majeure (1). Sa modération et son humanité égalèrent sa piété et son zèle. Magré la haine qui divisait les esprits, les deux partis honoraient également sa haute vertu. Il eut pour successeur Amanieu de Gressignac, qui, lui-même, fut remplacé à Tarbes par Hugues de Pardeillan. Celui-ci eut presqu'aussitôt une querelle avec l'abbé de la Case-Dieu, au sujet du patronage de l'église de Ste-Quitterie de Rive-Haute (depuis Plaisance). Odon de Lavedan, pris pour arbitre, jugea en faveur de l'abbé et la querelle cessa; celle des Albigeois se réveillait alors. Louis VIII accourut avec une armée nombreuse. Bernard VI, comte de Comminges, voulut conjurer l'orage : il se rendit (2) au camp d'Avignon, fit sa paix avec l'Église, mit sa per-

---

(1) *Gallia Christiana.* Dom Brugelles. — (2) Registres de la couronne de France.

sonne et ses terres à l'entière disposition du roi, lui fit hommage lige, s'engagea à l'aider contre tous ses ennemis et à attaquer le comte de Toulouse. Pons de Thesan, Pierre-Raymond de Corneillan (1), et quelques autres seigneurs imitèrent sa conduite et prêtèrent le même serment. Après la prise d'Avignon, le prince s'avança vers Toulouse.

Le danger était trop voisin. Jourdain, comte de l'Isle, dut plier aussi (2); il fit sa soumission entre les mains de l'abbé des Feuillans; il mit sa personne, ses barons, sa ville de l'Isle et toute sa seigneurie à la discrétion du vice-légat du saint-siége, et s'engagea par serment à se présenter devant le cardinal pour répondre touchant les griefs qui avaient attiré l'excommunication sur sa tête. Pour gage de ses sentiments il remit Jourdain, son fils aîné, au comte de Comminges qui devait le garder au nom du roi de France et du légat. Cette soumission eut lieu dans l'église de St-Martin-de-l'Isle, le 26 septembre 1226. Bertrand Jourdain, seigneur de Launac, frère du comte, B. de Marestang, G. de Merens, Odon de Pressac et une foule d'autres seigneurs se soumirent en même temps que Bernard Jourdain. Une vieille amitié unissait le comte de l'Isle avec le seigneur de Marestang; un double mariage devait resserrer cette amitié (3). Mascarose de l'Isle était promise au fils aîné de Marestang, et la sœur de celui-ci devait épouser le fils aîné du comte. Le premier mariage n'eut point lieu. Mascarose s'allia avec Guillaume-Bernard de Lavaur. Les deux maisons n'en restèrent pas moins unies, et

(1) Guillaume de Puylaurens. Dom Vaissette.— (2) Id. — (3) Id.

un an après les noces de sa sœur, Bernard Jourdain III épousa la jeune Anglésie de Marestang.

Le vieux comte survécut peu à l'hommage prêté au roi de France. Il fit (1) son testament dans le mois de mars 1228, après s'être donné au monastère de Grand-Selve où il élut sa sépulture (*). Il légua à Bernard Jourdain III, son fils aîné, le comté de l'Isle et les châteaux de Merenville et de Castéra, et à Jourdain, son second fils, Montégut et Leguevin avec tout ce qu'il possédait dans le Gimois et sur la rive droite de la Garonne. Il destina l'enfant que sa femme portait dans son sein à être chanoine régulier de St-Etienne de Toulouse, si c'était un garçon, ou religieuse de l'Espinasse, si c'était une fille, et dans ce cas elle devait apporter à son couvent trois cents sols Toulousains. Enfin, il plaça ses enfants et ses biens sous la tutelle d'Indie, sa femme, à laquelle il assura dix mille sols Toulousains qu'il lui avait promis pour douaire. Bernard Jourdain II mourut peu après ce testament, et Indie ne tarda pas à mettre au monde un fils qui reçut le nom de Bertrand et fut voué aux autels suivant les dispositions testamentaires de son père. On l'agrégea au chapitre de la cathédrale de Toulouse, dont il eut plus tard la prévôté et dont il occupa enfin le siége (2).

Roger-Bernard de Foix, plus fidèle que les autres comtes de la province, loin d'abandonner Raymond de Toulouse, se ligua (3) plus étroitement avec lui, et dans

(1) Archives de Montpellier, Preuves, 272.

(*) En demandant un tombeau à Grand-Selve, il lui laissait son cheval; aux Chevaliers du Temple de Toulouse, il laissait ses harnais et ses armes, *mea munimina*, et à l'abbaye de Gimont son mulet.

(2) *Gallia Christiana*.—(3) Marca, liv. 8, ch. 21. Dom Vaissette, tom. 3.

ce traité passé à Toulouse le 30 septembre 1226, Roger-Bernard et Raymond s'engageaient en présence de Bernard de Montaut et de Pons de Villeneuve, à ne conclure ni paix ni trêve avec le roi de France et ses alliés sans leur consentement mutuel. Ils attendirent l'éloignement de Louis qu'un mal secret poussait vers la tombe. La guerre se réveilla alors, et après des succès divers où des pertes momentanées avaient été compensées par des avantages durables, et quand tout pouvait lui faire espérer un triomphe définitif, l'inexplicable Raymond abjurant tout son passé, signa le 12 avril 1229 le traité le plus humiliant (1) qu'un prince eût pu signer même après une entière défaite.

« Il sera désormais fidèle et obéissant à l'Église et au roi; il combattra les hérétiques et en fera prompte justice; il protégera les églises et les rétablira dans leurs biens et leurs droits; il prendra la croix et passera cinq ans dans la Terre-Sainte; il rendra son amitié à tous ceux qui ont fui ses drapeaux pour s'enrôler sous les étendards de Monfort; il fera démanteler Toulouse et trente autres places parmi lesquelles sont désignées Verdun, Condom, Auvillars et Launac; il prêtera serment de fidélité au roi et se faira *son homme lige*. Il ajoute : *le seigneur roi ayant égard à notre humiliation et dans l'espoir que nous persévérerons dans notre dévouement pour l'église et dans notre fidélité à la couronne, voulant nous faire grâce, donnera notre fille que nous lui délivrerons en mariage à un de ses frères.*

---

(1) Guillaume de Puylaurens. Alber. chron. On trouve ce traité dans dom Vaissette, tom. 3, Preuves, page 329, et dans le P. Labbe, Collect. Conc., tom. 11, page 415.

Jeanne, ainsi s'appelait la jeune princesse, aura pour dot tous les domaines du comte de Toulouse ; son père n'en gardera que l'usufruit avec la propriété de quelques domaines de l'Agenais, du Rouergue, du Querci et d'une partie de l'Albigeois, et si Jeanne meurt sans enfants, ses biens resteront au roi lors même que le comte aurait d'autres enfants. Raymond entretiendra à Toulouse quatre professeurs de théologie pour instruire ceux qui voudront étudier les questions qui ont si longtemps armé ses peuples (*). Enfin, il fera la guerre aux seigneurs de Languedoc qui refuseront de se soumettre au légat et même au comte de Foix. » Et comme si ce n'était pas assez d'humiliations entassées dans une transaction, il souscrit à ce que ses vassaux soient déliés du serment de fidélité s'il contrevient à quelqu'un des articles.

Tel était le traité moitié religieux et moitié politique imposé par la reine Blanche de Castille, nommée régente à la mort de Louis VIII. Sous la destruction de l'hérésie se cachait la destruction d'une vassalité formidable à la couronne. L'impartiale histoire loue et bénit la main ferme et habile qui étouffa des principes subversifs de toute société et sut faire tourner les circonstances au bien de l'État, mais elle doit flétrir le cœur lâche et couard qui signa la déchéance de sa race et

---

(*) Il s'engageait à payer quatre mille marcs d'argent pour entretenir pendant 10 ans quatre maîtres en théologie, deux en droit canon, six maîtres ès-arts et deux régents de grammaire. Ces sciences continuèrent à y être enseignées après les 10 ans. On y ajouta dans la suite des professeurs en droit civil et en médecine, ce qui forma les quatre Facultés dont se composait l'Université de Toulouse avant 1789.

abandonna à une famille étrangère le noble et brillant héritage que lui avaient transmis une longue suite d'aïeux. Guillaume de Puylaurens, chapelain du comte, observe que lors même que son maître eût été fait prisonnier dans une bataille, une seule condition de ce traité eût été plus onéreuse que la plus grosse rançon. Le lendemain, Raymond entrait dans la cathédrale de Paris, nu-pieds, en chemise et en haut-de-chausses pour aller faire amende honorable. C'était un spectacle digne de compassion, dit encore le désolé chapelain, de voir un si grand homme, après avoir résisté à tant de nations, s'avancer ainsi jusqu'aux pieds des autels. Après la cérémonie, il alla se constituer prisonnier au Louvre jusqu'à ce que les murailles de Toulouse fussent détruites.

Raymond essaya d'engager le comte de Foix à imiter sa soumission; mais sa voix ayant été méconnue, il se jeta sur les états de son plus fidèle allié et en conquit une partie (1). Cette aggression fut suivie d'une plus redoutable encore : Matthieu de Marli, lieutenant du roi s'avançait à la tête d'une armée vers le pays de Foix. Incapable de résister plus longtemps, Roger-Bernard alla à sa rencontre jusqu'à St-Jean-de-Vergés (16 juin 1229) et se soumit sans réserve aux volontés du roi et du vice-légat qui accompagnait Matthieu de Marli. Peu de mois après, il s'achemina vers la cour où il termina sa réconciliation (2). Le roi, pour le dédommager des pertes que lui avait fait essuyer Raymond, lui assigna mille livres de rente sur quatre

---

(1) Guillaume de Puylaurens. Dom Vaissette. — (2) Les mêmes. L'Art de vérifier les dates.

ou cinq terres du Carcassès. Raymond ne tarda pas de lui rendre lui-même ce qu'il lui avait enlevé. C'était encore payer assez peu tous les services que les comtes de Toulouse avaient reçus de la maison de Foix.

Le comte d'Astarac, mieux conseillé que Roger-Bernard, n'osa pas trop compter sur la reconnaissance de Raymond. Après sa délivrance il sentit le besoin d'expier sa courte participation à la cause des hérétiques en allant combattre les Infidèles. Avant de partir, il prit le bâton de pèlerin à Berdoues et déclara franches toutes les terres qu'il avait données à ce monastère. Cette expédition dura peu. En 1229, voyant Raymond disposé à faire son accommodement avec la couronne de France, il le prévint et fit (1) sa soumission particulière. Le roi connaissant sa bravoure, voulut l'attacher à ses intérêts et lui donna en fonds mille livres de rente qu'il promit de lui assigner sur l'Agenais, lorsqu'il aurait conquis ce pays sur Raymond. Il stipula seulement que Centule l'aiderait dans cette entreprise à la tête de neuf chevaliers. En attendant cette conquête, il le gratifia de cent marcs d'argent que le sénéchal de Carcassonne devait lui payer tous les ans.

Raymond se montra d'abord piqué de cet accord et surtout de la précipitation qu'y avait mis Centule; mais il ne tarda pas à s'apaiser, et pour reconnaître tout ce qu'il devait au comte d'Astarac, il lui donna (2) ce qui appartenait à la maison de Toulouse dans les châteaux de St-Orens, de Caussens, de Béraut, de Caulason et de Francescas, et y ajouta ce qu'elle possédait dans le

---

(1) Registres de la couronne de France. Dom Vaissette. — (2) L'Art de vérifier les dates. Dom Vaissette.

Fimarcon, sans compter le château du St-Puy dont il l'avait déjà investi. Au prix de ces concessions, Centule lui renouvela l'hommage de sa vassalité.

Pendant que les comtes de Foix et d'Astarac déposaient les armes, Guillaume de Moncade, vicomte de Béarn, toujours mêlé aux luttes de la Péninsule, trouvait une mort glorieuse au sein des combats. Il s'était montré un instant en deçà des monts, en 1228. Par un acte daté de Capsius, (1) il fit hommage au roi d'Angleterre pour ses terres de Gascogne, et pour le Marsan, le Bruillois, Eauze et Manciet. Il retourna bientôt en Aragon et prit part à la conquête de Majorque. L'expédition réussit, mais Guillaume y perdit la vie. Sa mort fut vivement sentie par l'armée qui lui fit de magnifiques funérailles, et qui pour le venger donna aussitôt l'assaut à la capitale et l'emporta de force, le 31 décembre 1229 (2). Le vicomte avait épousé Garsinde de Fortcalquier, veuve d'Alphonse, comte de Provence. Il en eut Gaston VII et Constance, mariée à Dias-Lopez de Haro, seigneur de Biscaye.

Gaston faisait partie de l'expédition de Majorque. On ne pouvait l'oublier dans le partage d'une conquête que son père avait payée de sa vie. On lui déféra malgré son extrême jeunesse l'honneur de présider à la distribution, et il reçut plusieurs fiefs, prix légitime des exploits de Guillaume. Toutefois il séjourna peu en Espagne, et vint bientôt (3) se montrer à ses vassaux de France. Garsinde, sa mère, lui servit de tutrice et administra sous son nom.

(1) Marca, liv. 6, ch. 33. — (2) L'Art de vérifier les dates. Marca, ch. 34. — (3) Les mêmes.

Boson de Mastas, loin de songer à porter les armes au loin, ne s'occupa qu'à gouverner en paix le Bigorre et surtout à y faire fleurir la justice. Le vicomte de Soule élevait quelques prétentions sur le château de Bidalos. Boson le désintéressa en lui cédant dix cazals de terre dans le Lavedan. Les deux parties prirent pour témoins l'abbé de St-Savin et le vicomte Arnaud d'Asté, et se soumirent aux censures ecclésiastiques de Hugues, évêque de Tarbes, s'ils violaient la transaction. Les meurtres et les brigandages étaient fréquents; la ville de Vic s'en plaignit plus que les autres. Le comte, du consentement des juges et de toute la cour de Bigorre statua que si quelqu'un de ses citoyens recevait une injustice à force ouverte ou autrement, il n'aurait qu'à le déférer à son viguier. Que celui-ci, après avoir assemblé les juges de la ville, le ferait dédommager par la communauté, mais qu'ensuite les juges et la communauté rechercheraient soigneusement le coupable et prélèveraient sur ses biens ce qui avait été donné au plaignant. Après cette compensation, le reste des biens et le coupable lui-même devaient être mis entre les mains du comte pour en statuer à sa discrétion. La loi contre le meurtre est encore plus sévère: elle ordonne (1) que celui qui tuera un homme dans la ville de Vic sera incontinent enterré vif sous le cadavre de la victime. Elle permet en même temps à chacun de se saisir du meurtrier et de le retenir prisonnier sans craindre l'amende qui punissait les détentions arbitraires.

Cette sévérité ayant ramené l'ordre, Boson put songer aux intérêts de sa femme. Pétronille réclamait sa

---

(1) Marca, liv. 9, ch. 11. L'Art de vérifier les dates.

part du comté de Comminges depuis la mort de Bernard V, son père. Le comte tenta les voies de la douceur pour l'obtenir; mais quand il les vit inutiles, il en appela à la force et déclara la guerre à son beau-frère. Au moment où on allait en venir aux mains, Amanieu d'Albret s'interposa entre les deux parents et obtint (1) que le différend serait jugé par lui et le comte de Toulouse. Le lieu du rendez-vous fut assigné dans la lande de Bosc en Nebouzan, limitrophe du Bigorre et du Comminges. Cette lande passait dans l'opinion du peuple pour le théâtre où les sorciers de la Gascogne tenaient leurs assemblées, (*sans que pourtant on soit obligé de le croire*, ajoute gravement le président Marca). La paix s'y fit, les deux parties ayant promis de s'en tenir au jugement que rendraient les deux arbitres dans la quinzaine de la Toussaint. Pour gage de leur promesse, ils remirent entre les mains de l'archevêque d'Auch, le comte de Comminges, les châteaux de Salies et de Fronzac, et le comte de Bigorre, les châteaux de Moncassin et de St-Blanquat, avec pouvoir de les donner à leurs adversaires en cas d'infraction. Ils l'établirent en même temps juge de toutes les difficultés que soulèverait l'exécution de la sentence et acceptèrent l'excommunication pour eux et l'interdit pour leurs terres s'ils se montraient infidèles à leur serment.

Ces querelles armées, en réveillant les passions, réveillaient le feu mal éteint des combats journaliers. En vain l'Église se sentant impuissante à arrêter le mal, avait-elle cherché à l'atténuer en prenant sous sa pro-

(1) Marca, liv. 9, ch. 11. L'Art de vérifier les dates.

tection l'homme des champs, le faible, le marchand et le voyageur, et en prohibant les hostilités trois jours par semaine, sa voix était méconnue et ses défenses transgressées; mais pour le bonheur de l'humanité Rome veillait sur son œuvre. Grégoire IX qui venait de succéder à Honoré III, adressa en 1229 une bulle à l'archevêque d'Auch, dans laquelle il se plaint que la trêve de Dieu est violée dans la Novempopulanie, et lui ordonne en conséquence de la faire jurer de nouveau par les évêques, les abbés, les archidiacres et les autres clercs, par les comtes, les barons (*principes*), les chevaliers et tout le peuple. Il veut encore que ce serment soit renouvelé tous les ans. Enfin, il lui enjoint de frapper sans pitié et sans s'arrêter à aucun appel tous les transgresseurs de cette sainte et salutaire institution.

Cette bulle fut suivie (1) de deux autres : dans la première le pape chargeait l'archevêque de veiller sur la conduite de son clergé et de sévir contre tous ceux qui violeraient les lois de la continence. Dans la seconde le souverain-pontife ne perdant jamais de vue l'hérésie des Albigeois, exhortait le prélat à s'opposer de toutes ses forces à la propagation de l'erreur. Grégoire avant son exaltation avait connu et distingué Amanieu ; quelques auteurs prétendent même qu'il l'avait admis dans son intimité. Aussi dès qu'il fut assis sur la chaire de St-Pierre il voulut lui donner une preuve de son attachement. Il lui octroya pour lui et pour ses successeurs le droit de faire porter la croix devant eux dans toute la province ecclésiastique d'Auch. Ce privilége a été depuis étendu à tous les métropolitains.

(1) Dom Brugelles. Manuscrit de M. d'Aignan.

Les malheurs de l'église d'Aire appelaient la sollicitude de l'archevêque d'Auch. La continuité des guerres, la contagion des eaux et l'intempérie de l'air avaient tellement dépeuplé la ville qu'il n'y restait peut-être pas douze habitants. L'évêque privé de tout secours avait à peine où reposer sa tête, et dans cette détresse la dignité épiscopale avait perdu son lustre. Nous empruntons ces détails à une lettre qu'Amanieu écrivit au pape (1). Après lui avoir peint l'état des choses, le prélat observait qu'à côté d'Aire s'élevait une abbaye dédiée à Ste-Quitterie, fondée jadis par un comte de Gascogne et alors habitée seulement par quelques moines. Il demandait le pouvoir de l'unir à la mense épiscopale ou d'y transférer le siége. Grégoire, sans acquiescer complétement à sa demande, le commit pour régler ce qui serait le plus opportun, en lui adjoignant toutefois Hugues de Pardaillan, évêque de Tarbes, et Guillaume qui avait succédé à Bernard de Morlas sur le siége d'Oleron (2).

La bulle est du 7 janvier 1228. Les commissaires se rendirent dans le monastère de Ste-Quitterie avec les évêques de Lescar, de Comminges et de Bayonne; ils convinrent d'unir la mense abbatiale à l'épiscopale. Ils ordonnèrent que l'évêque prendrait le titre d'évêque d'Aire et de Ste-Quitterie du Mas, ce qui a duré jusqu'à nos jours. Ils statuèrent enfin qu'à chaque vacance l'élection serait faite alternativement dans l'une et l'autre église; que les moines continueraient à observer la règle de St-Benoît, mais qu'ils auraient voix avec les chanoi-

---

(1) Manuscrit d'Aire.
(2) Oihénart et la Gaule chrétienne le placent plus loin, mais à tort.

nes de la cathédrale pour l'élection de l'évêque. Malgré cette fusion, chaque église devait garder à part ses lois, ses priviléges et ses biens particuliers. Cet acte passé au Mas le 30 avril, eut pour témoins, outre les prélats, une foule de notables (*bonorum virorum*). Il était tout au long dans le livre rouge d'Aire avec lequel il a disparu.

L'évêque qui occupait alors le siége se nommait Arnaud ou plutôt Auger. Il paraît qu'il était déjà abbé de Ste-Quitterie lorsqu'il fut promu à l'épiscopat, et vraisemblablement il avait, suivant un usage assez généralement reçu, gardé sa première dignité, ce qui provoqua peut-être ou du moins facilita l'union. Il avait succédé à Gautier (1), moine de Clairvaux, dont on lisait, dit-on, l'épitaphe dans la nef de l'abbaye de Bonnevaux. L'église d'Aire aimait à aller chercher ses prélats dans le cloître. Avant Gautier et après Vital d'Albret, elle élut Jean que d'autres appellent Jourdain (*), abbé de la Case-Dieu. C'était un religieux d'une haute sainteté. Son humilité opposa une vive résistance. On dut recourir à Gervais, abbé de Prémontré, pour qu'il l'obligeât à se rendre aux vœux du diocèse. Jean céda alors et s'appliqua à faire restituer les dîmes usurpées sur son église. C'est cet évêque d'Aire que nous avons vu assister au mariage de la comtesse Pétronille avec Guy de Montfort.

L'évêque de Lescar que nous trouvons ici n'est connu que par l'initiale A qui désignait le plus souvent un Arnaud. Il était en même temps abbé de St-Sever.

---

(1) Manuscrit d'Aire. *Gallia Christiana*.

(*) L'usage où étaient les copistes de ne désigner les prélats et les seigneurs que par l'initiale de leurs noms amène ces fréquentes équivoques.

Il eut en cette qualité des démêlés avec l'évêque d'Aire au sujet de l'exemption de ses moines. L'archevêque d'Auch et les évêques de Tarbes et d'Oleron, pris pour arbitres, décidèrent en faveur de l'abbaye. Ce jugement fut confirmé par Clément IV, et plus tard par le Concile de Bâle. L'archevêque transigea lui-même en 1234 avec Hugues, abbé de Berdoues, et en 1239 avec Raymond de Moleon, abbé de l'Escale-Dieu, pour le droit de visite dû à son siége dans les églises dépendantes de ces monastères (*).

L'évêque de Lescar avait remplacé Raymond de Benac, qui lui-même avait disputé son siége à son successeur. Celui-ci nommé Arsius était aussi abbé de St-Sever. Il l'emporta sur son concurrent, mais ne jouit pas longtemps de son triomphe. A sa mort, Raymond de Benac obtint enfin l'évêché, objet de tant de vœux, et en jouit désormais paisiblement. Il vivait encore en 1220. On ignore la vie de son successeur depuis son différend avec l'évêque d'Aire et l'époque de sa mort.

L'archevêque d'Auch, si zélé pour rétablir la concorde et l'union parmi ses suffragants, l'était encore davantage à défendre les intérêts de la foi. Il assista en 1229 au Concile de Toulouse (1), convoqué par le cardinal de St-Ange, légat du saint-siége. On y vit avec lui non seulement les archevêques de Narbonne, de Bordeaux et un grand nombre d'évêques et d'autres prélats, mais encore le comte de Toulouse avec tous les autres comtes du pays excepté celui de Foix, qui n'avait

---

(*) Les premiers droits épiscopaux furent le droit de Synode, le droit de visite, le quart funéraire et les secours charitables dans la nécessité.

(1) *Collect. Con.*, tom. 2.

pas encore fait sa soumission. Le sénéchal de Carcassonne et deux consuls de Toulouse, l'un de la ville, l'autre du bourg, y parurent aussi. Le Concile fut ainsi une assemblée mixte, et les Canons qu'on y dressa émanèrent de l'autorité des deux puissances. Le légat déclare agir (*) avec le consentement et la volonté des grands, et ordonner par le conseil des barons et des chevaliers, aussi bien que des évêques et des prélats ecclésiastiques.

On établit en chaque lieu un tribunal d'inquisition ou d'enquête contre des sectes qui s'étaient révélées par des crimes et des révoltes; mais l'on plaça ce tribunal sous le jugement suprême des évêques diocésains, et on renvoya la punition aux seigneurs et à leurs baillis. Il fallait purger le pays de dogmes ennemis de toute morale et subversifs de toute société. Nous l'avouerons toutefois : l'institution que l'on créait était dangereuse et redoutable, et malheureusement encore elle s'imprégna aussitôt de l'esprit de réaction qui l'avait enfantée et de la sévérité des peines judiciaires d'alors. On l'a rejetée toute entière sur l'Église, comme si l'Église avait présidé seule à sa naissance, et surtout on lui a fait un crime de la sévérité de ses juges, comme si les juges seigneuriaux étaient alors moins durs et moins barbares. Qu'on rappelle l'ordonnance le Bozon de Mastas. Quoiqu'il

---

(*) *Nos tamen attendentes terras prædictas post longa et miserabilis turbationis discrimina nunc quasi miraculosè pace gaudere, de assensu et voluntate majorum ordinandum duximus et statuendum de concilio archiepiscoporum, episcoporum et prælatorum et baronum et militum quæ ad purgationem hæreticæ pravitatis conservationem pacis necnon et terræ quasi neophytæ novimus expedire.*

en soit des actes de ce tribunal dont l'impiété s'est plu à grossir le nombre et la barbarie, la religion ne saurait être complice des tortures que l'erreur et la passion infligèrent, et moins encore du sang qu'elles répandirent en son nom. Les cœurs chrétiens plus que les autres gémissent d'aberrations si opposées à l'esprit du christianisme. Laissons à chaque siècle ses malheurs.

Les précautions prises à Toulouse ne parurent pas suffisantes à Amanieu. Pour mieux éloigner l'hérésie, combattre l'usurpation des biens ecclésiastiques, conserver la trêve de Dieu et réprimer les brigandages qui en infestaient le pays, il institua l'Ordre de la Foi ou de la Paix (1) que le pape Honoré III s'empressa d'approuver. Grégoire IX, successeur d'Honoré, le confirma en 1234, et lui prescrivit des règles. Les chevaliers faisaient les trois vœux de chasteté, d'obéissance et de pauvreté. Néanmoins les gens mariés pouvaient y être reçus. Leurs femmes étaient alors aggrégées à l'Ordre. Elles demeuraient dans un appartement séparé des hommes, quoique dans le même monastère; ils ne renonçaient pas à la vie conjugale. L'habit des chevaliers était blanc, sur la poitrine ils portaient une croix de laine rouge brodée en sautoir et formée d'une crosse et d'une épée pour marquer qu'ils devaient combattre sous l'autorité épiscopale. Outre les jours prescrits, ils jeûnaient depuis l'Ascension jusqu'à la Pentecôte, et depuis la St-Martin jusqu'à Noël, comme aussi la veille des fêtes de la Vierge. Dans les autres temps ils ne pouvaient faire que deux repas et manger de la viande

---

(1) Marca. L'Art de vérifier les dates. *Gallia Christiana.* Manuscrit de M. d'Aignan.

que trois fois la semaine. Le nouvel Ordre fut uni plus tard à l'abbaye des Feuillants, diocèse de Rieux, avec les lieux de Roques et de Roquètes que lui donna le comte de Comminges, en 1261 ; mais depuis comme avant, l'archevêque d'Auch en fut le grand-maître. Odon de Pardeillan est le premier commandeur que nous connaissions dans le diocèse.

Amanieu, l'année même où il établit l'Ordre de la Foi, consacra l'abbaye de Fabars. Grimoal, évêque de Comminges, qui l'assistait dans cette cérémonie, l'attira peu de mois après à la consécration de la Sauve-Majeure. Grimoal en était abbé ; il y avait pris l'habit religieux, et en était devenu camérier lorsqu'il fut placé sur le siége de Comminges, en 1215. Ses anciens confrères qui n'avaient point oublié ses vertus, l'élurent pour leur supérieur malgré son titre d'évêque, en 1222. Le nouvel élu mit la dernière main à l'Église de son monastère et la fit consacrer avec grande pompe par Géraud de Malemort, archevêque de Bordeaux, en présence de l'archevêque d'Auch et d'une foule de prélats. En 1234, il reçut du consentement de la communauté, Arnaud, évêque d'Aire, en qualité de moine, et lui conféra le prieuré de Bougue. Arnaud était ainsi à la fois évêque, abbé et prieur. Les abus s'accroissaient. La multiplicité des bénéfices fut toujours un malheur pour la religion. Nous verrons dans les Conciles l'Eglise le reconnaître la première et le proclamer plus haut que personne. Mais il est plus facile de constater un abus et de s'en plaindre que de l'extirper. Celui-ci souvent réprouvé, et toléré ou plutôt pallié plus souvent encore, se jouera de tous les Canons et se perpétuera jusqu'en 1789. Arnaud ne jouit pas longtemps de son nouveau bénéfice, mais nous ne connaissons point l'époque précise de sa mort.

Grimoal venait de signaler sa fermeté contre Raymond de Toulouse (1). Les abbés de Moissac, de Gaillac et de Montauban se plaignaient du comte. Le cardinal de St-Ange, ne voulant pas juger par lui-même, renvoya la décision de cette affaire à l'évêque de Comminges qui cita Raymond. L'archevêque d'Auch, l'évêque d'Alby, l'abbé de La Chaise-Dieu et quelques seigneurs s'interposèrent, et sous leurs auspices il y eut une transaction, mais la querelle se raviva bientôt entre le comte et l'abbé de Moissac. Nommé une seconde fois commissaire, Grimoal fit citer quatre fois Raymond, et n'ayant jamais de réponse, il se rendit lui-même à sa cour et l'interpella de vive voix. Sa démarche n'eut point un meilleur succès. Il s'adressa alors au prévôt de St-Etienne et le chargea d'avertir son maître. Ce moyen ne lui ayant point réussi, il l'alla trouver de nouveau à Carcassonne, sans pouvoir l'engager à comparaître. Enfin, après un délai de deux ans et des citations si réitérées, il fulmina contre lui en présence des archevêques d'Auch et de Bordeaux, une excommunication dont la sentence est datée de Toulouse (16 mars 1236), et il ordonna aux évêques de Toulouse, d'Alby, de Cahors, de Rhodez et d'Agen de la faire publier dans toutes les églises de leurs diocèses. Il donna au mois de mai suivant un ordre semblable à l'archevêque de Narbonne et à tous ses suffragants. Cette affaire se traîna longtemps encore. Grimoal n'en vit point la fin. Son nom est mentionné dans les chartes jusqu'en 1240. Il mourut

---

(1) *In tab. Moiss. Gallia Christiana.* Dom Vaissette.

vraisemblablement le 23 juin de cette année et fut enseveli dans le chœur de la Sauve-Majeure.

Bernard VI, comte de Comminges, s'était rapproché de Raymond aussitôt après la paix de Paris, et bientôt la réconciliation fut si complète, qu'il suivit le comte dans le Rouergue et se joignit à lui pour combattre Raymond Béranger, comte de Provence. Il survécut peu à cette guerre et mourut subitement à Lautar, le 29 novembre 1241 (1). On l'inhuma dans l'abbaye de Bonnefond, près de son père (2). Il laissait, outre Bernard son fils aîné, Arnaud Roger de Comminges, d'abord chanoine, puis prévôt et enfin évêque de Toulouse. Arnaud-Roger fut sacré à Rome par le pape lui-même, mais il mourut en repassant les Alpes et fut enterré dans l'église des Cordeliers de Samatan. Bernard avait eu encore de Cécile de Foix, sa femme, Mascarose, seconde femme d'Henri II, comte de Rhodez; enfin, Seguis et Rouge dont nous ignorons le sort.

Bernard VII lui succéda, et le 4 décembre suivant il fit hommage au comte Raymond pour les châteaux de Muret et de Samatan (3), et pour tout le reste des fiefs qu'il possédait dans le diocèse de Toulouse. L'évêque de Comminges, Roger, comte de Foix, Jourdain et Bernard-Jourdain de l'Isle, Siccart et Gallabert de Montaut, Sicart de Miramont, Jourdain de Lautar, Guillaume Arnaud de Toulouse, Arnaud-Guillaume de Simorre, Arnaud-Guillaume de Labarthe, Guillaume de Bouville, assistèrent à cette cérémonie.

Roger venait de succéder lui-même à Bernard-Roger,

---

(1) L'Art de vérifier les dates, Dom Vaissette. — (2) Les mêmes. — (3) Dom Vaisette, tom. 3, p. 429.

comte de Foix, son père. Celui-ci, après avoir conquis sur les champs de bataille le titre de Grand dont le saluèrent ses peuples, coula le reste de ses jours dans le repos. Sentant sa fin approcher, il se fit porter dans l'abbaye de Bolbonne, y prit l'habit monastique (1) et y mourut paisiblement après avoir reçu les sacrements des mains de l'abbé. Il avait été marié deux fois. Ermessende de Castelbon, sa première femme, lui donna Roger IV et Esclarmonde, qui épousa en 1231 Raymond, fils du vicomte de Cardonne, et qu'il dota de sept cent cinquante marcs d'argent. Ermengarde de Narbonne, la seconde, qui lui survécut longtemps, le fit père de Cécile. Celle-ci à peine échappée au berceau eut dans le testament de Roger-Bernard trente mille sols Melgoriens. Elle épousa, en 1256, Alvare, comte d'Urgel, qui répudia Constance de Moncade pour obtenir sa main. Roger-Bernard à ses derniers moments fit divers legs à plusieurs églises et surtout à l'abbaye de Bolbonne, où il choisit sa sépulture. Il chargea les religieux qu'il établit ses exécuteurs testamentaires de payer cinq mille sols Melgoriens aux villes d'Aurillac et de Gaillac et à leurs abbés pour les dédommager des maux qu'il leur avait causés lorsqu'il fit prisonnier Géraud, abbé d'Aurillac. Une fin aussi chrétienne semblait devoir le mettre à l'abri des poursuites des inquisiteurs de la foi. Cependant plusieurs années après, ils poursuivaient sur sa tombe l'ancien fauteur des hérétiques, et il fallut que Bernard de Flassan (2), bailli de Mazères, qui lui avait prodigué

(1) Arch. de Bolbonne. Dom Vaissette. L'Art de vérifier les dates.
(2) Dom Vaissette, Preuves, page 552.

ses soins dans sa dernière maladie et lui avait fermé les yeux, attestât sur les saints évangiles, en présence de deux abbés, sa parfaite et incontestable orthodoxie.

Roger IV s'empressa de prêter serment au comte de Toulouse (1). Il se rendit à Lunel le 27 juin et lui fit hommage pour le château de Saverdun et tous les domaines qu'il possédait dans le Toulousain. Maurin, abbé de Pamiers, avait accompagné Roger à Lunel. Il offrit à Raymond le paréage de la ville dont avaient déjà été gratifiés les prédécesseurs de Roger. Le comte de Toulouse refusa généreusement cette offre, et engagea l'abbé à laisser le paréage de Pamiers au jeune comte de Foix; il écrivit même en sa faveur à la cour de France. Roger suivit de près cette lettre, et se reconnut vassal de Louis IX pour toutes les terres qu'il possédait dans le diocèse de Carcassonne. A son retour, il renouvela le 23 juillet avec Maurin le paréage que Raymond n'avait point voulu accepter.

Le comté de l'Isle venait aussi de changer de maître. Bernard Jourdain III était mort en 1240 (2). Jourdain, son fils, l'avait précédé dans la tombe sans laisser d'enfants. Lui-même ne laissait qu'une fille, Alpays, à laquelle il légua cent marcs d'argent, mais il fit son héritier universel Jourdain de l'Isle, son frère, qui fut le quatrième du nom. Celui-ci ne tarda pas à marier Alpays avec Géraud de Fourcès, fils de Hugues de Pardaillan. Hugues de Pardaillan, évêque de Tarbes, Guillaume de Poudenas, Bertrand et Raymond Jourdain de l'Isle furent présents au contrat (15 mai 1244).

---

(1) L'Art de vérifier les dates. Dom Vaissette, tom. 3. — (2) Dom Vaissette, tom. 3, page 428.

Raymond Jourdain était fils d'Othon Bernard de Tarride, et possédait une partie du Gimois. Il en fit hommage au comte Raymond, ainsi que de tout ce qu'il possédait dans le Toulousain. Il mourut sans enfants et disposa de ses terres en faveur d'Odon de Tarride, fils d'Alpays sa sœur.

Les principaux auteurs de la grande lutte des Albigeois disparurent presqu'à la fois. Centule d'Astarac qui avait longtemps suivi des drapeaux opposés aux bannières des comtes de Foix, de Comminges et de l'Isle-Jourdain, venait de les joindre dans la tombe. Quelque temps avant sa mort, il fit son testament dans lequel il s'intitulait comte par la grâce de Dieu et laissait l'Astarac à Bernard, son fils aîné. Cet acte ne porte pas de date, mais il doit appartenir à peu près à l'an 1230. Oihénart et le Père Anselme le reculent de trois ans. Dom Brugelles prétend que Centule vivait encore en 1238. Le manuscrit de M. d'Aignan le fait même vivre jusqu'en 1240. Suivant dom Brugelles, il fit rebâtir l'église de Castillon, près de Simorre, où l'on voit encore à la clef de voûte ses armes accolées de la croix de la guerre sainte. Quoiqu'il en soit, il survécut à Boémond. Il laissa encore deux fils, Centule et Bernard, jeune enfant né après le testament de son père. Ce testament avait été précédé d'une double largesse faite à l'église. Quand il partit pour aller combattre les Infidèles, en prenant à Berdoues le bâton de pèlerin, il déclara franches toutes les terres qui avaient été données à Berdoues, et plus tard, le 1er mai 1229, il abandonna à l'archevêque d'Auch toutes les dîmes qu'il possédait dans l'étendue de son comté.

Amanieu reçut quelques autres libéralités de divers

seigneurs. Le pape, sous prétexte que les évêques occupés de leurs autres devoirs ne pouvaient pas veiller avec assez de soin sur les hérétiques, avait déjà commis l'inquisition aux Dominicains dans tout le royaume, et spécialement dans les provinces d'Auch, de Bourges, de Narbonne, de Vienne, d'Arles, d'Aix et d'Embrun. Ce décret semblait soustraire les Albigeois au zèle de l'archevêque. Toutefois il n'assembla pas moins en 1241 un Concile provincial dont le lieu n'est pas déterminé, et que les uns placent à Auch, et les autres à Nogaro, vraisemblablement parce qu'il en réforma le Chapitre. Outre les hérétiques, on y condamna les Albigeois et les Simoniaques. Peu de mois après cette assemblée, Amanieu s'achemina vers l'Italie (1). Il allait assister au Concile convoqué dans l'église de Latran, par Innocent IV, successeur de Grégoire. Ce pape lui destinait la pourpre, mais Amanieu fut arrêté dans son chemin avec Géraud de Malemort, archevêque de Bordeaux, par ordre de l'empereur Barberousse, contre lequel le Concile allait s'assembler. L'empereur le fit transporter à Capoue et jeter dans un noir cachot où il mourut bientôt épuisé de faim, de misère et de tortures. Son corps fut depuis rapporté en France et enseveli dans l'église de la Sauve-Majeure, où une épitaphe tronquée qu'on y lisait avant 1789 nous a appris son origine, sa prison et sa mort.

(1) *Gallia Christiana*. Dom Brugelles. M. d'Aignan.

LIVRE VIII.

CHAPITRE 1er.

Gaston, vicomte de Béarn. — Ligue des seigneurs du Midi contre St-Louis. — Leur soumission. — Mort du comte d'Armagnac. — Plusieurs prétendants se disputent son héritage. — Le vicomte de Lomagne fait sa paix avec les habitants d'Auch. — Gaston bâtit le château d'Orthès. — Il prend les armes contre l'Angleterre. — Testament de Pétronille. — Le vicomte de Lomagne s'attache à l'Angleterre, — il fait prisonnier le comte d'Armagnac. — Mort de Pétronille. — Esquivat et Gaston se disputent le Bigorre. — Gaston se réconcilie avec l'Angleterre. — Le sire d'Albret.

Pendant que la mort moissonnait les amis et les ennemis de Raymond de Toulouse, le jeune Gaston de Béarn croissait sous la tutelle de Garsinde, sa mère. Durant sa tutelle, celle-ci, pour acheter un appui nécessaire, donna la seigneurie de Garos à Arnaud-Guillaume de Marsan, vicomte de Louvigni (1). Ce seigneur abusa de cette libéralité contre l'abbé de La Réole. Gaston, quoique jeune, prit la défense de l'abbé et reprit la terre de Garos, que sa mère paraissait n'avoir aliénée que pour un temps. Le vicomte de Louvigni crut voir dans cet acte une insulte personnelle. Il arma contre Gaston, qui s'indigna de l'audace de son vassal. Ils appelèrent au secours de leur haine le fer et l'incendie, et bientôt dans cette malheureuse contrée il ne resta debout que les châteaux bien fortifiés. Au spectacle de tant de désastres, des amis communs, Pierre et Amanieu de Lamothe, Guillaume-Raymond de Pins,

(1) Marca, liv. 7, ch. 1.

Arnaud-Guillaume de Labarthe et Arnaud-Loup de Bilhères, s'interposèrent; et grâce à leurs soins les deux vicomtes assemblèrent leurs cours, et dans cette conférence on essaya d'abord de vider les différends du vicomte de Louvigni avec Bernard de La Réole.

Il fut arrêté devant l'évêque de Lescar et les barons du pays que le procès serait jugé par dix prud'hommes de la terre choisis par les deux partis. L'abbé nomma de son côté Donnat et Arnaud de Crabos, Raymond de Sansoupoy, Fortaner de Salas et Bertrand de Mazeroles. Le vicomte choisit Anesance de Sevin, Bonel de Milos, Duran de Pons, Raymond d'Abadie(*) et Arnaud de Claverie. Ces dix arbitres s'adjoignirent Sance, évêque de Lescar et Arnaud de Coarase, et tous ensemble déclarèrent que le monastère de La Réole étant une communauté religieuse, n'était point obligé par nécessité à payer à l'ordination de l'abbé cent sols Morlas à la maison de Louvigni, suivant la prétention du vicomte; mais que pour établir la paix elle pourrait le faire à condition que le vicomte venant au monastère, jurera sur l'autel de St-Pierre de protéger les religieux contre tous, excepté le comte de Poitiers, de confirmer les donations faites par ses prédécesseurs; enfin de ne nuire en rien par lui ni par les siens au monastère. Cette sentence fut approuvée, et le vicomte pour témoigner et la joie qu'il en ressentait et ses sentiments envers l'abbaye, lui fit donation de quatre mille arpents de terre qu'il possédait aux lieux d'Usan et de Mazeroles avec la seigneurie de ces lieux (1er septembre 1233). L'année

---

(1) La famille royale de Suède descend incontestablement de ces d'Abadie. La mère de Charles-Jean XIV (Bernadote) était une d'Abadie.

suivante (1234), Thibaut, comte de Champagne, étant monté sur le trône de Navarre laissé vacant par la mort de Sanche-l'Enfermé, son oncle, Gaston renouvela l'alliance (1) que Guillaume de Moncade, son père, avait conclu avec lui dix ans auparavant. Il voulut même que Fortaner de Lescun, un de ses principaux vassaux, dont la baronie était située sur le point culminant des Pyrénées, s'obligeât particulièrement au service de Thibaut, et reçut de lui en fief perpétuel le château et la ville de Sardolas. Fortaner en fit hommage en 1234. Garsinde et son fils signèrent l'acte et cautionnèrent sa fidélité. Suivant Garibay, Gaston accompagna même en 1238 le roi de Navarre dans son voyage d'outre-mer, mais aucun historien, à part l'auteur espagnol, ne parle de ce pèlerinage, et aucun document du pays ne l'indique.

Tout le Midi était alors sous les armes. L'orgueil de la célèbre Isabelle, comtesse de La Marche, qui ne pouvait supporter l'idée d'être descendue du trône d'Angleterre pour devenir la vassale du frère du roi de France, avait provoqué ce soulèvement. Ses intrigues gagnèrent le faible Henri, son fils, et l'inconstant Raymond. Le comte de Toulouse entraîna (2) à son tour Bernard, comte d'Armagnac, Bernard, comte de Comminges, Arnaud Othon, vicomte de Lomagne, Jourdain de l'Isle et une foule d'autres seigneurs. Henri III accourait de son île; il avait convoqué autour de lui les seigneurs de la Gascogne et les gens de Bordeaux, Bayonne, St-Emilien, La Réole, Langon, St-Macaire et Bazas. Il avait demandé au sénéchal de Gascogne tous les arba-

(1) Marca, liv. 7, ch. 1. — (2) Guillaume de Puylaurens. Dom Vaissette, tom. 3.

létriers qu'il pourrait lever. Mais le jeune Louis, aussi brave que pieux, ne lui donna pas le temps de rallier toutes ses forces; il s'avance en toute hâte vers La Marche, atteint les Anglais sur les bords de la Charente, les bat, les disperse à la journée de Taillebourg, qui révéla à la France un héros, et force Henri III à aller cacher sa honte dans Bordeaux, et l'altière Isabelle à venir avec Hugues, son mari, s'humilier à ses pieds.

Pendant que Louis signalait ainsi ses premières armes, Raymond, à la tête de ses confédérés s'était avancé vers le Carcassez et y obtenait quelques légers succès. Mais à la nouvelle de la défaite d'Henri III, il suspendit son expédition et alla le rejoindre à Bordeaux. En présence du nouveau danger, les deux princes se lièrent par un nouveau traité plus explicite et plus solennel que le premier (1). Henri en fit jurer les clauses par son ordre et sur son âme à Jean de Plessat et à ses barons du Bordelais et du Bazadois, au nombre desquels nous trouvons Chérudel de Bergerac, Kinguillun de Lesparre, Arnaud de Blanquefort, Pierre de Castillon, Bernard de Lecussan, Gaillard de Lamothe, Amanieu de Noaillan, Guillaume des Farges. Bozon, comte de Bigorre et Gaston de Béarn se rendirent ensuite garants pour lui. Raymond les jura lui-même et les fit jurer après lui par Amanieu d'Albret, Arnaud de Blanquefort, Raymond de Caumont, Gaston de Gontaud, Arnaud de Monpezat, Arnaud de Marmande, Esquirs de Fumel, Vital de Cazeneuve, Bertrand de Cardaillac, Guillaume-Raymond de Pins, Gaston de Montaut, Nompar de Caumont et la communauté d'Agen. Enfin,

(1) Rymer Act. Pub., tom. 1, page 144. Dom Vaissette, tom. 3.

il donna pour caution le comte de Comminges. Malgré cette solennité, ce traité fut presqu'aussitôt rompu.

Louis, quoiqu'affaibli par ses victoires et surtout par une épidémie qui ravageait l'armée, s'avançait vers les états de Raymond. En même temps il faisait faire des propositions au comte de Foix (1). Roger fut charmé de conclure la paix avec le roi de France, et promit même de le servir contre le comte de Toulouse. Cette défection et l'approche des armes françaises jetèrent l'épouvante dans l'âme des confédérés. Ils députèrent à Louis l'évêque de Toulouse pour tâcher de l'apaiser. Le monarque exigea une entière et complète soumission; y souscrire, c'était crier grâce et merci. La condition était dure, néanmoins nul n'osa la refuser. Louis, du reste, honora son triomphe par sa modération et sa clémence.

Bernard, comte d'Armagnac ne survécut pas longtemps à un acte qui accuse sa prudence ou son courage. Il ne laissa point d'enfants (2) d'Agnésie dont nous ne connaissons point la famille; aussi son héritage fut vivement disputé. Mascarose, peut-être son unique sœur, ou du moins sa sœur aînée, en réclamait la plus grande part. Elle avait épousé (3) Arnaud Othon, vicomte de Lomagne, que nous venons de voir ligué avec le comte d'Armagnac contre le roi de France. Les deux époux s'empressèrent de prendre possession du Fezensac et de l'Armagnac, et en firent hommage au roi d'Angleterre. L'aïeul de Mascarose avait été au contraire forcé de se reconnaître vassal du comte de Toulouse, et avant lui

---

(1) Guillaume de Puylaurens, Marca, Dom Vaissette. — (2) L'Art de vérifier les dates. Grands Officiers de la couronne. — (3) Les mêmes. Dom Vaissette.

les comtes d'Armagnac avaient profité de leur position sur les confins de la Guyenne et du Languedoc pour refuser leur foi aux deux puissantes maisons qui gouvernaient ces provinces. Mais déjà vassal de la Guyenne pour la vicomté de Lomagne, Arnaud dut pencher pour celle-ci et entraîner son épouse. Un de ses parents dont il devait craindre les prétentions s'était d'ailleurs prononcé pour le comte de Toulouse, et il lui fallait un appui contre ses rivaux, et surtout contre le vicomte de Fezensaguet.

Roger, le dernier fils de Bernard IV, à qui cette seigneurie était échue au partage des biens paternels, venait de mourir, laissant trois enfants en bas âge, Géraud, Amanieu et Arnaud (1). Géraud hérita du Fezensaguet, Arnaud eut la vicomté de Magnoac, et Amanieu fut voué à l'église. Le cartulaire de Gimont nous révèle l'existence d'un quatrième membre de cette famille omis par les historiens (2). Roger, nous dit-il sous la rubrique de 1243, et Pulcelle, sa femme, du consentement de leurs enfants, Géraud, Roger et Amanieu, donnèrent et laissèrent Arnaud-Bernard leur fils, à Notre-Dame de Gimont et à l'abbé Guillaume, et lui donnèrent en même temps la terre de Cazaux avec tous les droits qui y étaient attachés, à la seule condition que la communauté ne pourrait jamais l'aliéner. La donation fut faite à Puycasquier et ratifiée à Mauvezin. Les chevaliers Arnaud d'Arquier et Pierre de Gontaut furent les principaux témoins présentés par le vicomte et Pulcelle ou Pinselle, sa femme. Pinselle était fille d'Amanieu IV, sire d'Albret. Nommée tutrice de ses

---

(1) Dom Brugelles, M. d'Aignan. — (2) Manuscrit du Séminaire.

enfants, elle réclama au nom de Géraud la succession de Bernard V, et en appela aux armes.

Un troisième compétiteur ne tarda pas à se mettre sur les rangs. C'était Segnis, la veuve de Centule, comte d'Astarac, fille, selon quelques-uns, de Bernard IV. Dans cette opinion (1), sœur de Mascarose, elle réclamait sa part dans l'héritage paternel. Selon le plus grand nombre, née de Géraud et ainsi tante des deux adversaires, elle revendiquait ce qu'avaient possédé ses deux frères. Prévoyant l'éventualité de la succession qui allait s'ouvrir, elle voulut s'assurer un secours puissant. Sa maison, à part quelques infidélités si communes chez les seigneurs de cette époque, s'était montrée dévouée au comte de Toulouse. Segnis crut gagner sans peine Raymond. Le 13 novembre 1244, peu de jours avant la mort de Bernard V, elle se transporta dans la capitale du Languedoc, accompagnée de Centule, son fils aîné, et plaça sa personne, ses enfants et tout l'Astarac sous le vasselage du comte de Toulouse. L'hommage fut complet (2). Centule prêta le serment les deux genoux en terre et ses mains dans les mains de son suzerain.

Fort de ce titre, Raymond fit aussitôt constater sa suzeraineté dans les principales baronies de l'Astarac. Son étendard fut hissé sur les portes et les tours de Castelnau-Barbarens, de Masseube, de Durban, de Montcassin et de Simorre; tandis qu'un héraut proclamait trois fois son cri de guerre : Toulouse, Toulouse, et qu'on remettait à son délégué les clefs de ces cinq places. Tout cela se passait sous les yeux de Hugues de

---

(1) Dom Vaissette, tom. 3, page 432. — (2) Dom Vaissette, tom. 3, page 433. Manuscrit de M. d'Aignan. L'Art de vérifier les dates.

Pardaillan, évêque de Tarbes, de Bernard, abbé de Faget, de trois seigneurs de Mauléon, de Bernard de Montégut, d'Odon de Latour et de Vital de Seisses. L'hommage avait eu pour témoins l'évêque de Toulouse, l'abbé de Lombez, Amalric, vicomte de Narbonne, Roger de Comminges, comte de Pailhès, Bertrand de l'Isle, Roger de Noé, Sicard de Miramont et une foule de nobles.

L'évêque de Tarbes, à la mort d'Amanieu et peut-être durant sa captivité avait été nommé vicaire-général du diocèse d'Auch. On l'élut bientôt pour archevêque, mais il ne paraît pas qu'il ait jamais pris possession de son siége, soit que le pape n'ait pas voulu confirmer sa translation, ou plus vraisemblablement qu'il ait été prévenu par la mort. Quoiqu'il en soit, Hispan de Maslac, de Massas ou de Massès, trois familles anciennes et différentes, de notre diocèse, et dont la dernière s'est fondue dans celle de Béon, occupait le siége en 1245 (1).

Segnis ne tarda pas à s'apercevoir qu'elle ne pourrait pas lutter avec avantage contre Géraud ; mais plutôt que de voir l'héritage de ses ancêtres entre les mains d'un parent, elle appela un étranger, et céda (2) toutes ses prétentions au comte de Toulouse, sans qu'on sache si elle se réserva des dédommagements. Mascarose et Odon de Lomagne imitèrent Segnis et firent aussi cession de leurs droits à Raymond ; mais mieux inspirés que leurs parents, ils gardèrent Courrensan, le palais de Sos et la moitié de Vic, et à leur langage on dirait qu'ils n'abandonnaient que ce qui leur avait été enlevé.

(1) *Gallia Christiana*, Dom Brugelles. — (2) Dom Vaissette, Preuves, p. 455.

Ces deux actes portent la date du 25 mars 1246 et la souscription du comte de Comminges, d'Arsieu de Montesquiou, et d'une foule d'autres seigneurs. Raymond ne cherchait peut-être qu'à effrayer Géraud et à le détacher de l'Angleterre. Rien du moins ne prouve qu'il ait cherché à faire valoir ses droits. Ce qui nous porterait à croire qu'il y renonça de bonne heure et qu'il rendit au vicomte de Lomagne ce qu'il en avait reçu; c'est que la lutte se poursuivit avec un nouvel acharnement entre celui-ci et le vicomte de Fezensaguet.

Le premier s'intitulait Odon, par la grâce de Dieu, vicomte de Lomagne, et tenant lieu de comte en Fezensac et en Armagnac. La ville d'Auch entrait peu dans ses intérêts. Pour la réduire (1), il envoya un détachement considérable dont il donna le commandement à Guillaume-Raymond de Pins, son oncle. La troupe n'était composée que de soldats nés dans l'Agenais, la Lomagne et la vicomté d'Auvillars, preuve manifeste que le pays contesté partageait les sentiments de sa capitale et repoussait le vicomte. Sur sa route, ce détachement commit tous les excès que la rivalité et le voisinage des lieux devaient surtout dans les temps de force brute et de rudesse ajouter aux fléaux de la guerre. Les blés furent foulés aux pieds, les vignes arrachées, les maisons livrées aux flammes. La croix elle-même, si respectée alors, n'offrit qu'une protection impuissante. Auch ne fut pas mieux traitée et présenta bientôt le spectacle d'une ville prise d'assaut. Tant de maux eurent, il est vrai, un terme assez court. Le baron

---

(1) Manuscrit du Séminaire.

de Pins, déjà malade quand il prit la conduite de l'expédition, aggrava son état par les fatigues de la marche et mourut peu de jours après son entrée dans la ville. Les Auscitains saisirent cette occasion pour secouer le joug. Ils s'armèrent en tumulte et repoussèrent leurs oppresseurs. Rien toutefois n'atteste qu'ils aient souillé leur victoire par de faciles représailles.

Arnaud sentit combien il importait à sa cause de fléchir leur ressentiment. Il invita Gaston de Béarn à se rendre à Auch et le pria d'offrir sa médiation. La voix du noble Béarnais fut écoutée, et sous ses auspices un accord fut passé le 24 août 1247 entre le vicomte de Lomagne d'une part, et de l'autre, l'archevêque, le prieur de St-Orens et la communauté d'Auch. L'original en langue Gasconne exista longtemps dans les archives de la métropole, et périt dans l'auto-da-fé qui en 1793 dévora tant de monuments historiques. Une copie sauvée du naufrage et que nous avons sous les yeux, affaiblit les regrets que nous cause cette perte, et nous montre à quel degré d'abaissement étaient alors descendues les lettres, au moins dans nos contrées. Autant qu'il nous a été permis d'en juger par ce document aussi obscur que diffus, Arnaud s'oblige à rechercher et à faire rechercher dans tous ses domaines ce qui avait été dérobé, et à le rendre sur-le-champ, à satisfaire à toutes les réclamations et à solder les pertes dans un mois en vin, blé et autres denrées, moitié au château de Lavardens et moitié au château d'Auch; à ne jamais molester ni à ne jamais prêter appui à qui molesterait aucun membre de la communauté; à laisser à Bertrand de Brugnens la garde des châteaux d'Auch, de Lavardens et de Roquelaure, et à le traiter avec amitié ainsi que tous ceux qui avaient pris parti pour les Auscitains; enfin à ne jamais plus entrer dans la ville avec plus de cent hommes à cheval (*acaouats*), suivis de leurs écuyers à pied.

Cet engagement fut confirmé par un serment prêté sur la croix, sur les évangiles et sur l'autel de St-Pé d'Auch. Les parents du vicomte, Janillon de Caumon, R. G. de Navailles, le vicomte de Soule et un autre Odon de Lomagne le prêtèrent avec lui. Il devait le faire ratifier par les consuls de Lectoure et d'Auvillars, et demander une semblable ratification aux cours d'Armagnac et de Fezensac, et aux communautés d'Eauze, de Nogaro, de Vic, d'Aignan, de Riscle, du Houga, de Bétous, de Mauleon, d'Arblade-le-Comtal, de Ste-Christie, d'Espas, de Castelnavet, de Castillon, de Roquelaure, de Jegun, de Lavardens, de Peyrussette (Peyrusse-Massas), de Castin, de Duran, de St-Criq et d'Aubiet. Ses lettres d'assurance devaient être scellées du sceau comtal de Toulouse et de ses consuls, des consuls d'Agen et de Condom, du comte de Comminges, de la *Dauna* Segnis, comtesse d'Astarac, et de ses fils. Enfin, si comme tant d'autorités eussent été insuffisantes, Gaston et une foule de seigneurs présents, Janillon de Caumon, Arnaud-Garsias du Fossat, Bertrand de Roquefort, Guillaume de Fourcès, Arnaud de Lasseube, Gautier de Larroque ou Larroche, Pierre de Lacoste, Galard d'Autichon, Vital de Gontaud, Hugues de Corneillan confirmèrent la promesse du vicomte et jurèrent sur la croix et les évangiles, les reliques et l'autel de Ste-Marie, qu'ils se tourneraient contre le vicomte s'il manquait à la foi jurée. Toutes ces précautions accusent la loyauté publique. On n'invoque tant de témoignages et on ne s'entoure de tant de serments que contre des tromperies souvent renouvelées.

Gaston commençait à fixer sur lui les regards de toute la Gascogne. Garsinde l'avait conduit avec une suite de soixante chevaliers, à la cour d'Henri III, qui s'était retiré à Bordeaux après la défaite de Taillebourg. La mère et le fils n'y étaient attirés, disent les historiens Anglais, que par l'appât des sterlings dont ils savaient le roi d'Angleterre abondamment pourvu. Leur présence du moins y fut saluée par des fêtes dispendieuses et par de magnifiques présents qui épuisèrent le trésor. Aussi Gaston et surtout sa mère sont loin d'avoir trouvé grâce au delà de la Manche. Celle-ci, nous dit Mathieu Paris, était une femme singulièrement monstrueuse et d'une prodigieuse grosseur (*). Sa vaste corpulence, ajoute Matthieu de Wissmintter, pouvait remplir un char entier (**).

Gaston profita des trésors qu'Henri d'Angleterre avait versés dans ses mains pour bâtir le château d'Orthès (1). Les vicomtes de Béarn avaient jusques là habité Morlas, et ne quittaient le château de la Hourquie que pour aller prendre quelques ébattements dans les châteaux de Pau, de Cadaillon et d'Escures. La nécessité où il se voyait de fortifier ses frontières contre les Anglais, maîtres de Bayonne et de l'Aquitaine, et sans doute aussi la beauté d'un vaste et riche plateau lui firent choisir Orthès. Il prit pour modèle le château de Mon-

(*) *Mulier singulariter monstruosa et præ grossitudine prodigiosa.*

(**) *Quædam mulier singulariter monstruosa cujus cadaver vermibus multis hæreditarium lecticam vacuam potuit onerare.*

(1) Marca, liv. 7, ch. 2.

cade, berceau de sa famille. Froissart, qui l'avait vu dans toute sa magnificence, ne savait assez l'admirer. Le vicomte de Béarn y établit sa résidence, et ses successeurs l'habitèrent après lui jusqu'en 1460 que Gaston, prince de Navarre, transporta sa cour à Pau.

Le gouvernement Anglais n'avait jamais été favorablement accueilli en Gascogne, malgré les avantages matériels qu'il apportait à la province. L'administration d'un prince faible et dissipateur n'était pas faite pour vaincre des répugnances et créer des sympathies. On se plaignit d'abord sourdement; puis, comme à un signal donné, on se souleva de toutes parts. Gaston se montra à la tête des mécontents. (1). Le vicomte et les siens reprochaient à Henri les *ruines*, *voleries* et oppressions dont le pays était victime. Henri se plaignit de son côté de n'avoir pas trouvé auprès de Gaston l'appui que ses munificences passées lui faisaient espérer contre Richard de Lancastre, son frère, qu'il voulait dépouiller du gouvernement de la Guyenne, et à tous il reprochait leurs exigences et leurs mutineries. Avant que le soulèvement eût le temps de s'affermir, il envoya Simon, comte de Leicester, égal peut-être en courage et en talents, mais certainement supérieur en ambition au célèbre Simon de Montfort dont il avait reçu le jour. Leicester passa la mer avec une flotte chargée d'hommes et d'argent, et trouva des ennemis dignes de sa valeur. Après un an de combats partiels, il ne put obtenir d'autres avantages qu'une trêve assez courte dont la nouvelle combla de joie Henri et sa cour.

La campagne suivante fut plus favorable aux armes

---

(1) Marca, ch. 2 et suiv.

Anglaises. Leicester battit Gaston et le fit prisonnier. A entendre Matthieu Paris, on dirait que la trahison ou du moins des moyens peu honorables mirent Gaston entre les mains de son ennemi. Son vainqueur l'envoya à Henri qui habitait alors Clarendon. Il voulait qu'il demandât humblement grâce pour sa vie, et se remit entièrement à la clémence royale. Son but fut atteint. On ne se piquait guère au moyen âge de supporter noblement l'infortune. Avant le combat on se montrait souvent raide, hautain, fanfaron; mais après la défaite on s'inclinait devant l'arrêt prononcé par la fortune, et on acceptait sans honte ce qu'on avait refusé avec arrogance. Gaston, vaincu par la nécessité descendit à des prières, abandonna quelques-uns de ses châteaux à la couronne d'Angleterre et obtint ainsi son pardon. Bientôt même, grâces à l'intervention de la reine d'Angleterre, sa nièce, il sut si bien reconquérir les bonnes grâces du roi qu'il fut rétabli dans tous ses domaines.

Cependant le comte de Leicester poursuivant les seigneurs Gascons, en expulsa quelques-uns de leurs châteaux, en fit pendre quelques autres et porta partout la terreur. Le retour de Gaston, au lieu de calmer les esprits sembla donner un nouvel aliment aux haines publiques en montrant à nu la perfidie de Leicester. On s'arma de toutes parts; le gouverneur Anglais harcelé par tant d'ennemis, fut forcé de repasser la mer en toute hâte suivi seulement de trois gens d'armes (16 janvier 1254).

Le Bigorre commençait alors à être agité. Ce comté allait être plus vivement disputé que l'Armagnac et le Fezensac. La vieille Pétronille prolongeait toujours sa carrière, survivant à son cinquième mari et à ses deux filles aînées, Alix et Perronelle qu'elle avait eues, comme nous l'avons déjà dit, de Guy de Montfort. Alix avait été mariée à Esquivat, seigneur de Chabannes et de Confolans, dont elle eut deux fils, Esquivat et Jourdain de Chabannes, et une fille, Laure, depuis vicomtesse de Turenne. Devenue veuve, Laure se remaria avec Raoul de Courtenai, dont elle eut Mathilde, comtesse de Thy et épouse de Philippe de Flandres. Perronelle, la seconde fille de Pétronille, s'était unie à Raoul de Laroche-Caixon en Normandie, et n'en avait point eu d'enfants. Il restait encore à la comtesse de Bigorre une dernière fille, Amate ou Aimée, qu'elle avait eue de Bozon de Mastas, et qu'elle maria à Gaston de Béarn (1).

Après les cinq mariages de la mère et les diverses alliances de ses enfants, il était assez difficile qu'il ne s'élevât pas des contestations. Pétronille chercha à les prévenir. Etant tombée malade à Vic-Bigorre, en 1239, elle y fit un premier testament (2). Elle y déclare qu'outre vingt mille sols promis à Bozon, son mari, le jour de leurs noces, elle lui en doit encore trente mille. Elle veut que ces sommes soient payées, savoir : quarante mille sols sur le comté de Bigorre, et dix mille sur la vicomté de Marsan. Elle veut encore que son mari jouisse de ces deux seigneuries jusqu'à ce qu'il ait été satisfait; mais qu'après le paiement, il remette le Bigorre et le Marsan entre les mains d'Alix, sa fille aînée, et de ses héritiers. Elle assigne pour le paiement de quelques autres dettes dix mille sols Morlas qui seront prélevés sur les terres de Boulouch, La Reule, Parabère et Caixon. Enfin, voulant récompenser l'ar-

(1) Marca, l'Art de vérifier les dates. — (2) Marca, liv. 9, ch. 11.

chevêque d'Auch de tous les soins qu'il s'est donnés pour elle et pour ses terres, et le payer de cinq mille sols qu'elle avait empruntés à Garsias Delort, prédécesseur d'Amanieu, elle lui lègue les rentes de Bagnères, dont le prélat jouira jusqu'à ce qu'il ait recouvré les cinq mille sols. Pétronille ne mourut pas de cette maladie, mais sur la fin de ses jours, dégoutée du monde et sentant, après une vie aussi agitée, le besoin de se préparer dans le calme de la retraite au passage de l'éternité, elle se retira au monastère de l'Escale-Dieu et s'y livra aux pratiques de la dévotion.

Raymond, comte de Toulouse, ne vit pas s'ouvrir cette dernière lutte. Réconcilié avec l'Église par le traité de Paris, il chercha à faire lever l'excommunication qui pesait encore sur la dépouille mortelle de son père et à lui procurer les honneurs de la sépulture chrétienne. Les premiers commissaires nommés par le pape paraissent avoir conclu en sa faveur; mais sur quelques vices de forme, Innocent IV ordonna une seconde enquête et la confia à l'archevêque d'Auch et aux évêques du Puy et de Lodève (1). S'il fallait en croire les nouveaux auteurs de la Gaule chrétienne (2), l'archevêque et ses collègues adoptèrent l'avis de leurs prédécesseurs, et prononcèrent sur les cendres froides et inanimées la sentence d'absolution qui leur ouvrait la porte du temple. Mais les faits s'opposent à cette version. Le corps ne fut jamais inhumé, et jusqu'en 1793 on apercevait au porche de l'église des Chevaliers de Malte une tombe sans couvercle, au fond de laquelle gisait un squelette noir et poudreux; c'étaient les restes de Ray-

---

(1) Catel, dom Vaissette. — (2) Tom. 2, p. 715.

mond VI. Alors une tempête acheva ce qu'avait commencé une sévérité religieuse. Au milieu de l'effervescence populaire, le squelette fut arraché de sa tombe, et les cendres jetées au vent.

Raymond, en attendant l'issue de cette procédure, s'occupait à recueillir l'hommage de ses vassaux. Le comte de Comminges et le comte de l'Isle furent des plus empressés, et méritèrent ainsi d'être armés chevaliers de sa main. Izarn et Bernard, fils de Bertrand-Jourdain, cousins germains du comte de l'Isle (1), reconnurent tenir des comtes de Toulouse tout ce qu'ils possédaient dans le Gimois et aux environs de la Garonne. D'autres seigneurs les imitèrent ; mais tous les serments ne furent pas fidèlement gardés. Le vicomte de Lomagne fut le premier à oublier le sien. Mascarose sa femme mourut dans les premiers mois de 1249. A peine fut-elle descendue dans la tombe, que le comte de Toulouse lui fit épouser sa propre nièce, Marie Bermonde de Sauve (2), fille de Pierre Bermond de Sauve, comte de Gevaudan et de Milhaud, et de Josserande de Poitiers, sa première femme. Cette alliance semblait devoir attacher Arnaud aux intérêts de son nouvel oncle. Néanmoins il n'en fut point ainsi. Une autre alliance le jeta dans les bras de l'Angleterre.

Mascarose avait laissé une fille du même nom, qui s'unit (3) presqu'aussitôt après la mort de sa mère à Esquivat de Chabannes, fils aîné d'Alix de Montfort, et petit-fils de Pétronille de Bigorre. Cette union se fit sous les auspices de Simon de Leicester, grand oncle

---

(1) Dom Vaissette. — (2) Idem, l'Art de vérifier les dates. — (3) L'Art de vérifier les dates, M. d'Aignan.

d'Esquivat, qui gouvernait alors la Guyenne avec une autorité presque royale, et disposait ainsi de forces considérables. Le beau-père et le gendre s'aidèrent de ce secours contre Géraud. Celui-ci se retourna vers le comte de Toulouse à qui il avait fait déjà hommage en 1243 pour le château de Mauvezin. L'infidélité d'Arnaud rapprocha encore le nouveau vassal de son suzerain et agrandit la querelle. La guerre ayant éclaté entre l'Angleterre et le comte de Toulouse, Leicester attira sous ses drapeaux Esquivat et le vicomte de Lomagne. Raymond, de son côté, sollicita Géraud et le poussa facilement aux armes. L'occasion paraissait favorable; Arnaud combattait au loin et son absence livrait la Lomagne aux agressions. Géraud l'attaqua, il prit et brûla quelques châteaux. Il eût poussé plus loin ses succès, si Arnaud retournant sur ses pas ne fût accouru au secours de ses domaines. Ce retour changea la face des affaires. Forcé de se défendre à son tour, Géraud tomba entre les mains de son ennemi et fut retenu prisonnier (1).

A cette nouvelle, Raymond charmé de trouver une occasion de faire éclater son ressentiment, cita (11 juin 1249) le vainqueur devant la cour d'Agen et le somma de remettre entre ses mains le château d'Auvillars et toutes les terres que le vicomte tenait de lui sous la mouvance du comté d'Agenais, et de rendre la liberté à Géraud son vassal comme lui. Arnaud refusa d'obéir et fit signifier, le 1ᵉʳ juillet, au comte de Toulouse, un appel devant le roi de France leur commun suzerain. La sentence qui le condamnait, était, disait-il, injuste;

---

(1) Dom Vaissette, tom. 3, Preuves, p. 471.

car il avait le haut domaine dans la plus grande partie de ses terres. D'ailleurs il avait pris Géraud, les armes à la main, dans les domaines qu'il tenait du roi d'Angleterre et qu'il l'y faisait garder. Il ajoutait que le monarque anglais lui avait fait compter de l'argent pour qu'il prolongeât la captivité de Géraud jusqu'à ce que le comte d'Armagnac eût satisfait, soit pour les dommages causés, soit pour la guerre portée dans un fief mouvant de l'Angleterre; qu'ainsi le jugement de cette affaire ne regardait nullement la cour du comte de Toulouse, mais que lors même qu'il lui appartiendrait d'en connaître, elle ne pouvait pas statuer sans appeler les parties; enfin, qu'on ne lui avait donné pour se présenter qu'un délai de sept jours contre la règle et la coutume des cours laïques. Malgré ces raisons la cour d'Agen le condamna à perdre Auvillars et les autres domaines, et la sentence fut exécutée.

Raymond ne jouit pas longtemps du plaisir d'avoir humilié un de ses ennemis. Il tomba malade dans le Rouergue (1), et voulant aussitôt mettre ordre aux affaires de sa conscience, il se confessa à un ermite célèbre dans le pays. L'évêque d'Albi accourut en toute hâte lui administrer le saint viatique qu'il reçut avec les sentiments de la plus vive piété. Dès qu'il sut que le saint sacrement approchait, il fit violence à la maladie qui le dévorait, se traîna à sa rencontre et reçut son Dieu à genoux sur le pavé de sa chambre. Il voulut ensuite être transporté à Milhau où il fit son testament qui fut scellé des sceaux des comtes de Comminges et de l'Isle, de l'évêque d'Albi, de l'abbé de Mousseaux

---

(1) Guillaume de Puylaurens, dom Vaissette.

et de six seigneurs. Il y nommait pour exécuteurs de ses volontés les prélats de ses états et ses chers et féaux Bernard, comte de Comminges, et Sicard d'Alaman, chargés de s'adjoindre quatre bourgeois de Toulouse. Il mourut quatre jours après (27 septembre 1249), pleuré de ses sujets, dont ses malheurs plus que ses grandes qualités lui avaient gagné les cœurs, et qui ne pouvaient voir qu'avec regret le sang de leur ancien maître se perdre dans une famille étrangère.

Jeanne sa fille et Alphonse de Poitiers, frère de St-Louis, qu'elle avait épousé, venait de s'embarquer pour la Terre-Sainte. Le roi de France les avait précédés. Blanche, chargée de gouverner le royaume en l'absence de son fils, se hâta d'envoyer Guy et Hervé de Chevreuse prendre possession de ce riche héritage au nom d'Alphonse et de sa femme. Les deux commissaires arrivés à Toulouse, reçurent le 1er décembre dans le château Narbonnais le serment des vassaux (1). Bernard, comte de Comminges, qui avait recueilli les derniers soupirs du père se présenta le premier; Jourdain de l'Isle et ses deux cousins jurèrent ensuite. Ces deux derniers moururent peu après sans laisser d'enfants, et Jourdain en sa qualité de chef de la maison de l'Isle recueillit leur succession. Segnis, comtesse d'Astarac, se fit représenter par Arnaud de Biran, qui jura sur l'âme de sa maîtresse. Peu de jours après, Pincelle se présenta elle-même et prêta serment tant en son nom qu'au nom de Géraud, son fils, toujours prisonnier. Parmi les chevaliers qui se pressaient autour de ces grands vassaux et qui jurèrent après eux, nous signa-

---

(1) Catel. Dom Vaissette. Grands Officiers de la couronne.

lerons Sicard de Montaut, Izarn de St-Paul, Jordin de Lutar, Arnaud-Pons de Noé, Bernard de Villeneuve, Raymond de Montcrabeau, Bernard de Montesquiou, Odon de l'Isle, Guillaume de Roquefort et Odon de Francs, Arnaud de Corneillan, Pons de Monlaur, Raymond de Pouy, Roger de Latour, Raymond de Broqueville, Pons de Nogaret, Bérenger de Faget, Frédol de Loubens, Bernard de Guichené, Guillaume de Villèle, Guillaume de Gaujac, Adhémar de Polastron, Bernard de Montégut, Donat de Caramon, Adhémar de Puntis, Bertrand de Pins, Jean Dubartas, Bernard d'Orbessan, Arnaud-Raymond d'Hautpoul.

Alphonse et Jeanne rentrèrent en France dans le mois d'octobre suivant, et le 23 mai ils firent leur entrée solennelle à Toulouse. Ils s'y arrêtèrent à peine, car le 30 nous les trouvons à Verdun d'où ils se rendirent à Agen. Le vicomte de Lomagne vint se présenter aux deux époux, et sans chercher à justifier sa conduite passée, il demanda grâce et merci et se reconnut vassal pour la vicomté de Lomagne et toutes les terres dépendantes de l'Agenais. Au prix de cette soumission il obtint la restitution de la vicomté d'Auvillars et des autres biens saisis. Les fers de Géraud étaient alors brisés, car l'acte de pardon (1) (4 juin 1250) eut pour témoins le comte d'Armagnac, Robert de St-Clar, Arnaud de Montpezat, Nompar de Caumont et Raymond de Pins, seigneur de Taillebourg. Ces seigneurs accompagnèrent leur suzerain à Penne en Agenais, où par un nouvel acte Arnaud se reconnut débiteur à l'égard d'Alphonse de cinq mille sols Morlas, prêtés jadis au vicomte par le dernier comte de Toulouse.

(1) Dom Vaissette, tom. 3, Preuves, p. 488.

La présence du comte d'Armagnac à ces deux actes nous ferait croire qu'il dut sa liberté à son ancien rival qui chercha à acheter ainsi sa grâce et à se concilier Alphonse ; mais du moins cette délivrance n'amena qu'un rapprochement momentané. La guerre ne tarda pas à renaître. Esquivat ne pouvait prêter qu'un faible secours à son beau-père. Pétronille venait enfin de terminer sa longue carrière (fin de l'année 1251). A son lit de mort elle fit un nouveau testament (1) dans lequel elle instituait Esquivat pour héritier et lui substituait Jourdain, son frère, dans le cas où il mourrait sans enfants; et si Jourdain ne laissait pas lui-même de postérité, elle appelait au comté de Bigorre sa fille Mathe. Elle élisait sa sépulture au monastère de l'Escale-Dieu, auquel elle léguait ses vases d'or et d'argent, ses reliquaires, ses anneaux, ses pierres précieuses, ses habits et tout ce qui tenait au service de son corps et de sa chapelle. Elle ordonnait ensuite des aumônes, et enfin elle choisissait pour ses exécuteurs testamentaires, Arnaud-Raymond de Coarrase, évêque de Tarbes, Arnaud-Roger de Comminges, évêque de St-Bertrand, Vital d'Ourleix, commandeur de Bordères, Peregrin de Lavedan, et Guillaume Filho, bourgeois de Bagnères.

Pétronille, pour mieux assurer le Bigorre à Esquivat, avait remis (2) ce comté au comte de Leicester, ne se réservant qu'une pension annuelle de sept mille sols Morlas. Mathe avait eu pour dot la vicomté de Marsan et la seigneurie de Notre-Dame del Pilar de Saragosse. Pétronille y avait ajouté, l'année qui précéda sa mort, tout ce qu'elle prétendait sur le comté de Comminges,

---

(1) L'Art de vérifier les dates, Marca, p. 827. — (2) Les mêmes.

et l'impatient Gaston s'était empressé de faire valoir ses nouveaux droits les armes à la main. Bernard IV, pris au dépourvu, fut contraint d'implorer la protection d'Alphonse. On en vint alors à un accommodement. Le roi de France s'intéressa à cette affaire, et sa médiation amena une paix dont nous ignorons les conditions. Cette augmentation ne satisfit ni Mathe, ni son mari. A peine Pétronille eut-elle fermé les yeux, qu'ils réclamèrent le Bigorre, prétendant que son mariage avec Guy de Montfort était nul comme ayant été contracté du vivant de son second mari, et qu'ainsi toute cette descendance, fruit de l'adultère, était inhabile à succéder. Esquivat eut ainsi à défendre ses propres droits aussi bien que ceux de sa femme. Mais heureusement pour lui, Gaston ne pouvait lui opposer qu'une faible partie de ses forces.

Une nouvelle ligue dont Gaston de Béarn était encore l'âme et le chef (1) s'était formée entre les seigneurs Gascons. La Réole, St-Emilion et plusieurs châteaux tombèrent entre leurs mains. Enflés de ces succès, les confédérés annonçaient le projet de soustraire la province entière au joug de l'Angleterre; mais l'or de leur ennemi semé avec profusion dans leurs rangs mit la division parmi eux. Gaston sans se déconcerter s'approcha de Bordeaux et le serra de près. Henri alors en Angleterre vola à son secours avec une flotte de plus de trois cents voiles, et à peine débarqué, il courut assiéger La Réole. En même temps il obtint du pape un bref pour faire excommunier ses ennemis sous le spécieux prétexte qu'il avait pris la croix, et qu'ainsi il ne pouvait être attaqué. Le doyen du chapitre de Bordeaux

(1) Marca, liv. 3, ch. 6.

chargé des pouvoirs du saint siége, fit avertir les chefs de la faction, Gaston de Béarn, les vicomtes de Fronsac et de Castillon, le prieur du Mas et le maire et les jurats de La Réole, de déposer les armes; et sur leur refus il publia l'excommunication dans les diocèses de Bordeaux et de Bazas, et ordonna à l'évêque d'Aire de la faire publier dans son diocèse.

Gaston méprisant ses foudres s'adressa (1) à Alphonse, roi de Castille, et lui offrit le haut domaine de la province; mais comme le prince espagnol faisait trop attendre son secours, La Réole fut obligée de se rendre toutefois à des conditions avantageuses. Les autres confédérés furent traités avec plus de rigueur. Henri arrachait leurs vignes, ravageait leurs moissons, brûlait et rasait leurs maisons, et se signalait par des excès plus dignes d'une vieille femme que d'un guerrier, comme le disaient dans leur désespoir ses ennemis. L'or acheva ce qu'avait commencé la terreur, et aux fêtes de Noël 1255 qu'il célébra à Bazas, plusieurs seigneurs que n'avaient pu soumettre ses armes, vinrent prendre part à ses libéralités. Les Gascons, dit Matthieu Paris, qui nous a transmis ces dissensions, sont *amis de fortune.*

Leur défection n'ébranla point le vicomte de Béarn. Peu de jours après il osa assiéger Bayonne; c'était la seconde ville de la province. Son port la rendait importante; elle était riche en vaisseaux, en hommes de guerre et en marchands; son principal commerce était celui des vins. Ses bourgeois exposés fréquemment aux exactions des Anglais haïssaient leur domination et favorisaient le projet du vicomte de Béarn; mais le bas

(1) Marca, ch. 7 et suivants. L'Art de vérifier les dates.

peuple était dévoué à l'Angleterre. Il arrêta les soldats de Gaston dont quelques-uns s'étaient déjà introduits dans la place, et la conserva à ses anciens maîtres.

Gaston avait compté sur l'appui d'Alphonse. Henri gagna le monarque espagnol en lui demandant la main de sa sœur pour Edouard, son fils aîné. Alphonse l'accorda et abandonna à son beau-frère tous ses droits sur la Gascogne. Cette alliance amena la paix. Gaston fut compris dans le traité. Par une des clauses Henri s'engageait à indemniser les seigneurs Gascons de toutes les pertes qu'il leur avait fait essuyer. Cette querelle coûta à l'Angleterre deux millions sept cents livres sterlings. Il n'en eût pas fallu autant, disaient les ennemis du roi, pour acheter toute la Gascogne. Le jeune Edouard alla épouser à Burgos l'infante Aliénor et y fut armé chevalier par le roi Alphonse. *Le puissant baron dom Gaston de Béarn* partagea cet honneur ainsi que différents princes dont quelques-uns sont désignés. Dans la liste d'honneur de cette réception, l'histoire (1) a observé que Gaston est nommé avant Rodolphe de Habsbourg, le chef de la maison d'Autriche, le futur César qui devait bientôt ceindre la couronne de Charlemagne. Alphonse le releva en même temps de tous les serments que ce vicomte ou ses prédécesseurs avaient prêtés à la couronne de Castille, à raison de la terre de Gascogne. C'était déclarer solennellement le Béarn franc de toute vassalité à l'égard de l'Espagne.

En se réconciliant avec l'Angleterre, Gaston s'était obligé à remettre le château de Sault entre les mains

(1) Geaufroi, archidiacre de Tolède.

du jeune Edouard à qui son père venait d'abandonner la Guyenne. Le château appartenait à Garsie-Arnaud de Navailles, mais il relevait de la vicomté de Béarn, et à ce titre Gaston pouvait en disposer. La domination anglaise n'était point aimée. Les habitants poussés sans doute par le seigneur de Navailles, se révoltèrent et fermèrent leurs portes. Gaston était à Bazas avec le comte d'Armagnac. Il regarda ce refus comme un outrage fait à son autorité plus qu'à la couronne d'Angleterre, et résolut de le punir. Il somma (1) aussitôt Amanieu d'Albret de lui remettre le château de Casenave situé à trois lieues de Langon, et fit signer la sommation par une foule de seigneurs, parmi lesquels nous trouvons En Doat de Pins, maire de Bazas. Le château de Casenave et celui de Bazas dépendaient de la vicomté de Gavardan, et Gaston en avait investi le sire d'Albret qui était devenu ainsi son *caver* et son homme. Cet hommage est le premier lien qui ait rapproché les sires d'Albret, du Béarn, où leur postérité devait jeter tant d'éclat. Nous ignorons ce que fit Gaston pour réduire les habitants de Sault. Nous savons seulement que cette forteresse était au pouvoir des Anglais en 1264. Garsinde, mère de Gaston, vivait encore alors et administrait les domaines que la maison de Béarn possédait dans la Catalogne. Elle dut mourir bientôt après. L'histoire du moins ne prononce plus son nom.

Le sire d'Albret mourut avant elle. Il avait été élevé à la cour de dom Jaymes, roi d'Aragon, sous lequel il fit ses premières armes. Deux évènements tragiques empoisonnèrent sa vie (2). Dans un tournoi, noble et

(1) Marca, liv. 7, ch. 10. — (2) L'Art de vérifier les dates.

brillant exercice si répandu depuis, et dont la mode commençait à se répandre, il blessa à mort par mégarde le sire de Monlberon, un de ses voisins et sans doute son ami. Guillaume de Lasserre, son ancien gouverneur, presqu'aussi malheureux que lui, s'ébattant à la chasse avec quelques chevaliers anglais, tua par inadvertance un chambrier d'Henri III. Le roi, inconsolable de cette perte, fit arrêter l'innocent auteur de cette mort involontaire, et lui fit impitoyablement trancher la tête. Le sire d'Albret aimait tendrement Guillaume. A la douleur que lui causa l'atroce sévérité du monarque anglais vinrent s'ajouter presqu'aussitôt la perte d'Assalide, son épouse, fille du vicomte de Tartas et celle de son fils aîné. La Gascogne n'était pour le sire d'Albret qu'une terre de désolation. Il s'empressa de repasser les Pyrénées et de rejoindre le monarque près duquel s'étaient écoulées ses premières et ses plus douces années. Il chercha à oublier ses malheurs au sein des combats et signala sa valeur contre les Maures; mais des coups trop poignants avaient altéré cette organisation tendre et sensible, si peu commune chez les barons du moyen âge. Il mourut dans un âge assez peu avancé sans laisser d'enfants d'Isabelle, proche parente du roi dom Jaymes que ce prince lui avait fait épouser peu après son retour. Assalide lui avait donné, outre l'enfant mort peu après elle, deux autres fils, Amanieu et Bernard. Le premier lui succéda sous le nom d'Amanieu VI.

Le repos pesait à l'âme belliqueuse de Gaston; mais dans ses entreprises on ne trouvait pas toujours cette fleur de courtoisie et de délicatesse que les lois de la chevalerie mettaient alors en honneur par tout le monde chrétien. Il se trouvait un jour, en 1266, avec quelques soldats armés sur les confins de la Lomagne, près d'un château qu'habitait la jeune vicomtesse de ce pays. Alléché par l'occasion (1), il part avant le jour, attaque le château, s'en empare et amène prisonnière la jeune châtelaine. Le vieil Othon-Arnaud, trop faible pour obtenir par lui-même réparation de l'injure faite à sa belle-fille, en demanda justice à Alphonse, comte de Toulouse. Celui-ci chargea le sénéchal d'Agenais de sommer le vicomte de Béarn *d'amender ses forfaits*, et l'affaire fut apaisée. Cette répression n'empêcha pas Gaston d'enlever vers le même temps la fille unique (2) du sire de Montaigne-sur-Gironde avec lequel il était en guerre. Alphonse dut encore intervenir, mais nous ignorons quel fut le résultat de cette médiation.

(1) Marca, page 618. — (2) Le même.

CHAPITRE II.

Esquivat abandonne ses prétentions sur l'Armagnac. — Géraud rend hommage à l'Angleterre. — Esquivat imite le comte d'Armagnac, — il fait cession de son comté à Simon de Leicester, — il entre en composition avec Gaston de Béarn. — Mort du comte de Foix. — Mort de l'archevêque d'Auch. — Fondation du couvent des Cordeliers de Nogaro et d'Auch. — Mort du vicomte de Lomagne. — Mort du comte d'Astarac. — Comtes de Pardiac, — de l'Isle-Jourdain. — Guerre d'Esquivat avec Simon de Leicester. — Guerre de Géraud d'Armagnac avec Alphonse, comte de Toulouse, — avec les habitants de Condom.

La diversion occasionnée par la mort de Pétronille fut favorable à Géraud d'Armagnac. Arnaud, vicomte de Lomagne, forcé de plier, se plaignit au roi d'Angleterre qui, le 13 avril 1253, écrivit (1) en sa faveur à l'archevêque d'Auch, aux barons, aux chevaliers, aux bourgeois d'Auch et de Nogaro, et aux cours de Fezensac et d'Armagnac; mais Mascarose mourut elle-même l'année suivante et non pas en 1255 comme le soupçonnent Brequigni et dom Clément (2). Elle ne laissait point d'enfants; ainsi Esquivat ne pouvait désormais rien prétendre sur le Fezensac et l'Armagnac. Il fallut toutefois lui compter une somme d'argent, mais peut-être lui revenait-elle du chef de sa femme. Segnis avait depuis long-temps abandonné la partie; le vicomte de Lomagne n'avait jamais rien réclamé qu'au nom de sa femme et de sa fille; il se retira aussi. En se retirant, il consentit facilement à une trêve et déposa les armes.

(1) Rymer, Actes publics, tom. 1.—(2) L'Art de vérifier les dates.

Toutes les prétentions ayant ainsi disparu, Géraud se vit enfin maître du riche héritage qu'il poursuivait depuis longtemps. A part sa liaison momentanée avec Henri III, il s'était jusque là montré le partisan des comtes de Toulouse. Sa nouvelle position lui imposait de nouveaux devoirs. L'Armagnac et le Fezensac, jadis partie principale de l'Aquitaine primitive, avaient toujours conservé plus de rapport avec la Guyenne qu'avec le Languedoc. Aussi, lorsqu'il se vit délivré de ses compétiteurs, il se transporta à Bordeaux, où Henri III tenait alors sa cour, et il s'engagea d'abord à examiner sérieusement si Géraud IV, son oncle paternel, avait prêté foi et hommage au souverain d'Angleterre pour les comtés de Fezensac et d'Armagnac; et à suivre son exemple. Trois jours après (15 septembre 1254) il déclara (1) qu'ayant constaté le fait, il rendait un hommage pareil et consentait à perdre ses domaines, si, trois mois après avoir forfait à sa parole, il n'était point rentré sous les lois du vasselage. Tous les chevaliers des deux comtés s'obligèrent pour eux et leurs descendants de renoncer à l'obéissance de Géraud, si le comte se montrait infidèle à Henri, ou ne le reconnaissait pas dans le délai assigné. Les chevaliers donnèrent des lettres marquées de leur sceau et approuvées par le comte d'Armagnac. Ceux d'entr'eux qui n'avaient point de sceau, donnèrent une attestation notariée. La communauté de Nogaro prêta aussi le serment et donna des lettres scellées du sceau commun. Les communautés d'Auch, d'Eauze, de Jegun, de Vic, d'Aignan, d'Aubiet et d'Espas imitèrent Nogaro ou fournirent une charte notariée.

---

(1) Rymer, tom. 1, page 186. Manuscrit du Séminaire.

Tant d'assurances ne suffirent pas à Henri. Il voulut garder entre ses mains durant cinq ans, le château et la ville de Lavardens, promettant de les rendre après ce temps, et s'engageant à ne rien réclamer pour les améliorations qu'il y aurait ajoutées. Pour prix de ce vasselage, il s'obligeait à défendre Géraud contre tout assaillant, pourvu qu'on ne l'attaquât que dans les terres dépendantes de la couronne d'Angleterre. Il lui abandonnait encore les sommes qu'il avait payées pour lui à Esquivat, et qui avaient été stipulées dans la convention qui établit la paix entre les maisons d'Armagnac et de Bigorre.

Géraud avait déjà prêté un serment aussi explicite à Alphonse et à son beau-père. Placés sur les confins de la Guyenne et du Languedoc, nos comtes devaient nécessairement subir les chances de leur position et se prêter aux exigences souvent opposées des deux maisons rivales qui gouvernaient ces provinces. Il n'était pas d'ailleurs rare dans le moyen âge de voir des vassaux transporter leur fidélité d'un suzerain à un autre ; et comment même l'éviter quelquefois ? La féodalité simple dans son origine, s'était singulièrement compliquée en s'étendant. Assez souvent on dépendait d'un seigneur pour une portion de son domaine, et de son ennemi pour une autre portion. De là l'obligation d'envoyer des soldats dans les deux camps. C'était presque une guerre civile continuelle. Au reste, le changement de Géraud semble avoir été reconnu et accepté par la maison de France, car dans le traité de paix qui réunit la France et l'Angleterre, et où brilla avec tant d'éclat toute la loyauté de St-Louis, une clause porte expressément : *Le roi d'Angleterre fera hommage de Bordeaux, de*

Bayonne et de Gascogne. Alors il sera tenu de faire les tels services, comme il serait trouvé de l'hommage de la comté de Bigorre, d'Armagnac et de Fezensac, soit ce que de droit en sera (1).

Esquivat avait d'autant mieux consenti à se retirer de l'Armagnac, que Gaston venait de se réconcilier avec l'Angleterre. Fort par lui-même, plus fort encore par ses alliances et par les sympathies des seigneurs Gascons, le vicomte de Béarn allait pousser la lutte avec vigueur. Esquivat ne crut pas pouvoir résister seul à l'orage qui se formait. Le haut rang que le comte de Leicester, son oncle, occupait à la cour d'Angleterre et le ressentiment que les révoltes et les longs combats de Gaston avaient dû laisser dans le cœur du faible et vindicatif Henri III lui firent tourner ses vues de ce côté. Il implora l'appui de ce prince, et pour l'attacher à sa cause, il se fit son vassal. Ses prédécesseurs avaient successivement fait hommage au roi de Navarre et d'Aragon, mais nul n'avait donné sa foi aux ducs de Guyenne. Henri le sentit lui-même ; il s'empressa d'acheter les prétendus droits de l'église du Puy sur le Bigorre, et s'appuyant de cette illusoire cession, il fit expédier de St-Macaire, près Bordeaux, la charte suivante que nous empruntons à Marca.

« Henri (2), par la grâce de Dieu, roi d'Angleterre, seigneur d'Irlande, duc de Normandie et d'Aquitaine, comte d'Anjou, à tous ceux qui ces présentes lettres verront, salut. Comme ainsi soit que notre cher et féal Esquivat de Chabannes, comte de Bigorre, ait reçu de nous le comté de Bigorre, avec ses appartenances, pour

---

(1) Rymer, tom. 1, p. 45. — (2) Marca, liv. 3, ch. 12, p. 829.

les tenir, lui et ses hoirs, de nous et de nos successeurs à perpétuité, et que du consentement exprès de l'évêque et chapitre du Puy, ci-devant seigneurs directs du dit Esquivat et de ses prédécesseurs, comtes de Bigorre, qui ont cédé à nous et à nos hoirs la seigneurie qu'ils avaient sur ledit comté ; le dit Esquivat nous ait fait hommage-lige d'icelui pour soi et ses hoirs; nous promettons de bonne foi, octroyons et protestons par ces présentes que nous, ni nos successeurs, n'exigerons du dit Esquivat ni de ses hoirs, autres coutumes ni services que ceux que les comtes de Bigorre avaient accoutumé de rendre à l'église du Puy, sauf toutefois à nous et à nos héritiers l'hommage dudit Esquivat et de ses hoirs pour raison dudit comté; et lui promettons de lui faire tous les devoirs que l'église du Puy faisait aux comtes de Bigorre, et assisterons et défendrons le dit Esquivat, comte de Bigorre, et ses hoirs, comme notre homme-lige. En témoignage de quoi nous avons fait expédier ces lettres-patentes, témoin moi-même. A St-Macaire, le 15 juin, l'année 38me de notre règne. »

L'appui du roi d'Angleterre n'arrêta point Gaston ; il se présenta en armes et s'empara de Castelnau-de-Rivière-Basse. La noblesse n'avait pas attendu son approche pour se partager (1). Raymond d'Antin, Bernard de Bazillac, Auger des Angles et Bernard de Cugurol s'étaient déclarés pour lui. Raymond Garsie de Lavedan, Arnaud Guillaume de Barbazan, les villes de Tarbes et de Maubourguet, le château de Mauvezin et la plupart des places étaient demeurés fidèles à son concurrent. Cependant le vicomte de Béarn, maître de

---

(1) Manuscrit de M. l'abbé Declo.

la campagne, semait les dégâts dans la plaine de Tarbes et se préparait à attaquer la capitale du Bigorre. Esquivat offrit en vain de lui faire raison devant les cours réunies de Bigorre et de Béarn; en vain même il voulut soumettre ses droits à la décision des rois de France ou d'Angleterre, ou du comte de Toulouse : Gaston, sourd à toutes les propositions, serrait tous les jours de plus près son ennemi. Dans cette extrémité, l'infortuné comte, Jourdain son frère, l'évêque et les bourgeois de Tarbes, et la cour de Bigorre implorèrent le secours du comte Leicester. Esquivat alla plus loin ; il lui écrivit peu de jours après que se sentant trop faible pour défendre le Bigorre contre les violences du vicomte de Béarn, il lui en fait donation (1). Un acte aussi impolitique ne saurait être justifié que par les liens étroits qui unissaient Montfort à Esquivat et qui faisaient croire au petit fils de Pétronille que le comté lui serait rendu dès que la possession en serait possible. Nous verrons bientôt s'il avait jugé sainement de son oncle. Cependant le secours de celui-ci ne fut pas nécessaire.

Alphonse, fils aîné du roi d'Aragon, descendait les Pyrénées, appelé par Gaston. Son approche, redoutée des partisans d'Esquivat, était un gage de paix. Loin d'envenimer les hostilités, il s'entremit entre les deux parents et les amena à soumettre leurs contestations à la décision de Roger, comte de Foix (2). Nul choix ne pouvait être moins suspect aux parties. Les intérêts de Gaston étaient chers à Roger, parce que son fils aîné avait été fiancé à Marguerite, seconde fille du vicomte, et ceux d'Esquivat ne lui étaient pas indifférents, car

---

(1) Manuscrit de M. l'abbé Declo, Marca. — (2) Les mêmes.

il était prêt à lui donner en mariage sa propre fille, Agnès. Seulement il fallait prévenir les difficultés que les deux compétiteurs pourraient opposer à l'exécution de la sentence. Dans ce dessein, on dressa un compromis par lequel Gaston et Esquivat s'engageaient, sous peine de mille marcs d'argent, à tenir pour agréable ce qui serait ordonné par le comte de Foix; et pour plus grande sûreté de leur parole, Gaston donna pour ôtages Garsie-Arnaud de Navailles, Bernard de Coarrase, Raymond de Domi, Raymond-Arnaud de Gerderest et Raymond de Miossens, avec les villes de Vic et de Castelnau-Rivière-Basse. Esquivat livra de son côté Raymond Garsie de Lavedan, Arnaud-Guillaume de Barbazan, Raymond de Barèges, Jean Delort et les châteaux de Mauvezin et de Maubourguet avec leurs dépendances. Ces préliminaires furent jurés solennellement en présence d'Alphonse, d'Arnaud-Raymond, évêque de Tarbes, de Géraud, comte d'Armagnac, d'Arnaud de Montagut, de Pierre de Pouey et de plusieurs autres seigneurs. Six jours après, le comte de Foix prononça son jugement arbitral.

1° Le comte Esquivat cédera à sa sœur et à son beau-frère la vicomté de Marsan avec la ville de Maubourguet et tout le territoire qu'on appela depuis le pays de Rivière-Basse.

2° Gaston et Mathe renonceront pour eux et leurs successeurs, en faveur d'Esquivat et des siens, à tout le comté de Bigorre, ainsi qu'aux châteaux de Chabannes et de Confolans, qu'ils lui disputaient sous quelqu'autre prétexte.

3° Esquivat tiendra quittes les seigneurs d'Antin, de Bazillac, des Angles et de Cugurol, et tous leurs partisans, de tous les dégâts qu'ils avaient fait durant la guerre, et il leur rendra les terres et châteaux dont il s'est emparé sur eux.

Le comte de Foix se réserva de faire droit aux parties sur les prétentions qu'elles avaient au comté de Comminges, lorsqu'elles voudraient en faire la poursuite devant lui. Ce jugement fut rendu le samedi après l'Exaltation de la Ste-Croix, 1256, dans le château noble d'Orthès, en présence de Bertrand, évêque de Lescar, Raymond, évêque d'Oleron, Navarre, évêque de Dax, Guillaume d'Andouin, Bernard de Coarrase, Raymond-Garsie de Lavedan, Arnaud-Guillaume de Barbazan.

Après cette pacification, le comte de Foix unit sa fille à Esquivat comme il se l'était déjà proposé, et lui constitua du consentement de Brunisinde, sa femme, vingt-cinq mille sols Morlas de dot. Esquivat y en ajouta vingt mille de douaire, et assigna les uns et les autres sur le château de Mauvezin, dont la jouissance appartiendrait à sa veuve. Esquivat déclarait solennellement que les enfants qui naîtraient de ce mariage lui succèderaient dans le comté de Bigorre. Le mariage (1) fut célébré le 4 octobre, en présence de Géraud, comte d'Armagnac et de Fezensac. Sur la fin de la même année, ou plutôt selon notre style actuel, le 3 février de l'année suivante, Esquivat voulant peupler le lieu de Bidalos, affranchit de tout droit ceux qui viendraient l'habiter, à la charge par eux de payer à la fête de Noël deux sols Morlas par feu. Il fit cette concession dans le château de Lourdes où il résidait avec le comte de

---

(1) Marca, l'Art de vérifier les dates.

Foix et l'évêque de Tarbes. Celui-ci fut aussi témoin d'une autre concession faite peu de jours après, et scellée de son sceau et des sceaux du comte et d'Agnès, sa femme.

L'année suivante 1257, Esquivat répara la perte que lui avait causée le démembrement de son comté en ajoutant à ses terres la vicomté de Couserans (1) qui lui advint par le décès de Roger, comte de Paillas. Il s'en mit en possession, mais il ne put se faire reconnaître dans le château de Cordes que lui retint le comte de Comminges. Esquivat, au lieu de demander justice les armes à la main, aima mieux en appeler à l'arbitrage du comte de Foix.

Celui-ci possédait au delà des Pyrénées plusieurs domaines dont quelques-uns relevaient de la couronne d'Aragon. Cette vassalité amena une guerre, mais la lutte était trop inégale. Roger défait fut réduit à demander la paix et à payer au roi Jacques dix mille sols pour les frais de son armement. Il fut plus heureux contre Alvarès (2), comte d'Urgel, et son frère, qui n'obtinrent la paix qu'en cédant une partie du comté d'Urgel (1256). A la fin de l'année suivante, le comte de Bigorre confia la garde de la ville de St-Girons et de tout le Nébouzan, à Roger, jusqu'à ce qu'Arnaud d'Espagne, fils de Roger de Comminges et de Raymonde d'Aspet, son vassal, à qui ce pays appartenait, eût atteint vingt-cinq ans. Gaston, vicomte de Béarn, avait des prétentions sur le même pays, du chef de Mathe, sa femme. Il engagea le Nébouzan et la ville de St-Gaudens à Roger pour la somme de six mille sols, et le

---

(1) Marca, l'Art de vérifier les dates.—(2) Dom Vaissette, Marca.

comte de Foix ajouta plus tard deux autres mille sols à cette somme. L'acte en fut passé à Nogaro le mardi après le dimanche des Rameaux (1258).

Roger augmenta les domaines de sa maison (1). Il eut de longs et vifs démêlés avec les inquisiteurs de la Foi; mais il s'était réconcilié avec eux lorsque la mort vint l'enlever à l'amour de ses peuples. Il tomba malade dans son château de Mazères. Sentant son état s'aggraver, il se fit transporter dans l'abbaye de Bolbonne. Il y mourut dans la chambre de l'abbé après avoir reçu avec édification les derniers sacrements, et s'être fait revêtir de l'habit de Citeaux, en présence des abbés de Cadours, du Mas-d'Azil et de Lezat, et de toute la communauté. Il fut inhumé le lendemain, 25 février 1265, dans l'église du monastère qu'il avait fait construire sous l'invocation de St-Jacques et de St-Philippe, et où il avait transféré les tombeaux de ses ancêtres. L'archevêque d'Auch et les évêques de Toulouse et de Comminges assistèrent à ses obsèques, et joignirent leurs regrets aux larmes sincères que les religieux et les laïques accourus de toutes parts donnèrent à sa mort.

Il laissait un fils (2), Roger-Bernard III, qu'il établit son héritier, et quatre filles. Il légua à Sibile, l'aînée, mariée à Aymeric, fils d'Amalric, vicomte de Narbonne, outre sa dot, cent livres de rente. Agnès, femme d'Esquivat, la seconde, eut sept mille sols Morlas, outre les vingt-cinq mille qui lui avaient été constitués. Philippe, la troisième, épousa cet Arnaud d'Espagne à qui appartenait le Nébouzan. Le contrat fut passé le 7 juin 1262, en présence de Gaston, vicomte de Béarn,

---

(1) Dom Vaissette, Marca. — (2) Marca, l'Art de vérifier les dates.

de Géraud, comte d'Armagnac, de Raymond, vicomte de Cardonne, d'Arnaud-Roger, comte de Paillas, et de plusieurs autres seigneurs. Mais comme la jeune fiancée n'était pas encore nubile, le mariage ne fut célébré que le 15 janvier 1264. Arnaud d'Espagne étant parent de Philippe, dut obtenir du pape une dispense qu'il paya mille sols Morlas. Sa femme eut à la mort de Roger cinq mille sols Morlas outre sa dot. Esclarmonde, la dernière fille, était encore fort jeune. Son père ordonna qu'elle fût élevée dans le château jusqu'à l'âge de 15 ans. Il lui substitua tous ses domaines au cas que Roger son fils mourût sans enfants mâles, et lui assigna pour dot quarante mille sols Melgoriens. Esclarmonde fut unie plus tard à Jacques, fils puîné d'Aragon, qui devint roi de Majorque. Enfin, le comte de Foix laissa l'administration de ses biens à Brunissinde de Cardonne, sa femme, et choisit pour exécuteurs testamentaires, Amanieu d'Armagnac, archevêque d'Auch, Gaston de Béarn, Raymond de Cardonne et les abbés de Bolbonne et du Mas-d'Azil.

Roger-Bernard III n'avait pas encore atteint sa majorité lorsqu'il succéda à son père. Il avait été promis dès le mois d'octobre 1252 à Marguerite, seconde fille de Gaston, qui lui porterait en dot deux mille marcs d'argent; mais l'âge tendre des deux futurs époux fit différer de cinq ans la célébration du mariage. Le nouveau comte se rendit à Pamiers (1) le lendemain de la sépulture de son père, et remit à l'abbé et aux religieux de St-Antonin le château et tous les droits que son père avait possédés dans la ville. Le 8 mars suivant, il fit

(1) Marca, dom Vaissette, tom. 3.

serment en présence de l'archevêque d'Auch et d'Arnaud-Garsias, abbé du Mas-d'Azil, ses tuteurs, de garder les libertés du château de Saverdun. Il alla bientôt après à Paris où, par le conseil de l'archevêque d'Auch et en présence de Géraud, comte d'Armagnac, il assigna le 15 avril à Brunissinde, sa mère, sept mille sols de rente pour son douaire. Enfin, le 29 août il rendit hommage à Jacques, roi d'Aragon, pour tout ce qu'il possédait dans la Cerdagne et le Confolant.

L'archevêque d'Auch, Amanieu (1), avait succédé à Hispan vers la fin de 1264. Il était le troisième fils de Roger, vicomte de Fezensaguet, et le frère de Géraud V, comte d'Armagnac. Voué à l'église dès son bas âge, il avait pris l'habit religieux dans le chapitre de St-Etienne de Toulouse. Il édifiait cette communauté par ses mœurs graves et austères, lorsqu'il fut appelé sur le siége d'Auch. L'épiscopat de son prédécesseur avait été signalé par quelques événements que nous n'avons pu encore raconter.

En 1246, Guillaume de Pardaillan se repentant de plusieurs injustices dont il s'était rendu coupable à l'égard de l'église d'Auch, lui donna les dîmes de Cézan et de Pellefigue dans l'archidiaconé de Savanès, et la moitié de celles d'Arpentian et de Fournès dans l'archidiaconé de Pardaillan. L'acte fut passé à Eauze, en présence de noble Odon de Cazaubon. Peu après, Guillaume de Lagraulet (2), son neveu, se transporta à Auch. Là, dans le sein du chapitre, devant l'archevêque et le prieur, il confirma la donation de son oncle et jura de

---

(1) *Gallia Christiana*, Dom Brugelles, M. d'Aignan. — (2) Cartulaire d'Auch.

la défendre même s'il en était besoin. Le chapitre, pour obtenir cette ratification, lui donna cent cinquante sols Morlas, et en compta trente à Guillaume d'Arcamont et à un autre seigneur à qui Guillaume de Pardaillan avait déjà engagé les dîmes. Cette dernière transaction eut pour témoins Maurin de Biran, qui devint bientôt après curé de Barran. Deux ans plus tard, Arnaud de Puysegur, sa femme, ses fils et ses filles, donnèrent au chapitre les dîmes d'Orsan et une pièce de terre située dans la ville d'Auch, près du château du comte, en présence de Jean de Bézues, d'Arnaud de Peyrusse et de Martin du Longard.

Un incendie détruisit en 1251 (1) le couvent de Pessan avec l'église et le château qui la défendait. Hispan en appela à la charité des fidèles pour aider l'abbé et les moines à reconstruire leur monastère. Il permit même d'employer à cette œuvre les aumônes destinées aux pauvres. Enfin il accorda pendant deux ans quarante jours d'indulgences à tous ceux qui y auraient contribué. L'appel fut entendu. Les dons furent abondants et surtout si prompts, que le prélat put consacrer l'église peu de mois après. Hispan donnait l'exemple de la libéralité. En 1256, il abandonna aux Templiers les terres de St-Martin dans l'archidiaconé d'Anglès, et vraisemblablement dans la paroisse de Montesquiou. Il réserva seulement pour lui et ses successeurs les prémices et les dîmes.

Le couvent du Brouil disputait (2) alors au chapitre d'Auch un bien appelé Le Rieutort, et situé dans la

---

(1) Dom Brugelles. M. d'Aignan, Preuves. — (2) Manuscrit de M. d'Aignan.

commune actuelle de Mirannes. On prit pour arbitres le sacristain d'Auch et le cellérier du monastère, qui s'adjoignirent Raymond-Guillaume d'Areich, archidiacre d'Eauze. On s'obligea à tenir le compromis sous peine de deux cents sols Morlas. Odon d'Orbessan, seigneur de l'Isle, et le chapelain de cette paroisse furent les garants de l'engagement. La sentence fut portée le jour de St-André, dans la salle du Palado, en présence de la prieure Biverne, de Guillaumette d'Avéron, de N. d'Auxion, de Vital, prieur du Brouil, et de quelques-uns de ses religieux parmi lesquels nous trouvons Vital de Lamezan et Pierre de Galard. Les témoins sont les chapelains de l'Isle, frère Forton, hospitalier de Montesquiou, frère Guillaume-Arnaud, sacristain de Salegrand (dans Barran), et frère Guillaume, hospitalier de l'Isle. Elle fut acceptée et ratifiée publiquement à l'hôpital de l'Isle-de-Noé le jour de Ste-Candide (1ᵉʳ décembre), en présence d'Odon d'Orbessan, seigneur de l'Isle, d'Arnaud-Guillaume, chevalier, de Pierre d'Auriabat, de Guillaume de Respaillès et des frères qui desservaient l'hôpital. Nous voyons ici que le couvent du Brouil, comme presque tous ceux de Fontevrauld, se composait d'une double communauté de religieuses et de religieux. Cet usage subsista longtemps. C'était la prieure qui commandait à la double communauté et recevait les religieux. Robert d'Arbrisselles, le fondateur de l'Ordre, avait voulu honorer par cette prérogative, Marie, commandant au disciple bien-aimé.

Hispan avait ménagé cette transaction. Sa prudence termina heureusement une affaire plus délicate (1).

---

(1) Manuscrit de M. d'Aignan, dom Vaissette.

L'archevêque de Narbonne et l'évêque d'Albi se plaignaient avec raison des officiers royaux qui sous prétexte que leurs maîtres avaient l'avouerie ou protection des églises, saisissaient leurs biens, s'emparaient de leurs châteaux et se permettaient de nombreuses vexations. Innocent écrivit aux prélats du Midi et les exhorta à s'employer auprès des dépositaires de l'autorité royale pour les engager à mieux ménager les intérêts de l'église; et sur de nouvelles plaintes, il enjoignit à l'archevêque d'Auch de frapper les coupables des censures ecclésiastiques. Hispan n'eut pas besoin des foudres qu'on mettait dans ses mains; sa sagesse sut se faire écouter et les vexations cessèrent.

Sur la fin de ses jours, Guillaume de Sedillac ou plutôt Serillac, comme nous prononçons maintenant, et Raymond de Serillac, son frère, donnèrent au chapitre les dîmes de St-Félix, dans la paroisse de Roquelaure, et une autre dîme près de Lavardens (1). Ils firent ratifier cette donation par leurs neveux et la firent confirmer par Arsius de Montesquiou, abbé d'Ydrac, et Pierre d'Esparsac, abbé de Faget. Guillaume, pour donner plus de poids à cet acte, pria les consuls d'Auch d'y apposer le sceau de la ville; cent sols Morlas payèrent cette libéralité, qui eut pour témoins Philippe de Bonas, chapelain ou curé de Castelnau-Barbarens, et Frix de Castain, chapelain de Lavardens et archidiacre de Savanès.

S'il fallait en croire un rescrit du parlement de Paris, rappelé par un ancien légiste (*), Hispan aurait réclamé

---

(1) Cartulaire du Chapitre. Dom Brugelles. M. d'Aignan.
(*) René Chopin. Monast., liv. 2.

pour sa métropole la protection de St-Louis comme seigneur temporel. Le prélat s'étayait, dit-il, auprès du monarque français de ce que son siége avait été établi et doté par Clovis; mais l'acte qu'on lui prête est sans doute aussi peu fondé que les assertions qu'on mit dans sa bouche sont fausses. Ce qui paraît plus certain, c'est que Hispan reçut l'hommage du comte d'Armagnac. L'archevêque et son clergé s'étaient rangés du côté de Géraud durant sa lutte avec le vicomte de Lomagne. Cet hommage, s'il est réel, fut vraisemblablement le prix ou la récompense de cette protection.

Géraud ne crut pas en avoir fait assez. Heureux d'avoir triomphé de ses ennemis et de se voir enfin paisible possesseur du riche et vaste héritage que poursuivaient ses efforts, il voulut en témoigner sa reconnaissance au ciel d'une manière éclatante. Dans le moyen âge, nul acte pieux ne valait la fondation d'un couvent. François d'Assise venait d'opposer au sensualisme et à l'orgueil du monde le dénûment et l'humilité de son institut. Le comte appela (1) l'Ordre naissant et l'introduisit dans ses domaines. Il l'établit d'abord à Nogaro, et bientôt après à Auch, où il lui donna l'emplacement qu'occupa depuis le couvent. Il y ajouta ensuite quelques terres voisines, se réservant toutefois qu'il pourrait les transformer en fossé en temps de guerre, mais s'engageant à les rendre à leur première destination aussitôt après la paix. Cette donation fut faite entre les mains de Raymond Dubernard ou Dubernet, gardien du couvent des cordeliers de Nogaro, et frère Arsène de St-Justin, lecteur de cette maison.

(1) Dom Brugelles et M. d'Aignan.

L'acte en fut passé à Lobaner, près d'Espas, le 2 octobre 1255.

La ville, par l'organe de ses consuls, ajouta quelque terrain à celui qu'avait donné le comte. L'un et l'autre étaient sur les confins des domaines appartenant aux moines de St-Orens qui se prétendirent lésés. On en appela à l'arbitrage des consuls d'Auch: c'étaient André Ducos, Guiraud d'Enroques, Guiraud de Laforgue, Pey (Pierre) de Biran, Pey de Lasportes, Pey d'Enpicoté, Dominique Mouliés et Raymond Sans Mouliés. Ils décidèrent que les frères mineurs posséderaient désormais en paix le local contesté; qu'ils pourraient ensevelir dans leur cimetière non seulement les membres de leur communauté, mais encore toutes les personnes affiliées à leur Ordre, et même toutes celles qui y éliraient leur sépulture; mais en même temps ils statuèrent que nul désormais ne pourrait aliéner aucune partie du terroir de cette paroisse sans la permission du prieur de St-Orens. Deux ans auparavant, le pape Alexandre IV avait confirmé et placé sous le patronage du saint-siége toutes les donations faites à cet Ordre. Peu après, le cardinal de Ste-Cécile ayant été chargé de prêcher la croisade en France commit à sa place, dans le Midi, le gardien du nouveau couvent et lui permit de s'adjoindre les religieux de son Ordre qui lui conviendraient. Il l'autorisa même à accorder au nom du saint-siége cent jours d'indulgences à tous ceux qui assisteraient au sermon de la croisade.

Pendant que les enfants de St-François s'introduisaient dans le diocèse d'Auch, le chapitre de la métropole était aux prises avec les fils de St-Benoît (1).

---

(1) M. d'Aignan, Preuves.

L'abbé et les religieux de Flaran renouvelant une ancienne querelle réclamaient les dîmes de Cézan et de Ste-Gemme. Garsias, official de Ste-Marie et frère Jacques de Castelnau-d'Arbieu, moine de Berdoues, pris pour arbitres, confirmèrent une première sentence portée en 1220 par l'archevêque Garsias-Delort. L'abbé et les siens vaincus cette fois encore abandonnèrent la contestation. Ils payèrent même au chapitre cinquante sols Morlas pour les dîmes de Flaranet, sur le territoire duquel s'élevait leur monastère.

Hispan mourut vraisemblablement le 1er mai 1261, quoique le nécrologe de La Case-Dieu renvoie sa mort au 8 juin suivant. Par son testament il fonda dans sa cathédrale huit prébendes (1) qu'on appela prébendes du St-Esprit. Des obstacles s'opposèrent quelque temps à l'exécution de ses dernières volontés. La fondation ne fut réalisée qu'en 1342 par Guillaume de Flavacourt, un de ses successeurs.

Le vicomte de Lomagne l'avait précédé dans la tombe. Il mourut en 1156 (2), laissant de sa seconde femme, Marie de Sauve, un fils et une fille, Vesian et Philippe. Le fils à peine échappé au berceau lui succéda sous la tutelle du seigneur de Blaziert, nommé Vesian comme lui, et fils de Géraud Ier, seigneur de Blaziert. Celui-ci était le dernier enfant d'Othon de Lomagne qui vivait l'an 1195, et qui fonda, dit-on, la commanderie d'Abrin. On fait remonter (3) à cet Othon la souche des Lomagne-Fimarcon, dont la seigneurie comprenait seize villages, et s'étendait dans les diocèses d'Auch, de Condom et

(1) M. d'Aignan, dom Brugelles, *Gallia Christiana*.— (2) L'Art de vérifier les dates. Grands Officiers de la couronne, tom. 2. — (3) Grands Officiers de la couronne.

de Lectoure, sur une circonférence de douze lieues. Elle avait pour limites, à l'orient, la vicomté de Lomagne, à l'occident le Condomois, au midi le comté de Gaure, et au nord la vicomté du Bruillois. Tenue en toute justice haute, moyenne et basse, elle fut érigée en marquisat en 1503, et placée dans le ressort du parlement de Bordeaux et la sénéchaussée de Gascogne. Les Fimarcons portaient le nom et les armes des vicomtes de Lomagne, ce qui a fait augurer avec raison qu'ils appartenaient à la même famille. Vesian voulut reconnaître les services qu'Auger de Lomagne, son oncle, avait rendus à son père dans la longue lutte que celui-ci avait eu à soutenir contre Géraud d'Armagnac. Il lui donna les terres de St-Remi et de Garsianer dépendantes de la vicomté de Lomagne, et lui abandonna en outre ce qu'il possédait au château de Caumont (4 août 1271).

Centule II, comte d'Astarac, un autre compétiteur de Géraud III, et vraisemblablement neveu d'Arnaud de Lomagne, était mort avant ce dernier. Une expédition heureuse paraît avoir hâté sa fin (1). Il fit la guerre à Arnaud-Guillaume de Labarthe, le battit et le fit prisonnier avec plusieurs chevaliers et un plus grand nombre d'archers, et tout ce qui marchait à sa suite. La victoire avait été vivement disputée, le champ de bataille resta jonché de cadavres. Il est vraisemblable que Centule y fut blessé; du moins peu de jours après il tomba dangereusement malade à Simorre. Bientôt, désespérant de sa vie, il demanda l'habit de St-Benoît à l'abbé Bertrand de Lasséran, et il expira peu d'instants

---

(1) Cartulaire de Simorre, Manuscrit de M. d'Aignan.

après l'avoir reçu. Les religieux l'ensevelirent d'abord dans le cloître; mais quelques années après ils lui élevèrent un mausolée à l'entrée du chœur et y déposèrent son corps. Ses cendres y reposent, tandis que son âme, dit le chroniqueur que nous transcrivons, habite le ciel.

Cet événement arriva le 24 août 1249 sous le règne de St-Louis et le pontificat d'Hispan. Il eut pour témoins Bernard d'Esparsac, abbé de Faget, Arnaud, archidiacre d'Astarac, R. G. d'Espax, chanoine de Faget, B. d'Aubiet, prêtre, frère G. de Montégut, Arnaud de Biran, Avasseur de St Arroman, Centule de Lagorsan et plusieurs autres seigneurs. Avant 1793, le portrait de Centule ornait la niche placée au-dessus de l'autel de St-Cérat dans la nef de l'église de Simorre.

Ce comte était encore jeune lorsque la mort le frappa. Durant sa courte administration quelques difficultés s'élevèrent entre lui et les consuls de Castelnau-Barbarens. On prit pour arbitres le comte de Foix et le vicomte de Béarn qui ramenèrent la paix; et Centule, pour gage de sa réconciliation confirma ou renouvela les coutumes données aux habitants par Bernard son aïeul et Guillaume Desbarats. Il n'eut point d'enfants de Peronne que l'on donne quelquefois pour femme à Centule son père, et qui était fille de Bernard, comte de Comminges, et de Marie de Montpellier. Bernard son frère (1), cet enfant né après le testament de son père, lui succéda dans le comté d'Astarac. A peine eut-il reçu l'hommage de ses vassaux, qu'il voulut récompenser

---

(1) L'Art de vérifier les dates. Grands Officiers de la couronne.

l'attachement personnel de Basian de Marast, seigneur de St-Arailles, et lui accorda quelques droits.

La branche puînée d'Astarac, les Monlezun-Pardiac s'effaçaient tous les jours davantage. Retirés dans leurs domaines, ils n'avaient pris parti dans aucune des grandes luttes qui venaient d'agiter les comtés voisins. Aussi paraissent-ils presque oubliés de l'histoire; à peine si nous pouvons saisir leur filiation (1). Otger II était mort au commencement du XIII° siècle. Sa femme dont on ignore et le nom et la famille lui donna trois ou peut-être quatre enfants, Arnaud-Guillem qui succéda à son père, Bernard ou Bernadet de Monlezun, dont le Père Anselme et après lui dom Clément font descendre l'ancienne famille de Montastruc, Géraud que nous verrons occuper le siége de Lectoure, et peut-être un autre Arnaud-Guillaume, presqu'au berceau à la mort de son père.

Arnaud-Guillem l'aîné remplaça Otger, au plus tard, en 1204. Sa vie se prolongea jusqu'en 1225, suivant les documents du Brouil, ou même 1229, selon le Père Montgaillard; et durant cette longue période nous n'avons pu découvrir que quelques donations aux monastères de la province. Arnaud-Guillem II, son frère, ou plus vraisemblablement son fils qui recueillit son héritage, parcourut une carrière plus longue, mais presqu'aussi stérile en événements dignes d'être rappelés. Le mardi avant la Pentecôte, 1255, nous le trouvons confirmant toutes les concessions faites par sa famille ou ses vassaux, à l'abbaye de La Case-Dieu. Il mourut

---

(1) L'Art de vérifier les dates, Grands Officiers de la couronne, dom Brugelles, M. d'Aignan.

peu de mois ou peut-être peu de jours après, et vraisemblablement cet acte religieux lui fut-il inspiré par l'approche de ses derniers moments. Il laissait, outre Arnaud-Guillem III, son successeur, Marie, qui épousa vers l'an 1270 Comtebon, baron d'Antin (*).

Bien différente de la maison de Pardiac, celle de l'Isle-Jourdain croissait tous les jours ; Jourdain IV en était le chef. Un de ses parents étant mort sans enfants après avoir légué son bien à Odon de Terride, fils de sa sœur, Jourdain invoqua la clause de Jourdain III qui excluait les femmes, et s'empara de la succession. Izarn-Jourdain, cousin germain du comte de l'Isle, réclama sa part au même titre. Bernard d'Astafort, père d'Odon de Terride, se présenta aussi. La querelle se prolongea trois ans ; mais enfin Bernard, le fils posthume (1) de Bernard Jourdain, jeté dans le cloître par injonction paternelle, s'interposa entre les membres de sa famille. Après sa profession il était devenu prévôt de St-Etienne, lorsque se trouvant à Paris il adjugea la seigneurie contestée à son frère Jourdain ; mais il réserva pour Izarn et pour Bernard sept cents sols Morlas de rente assis sur les biens en litige. Othon, quoique

---

(*) Le 22 septembre de cette année, Arnaud-Guillem confirma par ses lettres patentes un don fait aux moines de La Case-Dieu. Dodoin de Sariac, damoiseau, et ses frères, pour rédimer les moines des maux dont le monastère avait eu à souffrir de leur part, leur abandonnaient le droit de dépaissance sur toutes leurs terres. Deux ans plus tard, Raymond Aymeric de Montesquiou transigeait avec les mêmes religieux en se réservant la loi du sang, les éperviers, les pièces de gibier et un logement pour ses mules. Enfin, en 1280, le même Raymond Aymeric donna le droit de pacage sur toutes ses terres avec la permission de mettre 490 cochons au glandage.

(1) Dom Vaissette, tom. 3.

oublié dans ce jugement, dut acquiescer à la sentence, car peu de mois après il achetait avec son père, des mains de Jourdain IV, le quart du château de St-Jean dans le Gimois (*).

Jourdain se préparait à une expédition lointaine. Charles d'Anjou, frère de St-Louis, à qui le pape Martin IV avait donné la couronne de Sicile, appelait à lui l'élite des guerriers français pour aller combattre Mainfroi et conquérir ses états. Des affaires retardèrent le départ du comte de l'Isle. Il ne put se mettre en route qu'aux premiers jours de janvier 1265. Arrivé à Pérouse dans la Pouille, il y fit son testament (1) dans lequel il laissait l'administration de son comté au prévôt de St-Etienne, son frère, et le chargeait de désigner son héritier. Plus tranquille désormais, il combattit avec plus de valeur et se signala tellement que Charles le nomma, à ce qu'on croit, vice-roi de Sicile.

Esquivat de Chabannes montrait moins de courage. La paix régnait autour de lui depuis le dernier traité. Néanmoins il craignait toujours que Gaston ne fît revivre ses anciennes prétentions. Ces craintes le portèrent dans un voyage qu'il fit à Paris, à confirmer la donation simulée que les circonstances lui avaient arrachée en

---

(*) Le parent dont la famille de l'Isle se disputait l'héritage se nommait Raymond Jourdain. Il avait choisi sa sépulture dans le cimetière de Grandselve, et lui laissa en aumône son cheval, son roussin et une armure complète comme devait l'avoir un chevalier. Il lui laissa encore un lit complet fait des meilleures étoffes du château. Il voulut que ses cochons fusent vendus et que sur le prix on employât 100 sols Morlas à payer un donzel chargé de faire pour lui le pèlerinage de St-Jacques qu'il avait voué. Enfin, il laissa ses bottines de fer à deux de ses proches.

(1) Dom Vaissette, tom. 3.

faveur de Simon de Leicester, son grand oncle. Il en ajouta une seconde et s'engagea en outre à lui remettre (1) les châteaux de Lourdes et de Mauvezin. La prudence la plus vulgaire condamnait cette démarche, et les précautions qu'il prenait pour conserver ses états ne tendaient qu'à l'en dépouiller plus sûrement.

Leicester, trompant son attente, écrivit aussitôt aux états de Bigorre qu'il venait d'être établi leur seigneur, et qu'il envoyait Philippe, son cousin, pour prendre l'administration du comté et le régir en son nom. En même temps joignant l'effet aux paroles, il s'emparait des châteaux de Lourdes et de Mauvezin qui lui étaient promis. En voyant son protecteur devenir son ennemi déclaré, Esquivat comprit, mais trop tard, la grandeur de sa faute. Sans perdre un instant, il essaya de la réparer et appela près de lui ses barons. L'usurpation était évidente ; néanmoins la province se partagea. Pierre d'Antin et quelques autres seigneurs gagnés sans doute par l'or de l'Angleterre, qui se cachait derrière les prétentions de Leicester, se déclarèrent pour l'oncle. Mais le plus grand nombre se prononcèrent pour le neveu. La ville de Tarbes garda d'abord la neutralité. On guerroya quelque temps, et lorsque tout faisait craindre une lutte longue et désastreuse, parce que les forces étaient à peu près égales, et que les haines domestiques s'ajoutaient à l'entraînement des combats, Guillaume, évêque de Lectoure, Compains, évêque d'Oleron, Godefroi de Luzignan, Guillaume de Valence et le sénéchal de Gascogne ménagèrent une trêve qui donna le temps de préparer une paix solide.

(1) Marca, M. l'abbé Duco.

Gaston de Béarn lui-même si suspect à Esquivat, se joignit aux médiateurs. Pendant les préliminaires, la ville de Tarbes se déclara pour Esquivat. Leicester, désespérant alors du succès de son entreprise, abandonna la lutte sans renoncer à ses prétentions, et se contenta de garder le château de Lourdes. Néanmoins, deux ans après, il faisait déposer sur l'autel de Notre-Dame-du-Puy la rente de soixante sols Morlas que le comté de Bigorre devait à cette église; quand son ambition eut trouvé un tombeau à la journée Desveshan, Simon de Montfort, son fils aîné et son héritier, céda de concert avec sa mère tous ses prétendus droits sur les états d'Esquivat, à Thibaut II, roi de Navarre, et lui remit le château de Lourdes que les troupes de son père avaient constamment défendu.

Esquivat était un seigneur faible, mais bon. Il apprécia comme il le devait la générosité de Gaston, et pour lui témoigner sa reconnaissance, il lui promit (1) en présence de Garsie-Arnaud, vicomte d'Asté, de ne vendre ni de n'engager de cinq ans le Bigorre sans le consentement du comte de Foix.

Une imprudence de Géraud attira aussi le poids de la guerre sur l'Armagnac (2). Alphonse, comte de Toulouse, avait d'abord paru voir d'un œil indifférent l'hommage prêté par ce seigneur à l'Angleterre; mais cinq ans après, on ne sait trop sous quel prétexte, il se montra offensé, et somma impérieusement Géraud de faire auprès de lui acte de vasselage. Fidèle à son nouveau serment et comptant sur l'appui du suzerain qu'il s'était donné, le comte d'Armagnac refusa ouvertement

(1) Marca. — (2) Dom Vaissette.

d'obtempérer à la sommation. Ce refus augmenta le ressentiment d'Alphonse, qui ordonna à Pierre de Landerville, son sénéchal, de porter la guerre dans les domaines de son ancien vassal. Le sénéchal prit aussitôt les armes, entra dans le Fezensac, y sema le ravage et fit plusieurs prisonniers. Géraud ne crut pas devoir résister plus longtemps. Il demanda la paix et donna des ôtages. Alphonse, satisfait de sa soumission, manda à Landerville qu'après avoir reçu les assurances du comte et de Pincelle, sa mère, comme ils se présenteraient devant sa cour et feraient toutes les satisfactions convenables; il lui rendît les ôtages et les domaines saisis. En exécutant ces ordres, le sénéchal condamna Géraud à payer quinze cents livres tournois pour les frais de la guerre. Mais par un accord qu'il passa ensuite avec lui à Toulouse, à la fin de septembre 1264, il se contenta de quatre cents livres Morlas.

Malgré cette amende, Géraud osa encore se commettre avec son formidable voisin. Il ne pardonnait pas aux habitants de Condom d'avoir prêté appui au vicomte de Lomagne (1). Aussi saisit-il quelque léger sujet de plainte pour se jeter sur leurs terres et les piller impitoyablement. Condom faisait partie de l'Agenais, alors soumis au comte de Toulouse. Les habitants se contentèrent d'abord de porter leurs plaintes à leur seigneur et d'implorer sa justice; mais comme elle se faisait trop attendre au gré de leur impatience, ils armèrent à leur tour et portèrent le ravage sur les domaines de leur aggresseur. La querelle s'échauffait, lorsqu'un ordre d'Alphonse vint suspendre les hostilités. Il en-

---

(1) Catel. Dom Vaissette.

joignait aux deux partis de rendre à la liberté les prisonniers tombés dans leurs mains, de restituer les objets enlevés et de compenser les dégâts. Le sénéchal de Toulouse et d'Alby était chargé de faire exécuter cet ordre, et le chevalier Sicart d'Alaman devait prononcer sur les contestations.

Une injonction aussi juste mécontenta les Condomois, qu'elle semblait plus particulièrement protéger; et dans leur mécontentement ils en appelèrent à la force, réunirent plus de quatre mille hommes sous les armes, se ruèrent de nouveau sur les terres du comte d'Armagnac, dévastèrent et livrèrent aux flammes quelques-uns de ses châteaux, prirent et pillèrent plusieurs petites villes et égorgèrent un grand nombre de ses vassaux. Géraud, surpris un moment, s'empressa de rassembler toutes ses forces, opposa la violence à la violence, et se vengea des excès de ses ennemis par des excès plus grands. Alphonse eût pu plutôt arrêter ces dévastations, mais peut-être ne fut-il pas fâché de voir ces dissensions se prolonger, car elles profitaient à son trésor. Le vassal qui prenait les armes sans l'autorisation de son suzerain lui devait une amende. Mais quand il vit partout le carnage et le vol, il commanda avec plus d'autorité. Il fallut obéir à sa voix et se soumettre au jugement du chevalier Sicart, qui avant tout réclama l'amende due à son maître (1268).

Cette paix fut suivie d'une autre. La lutte qui avait donné naissance à cette guerre avait cessé depuis longtemps. Il restait à en effacer les dernières traces. Le roi d'Angleterre fit conclure au comte d'Armagnac et au vicomte de Lomagne une trêve de trois mois. Géraud donna pouvoir au comte de Comminges de la proroger en son nom. Enfin, Gaston de Béarn, beau-père de Géraud et ami de la famille de Lomagne, pour laquelle il s'était engagé personnellement, acheva ce qu'avait commencé le monarque anglais (1). Sous ses auspices les deux maisons se réconcilièrent, et pour que rien désormais ne vînt troubler l'harmonie, elles réglèrent ensemble les limites de leurs seigneuries.

(1) L'Art de vérifier les dates.

CHAPITRE III.

Dissensions dans l'Eglise. — Puissance de Gaston, vicomte de Béarn. — Mariage d Constance sa fille aînée. — Evêques d'Aire, — de Tarbes, — de Lectoure, — de Dax. — Troubles à Dax. — Evêques de Bayonne, — de Couserans, — de Comminges, — de Bazas. — Croisade de St-Louis. — Mort de ce prince. — Meurtre d'Henri de Lancastre, mari de Constance de Béarn. — Philippe, sœur de Vésian, vicomte de Lomagne, établie héritière de Jeanne, comtesse de Toulouse, est évincée par la France. — Lutte des comtes d'Armagnac et de Foix contre Philippe-le-Hardi. — Leur soumission.

Les dissensions passaient alors trop souvent du siècle dans l'Église. Le chapitre d'Auch et les moines de St-Orens étaient divisés (1) à l'occasion des dîmes à percevoir dans le diocèse. Les deux parties choisirent pour arbitres Jean de Besnes, abbé de Faget et chanoine d'Auch, et Guillaume, prieur de Montaut, moine de St-Orens, qui ramenèrent la concorde (*).

(1) Cartul. d'Auch et de St-Orens, Manuscrit du Séminaire.
(*) L'abbé de Faget et le prieur de Montaut réglèrent que l'archevêque et le chapitre auraient le quart de toutes les dîmes, excepté dans St.-Orens, Juillac, Samazan, Lamazère, Labéjan, Montaut et Peyrusse qui demeurèrent entièrement au monastère; que le prieur et son couvent auraient la libre présentation aux cures de St-Orens, St-Cric, Duran, Peyrussette, Montaut, Mouchan et Peyrusse-Grande, lesquelles devraient à l'archevêque deux sols Morlas. Lamazère, Samazan et Juillac en devraient autant pour le droit cathédralique ou de procuration. Les autres églises dépendantes du monastère ne paieraient que douze deniers par an. Enfin, le prieur et les moines ne pourraient recevoir aucune donation sans l'autorisation du prélat, qui prendrait le tiers de tous les legs faits à l'abbaye comme portion canonique. A ce prix, Amanieu reconnaît aux Orientains les

L'Ordre de la Paix avait déchu rapidement. Un statut (1) permettait d'y recevoir des hommes mariés qui ne renonceraient pas à leur titre d'époux, et autorisait même ceux-ci à faire élever dans les maisons de l'Ordre, leurs fils jusqu'à 14 ans et leurs filles jusqu'à 12, âge où les enfants pouvaient opter entre l'état monastique et le siècle. C'était allier la paternité avec le cloître. Il y avait là une occasion continuelle d'affaiblissement et de désordre; nulle constitution n'y eût résisté. Aussi l'Ordre était tombé profondément. Amanieu essaya de le relever et obtint une nouvelle confirmation du pape Clément. Grâce à ses soins, l'Ordre put encore se traîner quelque siècle. La même année 1268 le prélat accepta les dîmes de St-Elix que donna à Ste.-Marie, Bernard de Labarthe, son official, et transigea avec l'abbé de La Case-Dieu pour les dîmes de St-Jean-Poutge.

La querelle assoupie entre Gaston et le faible Henri III s'était ravivée. Nul seigneur de nos contrées n'égalait le vicomte de Béarn en puissance pas plus qu'en habileté et en courage. Il commandait depuis Maubour-

---

monastères de St-Orens, de Montaut, de Peyrusse-Grande, Mouchez et le droit de denier dans une foule d'églises (**). Cet acte fut passé dans le cloître de Ste-Marie, le 26 février 1264.

(**) Savoir, en ne nommant que les principales; dans l'archidiaconé de Savanez, Labéjan, Duran, Castillon-Massas, Cezan'; dans l'archidiaconé du St-Puy, quatre églises; dans l'archidiaconé de Vic, Marambat, Antras, Justian, Larroque; dans l'archidiaconé de Pardeillan, Mouchan, Mazerottes; dans l'archidiaconé d'Armagnac, Thermes, Laffitte, Mausser, Gazax, Fusterouau; dans l'archidiaconé d'Anglès, Pujos, Peyrusse-Grande, St-Laurent; dans l'archidiaconé de Pardiac, St-Laurent-du-Pin; dans l'archidiaconé de Corrensaguet, Leboulin, Lussan, Marsan, Mirepoix, Crastes et Aubiet.

(1) Cartulaire d'Auch et de St-Orens. Manuscrit du Séminaire.

guet jusqu'au pied des Pyrénées et aux portes de Bayonne, ville presque libre, mais qui reconnaissait la souveraineté nominale de l'Angleterre. De Bayonne se repliant vers la Garonne, il donnait des lois à Mont-de-Marsan et à Aire. Eauze et Gavarret le reconnaissaient pour maître; et par delà Condom, son autorité s'étendait jusqu'à Layrac et aux environs d'Agen. Un seul bien manquait à sa félicité domestique. Mathe de Bigorre, outre quatre filles, ne lui avait donné qu'un fils, et ce fils lui fut enlevé dans son adolescence. Cette mort promettait à Constance, l'aînée de ses filles, la plus grande part de l'héritage paternel. Aussi plusieurs princes se disputèrent sa main. Alphonse, fils aîné de Jaymes Ier, roi d'Aragon, qui fut préféré à ses rivaux, ne jouit pas longtemps de cette préférence. Il mourut peu de mois après sans laisser de postérité.

La jeune veuve fut alors recherchée (1) par le neveu du roi de Castille et par Henri, frère, et plus tard successeur du roi de Navarre. Celui-ci fut agréé et les fiançailles célébrées. Gaston constitua à sa fille la vicomté de Gavarret et le Bruillois avec le pays de Rivière-Basse et la partie qu'il possédait au château de Roquefort en Marsan. Mais ce mariage n'eut point lieu. Constance fut alors accordée (2) à Henri, fils aîné de Richard, comte de Cornouailles, que le pape avait voulu opposer à Frédéric Barberousse, et qu'il avait déclaré roi des Romains. Les articles du mariage furent arrêtés à Londres, le 10 février 1267. Le vicomte ajouta à la dot promise au frère du roi de Navarre mille livres de rente assises sur le Béarn et le Marsan, dans le cas où

---

(1) Marca, liv. 7, ch. 21.—(2) Le même, l'Art de vérifier les dates.

il mourrait laissant un fils de Mathe; mais si ce fils lui venait d'une autre femme que la vicomtesse actuelle du Béarn, alors Constance aurait à la place des mille livres la vicomté de Marsan. S'il n'avait pas de fils légitime, Constance succèderait à la vicomté de Béarn, de Marsan et de Gavardan; mais Gaston disposerait à son gré de toutes les autres terres. Enfin, si Constance venait à décéder sans enfants, les trois vicomtés reviendraient à ses plus proches héritiers, et elle ne pourrait disposer que de la valeur de mille livres tournois. Henri, de son côté, donnait à Constance un douaire de mille livres sterling de rente, et il s'engageait avec sa femme à ne jamais transmettre qu'à leurs héritiers légitimes, le Béarn, le Marsan, le Gavardan et le Bruillois, et surtout à ne jamais séparer le Marsan du Béarn.

En concluant ce mariage, Gaston abjurait son passé et se jetait dans les bras d'une puissance qu'il avait combattue toute sa vie. Aussi éprouva-t-il quelque hésitation. Il en négocia un autre avec Emmanuel, frère d'Alphonse, roi de Castille. Emmanuel était veuf aussi et avait un fils qui fut fiancé avec Guillemette, dernière sœur de Constance. L'abbé de l'Escale-Dieu ménageait cette double alliance; mais il fallait une dispense à cause de quelque degré de parenté, et le pape dévoué au roi des Romains la refusa. On se retourna alors vers l'Angleterre. Henri somma son futur beau-père d'émanciper sa fille. Gaston s'y détermina. L'acte en fut passé à Mont-de-Marsan (1), en présence et sous l'autorité de la cour de Béarn vers la mi-novembre 1268. On y vit

---

(1) Marca, liv. 7, ch. 12.

l'archevêque d'Auch, les évêques d'Aire, de Tarbes, de Lectoure et d'Oleron; les comtes de Bigorre et d'Armagnac, Pierre, vicomte de Tartas, Jean de Grailli, Garsie-Arnaud de Navailles, Bernard de Coarase et une foule de chevaliers. Gaston s'obligea en même temps à conduire sa fille, dans le mois de février suivant, soit en France, soit en Angleterre, afin que le mariage pût se célébrer, et à obtenir des comtes de Foix et d'Armagnac, ses deux autres gendres, une renonciation formelle à tous les biens donnés à Constance. Nous ignorons si les deux gendres souscrivirent aux désirs de leur beau-père, mais du moins celui-ci traversa le détroit avec sa fille et Constance épousa (1) enfin le prince anglais. Ce mariage semblait devoir livrer la Gascogne à l'Angleterre, déjà maîtresse de l'Aquitaine, mais le ciel en disposa autrement. Constance n'eut point d'enfants, et son nouveau mari, plus malheureux encore que l'infant d'Aragon, ne tarda pas à périr sous les coups d'une lâche et atroce vengeance.

L'archevêque d'Auch avait assisté à l'émancipation de Constance, à la tête de plusieurs de ses suffragants. Les monuments qui nous ont conservé leurs souvenirs et celui de leurs comprovinciaux sont rares et courts. Le temps n'est plus où l'église remplissait toutes les chroniques; sa part devient chaque jour plus mince. Les annalistes sont assez occupés à raconter les luttes des seigneurs. Avant d'en reprendre le récit, arrêtons-nous un instant pour jeter un coup-d'œil sur la succession des prélats.

L'évêque d'Aire n'occupait ce siége que depuis deux

---

(1) Marca, liv. 7, ch. 12. L'Art de vérifier les dates.

ans. Il avait succédé à Raymond de St-Martin dont l'humilité (1) s'effaroucha longtemps des honneurs de l'épiscopat, et ne céda qu'aux ordres formels et réitérés du souverain-pontife. Son zèle ne pouvait pactiser avec les abus. Il les attaqua avec force, et quand il vit que ses ouailles ne secondaient pas à son gré ses pieux desseins, il déposa la houlette et se retira dans le monastère de La Castelle. Il y vécut quelques années en simple religieux et y mourut dans la pratique de toutes les vertus. Il avait pour théologal Martin de Labeyrie, archiprêtre de Mont-de-Marsan, dont le testament nous a été conservé. Martin léguait au successeur de Raymond mille sols, outre cent trente que le prélat lui devait. Il dotait largement un hôpital qui devait s'ouvrir pour les pauvres de sa ville et pour les passants, et en destinait l'administration au vicomte et au maire de la ville. Enfin, il donnait une terre au chapitre d'Aire, à condition qu'on ferait célébrer tous les jours une messe avant laquelle le prêtre dirait aux fidèles : Priez Dieu pour les âmes de Raymond, autrefois évêque d'Aire, et de Martin de Labeyrie, jadis son official.

L'évêque de Tarbes qui parut aussi à l'assemblée de Mont-de-Marsan, se nommait Raymond-Arnaud de Coarase (2). Il venait de remplacer sur ce siège Arnaud de Miossens, successeur d'Arnaud Raymond, mort avant 1264. En 1260, un Arnaud, évêque de Tarbes, adjugeait à son chapitre les dîmes de Baudéan que lui disputait le vicomte d'Asté. Les auteurs de la Gaule Chrétienne n'osent pas décider si c'est Arnaud de Miossens ou son prédécesseur.

(1) *Gallia Christiana*, Manuscrit d'Aire.—(2) *Gallia Christiana*.

Plusieurs prélats s'étaient succédés assez rapidement sur le siége d'Oleron (1). Pierre l'occupait en 1240 ; c'est lui qui fut un des témoins des dispositions faites par la comtesse Pétronille, en faveur de Mathe et de Gaston de Béarn. Il vivait encore en 1254, et fut remplacé par un prélat dont on ne connaît que l'initiale G. et qui est vraisemblablement un Guillaume, moine de St-Sever, mort vers cette époque évêque d'Oleron. A celui-ci succéda Roger, suivant Oihénart, et Raymond suivant Marca, mais certainement le même que nous avons vu en 1256, près du comte de Foix, quand il termina les différends qui divisaient Esquivat et Gaston. Compain, qui vint après Roger ou Raymond, est plus connu que ses prédécesseurs. Nous l'avons déjà rencontré d'abord à côté de Leicester et d'Esquivat, et puis à l'assemblée de Mont-de-Marsan. Nous le trouverons plusieurs fois encore.

L'évêque de Lectoure (2), Géraud de Montlezun, appartenait à la maison de Pardiac. Il était fils d'Oger II et frère d'Arnaud-Guillem Ier. Ses prédécesseurs sont à peine connus. Gaillard de Lansbec, qui occupait son siége en 1240, était frère de Pierre de Lansbec, seigneur de Branes dans le Bazadois. Géraud Ier, en 1256, contestait quelques dîmes à l'abbaye de Moissac. Raymond de Caumont, curé d'Auvillars, choisi pour arbitre, termina leurs contestations. Guillaume II, successeur de Géraud, qu'Oihénart et les frères de Ste-Marthe placent avant lui, tandis qu'il lui succéda, transigea encore en 1257 avec la même abbaye. C'est Guillaume qui remplaça Géraud de Montlezun.

(1) *Gallia Christiana*, Manuscrit d'Oleron. — (2) *Gallia Christiana*.

Après Fortanier de Mauléon que nous avons vu comblé de largesses par Alphonse, roi d'Aragon, le siége de Dax (1) avait été occupé en 1215 par Gaillard d'Orthe. Deux ans après, le prélat consacra l'église de La Cagnotte, restaurée aux frais de Raymond Arnaud, vicomte d'Orthe, son parent. Sous son épiscopat et à son impulsion trois bourgeois de Dax, Brun d'Ardre, Pierre d'Ardre et Bernard de La Torte ou de La Tour, fondèrent l'hôpital du St-Esprit près des murs de la ville. En 1220, il transigea avec les gérants de l'hospice des pauvres placé à la tête du pont de Dax. Il sanctionna, en 1227, la donation que Pierre Arnaud, seigneur de Luze, fit à l'abbaye de Lahonce du prieuré de Behun. Ce prieuré était alors habité par des personnes pieuses de l'un et de l'autre sexe qui n'étaient liées que par leur dévotion, et n'appartenaient à aucun Ordre religieux. Le seigneur de Luze donna avec le prieuré la moitié d'une terre et le droit de dépaissance sur toute la seigneurie. Il s'engagea en outre à défendre le nouveau prieuré comme il défendrait son propre château. La donation fut faite dans l'église de St-Pierre, la main placée sur l'autel, en jetant en l'air un brin d'herbe et une petite branche d'arbre (*), en présence de Raymond, prieur d'Usiat et archiprêtre, de l'évêque et d'une foule de témoins. Gaillard d'Orthe paraît avoir vécu jusqu'en 1233. Néanmoins, Guillaume de Salies, d'autres disent de Salinis, est placé sur le siége de Dax vers cette époque. Peut-être est-il le même que Gaillard ou Gratien qui suivra, et dont le nom désigné

---

(1) *Gallia Christiana.*

(*) *Per ramum et cespitem.*

comme il arrivait presque toujours par l'initiale G, aura été mal interprêté par un copiste ignorant.

Gratien, appelé d'Amou dans un ancien catalogue, est mis après le suivant par les MM. de Ste-Marthe. Nous marchons en aveugle; aucune date positive ne vient nous fixer. Nous savons seulement que Gratien obligea le vicomte de Marennes à lui restituer plusieurs dîmes; nous savons encore que ce prélat attaqua l'abbé de Divielle qui donnait la sépulture aux habitants de Dax, au préjudice de son église. L'archevêque d'Auch, pris pour arbitre, adjugea le quart des émoluments funéraires à l'évêque et à son chapitre. Arnaud-Raymond de Tartas, de l'illustre maison des vicomtes de ce nom, fut élu, dit-on, en 1234, ou plutôt en 1235. Il alla visiter Rome avant son sacre, du moins est-il appelé élu dans la charte où son nom est mentionné. Il n'a encore que ce titre l'année suivante, ce qui ferait penser qu'il ne reçut jamais l'onction sainte. Il partagea avec son chapitre la dîme de St-Vincent. Sous son épiscopat, Fortaner de Sault donna à la cathédrale la terre de ce nom.

Navarre de Mieussens (*de Mille Sanctis*) dont on ne place communément le pontificat qu'en 1243, gouvernait déjà l'église de Dax en 1239. Il reçut alors une donation de Raymond Arnaud, vicomte de Tartas, devenu aussi vicomte de Dax par son mariage avec Navarre, héritière de cette dernière vicomté. Le prélat admit le noble bienfaiteur en participation de toutes les bonnes œuvres du chapitre en présence des abbés de La Cagnotte et de Divielle. C'est cet évêque de Dax que nous avons vu assister au jugement porté par le comte de Foix. Son épiscopat devait être orageux. En 1242 il eut des démêlés avec les consuls et la communauté de Dax. Henri d'Angleterre pris pour juge condamna les habitants. En 1259, Navarre statua du consentement de son archidiacre et de son chapitre, que le nombre des chanoines n'excéderait pas dix, parce que les revenus actuels ne permettaient pas de dépasser ce nombre. Il assista à la vente du château de Sault, qu'Edouard, fils aîné du roi d'Angleterre, acheta le 3 novembre 1261. Il eut besoin peu après du secours de ce prince pour apaiser les troubles qui agitèrent la cité de Dax. Ces troubles avaient été provoqués par le sénéchal de Gascogne, qui sous prétexte de dîmes accordées par le Saint-Père, imposait de nouveaux tributs aux peuples. On s'en prit (1) à l'évêque et à son chapitre que l'on accusait d'un excessif dévouement à la couronne d'Angleterre. Dominique de Vic, ami du prélat, fut massacré dans l'enceinte même de l'église. Les maisons de plusieurs chanoines furent pillées et démolies.

Au bruit de ce soulèvement, le roi d'Angleterre accourut en personne, et étant entré dans la ville à la tête de forces considérables, il punit les plus mutins, imposa aux autres de fortes amendes et rétablit ainsi la paix. Mais comme s'il n'était pas assez de ces troubles, la discorde vint souffler son venin sur le clergé. Les curés des paroisses disputèrent au chapitre les novales ou prémices. Les esprits s'échauffaient ; on en appela de part et d'autre au saint-siége. L'évêque de Pampelune, nommé commissaire par le pape, prononça en faveur du chapitre. Navarre de Mieussens ne mourut

---

(1) *Gallia Christiana.*

que le 11 novembre 1272 (*). On l'enterra dans la cathédrale, près de l'autel de la Vierge. Après lui le siége vaqua plusieurs années, on ne sait trop pour quel motif; mais en 1278 nous le trouvons occupé par Arnaud Deville.

Guillaume de Donzac (1) s'était assis sur celui de Bayonne, en 1213, après Bernard de Lacarre ou Arsius de Navailles. On l'avait tiré de la Sauve-Majeure où il exerçait les fonctions de pitancier. Il possédait en même temps un prieuré dépendant de ce monastère; du moins il en était investi en 1224, car il racheta alors en qualité de supérieur, en présence d'Amanieu de Tarbes et de Grimoal de Comminges, une rente que devait son prieuré. Arrivé à Bayonne, le nouvel évêque s'occupa de sa cathédrale dont les fondements avaient été jetés vers l'an 1141. Suivant un ancien document, les travaux de l'église, ceux du pont sur l'Adour et d'un moulin appelé aujourd'hui de Bolichon, avaient été commencés le même jour; mais l'œuvre de la cathédrale avait avancé lentement. Guillaume de Donzac la poussa avec ardeur. En même temps il renouvela les liens de confraternité qui unissaient son siége et son chapitre au siége et au chapitre de Dax, et établit entr'eux une communauté de prières. Nous avons déjà vu quelques actes d'une semblable dévotion. Le zèle du prélat attira des largesses, mais ces largesses lui fournirent l'occasion

---

(*) Sous l'épiscopat de Navarre, Nicolas d'Ast, chapelain de l'église de Dax, fit le pèlerinage de Jérusalem, et en apporta une foule de saintes reliques, et en particulier un morceau de la vraie croix dont il enrichit la cathédrale; ce qui engagea le prélat à y ériger un nouveau titre de chapelain qu'il dota à ses frais.

(1) *Gallia Christiana*, Manuscrit de Bayonne.

de faire éclater son désintéressement. En 1233 il abandonna au chapitre la part qu'on lui avait léguée dans les dîmes d'Ustarits, d'Azaures et d'Arranets. Le chapitre acquit aussi cette année la dîme de St-Pierre d'Evarren que lui engagea Pierre Arnaud de Sault pour soixante-deux livres. Il fallut bientôt ajouter à cette somme neuf livres que devait la mère d'Arnaud, mais qu'elle ne pouvait payer, ce qui l'avait fait excommunier, selon les mœurs ou plutôt l'abus de ce temps, ajoute avec raison le pieux et estimable auteur du manuscrit que nous suivons.

Deux ans plus tard, Guillaume défendit les habitants de Basserssarry contre les prétentions du sénéchal de Gascogne qui voulait en exiger un souper. On en appela au témoignage et à la justice, et la redevance ne fut point admise. Les Cordeliers s'étaient établis à Bayonne sans qu'on puisse trop assigner l'année. En 1242, l'évêque et le chapitre leur abandonnèrent une chapelle ou oratoire dont les murs subsistent encore sur les bords de la Nive pour y faire les fonctions curiales. Le ministère des nouveaux religieux y fructifia. Leur maison s'agrandit, et leur nombre s'accrut considérablement. Il devint bientôt le couvent le plus riche de la ville. Sous François Ier, quand les règles de l'étroite observance y furent adoptées, les moines y furent moins nombreux, et néanmoins on en compta presque toujours encore vingt-deux ou vingt-trois (*). Oihénart place la

---

(*) En 1247, Pierre Arnaud de Sault donna la dîme de toute la maison de Sault et de toute la paroisse de Hesperrenc pour 600 Morlas qu'il reçut du Chapitre. Arnaud, fils de Pierre, emprunta aussi aux chanoines 6 livres moins 5 sols Morlas. Arnaud mourut peu après à Bayonne dans la maison de St-Nicolas, vraisemblable-

mort de Guillaume de Donzac en 1250. Un événement longuement décrit dans le livre d'or de Bayonne prouve qu'il faut le reculer de quelques années. Garsias d'Armendarist, curé ou chapelain, comme on l'appelait alors, légua en mourant à l'église de Bayonne le quart des trois portions de la dîme de cette paroisse; l'autre quart appartenait depuis longtemps au chapitre. L'aîné des neveux de Garsias s'opposa à l'exécution de ses volontés, et garda la part de l'église malgré une excommunication dont on le frappa. Après lui son frère la retint aussi en dépit de nouvelles foudres ecclésiastiques. Néanmoins, se voyant très-gravement malade, il mande près de lui l'évêque Raymond de Donzac et quelques membres du chapitre, reconnaît sa faute, renonce à la dîme en présence et du consentement de Guillaume son premier né et de ses autres enfants, et est absous. Malgré ce désistement, Guillaume marchant sur les traces de son oncle et de son père, retint à son tour la dîme et usurpa le quart appartenant à l'église. De là une nouvelle excommunication; celle-ci termina la querelle. Moins obstiné que ses prédécesseurs, Guillaume se reconnut et jura de n'user jamais plus de

---

ment dans l'hôpital de ce nom. Sa mère emprunta encore 12 livres 5 sols pour lui procurer les honneurs d'une sépulture digne de son rang dans l'abbaye de Lahonce. Plus tard, des créanciers réclamant 600 sols Morlas, le chapitre les prêta, et alors sa créance sur la maison de Sault s'éleva à 1600 sols. Quatre ans après le chapitre acheta pour 10 sols Morlas une part de la dîme de Jacson. Il avait eu l'autre pour 60. Le chapitre acquit encore les dîmes d'Urdaix pour 100 livres et pour 40 celle de Sarrus, mais il en donna ensuite 10 au fils de l'ancien possesseur de la dernière. L'évêque et le chapitre acquirent enfin d'un Lissague et de ses frères une autre dîme pour le prix de 4000 sols Morlas moins 6 livres.

violence. Le chapitre de son côté pour asseoir une paix solide lui donna soixante-dix sols, et lui abandonna quatre livres dont Guillaume était redevable sans doute pour les fruits usurpés. Le lendemain de cet accord un chanoine se transporta à Ustarits avec Guillaume pour y recevoir des cautions, et un mois après le chanoine et le seigneur se rendirent ensemble à Armendarits pour la cérémonie de l'investiture qui eut lieu le 9 octobre 1256.

Quatre ans auparavant, un provincial de Franciscains d'Aquitaine nommé Bertrand (1) et surnommé le Bicle de Bayonne (*Strabo Bayonnæ*) parce qu'il était louche, passa en Italie. Ses supérieurs l'y appelaient pour y combattre Guillaume de St-Amour, le fougueux ennemi des moines qu'avaient déjà réfuté St-Thomas et St-Bonaventure. La dispute eut lieu en présence du pape et du sacré collége. Bertrand y parla avec tant d'éclat, de force et de clarté, que son rival qui ignorait le nom du jouteur que lui opposaient les ordres mendiants, mais qui connaissait le nom et la science de Bertrand, ne put s'empêcher de lui dire: tu es un ange du ciel, ou un diable d'enfer, ou le Bicle de Bayonne. Ce langage trahissait sa défaite; la victoire ne fut pas douteuse, le pape condamna St-Amour.

Guillaume de Donzac fut remplacé par Sans de Haitse, que les MM. de Ste-Marthe, trompés sans doute par l'initiale de son nom, font précéder d'un Simon de Haitse qui n'exista jamais. Ils placent son épiscopat en 1256. Oihénart et Compaigne partagent son opinion; mais en 1256 et 1257, Sans était encore

---

(1) Manuscrit de Bayonne.

sacristain de la cathédrale, comme l'atteste le livre d'or de Bayonne (*), il ne fut élu qu'en 1259 (**). Avant de fixer le choix du chapitre, il avait acheté (1257) et donné à la cathédrale la terre de Harrcoilague. Sous son pontificat, Guillaume de Pouillon, du consentement de sa femme et de son fils, ratifia et confirma le don que Guillaume de Lavielle, son père, avait fait à Dieu et à Ste.-Marie de Bayonne, en lui abandonnant la dîme *de toutes les baleines et baleinats* (1) *qu'il devait avoir au port de Biarrits*. L'acte du fils est de 1262; diverses sentences judiciaires du xvi° et xvii° siècle maintinrent le chapitre dans le droit de cette singulière dîme. Sans reçut quelques autres dîmes et donna un asile aux Pères Carmes, qui vinrent s'établir en 1264 dans un des faubourgs de Bayonne. Il mourut non en 1275, comme l'avancent les Sainte-Marthe et Oihénart, mais en 1277. Avec lui finit le récit du livre d'or sur les évêques de Bayonne.

L'épiscopat de Nicolas, évêque de Couserans, fut encore plus long (2). Elevé sur ce siége en 1246, il l'occupait encore en 1270. Dans cet intervalle, nous ne saurions signaler qu'un hommage explicite rendu à Alphonse, comte de Toulouse, par lequel il fut stipulé que dans toutes les bastides ou villes nouvelles qui s'élèveraient dans le diocèse, il y aurait paréage entre le comte et l'évêque, et que dans ces villes les biens confisqués seraient partagés entre les deux seigneurs

---

(*) Simon de Haitse, *sacristan de Bayonne*, anno domini 1256. On lit les mêmes mots à l'année suivante.

(**) La même autorité l'atteste aussi, *anno domini* 1259, *regnante N'andric* (seigneur Henri) *Rey d'Angleterre et S. de Haxe éliit*.

(1) Manuscrit de Bayonne. — (2) *Gallia Christiana*.

paréagistes, mais que dans toutes les autres ils appartiendraient à l'évêque et à son chapitre. Nicolas avait été précédé par Cerebrun et Raymond, qui n'ont guère laissé que leur nom dans les dyptiques de la province.

Arnaud-Roger, évêque de Comminges, est plus connu (1). Il était fils du comte Bernard et avait d'abord embrassé l'état religieux dans l'abbaye de Bonnefond. Elu en 1241, son sacre fut retardé plus d'un an, mais il avait reçu l'onction sainte en 1243.

En 1245, il fit quelque bien à deux ou trois monastères, et il donna à son chapitre la terre de St-Frajou qu'il avait eue pour sa part dans l'héritage paternel. En 1248, Bernard, comte de Comminges, son neveu, lui abandonna tout ce que possédait dans Samatan Péregrin de Malvin ou Mauvezin (*Malavicini*). Vital de l'Isle lui vendit tous les droits qu'il avait à Cahuzac, pour deux cent cinquante-deux sols Morlas, et Géraud d'Orbessan lui céda les églises de St-Julien et de St-Paul de Maurillac. En 1260 il fonda les prébendes du bas chœur dans l'église de St-Gaudens. L'acte en est signé par les frères Arnaud-Garsie et Bernard, moines de Bonnefond et commensaux de l'évêque. Il mourut en 1260, ou plutôt il se démit alors de son évêché. Toujours, il était remplacé le 6 décembre de cette année par Géraud d'Andiran. Bernard d'Orbessan vendit à celui-ci le lieu où fut bâti le palais épiscopal de St-Frajou, du consentement de sa femme, et la même année il lui vendit encore tous ses domaines, par un acte où Arnaud-Roger est appelé ancien évêque de Comminges. Enfin, en 1265, Géraud acquit du même Bernard d'Orbessan

(1) *Gallia Christiana.*

tout ce qu'il possédait entre la Save et le Touge; il y prend le titre d'évêque, quoique depuis deux ans il fût remplacé par Bertrand de Miremont, ce qui a fait révoquer en doute par plusieurs son épiscopat. Mais ils se trompent. Le nécrologe porte expressément, le 13 juin, mort de Géraud d'Andiran, évêque de Comminges, qui repose dans l'église de Ste.-Catherine. La famille d'Andiran habitait le Condomois; l'évêque s'était sans doute retiré chez les siens après son abdication.

Les évêques de Bazas ont été peu mêlés à notre histoire dans la période que nous venons de parcourir. Après la mort de Gaillard de Lamothe, on avait élu le 29 janvier Arnaud de Pins (1), qui toutefois ne fut sacré que le jour de Toussaint (1221). Il jeta les fondements de la cathédrale et en poursuivit avec ardeur la construction. Il confia la direction des travaux à Seguin, son archidiacre, qui remplit avec intelligence sa mission, du moins si comme il est vraisemblable, c'est à lui que l'église de Bazas doit son portail, sans contredit le plus curieux et peut-être le plus beau de toute la Gascogne. Arnaud de Tantalon, qui était alors sénéchal du Bazadois, posa la première pierre et fit présent à l'église de cinq cents sols Morlas. Un autre de ses archidiacres signala sa fermeté. Amanieu d'Albret, après avoir prélevé sur le pays des taxes vexatoires, se présentait à la sainte table, dans la cathédrale. Guillaume, ainsi se nommait l'archidiacre, lui refusa hautement la communion jusqu'à ce qu'il eût réparé ses injustices. L'évêque mourut le 26 novembre 1242, et fut remplacé le 2 mars suivant par Raymond de Castillon,

(1) *Gallia Christiana*, l'Abbé Oreilly.

qui avait exercé les fonctions d'aumônier et de pénitencier de l'archevêque de Bordeaux. Raymond possédait la confiance et l'estime d'Henri, roi d'Angleterre, qui le choisit pour arbitre dans un démêlé violent qui s'était élevé entre son sénéchal de Gascogne et le prieur de La Réole. Le prélat donna gain de cause au prieur. En 1264, il réconcilia l'abbé et les moines de la Sauve-Majeure avec les habitants de Bourg, et dix ans après il unit à la mense épiscopale l'église d'Uzestte. Guillaume de Pins lui avait succédé en 1266.

Aucun de ces prélats ne prit part à la dernière Croisade qui devait conduire les bannières chrétiennes non pas en Asie, mais sur les côtes de l'Afrique; et cependant autour de St.-Louis étaient venus se ranger le jeune Edouard, duc d'Aquitaine, et Alphonse, comte de Toulouse. Celui-ci n'avait jamais oublié les lieux saints, et en les quittant pour rentrer en France en 1222, il y avait laissé des archers pour combattre à sa place. Parmi les chevaliers et les sergents enrôlés à son service, nous trouvons (1) Bernard de Montaut, Guillaume-Raymond du Lac, Arnaud de Villeneuve, Vital de Ferragut, Bernard Descamps et Bernard de Lagarde. Jeanne, femme d'Alphonse, qui avait partagé les fatigues et les périls de la première expédition voulut s'associer à la seconde. Les deux époux s'embarquèrent à Ayguesmortes, dans le mois de juillet 1270, mais cette entreprise fut encore plus funeste que les précédentes. Après avoir fait briller un instant sur les ruines de Carthage cet éclat de bravoure que nul n'égalait, le pieux roi s'étendait sur sa couche de mort, d'où son

---

(1) Charte particulière.

cœur de père et son âme de roi très chrétien dictèrent pour son fils les plus nobles enseignements que l'histoire ait recueillis d'une bouche mourante. St-Louis, une de nos gloires nationales les plus pures, appartient à toutes les provinces de la France. Nos lecteurs nous permettront de leur retracer cette fin sublime; nous l'empruntons à un de nos compatriotes (1).

Dès que le bon roi se sentit frappé, il pensa à Dieu et il pensa à la France. Ce fut la double sollicitude de ses derniers jours. D'abord il appela auprès de son lit ses enfants désolés, et quand ils furent devant lui, dit Joinville, il adressa sa parole à son aisné fils et lui donna des enseignements qu'il lui commanda garder comme par son testament et comme son hoir principal.

Et aussitôt qu'il eut ainsi endoctriné monseigneur Phelippes, son fils, sa maladie devint plus grave et plus menaçante, et le bon roi se retourna tout entier vers le ciel. Si la terre l'occupait encore, c'était dans une pensée de prosélytisme chrétien. Il voulait que l'on fît un dernier effort pour amener le roi de Tunis au culte de la croix. Il s'entretenait avec les envoyés de l'empereur Paléologue, de l'union de l'église grecque et de l'église de Rome. La religion absorbait toute son âme. Enfin il demanda et reçut les derniers sacrements de la sainte église, répondant aux prières du prêtre, et mêlant sa voix à la voix des fidèles serviteurs qui répétaient les versets des psaumes. Il semblait sourire à la mort à mesure qu'elle s'approchait. Entre les saints à qui il demandait des forces pour supporter la dernière épreuve, on l'entendit invoquer monseigneur St-Jac-

(1) M. Laurentie, Histoire de France, tom. 2.

ques et monseigneur St-Denis de France, et madame Ste.-Geneviève réclamait-il aussi. Et ainsi affermi par le secours des saints, il se fit déposer sur un lit couvert de cendres, et mit ses mains sur sa poitrine. En cet état, attendant doucement la fin de sa vie, il ne laissait échapper que des paroles de prière et d'espérance. Quelques moments il parut s'endormir, puis ouvrant les yeux, il dit ces mots de l'Écriture : J'entrerai dans votre maison, j'adorerai dans votre saint temple, « et oncques plus il ne parla. » Mais, ajoute Joinville, en regardant vers le ciel, rendit l'âme à son créateur à telle même heure que Notre-Seigneur-Jésus-Christ rendit l'esprit en l'arbre de la croix pour le salut de son peuple. Sa mort fut douce, son visage resta aussi beau et aussi vermeil comme il estait en sa pleine santé, et semblait à moult de genz qu'il vossit rire.

Ici l'histoire est tentée de s'arrêter, soit pour déplorer cette mort, soit pour reprendre une vie qui s'éteignait de la sorte et pour l'étudier sous un autre aspect. On avait vu le roi chrétien, le pacificateur, le réformateur, le grand homme politique; ici le saint vient d'apparaître, mais c'est au moment où il quitte la terre. Ce serait un magnifique spectacle à contempler que celui de l'héroïsme de la sainteté, en regard de cet autre héroïsme de la gloire qui éblouit les yeux vulgaires.

Philippe, surnommé le Hardi à cause de sa vaillance dans les combats d'Afrique, ne tarda pas à abandonner une terre de désolation. Il aborda en Sicile le 22 novembre avec le comte et la comtesse de Toulouse, déjà atteints de la maladie qui les précipita dans la tombe. Après avoir visité Rome, il s'arrêta quelques jours à Viterbe, où les cardinaux assemblés faisaient attendre depuis deux ans l'élection du pape. Dans ce rapide passage, il eut le temps d'assister à un crime atroce (1).

Henri, gendre de Gaston, avait accompagné sous les murs de Tunis le jeune Edouard; mais quand après la mort de St-Louis, son cousin fit voile vers la Palestine, il obtint de reprendre le chemin de sa patrie. Son cœur s'ennuyait de ces lointaines pérégrinations et redemandait la jeune épouse qu'il avait laissée dans le Béarn. Avant de la revoir, il vint à Viterbe réclamer le titre de roi des Romains qu'avait porté Richard son père. Guy de Montfort, fils du comte de Leicester, s'y trouvait aussi; il ne pouvait pardonner la mort de son père tué de la main d'Edouard, à l'instigation, disait-il, d'Henri ou de ses proches. Il avait d'ailleurs quelqu'intérêt à combattre les prétentions du prince anglais, car il avait épousé la fille du comte de Toscane. Il lui fallait son sang, et voyant qu'il le demanderait vainement à la force ouverte, il descendit aux embûches. Il se logea près de l'église de St-Laurent, où Henri s'était renfermé, le surprit pendant la célébration des saints mystères, et ne pouvant l'arracher du milieu des siens, il le frappa de son poignard. Puis il le traîna tout sanglant à la porte de l'église et l'acheva de plusieurs coups, comme eût fait un sicaire exercé au meurtre et à la férocité.

La fin d'Alphonse et de Jeanne fut moins tragique. Ils avaient repris la mer après le départ de Philippe, leur neveu; mais à peine eurent-ils touché l'Italie qu'ils furent saisis d'une maladie violente qui frappa également la plupart des gens de leur suite. Ils n'eurent que

(1) Matthieu Paris, Guillaume de Nangis, Thomas de Walsingham.

le temps de se faire transporter à Savone, où ils expirèrent, Alphonse le vendredi 21 août 1271, et Jeanne le mardi suivant. Ainsi le raconte un auteur contemporain (1). Un historien Génois (2) qui vivait alors et qui pouvait avoir été témoin oculaire, veut qu'Alphonse, déjà à ses derniers moments, soit allé débarquer près de Gênes, et qu'il y ait rendu le dernier soupir. Il ajoute que sa femme décéda le jour suivant de mort subite, ensorte que plusieurs soupçonnaient le poison.

Avant de quitter la France, Jeanne avait fait le 23 juin 1270 (3) son testament à Aymargues en Provence. Après une foule de legs particuliers, elle instituait pour son héritière universelle, Philippe, sœur de Vésian, vicomte de Lomagne, et née comme lui de Marie de Sauve, nièce du dernier Raymond. Elle lui donnait tous les biens et tous les droits qu'elle possédait dans les évêchés d'Agen, de Cahors et de Rhodez, et la dotait de tout ce qui avait été acquis par elle et par son père, non seulement dans ces évêchés, mais encore dans tous ses autres domaines. Enfin, elle lui léguait son écrin, c'est-à-dire ses anneaux, ses colliers, ses diadèmes et ses pierres précieuses. Tous ceux qui entouraient la jeune Philippe eurent part à ses largesses. Jeanne ordonnait en même temps à ses exécuteurs testamentaires de prendre soin de son héritière, et voulait qu'ils lui choisissent un époux digne de son nouveau rang.

Cette libéralité plaçait bien haut la sœur du vicomte de Lomagne. Elle était alors sous la tutelle de Guy, comte de St-Paul, qui s'empressa de demander au nom

---

(1) Guillaume de Puylaurens. — (2) Gaffari, dom Vaissette, tom. 3. — (3) l'Art de vérifier les dates, Grands Officiers de la couronne.

de sa pupille foi et hommage pour les terres qui lui étaient léguées. Mais la part était trop large. Philippe-le-Hardi, à la première nouvelle de la mort d'Alphonse et de Jeanne, s'empressa de faire mettre sous sa main les immenses domaines qu'ils laissaient. Cohardon, sénéchal de Carcassonne qu'il chargea de ce soin, n'avait pas attendu cet ordre. Il réunit à Toulouse, dans le cloître des Dominicains, les principaux vassaux des anciens Raymond (1). Bernard, comte de Comminges, Bernard, comte d'Astarac, Jourdain et Izarn-Jourdain de l'Isle-Jourdain se montraient à leur tête. On reconnut d'abord le roi pour seigneur immédiat, et quelques heures après on lui jura obéissance et fidélité, en réservant toutefois les libertés et les priviléges de la province. Le lendemain, plus de quatre cents seigneurs prêtaient leur serment. Le roi profitait de la faiblesse de Philippe pour garder toutes les terres. Le comte de St-Paul en appela à la justice, mais le parlement de Paris, gagné par la cour, rendit en 1274 un arrêt qui cassa le testament de Jeanne et anéantit les prétentions de son héritière.

Géraud, comte d'Armagnac, n'avait point paru au cloître des Dominicains, quoique sa mère eût jadis en son nom reconnu la suzeraineté d'Alphonse, du moins pour le Fezensaguet. Nous avons vu qu'il avait depuis transporté son hommage à la couronne d'Angleterre. Cette absence dut être remarquée à la cour de France. Un acte imprudent et téméraire acheva d'irriter le monarque français.

Presqu'aux portes d'Auch, se trouvait le comté de

(1) Lafaille, Preuves. Dom Vaissette.

Gaure, petit pays qui ne se composait que du St-Puy, Lassauvetat, Pauillac, Pouy-Petit, Réjaumont et St-Lary, dans lequel on venait de bâtir la ville de Fleurance, destinée non seulement à en être la capitale, mais encore à prendre rang parmi les villes les plus importantes du département du Gers. Là, au berceau de notre histoire, habitaient les *Garites*, mentionnés par César. Après l'invasion des Barbares, ce pays avait-il eu son seigneur particulier dans Fredelon, dont quelques-uns font, comme nous l'avons dit, le frère du premier comte de Fezensac et d'Armagnac? nous n'oserions l'assurer. La part du puîné eût été évidemment trop faible, à moins qu'à l'exemple du Père Montgaillard, on n'y ajoute le Pardiac plus vaste alors qu'il ne le fut depuis. Quoiqu'il en soit de cette conjecture, les successeurs de Fredelon nous sont inconnus jusqu'à Gérard de Cazaubon (*Casali boni*).

Sous lui, Géraud d'Armagnac prétendit (1), on ne sait trop sur quel fondement, que le comté de Gaure ou du moins le château du St-Puy (*summum podium*, très-grande hauteur), relevait de l'Armagnac, et en conséquence il exigea impérieusement le serment de vasselage. Gérard de Cazaubon soutint, de son côté, et vraisemblablement avec plus de fondement, que sa seigneurie dépendait du comté de Toulouse, et qu'ainsi il n'en devait l'hommage qu'au roi de France, héritier d'Alphonse et de Jeanne. Ce refus fut suivi de provocations mutuelles. Ainsi des deux côtés on courut aux armes. On ne connaissait guère encore alors d'autre

---

(1) Dom Vaissette, Guillaume de Nangis, Manuscrit de M. d'Aignan, l'Art de vérifier les dates.

justice. Le comte d'Armagnac entre le premier en campagne, et suivi de ses vassaux, il marche sur le château de Sompuy qu'il essaie d'emporter d'assaut. Cazaubon s'était préparé à l'attaque. Il résiste avec courage et contraint son agresseur à se retirer. Changeant alors de rôle, il tombe à son tour sur l'arrière-garde et la culbute. A cette vue, Arnaud-Bernard, frère du comte d'Armagnac, accourt pour la protéger. Cazaubon vole à lui, l'étend sans vie d'un coup de hache, et abat sur son corps sanglant plusieurs chevaliers qui s'empressaient pour défendre leur jeune maître. Dès-lors, le succès ne fut plus disputé; tous se dispersent, et le superbe Géraud lui-même est forcé de fuir devant l'ennemi qu'il était venu braver jusques sous ses murailles.

Irrité de cette défaite, et surtout de la mort de son frère, il jura d'en tirer une vengeance éclatante, et appela à lui ses proches et ses amis. Ils accoururent à sa voix, mais nul ne se montra aussi empressé que le comte de Foix, son beau-frère. Cazaubon, voyant une ligue formidable prête à l'écraser, prit le seul parti que lui commandait sa faiblesse. Il se plaça sous la protection de la France, livra le Sompuy et tous ses domaines au sénéchal de Toulouse et aux officiers royaux, et se constitua prisonnier dans le château Narbonnais avec sa femme et ses enfants. Il y attendit le jugement du roi touchant la mort d'Arnaud-Bernard d'Armagnac. Le sénéchal prit possession au nom de la couronne du château qu'on lui abandonnait, y arbora la bannière des lys, proclama la sauve-garde dont son maître couvrait son vassal, et défendit au nom de la France à tout venant de l'assaillir. Devant une défense pareille, la politique la plus vulgaire conseillait de s'arrêter. Mais à cette époque, le plus souvent on suivait impétueusement ses passions sans en calculer les suites. On battait ou l'on était battu. La prison ou l'amende faisait raison du vaincu et tout rentrait en paix. Il n'était pas même rare de voir les ennemis de la veille se réunir pour accabler leur voisin devenu l'ennemi du jour. C'est l'histoire des peuples dans leur enfance.

La vengeance criait trop haut ; les deux beaux-frères ne purent consentir à voir leur ennemi échapper à leur fureur. Ils s'avancèrent à la tête de leur troupe, attaquèrent le château *au mépris de la protection royale* et s'en rendirent maîtres après une défense désespérée. Gérard que poursuivait leur fureur trouva néanmoins moyen de s'évader, mais sa femme et ses enfants moins heureux tombèrent entre les mains des vainqueurs, qui pourtant respectèrent leurs jours. Tout le reste fut massacré, et quand les bras furent fatigués de carnage, on pilla le château et on le livra aux flammes. Du Sompuy, les confédérés se répandirent dans tout le comté de Gaure, et y portèrent la dévastation et la mort (1).

Philippe n'eut pas plutôt appris l'insulte faite à sa bannière, qu'il résolut de la punir sévèrement. Dans cette vue il fit publier le ban et l'arrière-ban, convoquant ainsi tout ce qui était tenu au service militaire. Certes, il n'en fallait pas autant pour accabler deux faibles seigneurs; mais Philippe voulut au début de son règne faire craindre sa puissance afin de mieux contenir ses

---

(1) Suivant un manuscrit qui nous a été communiqué, Cazaubon aurait péri sous les ruines de son château avec sa femme et Anne sa fille, jeune enfant à peine âgée de 16 ans.

vassaux. Pendant que ses troupes se réunissaient, il fit citer les deux coupables à sa cour pour y rendre compte de leur conduite. Le comte d'Armagnac se sentant trop faible, demanda merci et l'obtint (1), non sans avoir versé au trésor royal quinze mille livres tournois d'amende.

Le comte de Foix plus hardi, osa braver l'orage et se mit en état de défense (2). Il comptait que l'aspérité des lieux et la force de ses châteaux placés presque tous sur des hauteurs à peu près inaccessibles le mettraient à l'abri des armes françaises. Telle était sa confiance, qu'il ne craignit pas même de braver son ennemi. Eustache de Beaumarchez traversait paisiblement le comté de Foix. Roger-Bernard tomba sur lui à l'improviste, le força de fuir en laissant entre ses mains quelques prisonniers et une partie de ses bagages. Cette insulte ne resta pas longtemps sans vengeance. Eustache assembla les milices de la sénéchaussée, soumit le pays de Foix jusqu'au pas de La Barre, et eût poussé plus loin ses conquêtes s'il n'eût cédé aux avis de ses officiers qui lui persuadèrent d'attendre l'arrivée du roi.

Ce prince fit le 25 mai 1272 son entrée à Toulouse, où il avait fixé le rendez-vous de ses troupes, et où le duc de Bretagne et les comtes de Flandres, de Dreux, de Ponthieu et de Rhodez, ne tardèrent pas à le joindre avec leurs vassaux. Philippe se vit bientôt à la tête d'un *ost* (armée) si *grand qu'il dut toute terre faire frémir* (3). Le comte de Foix comprit alors toute la témérité de sa résistance, et n'espérant point fléchir par

---

(1) Dom Vaissette, l'Art de vérifier les dates. — (2) Les mêmes, Larroque, Traité du ban. — (3) Grandes Chroniques de St-Denis d'après M. Laurentie.

lui-même le monarque français, il implora la médiation de Jacques, roi d'Aragon, dont il se reconnaissait vassal pour le haut pays de Foix. Jacques passa les Pyrénées et vint trouver Philippe à l'abbaye de Bolbone. Gaston de Béarn accompagnait ses pas et joignit ses prières aux efforts du roi d'Aragon. Philippe se laissa vaincre et pardonna, mais en imposant des conditions que Roger-Bernard refusa d'accepter. Le roi de France fit alors avancer ses troupes pour assiéger le château de Foix où Roger-Bernard s'était enfermé.

L'entreprise était difficile, mais le monarque fit serment de ne s'éloigner qu'il *n'eût tresbuché et mis par terre* ce château ou du moins qu'il ne l'eût à discrétion. Des mineurs furent alors attachés aux pieds de la montagne. On travailla avec tant d'ardeur qu'en peu de jours les rochers furent percés et les approches de la place rendus libres. Le comte de Foix s'épouvanta de cette manière hardie de s'attaquer aux montagnes, et le 5 juin il envoya, de l'avis du roi d'Aragon et du vicomte de Béarn, demander grâce, et offrit de remettre à discrétion et sa personne et ses domaines entre les mains de Philippe. On le vit bientôt descendre lui-même de son formidable château et venir implorer sa grâce à genoux. Non seulement le monarque irrité la refusa, mais il le fit charger de chaînes et conduire à Carcassonne, où il fut enfermé dans une tour. Philippe se saisit aussitôt du château de Foix, et nomma sénéchal du pays conquis le chevalier Pierre de Villars, établit partout des officiers royaux et reprit le chemin de sa cour. Il amenait avec lui Marguerite de Moncade, femme du prisonnier, mais il tâcha de lui faire oublier les malheurs de son époux par tous les égards qui prouvent le respect et l'estime.

S'il fallait en croire un historien du temps (1) cet acte de rigueur porta aussitôt ses fruits. Le vicomte de Béarn ayant appris que Philippe le soupçonnait d'avoir engagé son gendre à prendre les armes, craignit le courroux du prince. Il s'empressa de se rendre auprès de lui, et tombant à ses genoux, il le supplia, les mains jointes, de ne pas lui imputer ce crime. Il offrait de se purger avec le bouclier et la lance, ou de toute autre manière, et d'en laisser la décision aux officiers du palais. Le roi cette fois se montra plus traitable. Il octroya, mais non pas sans prières, la grâce demandée. Il s'apaisa aussi à l'égard du gendre et brisa ses fers vers la fin de 1273. Roger-Bernard se rendit à la cour, où il trouva un accueil plus favorable qu'il ne l'espérait. Philippe, par un de ces changements dont l'histoire du moyen âge nous offre de fréquents exemples, le logea dans son palais, lui rendit ses bonnes grâces, l'arma chevalier et lui donna des maîtres pour le former à tous les exercices militaires. Il lui fit restituer enfin, d'abord le bas pays de Foix, et peu de jours après le haut, et le renvoya dans ses domaines, comblé d'honneurs et de prévenances. Il fit ensuite rebâtir (2) la ville du St-Puy, et pour rédimer les habitants de tout ce que leur avaient fait essuyer les comtes de Foix et d'Armagnac, il leur accorda de larges franchises et leur abandonna une vaste forêt (*higués*) dont jouit encore la commune actuelle. Il se réserva seulement les têtes et les quartiers de devant des biches, des cerfs et des sangliers qui y seraient pris, et qui lui seraient remis dans le château rebâti en même temps que la ville.

(1) Nangis, Dom Vaissette. — (2) Manuscrit tiré des archives du St-Puy.

CHAPITRE IV.

Mort de Constance, vicomtesse de Béarn. — Couvent de Bayries. — Captivité de Gaston de Béarn. — Procédure contre lui. — Amanieu, archevêque d'Auch. — Guerre en Navarre. — Guerre du comte d'Armagnac avec le sénéchal de Toulouse, — du comte de Foix avec ses voisins. — Restitution de l'Agenais. — Démêlés des habitants de Condom avec leur abbé. — Coutumes de la Sauvetat. — Paréage de Condom. — Troubles à Bayonne, — à Bazas. — Duel de Charles, roi de Sicile, avec le roi d'Aragon. — Guerre contre ce prince. — Mort d'Esquivat, comte de Bigorre. — Sa succession est disputée. — Evêques de Lectoure, — d'Aire. — Géraud, comte d'Armagnac.

Gaston venait de perdre Mathe, sa femme, dont le testament nous a été conservé (1). Elle y institue Constance héritière de la vicomté de Marsan, du pays de Rivière-Basse et de ses prétentions sur le comté de Bigorre. Elle lègue à Mathe, comtesse d'Armagnac, sa fille, dix mille sols Morlas qu'elle assigne sur la terre de Rivière. Elle donne à Marguerite de Foix la ville de St-Gaudens, le château de Miramont et la seigneurie d'Aure et de Nebousan. Enfin, elle lègue à Guillemette toutes les rentes qu'elle possède dans la ville de Saragosse. Elle dispose aussi de quarante marcs d'argent placés sur les lieux de Moneins et de Pontac en Béarn, sur lesquels elle assigne dix mille sols Morlas aux Cordeliers de Mont-de-Marsan, que son mari et elle avaient appelés cette année même dans cette ville, et une somme plus forte aux Clairistes de Bayries, dont les deux

(1) Marca, liv. 7, ch. 16. Inventaire des pièces du château de Pau.

époux avaient fondé la maison en 1255, et parmi lesquelles elle choisit sa sépulture. Elle réserve le reste pour servir de dot à de pauvres filles du diocèse d'Aire. Cet acte porte la date de 1270. Mathe ajouta à ses derniers moments un codicile, dans lequel elle léguait quatre mille sols Morlas pour défrayer deux hommes d'armes. Elle voulut qu'ils fussent envoyés dans la Terre-Sainte à la première Croisade, pour y gagner en faveur de son âme l'indulgence accordée aux pèlerins d'outre-mer. Elle nommait pour exécuteurs testamentaires Géraud de Montlezun, évêque de Lectoure, Pierre, évêque d'Aire, l'abbé de la Castelle et trois chevaliers.

Le couvent de Bayries comptait déjà quelques années d'existence. Le vicomte et la vicomtesse en avaient jeté les fondements en 1253. Mais divers obstacles avaient arrêté les premiers travaux (1), et la maison ne fut régulièrement instituée que le 20 juillet 1270, le jour peut-être du testament. Gaston et Mathe la dotèrent de biens très considérables, dont ils se dépouillèrent entre les mains de l'évêque d'Aire. En 1273, Constance, Marguerite et Mathe d'Armagnac confirmèrent ces donations lorsqu'elles vinrent déposer aux pieds des autels les cendres de leur mère. Constance et Marguerite s'intéressèrent vivement au sort des religieuses. Les guerres désolaient la province, et le nouvel établissement s'élevait isolé et sans défense au milieu des champs. Pierre, évêque d'Aire, à la sollicitation des deux jeunes comtesses, se transporta le 21 août 1275 à Mont-de-Marsan. Il y avait alors dans cette ville, près de la porte

(1) Manuscrit d'Aire, Pièces de la mairie de Mont-de-Marsan.

de Roquefort, un hôpital de St-Jacques. Un prêtre en était le directeur ; il portait une croix rouge sur ses habits, et les manches de sa soutane étaient aussi rehaussées de rouge. Quelques femmes distinguées par les mêmes marques vivaient sous sa discipline et prenaient le nom de Sœurs. L'évêque leur demanda si elles appartenaient à quelque Ordre reconnu par l'église, ou si du moins elles avaient une règle approuvée par le pape ou par quelqu'un de ses prédécesseurs ; et sur leur réponse négative, il leur défendit de porter l'habit qui les distinguait. En même temps il ordonna aux femmes de prendre celui de Ste-Claire, si les religieuses voulaient les recevoir. Le directeur et son faible troupeau n'osèrent pas réclamer. L'évêque introduisit sur-le-champ, de son autorité et du consentement de son chapitre, Navarre d'Ordan ou d'Ourdan, abbesse de Bayries, dans l'hôpital, et lui permit de venir l'habiter avec sa communauté. On abandonna alors Bayries, dont on garda cependant le nom et les revenus, et on vint se fixer à St-Jacques, qu'on dut quitter en 1377 pour entrer dans la ville. Ce dernier emplacement des Clairistes est aujourd'hui occupé par la préfecture. L'année qui précéda le premier changement (15 janvier 1274), Pierre assista avec l'évêque de Couserans au sacre de Guillaume de Blaye, élu évêque d'Angoulême. La cérémonie se fit dans l'église de Condom et fut présidée par Arnaud, évêque d'Agen.

Gaston désirait trop vivement un héritier direct pour rester longtemps dans le veuvage. Il contracta un nouvel hymen (1) avec Béatrix, fille de Pierre, comte de

---

(1) Marca, liv. 7, ch. 22, l'Art de vérifier les dates, tom. 2.

Savoie et veuve du dauphin de Vienne. L'acte passé le dimanche des Rameaux 1273, fut scellé du sceau de Guillaume, évêque de Bazas et de Simon de Joinville, oncle de Béatrix ; mais cette fois encore les vœux de Gaston furent trompés. Sa nouvelle épouse ne lui donna point d'enfants.

Le retour subit d'Edouard qui avait succédé à Henri III durant son voyage dans la Palestine, ne lui permit point de s'endormir longtemps dans les bras de sa nouvelle épouse. Le prince Anglais après avoir fait hommage à Philippe pour toutes les terres dépendantes de la couronne de France, s'achemina en toute hâte vers la Gascogne pour y apaiser les troubles que le vicomte de Béarn y avait excités contre son autorité (1).

Nous ignorons le motif ou le prétexte de cette nouvelle levée de boucliers. Peut-être Gaston se plaignit-il que l'Angleterre ne l'indemnisait pas de la perte du château de Cognac qui avait appartenu à son beau-père, et dont Mathe lui avait apporté les droits à son mariage. Toujours est-il qu'il s'abandonna à des violences qui le firent assigner à la cour de St-Sever devant le sénéchal de Gascogne, mais il ne daigna pas s'y présenter. Sur ce refus le sénéchal ordonna la saisie de toutes les terres du vicomte ; mais quand il fallut faire exécuter la sentence, Gaston résista à main armée. La justice dut se taire devant la force. Edouard se détermina alors à venir soutenir de sa présence l'autorité des tribunaux. Comptant que son autorité serait moins méconnue que celle de son sénéchal, il envoya le chevalier du Lau (2) (de Lauro) à Orthez, avec le titre de son commissaire.

(1) Nangis. — (2) Marca, liv. 7, ch. 17, 18, 19 et suiv.

Ce titre ne l'empêcha pas d'être arrêté prisonnier par les habitants secrètement soulevés sans doute par leur seigneur. Edouard dut encore dévorer cette insulte, et au lieu de la punir sur-le-champ, il s'avança jusqu'à Ste-Quitterie, au diocèse d'Auch, que les archevêques et les vicomtes de Béarn possédaient en paréage. C'était vraisemblablement Rive-Haute que nous allons voir se transformer en la ville de Plaisance. Il y manda Gaston qui n'osa résister plus longtemps, vint l'y saluer et offrit de répondre à la cour sur les griefs qu'on lui imputait. Cette offre ne satisfit pas Edouard, qui violant à son tour le droit des gens, fit arrêter Gaston au bourg de Sault et l'y fit retenir prisonnier.

Le vicomte ne put recouvrer sa liberté qu'en jurant de se soumettre au jugement porté par la cour de St-Sever et de remettre à l'entière disposition du roi le château, la ville et tous les hommes d'Orthez, et en particulier ceux qui avaient porté une main coupable sur le chevalier du Lau. Ces conditions, il dut les subir en présence de Géraud, évêque de Lectoure, et de Guillaume, abbé de Figeac. Mais comme cette promesse était trop suspecte, à peine fut-il libre, qu'avant de lui permettre de s'éloigner, on en exigea une seconde plus explicite que la première, et dont se rendirent garants Arnaud-Segui d'Estang, Arnaud de Montégut et Arnaud de Gavaston. Il s'engageait à ne point quitter la cour sans l'expresse permission du prince, et s'il s'éloignait il consentait à être arrêté de nouveau et à voir tous ses domaines confisqués. Aucun privilége, aucune coutume ne pourraient le protéger. Les évêques de Lectoure, d'Aire et d'Oleron étaient chargés de juger l'infraction du serment et devaient la punir d'excommunication.

Malgré toutes ces précautions, Gaston ne se crut pas lié. Il s'échappa dès qu'il put se soustraire à la vigilance qui l'entourait et courut se renfermer dans le château d'Orthez, gardé pendant sa détention par une garnison qu'il prit le soin de doubler. Edouard indigné de cette évasion, fit citer Gaston à comparaître devant la cour de Gascogne, siégeant à St-Sever. La veille du jour assigné (18 octobre 1273), le vicomte envoya Compain, évêque d'Oleron, Bernard, abbé de Luc, et maître Guillaume-Raymond pour présenter ses excuses devant le sénéchal et toute la cour de Gascogne, et comme les excuses n'étaient point reçues, les commissaires en appelèrent au roi de France.

Avant de recourir aux armes, Edouard voulut donner au jugement une forme plus authentique. Il assembla à St-Sever la cour générale de Gascogne, composée des cours particulières de Bordeaux, de Bazas et de St-Sever, et l'assemblée ayant trouvé la première procédure illégale, il fit citer de nouveau le vicomte de Béarn. L'abbé de St-Sever se transporta dans la ville d'Orthez, accompagné d'Arnaud-Seguin d'Estang, de Guillaume de St-Aubin et d'Arnaud de Marsan, députés de la cour de St-Sever, d'Aner-Sans de Caumont, de Guillaume-Raymond de Pins, d'Arnaud de Marmande, députés de la cour de Bazas, de Senebrun, seigneur de Lesparre, d'Elie de Castillon et de Gaillard de Sertor, députés de la cour de Bordeaux, et des maires de St-Emilion, de St-Macaire et de Dax. Il fit la sommation voulue par la législation d'alors, mais il n'obtint qu'un refus que tout faisait prévoir. Gaston se retrancha sur l'emprisonnement déjà subi, sur les dangers qu'il y aurait pour lui à se mettre entre les mains d'un roi irrité, et enfin sur l'appel qu'il avait déjà interjeté à la cour de France.

Edouard n'eut pas plutôt appris cette réponse, qu'il entra sur les terres du vicomte à la tête d'une armée, et le poussant devant lui sans peine, il le força à se réfugier dans un château fort dont le nom n'est point désigné, où il courut l'assiéger. Gaston se voyant pressé, en appela de nouveau au roi Philippe (1). Le monarque anglais respecta cet appel contre l'avis de la plupart de ses courtisans. Il leva le siège et se contenta de faire poursuivre la cause à la cour de France. Ses troupes s'étaient à peine éloignées que le nonce du pape se présenta à Orthez. Après quelque résistance, le prélat plus heureux que la cour de Gascogne obtint du vicomte une lettre de désaveu qu'il jugeait propre à apaiser le monarque anglais, mais Edouard ne s'en tint point satisfait, et il fit faire des dégâts sur les terres de Gaston.

La cause fut alors portée devant le parlement, où Gaston se présenta en personne, appelant le roi d'Angleterre traître, faux et injuste juge, et s'offrant à le combattre en personne. Aymard de la Rochechouard, Guillaume de Valence et quelques autres barons attachés à l'Angleterre, voulurent accepter le défi en leur nom et défendre l'honneur de la majesté royale; mais le vicomte refusa leur gage de bataille et ne voulut combattre qu'avec le roi lui-même. Malgré des procédés aussi violents l'affaire s'apaisa. Le roi Philippe ne voulut pas la laisser juger. Il ménagea un accord dont les conditions sont inconnues, mais qui rétablit une

---

(1) Thomas Walsingham, *anno* 1274. Nangis.

parfaite et solide harmonie entre le monarque anglais et le vicomte à qui le sénéchal de Gascogne, Jean de Grailli, rendit les châteaux de Roquefort en Marsan, de Capsius et d'Urgon que le monarque anglais avait fait saisir.

S'il fallait en croire Thomas Walsingham (1), Gaston fut condamné par le roi de France à se soumettre à la discrétion d'Edouard, et le vicomte obéissant à la sentence, passa en Angleterre en 1275. Là il fut conduit la corde au col, aux pieds du monarque anglais, qui lui fit grâce de la vie, mais le fit enfermer pendant quelques années dans un château. Il le relâcha enfin et le renvoya dans son pays. Cette sévérité guérit l'inconstance de Gaston qui servit désormais l'Angleterre avec une fidélité qu'aucun événement ne put ébranler. Ce récit plus que suspect dans son ensemble est évidemment erroné sur la durée de la prison prétendue du vicomte. Ce qui est certain, c'est que Gaston voulut se montrer reconnaissant envers le ciel de sa délivrance et surtout de la réconciliation inespérée qui avait mis fin à de si longues luttes. Dans ce dessein il donna à Amanieu, archevêque d'Auch, le château de Manciet (2).

Le prélat avait déjà reçu plusieurs libéralités semblables. Bernard de Gelas (3), chevalier, seigneur de Bonas, lui restitua les dîmes qu'il possédait à St-Paul-de-Baïse et dans quelques paroisses voisines, par un acte daté du château de Bonas, le 31 mars 1275. Dame Alemane de Sariac (4) se démit en sa faveur de celles qu'elle avait dans l'archidiaconé de Magnoac. Quelques années auparavant il avait transigé avec l'abbé de Galan. Emeric

(1) *Anno* 1275. — (2) Cartulaire d'Auch. — (3) Idem. — (4) Idem.

d'Averon, abbé de Tasque, choisi pour arbitre, avait prononcé son jugement à Nogaro, le 22 septembre 1267, en présence de Géraud, comte d'Armagnac et de Bernard de Salis. Les pouvoirs s'organisaient; diverses autres transactions fixèrent les droits de la métropole et des monastères de l'Escale-Dieu, de Gimont, de Condom et de St-Mont.

Le chapitre de Vic-Fezenzac attira surtout l'attention d'Amanieu. A son origine (1), il avait été composé de chanoines nomades qu'envoyait et retirait à son gré le chapitre métropolitain. La donation de Pierre de Vic fit cesser cet ordre de choses; les chanoines embrassèrent la règle de St-Augustin et y furent établis à demeure stable et permanente. En 1122, ils n'étaient que cinq, Odon de Ferrabouc, Géraud et Bernard de Labarthe, Bernard Dufreche, Dominique de Castillon et Pierre du Brouil, chapelain, ou vicaire perpétuel. Il se fit alors un dénombrement des biens du chapitre. Nous y trouvons que Bernard de Lartigue donna l'église de Broquens pour laquelle il reçut quinze sols Morlas. Mais Pierre, son fils, s'opposa à cette générosité. Odon de Pardeillan et Guillaume de Podenas s'entremirent, et grâce à leur intervention, Pierre se désista en recevant toutefois du chapitre vingt autres sols. Raymond de Lalane et son frère pour expier leurs égarements abandonnèrent aussi au chapitre l'église de ce lieu. Le frère et la sœur des deux bienfaiteurs ratifièrent le don en posant le missel sur le grand autel. En 1271, les choses avaient empiré; les biens et le personnel du chapitre étaient en souffrance.

(1) Dom Brugelles. M. d'Aignan, Pièces justificatives.

Amanieu y rétablit l'ordre et fixa à douze le nombre des chanoines. L'année suivante, le pape Grégoire X lui octroya (1) le pouvoir de nommer un chanoine dans les églises de Dax, de Bazas et de Bayonne. En 1276, Raymond Sanche, grand-maître de l'Ordre de la Foi, échangea une légère part du château de Blanquet en Lomagne, qui revenait à son institut, contre une portion de terre située à Valence, et due à la libéralité d'Odon de Preissac. Par cet échange, le seigneur s'obligeait à tenir le château de Blanquet en vasselage de l'archevêque. Il devait à ce titre lui prêter foi et hommage à chaque mutation de prélats, et lui offrir une épée de la valeur de trois sols Morlas.

Des troubles s'étant élevés en Navarre, après la mort du roi Henri, Philippe-le-Hardi qui avait fait épouser à son second fils la princesse Jeanne, fille unique et héritière du roi décédé, envoya pour les apaiser, Robert, comte d'Artois, et le chargea de prendre aide et conseil auprès de deux *puissants seigneurs voisins des Pyrénées*, *Gaston de Béarn et Roger-Bernard de Foix* (2). Sur l'avis des deux comtes, il rassembla une armée de vingt mille combattants, et s'arrêta quelque temps à Morlas avant de pénétrer en Navarre, où le vicomte de Béarn et le vicomte de Foix l'accompagnèrent à la tête de leurs vassaux. Ils arrivèrent sous les murs de Pampelune le 6 septembre 1276. Après quelques jours de tranchée, les habitants demandèrent à capituler; mais pendant qu'on discutait les conditions,

---

(1) Pour ceci et tout ce qui précède, voir Dom Brugelles, M. d'Aignan et le *Gallia Christiana*. — (2) Nangis, Marca, dom Vaissette, tom. 4.

Gaston et Roger-Bernard donnèrent l'assaut et entrèrent dans la ville qu'ils livrèrent au pillage.

Le roi Philippe s'avançait lui-même à la tête d'une armée formidable. Il allait demander au roi de Castille compte d'une perfidie qui privait de la couronne ses neveux. Arrivé près des Pyrénées, il s'arrêta quelque temps à Sauveterre (1). Là, ses projets s'évanouirent; l'imprudence ou la trahison avaient négligé les approvisionnements, et la famine menaçait ses troupes avant même qu'elles eussent touché le sol ennemi. Il fut toutefois sensible au zèle qu'avait déployé pour sa cause le comte de Foix.

La réconciliation était si complète entre la maison de Béarn et le roi d'Angleterre, que ce prince ayant un différend avec Pierre de Tartas, fils de Raymond Arnaud, vicomte de Tartas, et de Navarre, vicomtesse de Dax, et successeur de son père et de sa mère dans ces deux vicomtés, il le soumit à l'arbitrage de son *cher* et *féal* cousin le vicomte Gaston (2). Celui-ci prononça son jugement en octobre 1279. Il condamna le vicomte à payer au monarque anglais six mille sols Morlas, mais à ce prix il demeurait déchargé ainsi que ses vassaux de tous les arrérages, et il rentrait en possession de tous les biens que le différend avait fait saisir. Edouard lui donna une nouvelle preuve de sa confiance en le choisissant pour commander cent hommes d'armes qu'il envoyait pour défendre Alphonse de Castille contre l'infant Sanche, ce fils préféré aux jeunes orphelins neveux de Philippe, qui reconnut l'aveugle et injuste prédilection de son père en cherchant à le détrôner.

(1) Nangis, Marca, dom Vaissette, tom. 4. — (2) Marca, liv. 7 ch. 23.

Le sort du comte de Foix et le danger qu'il avait couru lui-même ne rendit pas le comte d'Armagnac plus prudent. Il eut (1), en 1279, avec Eustache de Beaumarchez, sénéchal de Toulouse, une nouvelle querelle qu'il soutint avec plus de résolution que la première, mais aussi qui lui fut plus fatale. Non content d'avoir pris les armes pour défendre ses prétentions, il fit fortifier la ville d'Auch et attendit sous ses murs le sénéchal. Celui-ci ayant assemblé les troupes de son ressort, alla chercher Géraud et lui présenta la bataille. Le comte d'Armagnac l'accepta malgré l'infériorité du nombre, mais la fortune trahit son courage. Battu et fait prisonnier, il fut conduit en France et enfermé deux ans au château de Péronne.

Le comte de Foix ne le soutint point dans cette seconde lutte, soit qu'il n'osât plus se commettre avec la France, soit plutôt qu'il fût occupé ailleurs, car il n'avait presque jamais déposé les armes depuis qu'il était rentré dans ses états. Il s'était (2) d'abord ligué avec quelques seigneurs de la Catalogne et avait fait la guerre à Pierre, roi d'Aragon. Mais la réconciliation avait suivi de près les premières agressions, et pour mieux les cimenter, Pierre et Roger unirent leurs enfants. Le roi d'Aragon donna à son fils les comtés de Ribagorce et de Paillas, et le comte de Foix la vicomté de Castelbon à sa fille, et lui assura ses autres domaines dans le cas où il mourrait sans enfants mâles.

Roger-Bernard, à peine réconcilié avec l'Aragon, déclara la guerre à l'évêque d'Urgel auquel il disputait le

---

(1) L'Art de vérifier les dates, tom. 2. Dom Vaissette, tom. 4.—
(2) Dom Vaissette, tom. 4.

pays d'Andorre (1). Des arbitres communs ramenèrent entr'eux une paix qu'ils léguèrent à leurs successeurs et qui ne fut jamais plus troublée. Il en fut autrement de la paix avec l'Aragon, malgré l'alliance intime qui devait la cimenter. Roger-Bernard avait renoué ses intrigues avec les comtes d'Urgel et de Paillas, et les vicomtes de Cardonne et de Villemur qui se plaignaient de ce que Pierre avait violé les immunités de la province. Pierre se hâta d'arrêter leurs entreprises. Il se rendit lui-même dans la Catalogne, attaqua le comte (2) de Foix et le força à se renfermer avec ses confédérés dans le château de Balaguer au comté d'Urgel. Il courut l'y attaquer et pressa vivement la place. La résistance fut opiniâtre. Les confédérés comprenaient tout ce qu'ils avaient à redouter d'un suzerain irrité, mais malgré leur résistance, ils durent se rendre à discrétion. Pierre envoya le comte de Foix dans une forteresse où il le fit garder à vue comme le plus puissant et le plus dangereux de ses ennemis, et dispersa les autres dans divers châteaux de la Catalogne.

Les fers du comte d'Armagnac venaient alors d'être brisés. Roger-Bernard comprenant que sa captivité serait longue, le chargea (le 2 février 1282) de gérer ses domaines de concert avec Marguerite, sa femme. Cet acte de confiance et d'intimité fut le dernier acte qui rapprocha les maisons de Foix et d'Armagnac. Leurs rivalités et leurs haines transmises de générations en générations vont désormais ensanglanter le Midi pendant près d'un siècle. Le roi craignant que le roi

---

(1) Dom Vaissette, tom. 4. — (2) Dom Vaissette, l'Art de vérifier les dates.

d'Aragon ne profitât de la captivité de Roger-Bernard pour s'emparer des places fortes du pays de Foix, manda la comtesse à sa cour et arrêta avec elle une convention qui mettait le comté à l'abri des armes espagnoles.

Le traité de paix conclu entre St-Louis et Henri III, assurait le comté d'Agen à la couronne d'Angleterre, dans le cas où la comtesse de Toulouse mourrait sans enfants. Plusieurs années s'étaient écoulées et l'Agenais était encore entre les mains du roi de France; mais enfin, en 1279, Philippe chargea Guillaume de Neuville, archidiacre de Blois et le maréchal d'Estrade de le remettre à Guillaume de Valence (1), oncle d'Edouard, désigné pour le recevoir. Les deux commissaires convoquèrent devant l'évêque d'Agen le clergé, les nobles et les communautés qui devaient hommage à la France et à l'évêque. On vit paraître à cette assemblée les abbés de Clairac et de St Maurin, le prieur du Mas, Galtier et Amanieu du Fossat, Othon de Lomagne, Fortaner de Cazenove, Guillaume-Raymond de Pins, Jourdain de l'Isle, Bernadet d'Albret, Bertrand de Caumont, Raimfroi de Montpezat, Bernard de Ravignan et les consuls de Condom, de Penne, de Marmande et de quelques autres lieux. Guillaume de Neuville et le maréchal leur déclarèrent que le roi les déliait du serment qu'ils lui avaient prêté, et leur ordonnait de transporter leur fidélité au roi d'Angleterre. En même temps Jean de Lavalette, sénéchal du comté pour la France, en livrait les villes à Guillaume de Valence.

Edouard était alors à Abbeville dans la Picardie. Il nomma un nouveau sénéchal d'Agenais, et le commit

---

(1) Rymer, tom. 1.

pour prêter en son nom à l'évêque d'Agen l'hommage (1) que lui prêtaient les comtes d'Agenais, et pour le recevoir ensuite de tous les vassaux. Ce double serment se fit avec éclat le 6 août de cette année dans le cloître des Dominicains, en présence de Géraud, évêque de Lectoure, de Géraud, comte d'Armagnac, d'Esquivat, comte de Bigorre, de Jean de Grailly, sénéchal de Gascogne, de Pierre de Galard, de Bertrand, abbé de Moissac, d'Elie de Noailles, d'Arnaud de Caulet, de Pierre Dupuy, de Bertrand de Goth et de quelques autres seigneurs. Edouard se plaignit bientôt qu'entre les mains des comtes de Toulouse ou des rois de France, les domaines du comté avaient été usurpés et ses revenus affaiblis. Il ordonna aussitôt une enquête sévère et fit tout rétablir sur l'ancien pied (2). Vital de Caupene s'était dévoué à sa cause. Il récompensa son zèle en lui abandonnant ce qu'il possédait dans la vallée d'Aure et dans les paroisses de Laléougue et de Lagarde.

Les habitants de Condom portaient impatiemment l'autorité de l'abbé de St-Pierre. Née à l'ombre du cloître, leur ville avait grandi sous sa sauve-garde, mais l'ère de l'émancipation avait sonné. Ce n'était plus assez des libertés octroyées ou reconnues. Aux poitrines des citoyens il fallait plus d'air, à leurs actes plus de franchises; de là des commotions toujours apaisées mais jamais satisfaites. Les premières plaintes s'étaient fait jour sous Pérégrin de Fourcès au commencement de ce siècle. L'archevêque de Bordeaux et l'évêque d'Agen firent agréer une transaction passée à Pamiers le 30 no-

---

(1) Rymer. — (2) Le même.

vembre 1212 (1). Les griefs étaient oubliés de part et d'autre. Les habitants pouvaient bâtir une église qu'ils entretiendraient à leurs frais, et augmenter le cimetière placé près de la grande porte du monastère; mais ils ne pouvaient établir aucun four banal sans la permission de l'abbé, et leurs consuls ne pouvaient prononcer sur aucun procès sans sa participation. Enfin, la direction de l'hôpital fondé près de la porte du Pradau appartenait exclusivement à l'abbaye.

Cet accord dura peu. Les esprits s'aigrirent de nouveau. Le pape commit l'évêque d'Albi, son légat en Aquitaine, et le chargea de ramener la paix. Sous ses auspices fut signé un nouvel accord qui donnait gain de cause à l'abbé presque sur tous les points. On lui adjugea le droit d'avoir les clefs de la ville, d'instituer des viguiers, de faire les consuls, d'établir et de promulguer les ordonnances, de concert avec les consuls, d'imposer des amendes aux coupables et de les percevoir à son profit. On lui reconnaissait encore le droit de lots et ventes à chaque changement de maître, lors même que les biens passeraient à un parent, le droit de péage aux ponts et aux portes de la ville. On réglait encore qu'il ne serait point imposé des tailles, établi des statuts ou coutumes, créé des maires sans son assentiment. Cette transaction fut acceptée en 1228 par l'abbé, au nom de l'abbaye, et par Géraud-Sad, Raymond de Polignac, Jean de Cassagne et Géraud-Sad-le-Jeune, au nom de la ville dont ils avaient les pouvoirs.

Pérégrin appartenait à la noble et ancienne famille de Fourcès qu'on dirait une branche de la maison com-

---

(1) Manuscrit de M. de Lagutère. Dom Martenne, tom. 2.

tale d'Armagnac. Elle portait du moins comme nos comtes, au 1er et au 4e *d'Or au Lion de Gueules*, mais elle écartelait au 2e et au 3e *d'Argent à une corneille de sable qui est sans doute Corneillan* (*).

On ignore l'époque de la mort de cet abbé, mais on sait qu'il fut remplacé par Montassin de Goalard ou Galard dont l'administration fut paisible et respectée. Il n'en fut pas ainsi de celle d'Auger d'Andiran qui succéda à Montassin. Il était à peine élu depuis un an, lorsque le 5 mai 1271, il donna, de concert avec En Garsie ou plutôt Géraud de Cazaubon, des coutumes à Lassauvetat, en présence de Pierre de Bordes et de Guillaume de Galard, consuls de Condom et de Sans-Garsie d'Ayguetinte.

Géraud était seigneur de Sompuy et de quelques lieux voisins, et avait quelques droits à Lassauvetat. Cinq ans après il abandonna à l'abbaye de Condom cent concades de terres labourables et de bois à Martissens. Cette libéralité lui gagna l'abbé qui cédant aux avis de Pierre de Saubole, prieur de Nérac, et d'Othon de Lomagne, seigneur de Fimarcon, l'admit dans l'entier paréage du lieu qu'il venait de doter de nouvelles franchises. Géraud de Cazaubon ne voulant pas se laisser vaincre en générosité, abandonna à l'abbé un péage qu'il possédait à Condom. Auger transigea deux ans après avec Philippe-le-Hardi. Il cherchait sans doute auprès de lui un appui contre les habitants de Condom, qui n'avaient pas tardé à se repentir de la transaction jurée en 1228. Il en fallut, en 1243, une autre plus

(*) Vers 1191, nous voyons Pérégrin de Fourcès recevoir une multitude de donations où paraissent comme témoins des Larroques, des Bastards, des Monfauconds, des Descatalens, des St-Simons.

large passée sous les auspices d'Edouard et qui s'étendit à la ville de Mézin insurgée aussi contre son prieur. Mais les esprits étaient impatients de tout joug; les troubles se réveillèrent avec plus de force qu'auparavant. Jamais les désordres n'avaient été aussi grands. L'autorité de l'abbé était ouvertement méconnue, les divers cens ne lui étaient point payés. La justice elle-même désarmée entre ses mains devait se taire en face des délits et des crimes.

Edouard, qui venait de recouvrer l'Aquitaine, sembla d'abord se plaire à aggraver les abus en se déclarant pour les citoyens. S'il cherchait à se rendre nécessaire, le monarque anglais parvint à son but. Auger l'appela en paréage de la ville (1). Edouard établit à son tour l'abbé paréagiste dans toute la banlieue de Condom et au château de Galard; il n'excepta que les lieux nobles ou tenus noblement par les seigneurs. Ce paréage comprenait Condom et le château de Larressingle. Jean de Grailli qui le signa au nom de son maître en conclut un second avec le prieur de Mézin au sujet de sa ville. L'original du premier a été perdu, nous n'en possédons qu'une reconnaissance faite en 1329 par Philippe-de-Valois (*). Ce paréage suspendit les troubles. On craignit la majesté royale, et sous cet abri Auger trouva respect et soumission. L'année même où le paréage fut conclu (1286), il fut rédigé à Mont-

(1) Manuscrit de M. de Lagutère, dom Martenne, tom. 2.

(*) Elle est écrite dans le livre des coutumes conservées à l'Hôtel-de-Ville et sur une grande peau de parchemin assez endommagée. Le paréage fut confirmé, en 1325, par Charles-le-Bel; en 1329, par Philippe de Valois; en 1360, par le roi Jean; un peu plus tard, par le duc d'Anjou son fils, et enfin par Charles IV, en 1414.

flanquin une grande pancarte qui établissait que les maisons de Pouyparden, de Cannes, de Galard, de Beraut et de Plieux étaient nobles. Auger d'Andiran mourut peu après avoir recouvré la paix, et eut pour successeur Arnaud-Othon de Cazenove qu'on accusa d'être dévoué à l'Angleterre, mais qu'on laissa jouir paisiblement de sa dignité.

Les évêques de Bayonne n'étaient guère plus respectés que les abbés de Condom. Là comme partout il y avait effort pour briser les langes de la féodalité; la révolte y fut complète. Maynaut d'Akis ayant voulu prendre la défense de l'évêque, fut traîné devant l'assemblée et condamné par le jugement des cent jurats à avoir la main coupée et à être banni de la ville. Arnaud de Pauline et Jean de Casteljaloux protestèrent seuls contre cette violence, mais leur voix fut étouffée et la sentence mise à exécution. L'évêque, à son tour, lança une excommunication contre la ville. Après d'autres excès, on en appela de part et d'autre à Edouard et on se soumit à son arbitrage. L'évêque, le maire et quelques jurats passèrent la mer et se transportèrent à Londres.

Edouard donna sa décision (1) le 3 juin 1284. Il condamna le maire et les jurats à aller le jour de la Nativité de la Vierge, fête patronale de Bayonne, de l'Hôtel-de-Ville à la cathédrale, en tunique, mais sans souliers ni ceinturons. Ils devaient porter à la main un cierge d'une livre au moins et le présenter à l'autel pendant que le prélat exposerait au peuple la cause de cette condamnation. Non seulement Maynaut d'Akis

(1) Rymer, tom. 1, *pars secunda*, p. 192.

était rappelé, mais le maire, les jurats et tous ceux qui avaient trempé dans sa condamnation lui feraient une pension de deux cents livres Bordelaises et payeraient à l'évêque une amende de cinq cents livres sterling. A ce prix l'évêque devait révoquer les censures et absoudre les coupables. Ce jugement tout sévère qu'il était fut accepté. L'évêque et les jurats promirent, le 5 juin, avant de s'éloigner de Londres, de s'y conformer. Cet évêque était Dominique de Mans ou de Mangs, successeur (1) de Sanche de Haitse et né à St-Sébastien en Espagne.

La protection d'Edouard s'étendit aussi sur les Juifs (2) que des vexations continuelles et d'énormes exactions forçaient d'abandonner la Gascogne et d'aller porter ailleurs leurs richesses et leur industrie. Le monarque les soumettait au jugement des légistes chrétiens, mais il défendit de les molester.

Quelques mois après, les habitants de Lectoure recoururent (3) à son patronage contre le sénéchal de Toulouse. A la suite de quelques démêlés au sujet de la forêt du Ramier (*la ramar*, du Gascon *ramo*, branche), le sénéchal les avait cités devant le parlement de Toulouse, et les Lectourois craignaient la puissance de leur adversaire. Ils en écrivirent au roi de France, et le prince anglais joignit sa prière à leur supplique. C'est tout ce que nous savons de cette affaire.

Edouard cherchait surtout à gagner le clergé. Il donna (4) à l'abbesse et aux religieuses de Prouilhan dont la maison venait de s'élever aux portes de Con-

---

(1) *Gallia Christiana*. — (2) Rymer. — (3) Idem. — (4) Idem, et Manuscrit de M. de Lagutère.

dom vingt livres de rentes assises sur le port de Marmande, et en assigna soixante autres sur l'Hôtel-de-Ville de Bordeaux pour les Dominicains de Condom. Il leva aussi les obstacles que trouvaient autour d'eux les Cordeliers de Lectoure (1), et leur permit de bâtir leur couvent sur la place de la ville. En même temps il transigeait avec l'archevêque d'Auch sur les appels interjetés à sa couronne au sujet de la temporalité de l'archevêque.

La Gascogne occidentale était alors encore plus agitée que le reste de la province. Guillaume de Pins, évêque de Bazas, était mort en se plaignant que le roi d'Angleterre lui enlevait la justice dans la ville de Bazas. Les envahissements augmentèrent sous Hugues de Blanquefort, son successeur (2). Amanieu, archevêque d'Auch, en sa qualité de métropolitain, essaya de rétablir la concorde et de ménager un compromis; mais le sénéchal de Gascogne se porta à de nouveaux excès. Il fallut assembler un Concile provincial qui se tint à Auch (3). Les évêques de Lectoure, d'Oleron, de Bazas, de Dax, d'Aire et de Couserans s'y trouvèrent en personne. Par respect pour la majesté royale, ils ne lancèrent pas contre les coupables la sentence d'excommunication dont les Canons frappaient les envahissements des droits et des biens ecclésiastiques. Mais avant de se séparer, ils écrivirent (4 février 1280) une lettre collective pour conjurer Edouard de réprimer ses officiers et de donner des ordres afin que l'église de Bazas ne fût plus molestée. Cette lettre suspendit les persé-

---

(1) Rymer. — (2) *Gallia Christiana*. — (3) Dom Brugelles, Manuscrit de M. d'Aignan.

cutions, mais les prétentions du monarque et de ses agents se réveillèrent bientôt. Edouard les soumit à l'arbitrage du roi de France ; et pour acheter la paix, Hugues se décida (1) en 1283 à admettre le monarque anglais en paréage de la ville, qui jusque là avait dépendu exclusivement des évêques. On prétend qu'Edouard, par reconnaissance, excepta l'évêché de Bazas du droit de régale.

Les regards de l'Europe entière étaient alors fixés sur les Bordelais. Pierre d'Aragon avait enlevé la Sicile (1283) à Charles d'Anjou, et après quelques combats il chercha à endormir son courage et son activité, et lui proposa de vider leur querelle en champ clos. Charles, à l'âme chevaleresque, donna dans le piège malgré les représentations du souverain pontife. Au 1er juin, les deux champions devaient se rendre aux landes de Bordeaux avec cent chevaliers chacun, élus entre les plus hardis et les plus vaillants. Au jour fixé, Charles, accompagné du roi de France, son neveu, était sur les landes, et à la tête de ses braves se faisait remarquer Jourdain de l'Isle. *Le sénéchal de Gascogne tenait sa cour* (2) ; mais le roi d'Aragon ne parut point. Durant la nuit, dit le chroniqueur, il était venu au sénéchal avec deux chevaliers et il lui avait dit qu'il venait acquitter son serment mais qu'il n'oserait plus demeurer pour la *doubtance du roi de France* ; et sous le prétexte de cette frayeur simulée, il avait regagné l'Aragon à marches forcées.

Néanmoins, Charles l'attendit huit jours encore, et

(1) *Gallia Christiana*. — (2) Grandes chroniques citées par M. Laurentie.

le roi de France irrité de la tromperie se prépara à l'attaquer lui-même. Le pape se joignit à lui, et déclara Pierre déchu de la couronne d'Aragon, et la déféra à Charles, second fils de Philippe. Une croisade fut prêchée. La plus grande partie de la noblesse de France voulut y prendre part. Elle avait à cœur de venger l'outrage fait à la chevalerie dans les landes de Bordeaux. Bientôt le roi de France s'avança vers le Roussillon avec une armée de quatre vingt mille hommes et de vingt mille chevaux. Au bruit de sa marche, Pierre brisa les fers du comte de Foix (1) et des autres seigneurs confédérés. Il crut les gagner à sa cause, mais le comte de Foix courut se ranger sous les bannières de la France. Les comtes d'Armagnac, de Bigorre, d'Astarac et de l'Isle-Jourdain s'y étaient montrés avant lui. En lisant attentivement un acte de Rymer (2), on dirait que le vicomte de Béarn, à la sollicitation du roi d'Angleterre, se prononça au contraire pour l'Espagnol et lui envoya des secours. Cependant la ville d'Elne avait été emportée d'assaut. On franchit les Pyrénées par le col de la Mancana. Le roi d'Aragon l'ayant jugé impraticable ne l'avait fait garder que par cinquante chevaliers. Le comte d'Armagnac (3) et Eustache de Beaumarchez, conduits par quelques religieux, gravirent la montagne à la tête de leurs milices, et en chassèrent la garnison ennemie qui tomba tout entière sous leurs coups.

Philippe arriva enfin avec son armée sous les murs de Peyralade, capitale du Lampourdan qu'il assiégea.

(1) Dom Vaissette, tom. 4. — (2) Tom. 1, *pars secunda*, page 225. — (3) Dom Vaissette, tom. 4, page 45.

Suivant le récit d'un auteur espagnol (1), durant ce siège, Alphonse, fils du roi d'Aragon, vint escarmoucher à la tête de cinq cents chevaux contre les gardes avancées du camp, composées de mille cavaliers. Il en tua six cents, et aucun n'eût échappé à ses coups, si les comtes de Foix et d'Astarac, le sénéchal de Mirepoix, Jourdain de l'Isle et Roger de Comminges ne fussent accourus à la tête de toute la cavalerie du Languedoc. Peyralade et Figuières ne tardèrent pas à ouvrir leurs portes. Gironne où commandait le vicomte de Cardonne, brave et habile capitaine, se défendit plus longtemps; mais après deux mois de tranchées ouvertes, les comtes de Foix et de Paillas, parents du vicomte, le déterminèrent à accepter une capitulation que le manque de vivres rendait indispensable. Le roi, pour récompenser les services du comte de Foix, lui abandonna le paréage de la ville de Pamiers. Ce prince avait été atteint de l'épidémie qu'avaient engendrée les chaleurs sous les murs de Gironne, et qui désolait l'armée. Il se traîna malade et affaibli jusqu'à Perpignan, et y mourut le 5 octobre 1285, après avoir reçu *en grande dévotion le sacrement de sainte église* (2).

Le climat de l'Espagne fut encore fatal à Esquivat, comte de Bigorre. Il tomba malade dans la petite ville d'Olithe en Navarre, où le service de la France le retenait. Il y fit (3) son testament le 18 août 1282, et y mourut trois jours après. Son frère Jourdain l'avait précédé dans la tombe sans laisser de postérité. N'ayant pas lui-même d'enfants, il institua pour héritière sa

---

(1) Murtar, ch. 123. — (2) Grandes Chroniques de France. — (3) Marca, liv. 9, ch. 12.

sœur Laure qui épousa peu de mois après le vicomte de Turenne. En même temps il ordonnait que son corps fut transporté à l'abbaye de l'Escale-Dieu pour y reposer à côté des comtes de Bigorre, ses prédécesseurs.

A la première nouvelle de cet événement, Gaston, vicomte de Béarn, accourut à Tarbes, accompagné de sa fille Constance, et y rassembla les états du pays. Il leur exposa les droits que les dispositions formelles de la comtesse Pétronille donnaient à sa femme, et par elle à sa fille aînée. Les états, après un mur examen, admirent (1) ses prétentions et cassèrent la clause du testament d'Esquivat qui adjugeait le Bigorre à sa sœur, comme contraire à une substitution ouverte; mais ils respectèrent toutes les autres. Ils laissaient ainsi à Laure la vicomté de Couserans et les terres de Chabannes et de Confolans. Ils exigèrent encore que Gaston et Constance jurassent l'observation de leurs fors ou priviléges, et qu'ils s'obligeassent à répondre devant qui de droit à ceux qui élèveraient des prétentions sur le comté. Ces préliminaires remplis, les barons prêtèrent foi et hommage à Constance le 1ᵉʳ septembre 1283, en présence de Raymond-Arnaud de Coarrase, évêque de Tarbes, de Pierre, évêque d'Aire, et de Compain, évêque d'Oleron. Les communautés de Tarbes, de Bagnères, de Vic et d'Ibos hésitèrent. Leurs députés consultèrent les trois prélats, l'abbé de St-Pé, Arnaud-Guillaume de Benac et le commandeur de Bordères, Guillaume Garsie de Tusaguet, et sur leur assurance, ils prêtèrent le même serment que la noblesse.

Les droits de la fille de Gaston avaient été ainsi so-

---

(1) Marca, liv. 9. ch. 13. Chartes du Séminaire.

lennellement reconnus. La justice était en sa faveur, les sympathies publiques lui étaient acquises. Les forces des deux maisons de Béarn et de Foix défendaient sa cause. Tout semblait devoir la rassurer sur l'avenir, et néanmoins toutes ces assurances étaient mensongères. Laure ne pouvait pas voir paisiblement une aussi riche succession lui échapper, et prévoyant que ses tentatives seraient inutiles en Bigorre, elle s'adressa à Jean de Grailli, sénéchal de Gascogne pour le roi d'Angleterre, fit sa protestation et demanda que durant le litige le prince anglais mît le comté sous sa main comme le voulaient les lois de la féodalité. Le sénéchal trouva l'affaire trop épineuse pour la décider lui-même; il en référa sur-le-champ à Edouard. Constance craignant qu'on ne prévînt ce prince contre ses intérêts, se hâta de passer la mer. Ce voyage la perdit. Elle ne croyait trouver de l'autre côté du détroit qu'un juge; elle y trouva un compétiteur bien autrement redoutable que la vicomtesse de Turenne.

Edouard s'étayait de la cession faite à son père par l'église du Puy. Seule et à la merci d'un puissant souverain, la lutte était impossible. La fille de Gaston crut désarmer son adversaire en cédant de bonne grâce. Elle consentit ainsi à ce que le Bigorre fût placé sous la main de l'Angleterre. Le roi ordonna à Jean de Grailli de s'en saisir, et lui associa dans cette mission Géraud, évêque d'Aire. Le vicomte de Béarn (1) le précéda à Tarbes. Il assembla de nouveau les états et leur ordonna du consentement de Pérégrin de Lavedan, sénéchal de Bigorre pour Constance et de Pierre de

---

(1) Marca, Chartes du Séminaire.

Bègole, son procureur spécial, d'obéir désormais à l'Angleterre. Il protesta en même temps qu'il réservait tout entiers les droits de sa fille. Le sénéchal, sans trop accueillir sa réserve, déclara qu'il venait simplement recevoir l'hommage de la cour et la délivrance du comté. Les états y consentirent à condition que leurs priviléges seraient conservés. Le sénéchal le leur promit en présence d'Amanieu, archevêque d'Auch, de Pierre de Ferière, évêque de Lectoure, de Géraud, évêque d'Aire, de Raymond-Arnaud de Coarrase, évêque de Tarbes, de Gaubin, abbé de St-Maurin, de Bonnel, abbé de l'Escale-Dieu, de Géraud, comte d'Armagnac, et d'une foule de seigneurs.

Pierre de Ferière venait de monter sur le siége de Lectoure (1). Il était doyen du Puy en Velai et chancelier du roi de Sicile, lorsqu'il fut appelé à succéder à Géraud de Montlezun. Celui-ci avait admis le roi d'Angleterre au paréage (2) de Lectoure, et ne s'était réservé que la foire du lundi vraisemblablement du carnaval ou du carême. Le roi à son tour s'engagea à faire à l'église de Lectoure une rente annuelle de cent livres qu'il devait dans le délai de quatre ans asseoir dans le diocèse de Lectoure ou tout au plus dans la partie du diocèse d'Agen, situé en deça de la Garonne. Il s'obligeait encore à défendre et protéger les dîmes et les libertés de l'église de Lectoure. L'acte en fut passé dans la salle capitulaire, le 5 mars 1273, en présence de Thomas de Clare, d'Othon de Pardeillan, d'Othon de Lomagne, de Fortaner de Cazenove, chevaliers, de Pierre de Pommier, archidiacre de Lomagne, de Jourdain, archi-

---

(1) *Gallia Christiana.* — (2) *Gallia Christiana, Instrumenta,* page 178.

diacre de Lectoure et des autres chanoines. Le cartulaire de Gimont mentionne Géraud de Montlezun en 1277. La même année nous le trouvons conférant, sur la présentation de l'abbé de Moissac, la cure de St-Nicolas-de-la-Grave à Hugues de la Veychère. Deux ans plus tard il assista au Concile provincial d'Auch dont nous avons parlé. Il fit bâtir la grande voûte et le chœur de la cathédrale, la grande salle du palais épiscopal et les maisons de plaisance de Ste-Mère, de St-Clar et de Pessoulens. Malgré tant de travaux, il laissa à son église une grande quantité d'or et d'argent. Le nécrologe de Lectoure place sa mort au 30 mars sans assigner de date plus précise.

Son successeur siégea encore plus longtemps que lui, mais il résida peu dans son diocèse. Il habita presque toujours la cour de Naples. En 1300, nous le voyons établir Guillaume Mesquini, son vicaire-général, et le charger de distribuer les sommes laissées par son prédécesseur. Il transigea la même année avec Guillaume, abbé de Moissac, au sujet des dîmes et des prémices de la paroisse de Motet dans son diocèse; mais quelques difficultés s'étant élevées, Pierre de Ferière n'en vit pas la fin. Raymond II qui le remplaça ratifia la transaction. Quoiqu'aucun titre particulier ne parle plus de Raymond, on croit qu'il prolongea son épiscopat jusqu'en 1307.

Géraud (1), évêque d'Aire, avait reçu l'onction sacrée presqu'en même temps que Pierre de Ferière. Il était chapelain du roi d'Angleterre; et soit que la faveur d'Edouard l'ait porté sur un siége plus élevé, soit que

---

(1) *Gallia Christiana*, tom. 1. Manuscrit d'Aire.

la mort l'ait frappé peu après son sacre, soit enfin que son autorité imposée par l'Angleterre n'ait été reconnue que momentanément, il fut remplacé l'année suivante par un second Pierre que quelques-uns confondent avec le précédent, en rejetant l'épiscopat de Géraud. L'existence du dernier Pierre ne saurait être mise en doute. Le comte d'Armagnac le fit un de ses exécuteurs testamentaires.

Ce comte avait dans sa jeunesse prêté à Arnaud-Guillem, comte de Pardiac, six mille florins d'or et avait reçu en engagement la sixième partie du Pardiac. Plus tard, Arnaud-Guillem avait voulu se libérer, mais Géraud ne voulut entendre à aucune proposition, et prétendit garder le comté. On en appela à la justice, et comme sa décision était trop lente, on courut aux armes. Entre seigneurs et surtout entre comtes presque souverains, c'était quelquefois le premier et presque toujours le dernier ressort. Après des excès réciproques, les comtes de Comminges et d'Astarac s'interposèrent, et sous leurs auspices il fut réglé en 1281 (1) que Géraud rendrait le comté, excepté ce qu'il y aurait acquis personnellement, et que néanmoins et lui et ses successeurs pourraient prendre le titre de comtes de Pardiac, mais qu'aussi Arnaud-Guillem au lieu de six mille florins ne lui en compterait que mille. La transaction fut acceptée en présence de deux arbitres et de Raymond de Montesquiou, seigneur de ce lieu, et de Bernard de Marrenx, seigneur de Montgaillard.

Bernard de Baulat s'était montré parmi les chevaliers les plus dévoués au comte d'Armagnac, et l'avait

---

(1) Manuscrit du Séminaire.

suivi dans presque toutes ses expéditions. Géraud pour récompenser ses services, lui donna la terre de Boulouch dans Peyrusse-Vieille, et l'agrandit de quelques biens situés aux environs de Marciac. Il y ajouta la justice haute, moyenne et basse, et ne réserva que le haut domaine. L'acte en fut dressé le 6 mai 1278 (1), en présence de Ramond de Montesquiou, baron d'Anglès, de Pierre de Baulat, bayle de Vic, et de Bernard, bourgeois, sénéchal d'Armagnac. Deux siècles plus tard, Bernard, le second fils du connétable d'Armagnac, du consentement de Jean, son frère aîné, confirma cette donation, celle de Montagut et du Couloumé, en faveur du seigneur de Montaigut. Il payait ainsi les services que ce seigneur et ses aïeux avaient rendus aux comtes d'Armagnac et de Pardiac. Cette confirmation fut octroyée au château de Peyrusse-Grande, le 8 mai 1424 (2). Elle eut pour témoins Jean de Bascoles, Jean de Montlezun, seigneur de Séailles, Diodat d'Héral, chevalier de St-Jean-de-Jérusalem, et Odoart de Ferragut. Géraud avait pour écuyer et pour *damoiseau*, Arnaud de Béon, qui eut part à ses libéralités. Le comte lui donna la terre de Castets dans l'archidiaconé des Affites. L'acte en fut dressé au château de Vic-Fezensac, le 28 avril 1284, en présence de Raymond de Montesquiou, d'Arnaud de Marrenx et de Pierre d'Antin.

Quelques mois avant la donation de Boulouch, (27 février 1277), les Templiers d'Ayguetinte et l'abbé de La Case-Dieu se disputaient Lézian. Après quelques débats, ils laissèrent le jugement à Raymond de Les-

(1) Charte imprimée. — (2) Chartes du Séminaire.

cout, bayle de Jegun. Celui-ci partagea Lézian entre les parties belligérantes, et condamna Bernard d'Ossun, supérieur, *præceptor*, de la maison d'Ayguetinte, à payer à La Case-Dieu cent quatre-vingt sols Morlas. Bernard d'Ossun avait sous sa discipline trois frères du Temple. Sa maison dépendait de la commanderie d'Argenten, dans le diocèse d'Agen. Pierre de Sombrun qui la possédait ratifia la transaction.

NOTES.

NOTE 1re, page 235 du 1er volume.

Charte d'Alaon, an du Christ 845.

Au nom de la sainte et indivisible Trinité, Charles, par la grâce de Dieu, roi des Français. Il est convenable d'affermir par l'autorité royale les propriétés de la sainte église, et de favorablement écouter les justes réclamations des moines qui, animés par le zèle du culte divin, sont arrivés jusqu'à nous. Qu'il soit, en conséquence, connu à tous les fidèles de la sainte église de Dieu, tant présents que futurs : que le pieux abbé Obbonius, venant des contrées d'Espagne, savoir, de cette frontière du royaume des Goths, autrefois au roi de France, maintenant aussi sujette à nos lois et préservée de la souillure des Sarrazins par Louis, notre auguste père, s'est présenté à nous, conduit devant notre sérénité par Berarius, notre fidèle et vénérable archevêque et primat de Narbonne. Il nous a exposé que le noble comte Vandregisile, notre cousin et homme-lige, après la mort du comte Altargarius, son père, fut établi par notre prédécesseur, comte des Marches de Gascogne, situées au-delà du fleuve de la Garonne, qu'avec l'aide de Dieu et de ses braves il avait conquis sur les Sarrazins et sur Amarvan, duc de Saragosse, tout le territoire nommé Alaon, situé dans les montagnes de ladite Gascogne, aux environs et au-delà du fleuve Balière, que ledit comte Vandregisile, avec la très-illustre comtesse Marie, son épouse, avait fondé dans ledit lieu, à leurs frais et en moins de dix ans, un monastère en l'honneur de la mère de Dieu; que cette fondation avait été faite d'après le conseil et le consentement de leurs enfants, savoir : de Bernard, maintenant comte de cette même Gascogne et gardien de toute la frontière, et de sa femme la comtesse Tende; d'Athon, à présent comte de Pailhas, et de sa femme Eynzeline; d'Antoine, aujourd'hui vicomte de Béziers, et de sa femme Adoyre, et enfin d'Aznar, vicomte de Soule et de Louvigni, et de sa femme Gerberge; que d'un commun accord ils avaient élevé ce monastère avec les dépouilles des infidèles; qu'ils y avaient établi avec l'abbé Obbonius des religieux clercs, vivant selon l'observance de St-Benoît, et tirés du monastère de St-Pierre de Cirèse; que la construction et la dédicace de ce monastère ont été faites avec la permission et le consentement de feu vénérable Barthélemi, archevêque et primat de Narbonne, et le vénérable Sisebot, évêque d'Urgel, sous la juridiction de qui se trouve ledit lieu, d'après l'autorisation de notre auguste et pieux père Louis, a approuvé l'ouvrage et béni l'église dudit monastère, en présence des vénérables Ferréol, évêque de Jaca, Involat, évêque de Comminges, et Odoart, abbé de Cirèse, Hermengaud, abbé d'Assiniense (*), Odoard, abbé de St-Zacharie, Fortunio, abbé de Leigerensi, Dondo, abbé de St-Lavinii, Varin, abbé Altifagiti, Attilius, abbé de Cællæ-Fragilii, Transirie, abbé de St-Jean d'Oleron, et beaucoup d'autres clercs et hermites, et encore Stodile, abbé de St-Aredii-Attanensis; le susdit évêque d'Urgel, assisté d'autres fidèles, transféra alors de la basilique de St-Sauveur de Limoges, à la nouvelle église de Ste-Marie, les cendres d'Hatton, autrefois duc d'Aquitaine, et du comte Altargarius, son fils, qui sont l'un père, et l'autre ayeul du susdit comte Vandregisile, auquel il fournit

(*) Ne connaissant pas les noms modernes qui correspondent aux noms latins, on a laissé subsister dans cette traduction la dénomination latine.

un certificat authentique. Il a encore exposé à notre sérénité le testament ou dernière volonté des susdits comte Vandregisile et comtesse Marie, son épouse, dans lequel, du consentement de tous ses enfants, ledit Vandregisile donne au même monastère et à ses moines présents et à venir, y vivant suivant la règle de St-Benoît, particulièrement tous les droits qu'il dit lui appartenir sur le monastère de l'île de Rhé, autrefois bâti en l'honneur de la Ste-Vierge, par Eudes, duc d'Aquitaine, et sa femme, de bonne mémoire, Valtrude, fille du duc de Valachise, prince de notre race, et où le duc Eudes a été inhumé, toutes les terres, églises et droits que ledit comte Vandregisile assure lui appartenir de son patrimoine dans toute l'Aquitaine, et principalement dans le Toulousain, le Querci, le Poitou, l'Agenais, la province d'Arles, la Saintonge et le Périgord, qui appartinrent audit Eudes, duc d'Aquitaine, et à son frère Imitarius, comme les possédant du chef de leur père le duc Boggis, auquel le roi Dagobert les avait accordés après la mort violente de son frère Ildéric, roi d'Aquitaine; il donne également tous les monastères dans toute l'Aquitaine et la Gascogne, ou plutôt les droits qu'avaient sur eux le duc Eudes et son père, le duc Boggis, ce dernier les tenant de Dagobert, après la mort violente de son frère Ilderic, roi d'Aquitaine, ainsi qu'il a été dit plus haut; il donne encore tous les biens qu'Arnaud, duc de Gascogne, donna à sa fille Gisèle, et après elle à ses petits-fils, Boggis et Bertrand, que le roi Caribert eut de la reine Gisèle, son épouse. Pareillement il donne au monastère tous les droits qui avaient appartenu à Sadregisile, autrefois duc d'Aquitaine, et avaient été dévolus à la comtesse Vandrade, mère de son père, par droit de parenté et de succession.....

Sur quoi ayant tenu conseil avec les grands de notre cour, avec les archevêques, évêques, abbés, ducs et comtes, maintenant assemblés auprès de nous à Quiersi (*), à l'oc-

---

(*) Quiersi, château auprès de Compiègne.

casion de la solennité de nos très-heureuses noces avec très-illustre et très-glorieuse dame et reine Hermentrude, nous avons reconnu que nous ne pouvions obtempérer en entier aux prières du même abbé, parce que ses demandes sont en opposition avec notre grandeur royale, et blessent les droits de plusieurs, attendu que le comte Vandregisile n'a nullement eu le pouvoir de donner et de léguer les domaines, les églises, les monastères et autres héritages qu'il a constitués dans l'étendue de l'Aquitaine et de la Gascogne. En effet, il était seulement de la seconde branche ou génération issue des ducs Boggis et Eudes ; car ce que le roi Dagobert donna aux siens, c'est-à-dire à Caribert, son frère et à ses neveux Boggis et Bertrand, après la mort réputée violente de leur frère Ilderic, roi d'Aquitaine, fut possédé par droit d'hérédité, par Eudes, fils de Boggis, et après lui par son fils aîné Hunold, et Waifre, son petit-fils, qui tous jouirent du duché d'Aquitaine, sous l'hommage dû aux rois de France. Mais le duc Waifre ayant tant de fois violé les serments de fidélité prêtés au très-illustre roi Pépin, notre bisayeul, il fut vaincu plusieurs fois. Après sa mort, l'apostat Hunold fit encore de nouveaux efforts, qui furent repoussés, et l'un et l'autre furent vaincus et traités comme rebelles par Charlemagne, notre ayeul. C'est pourquoi toute l'Aquitaine et la Gascogne avec tous leurs priviléges, furent confisquées suivant les lois des Français, et dévolues à l'auguste Charles, qui les donna à notre très-excellent père, Louis-le-Débonnaire, avec le titre de roi d'Aquitaine, duquel nous tenons tous nos droits et souveraineté sur cette même contrée. Il en fut de même de toute la Gascogne, car, Dieu aidant, le grand Charles, notre ayeul, la concéda à titre bénéficiaire au très-fidèle duc Loup, qui était l'aîné de la branche cadette, issue du duc Eudes, puisqu'il était le fils aîné du duc Hatton. Il se soumit de rechef à l'empire de Charlemagne. Loup II, le plus méchant de tous les méchants, le plus perfide de tous les mortels, Loup, par ses œuvres et par son nom, voleur plutôt que duc, suivant les traces coupables de Waifre, son scélérat de père, et de l'apostat Hunold, son ayeul, s'en empara, au droit, disait-il, de sa mère Adèle, fille de notre fidèle duc Loup. Pendant qu'en apparence cet atroce fils répétait ses serments à Charles, notre glorieux ayeul, ce dernier éprouva, à son retour d'Espagne, la perfidie ordinaire et familière aux ancêtres de Loup, puisqu'avec une troupe de brigands on fit sacrilégement égorger l'arrière-garde et les généraux de l'armée; c'est pourquoi ledit Loup, pris ensuite, fut sans miséricorde étranglé. Par bonté et pour l'aider à vivre décemment, une portion de cette même Gascogne fut laissée à Adalric, fils de Loup, lequel abusant comme son père de la clémence du roi, prit les armes avec son fils Scimin et Centule, contre notre très-pieux père; mais attaqué dans les montagnes, il périt dans le combat avec son fils Centule. Notre père cependant, avec sa bonté accoutumée, partagea encore la Gascogne entre Scimin et Loup-Centule, fils de Centule qui venait d'être tué. Mais Loup-Centule et Garsimir la perdirent encore par leur rébellion. Garsimir fut tué comme son père, dans une révolte, et Loup-Centule exilé et privé de sa principauté, à cause de sa tyrannie. Notre très-illustre père reprenant alors toute la Gascogne, la remit à son domaine, la tira pour toujours des mains des descendants du duc Eudes, et il en confia le gouvernement à quelqu'un de notre sang ; car il le donna à Totilo qui en fut le premier duc, et ensuite à Sighino-Mostellanico, qui la possède maintenant, à l'exception toutefois de ces pays tenus par Ictérius, comte d'Auvergne, et Ermiladius, comte d'Agen, l'un oncle et l'autre frère du susdit comte Vandregisile. Quant à ce qui concerne le monastère de Ste-Marie dans l'île de Rhé, il est inutile d'en parler, puisqu'ayant été brûlé et détruit par les Normands, il n'y a rien à espérer pour sa restauration. D'ailleurs, nous ne pouvons confirmer la donation des domaines et des héritages que le duc Amand donna d'abord à sa fille, la reine Gisèle, et ensuite à ses petits-enfants les ducs Boggis et Bertrand, avec les autres biens que la reine Gisèle tenait d'Amantia, sa mère, et de son aycul Sérenus, jadis duc d'Aquitaine. En effet, après l'inauguration en Espagne des enfants de Garsimir, comte de la Gascogne citérieure, susnommé (et d'après leur donation approuvée par un décret royal), tous droits sur ces objets, et particulièrement sur les comtés de Bigorre et de Béarn, furent dévolus à Donat-Loup et à Centuloup, fils de Loup-Centule, dont il a déjà été parlé ; ce qui a été doublement confirmé par notre père et par nous. Ils sont maintenant possédés par le comte Donat-Loup et par Centulfe, fils de Loup-Centule, vicomte de Béarn, sous la tutelle de sa mère Auria. Quant aux biens qui appartinrent au duc Sadregisile, ils ne sont point en notre pouvoir, car le roi Dagobert les enleva à ses enfants pour les punir, suivant les lois romaines, de la lâcheté qu'ils eurent de ne pas venger la mort de leur père, et religieusement les donna aux saints martyrs, Denis, Rustique et Eleuthère. Il serait criminel de les en dépouiller en violant les décrets apostoliques, impériaux et royaux qui les en ont investis.

Ces choses ainsi distraites et couvertes d'un silence éternel, par amour pour Dieu et par respect pour la Ste-Vierge, il a plu à notre souveraine puissance d'accorder audit abbé Obbonius, toutes les demandes qu'il nous a faites.

DE LA GASCOGNE.

NOTE 2, page 422 du 1er volume.

Comté de Fezensac.

Ce comté se composait des terres suivantes.

Aubiet.
Auch.
Ayguetinte.
Ampeils.
Ansan.
Arcamont.
Ardenne.
Ardens.
Aumensan.
Barran.
Bascous.
Bassoues.
Bazian.
Belmont.
Bezolles.
Bianne.
Blanquefort.
Bonas.
Caillavet.
Callian.
Castera-Vivent.
Castillon-de-Bats.
Crastes.
Cazaux-d'Anglés.
Cazenave.
Cassaigne.
Castera-Prénéron.
Casteljaloux.
Castillon-Massas.

Castelnau-d'Angles.
Castin.
Cezan.
Clarac.
Coignax.
Dému.
Duran.
Espas.
Flarambel.
Gaudoux.
Herrebouc.
Jegun.
Justian.
Lannepax.
Larroque.
L'Isle-d'Arbechan.
Lupiac.
Laboubée.
Lagardère.
Lagraulas.
Lahitte.
Lamothe-Pardeillan.
Lahas.
Lauraët.
Le Malartic.
L'Isle-Surimonde.
Lou Boutet.
Lou Busca.
Lucvielle.

Lussan.
Meymes.
Miramont.
Mourède.
Mansencomme.
Marambat.
Marrast.
Marsan.
Meillan.
Merens.
Miran.
Mirepoix.
Mongaillard.
Montaut.
Montégut.
Montestruc.
Mouchan.
Mourède.
Neguebouc.
Noulens.
Ordan.
Peyrusse-Grande.
Peyrusse-Massas.
Pléhaut.
Poudenas.
Pouylebon.
Préchac.
Préneron.
Pujos.

Puységur.	St-Paul-de-Baïse.	St-Jean-d'Anglés.
Roquebrune.	Soubagnan.	St-Lary.
Ramouzens.	St-Sauvy.	Séailles.
Roquefort.	Scieurac.	Tudelle.
Roquetaillade.	St-Arailles.	Vic-Fezensac.
Rozès.	Ste-Christie.	Valence.
St-Martin-Binagré.	St-Jean-Poutge.	Verduzan.

Le Fezensac renfermait encore le marquisat de Gondrin, le comté de Latour et les 4 baronnies de Montaut, de Montesquiou, de Pardeilhan et de l'Isle.

Le marquisat de Gondrin se composait des terres suivantes :

Bruch.	Justian.	Polignac.
Gondrin.	Magnaut.	Roques.

Le comté de Latour se composait des terres suivantes :

Gavarret.	Mansempuy.	Pimbiel.
Lalanne.	Miramont, en partie.	

La baronnie de Montaut se composait de :

Bajonnette, en partie.	Montaut.	Tourrenquets.
Augnax, en partie.	Nougaroulet.	

Et de cette baronnie relevaient :

Arné.	Mons.	Preignan.

La baronnie de Montesquiou se composait des terres suivantes :

Estipouy.	Montesquiou.	Mouchez.	Riguepeu.

Et d'elle relevaient, Monclar et St-Yors.

La baronnie de Pardeilhan se composait de Beaucaire, Lamazère et Pardeilhan.

La baronnie de l'Isle se composait de Lacastagnère, l'Isle-de-Noé en partie, Soubagnan en partie.

Dans le Fezensac, les terres suivantes appartenaient au roi en tout ou en partie.

Aubiet.	Barran.	Callian.
Auch.	Caillavet.	Castera-Vivent.

Castillon-Debats.
Crastes.
Dému.
Jegun.
Lannepax.
Larroque.
L'Isle-d'Arbechan.

Lupiac.
Meymes.
Miramont.
Mourède.
Ordan.
Peyrusse Grande.
Roquebrune.

St-Martin-Binagré.
St-Paul-de-Baïse.
Soubagnan.
St-Sauvy.
Tudelle.
Valence.
Vic-Fezenzac.

Mais les suivantes avaient été aliénées en tout ou en partie.

Aubiet, aliéné le 6 mai 1687.
Auch, aliéné le 5 septembre 1709 et le 15 novembre 1703.
Castera-Vivent, aliéné le 30 juillet 1699.
Castillon-Debats, aliéné le 1er mars 1703.
St-Paul-de Baïse, aliéné le 1er juin 1711.
Valence, aliéné le 13 mai 1677.

Terres et Fiefs qui composaient le comté d'Armagnac.

Aignan.
Arblade-Brassac.
Arblade-Comtal.
Armentieu.
Arparens.
Averon.
Aurensan.
Auriebat.
Barcelonne.
Barthe-Cagnard.
Beaulat.
Belloc.
Bergelle.
Bernède.
Betous.
Bouet-Soubiran.
Bouit-Jussan.
Bourrouilhan.
Bouzon.
Bretagne.
Cadeillan.
Cahuzac.
Camicas.
Campagne.

Cantiran.
Castelnau-d'Auzan.
Castelnau-Rivière-Basse.
Castelnavet.
Castex.
Caumont.
Canet.
Caupène.
Cazaubon.
Clarens.
Corneillan.
Cravensères.
Cremens.
Daunian.
Eauze.
Echac.
Espagnet.
Eres.
Estang.
Estirac.
Fusterouau.
Galiax.
Géc.

Gellenave.
Goux (Rivière-Basse).
Hagedec.
Jû.
Izotges.
Labarthète.
Labarrère.
Labastide.
Labalue.
Labeyrie.
Lacaussade.
Ladevèze.
Lagardère-Betous.
Lagardère-Semon.
Lagrasse.
Laguyan.
Laffitte-Toupière.
Laleugue.
Lannemaignan.
Lanne-Soubiran.
Lanux.
Lapaillère.
Lapujolle.
Lascazères.

Lasserrade.
Latterrade-St-Mau.
Latterrade-St-Aubin.
Laujuzan.
Laur.
Lengros.
L'Hôpital-Ste-Christie.
Loubedat.
Loubion.
Loucamp.
Loucastagnet.
Loucournau.
Louhouga.
Loulin.
Loupourret.
Lousersou.
Louhaget.
Loussous.
Luppé.
Madiran.
Maignan.
Manciet.
Marquestau.
Margouet.
Maubourguet.
Mauléon.
Maulichères.
Maumusson.

Maupas.
Mauriet.
Monclar.
Monlezun.
Mormès.
Nogaro.
Préchac.
Panjas.
Plaisance.
Perchède.
Pouydraguin.
Projan.
Riscle.
Roquelaure.
Rivière.
Sabazan.
St-Amand.
St-Aubin-d'Arma-
  gnac.
St-Aunix.
Ste-Christie.
St-Germain-d'Arma-
  gnac.
St-Gô.
St-Griède.
St-Lanne.
St-Martin-d'Armagnac.
St-Mont.

St-Pot.
Salles.
Sarragachies.
Soubagnan.
Sauveterre.
Ségos.
Sion.
Sombrun.
Sos.
Souble-Cause.
Sorbets.
Tachouzin.
Tasque.
Thermes.
Tarsac.
Tieste.
Vergognan.
Verlus.
Vidouze.
Vielcapet.
Viella.
Villefranche.
Villères.
Violes.
Vizous.
Urgosse.

Parmi ces terres les suivantes étaient ou avaient été possédées par le roi.

Aignan.
Barcelonne.
Belloc.
Bergelle.
Bouit-Soubiran.
Bourrouillan.
Bouzon.
Bretagne.
Castelnau-Rivière-
  Basse.
Castelnavet.
Caupêne.

Eauze.
Fusterouau.
Galiax.
Ladeveze.
Lapujolle.
Lascazères.
Latterrade-St-Aubin.
Louhouga
Loussous.
Magnan.
Manciet.
Maubourguet.

Mauriet.
Nogaro.
Plaisance.
Préchac.
Riscle.
Sombrun.
Sorbets.
St-Mont.
Tasque.
Tieste.
Vidouze.
Viella.

Mais la couronne en avait aliéné quelques-unes, savoir :

Belloc, aliéné par contrat du 8 juin 1703 et 4 janvier 1704.
Bouit-Soubiran, aliéné par contrat du 11 octobre 1702.
Bourrouillan, aliéné par contrat du 15 février 1703.
Bretagne, aliéné par contrat du 2 décembre 1700.
Eauze, aliéné par contrat du 2 décembre 1700.
Galiax, aliéné par contrat du 10 octobre 1696.
Ladeveze, aliéné par contrat du 7 mai 1711.
Lascazères, aliéné par contrat du 12 mars 1604.
Latterrade-St-Aubin, aliéné par contrat du
Loussous, aliéné par contrat du 25 septembre 1676.
Magnan, aliéné par contrat du 11 septembre 1732.
Maubourguet, aliéné par contrat de 1710.
Préchac, aliéné par contrat du 10 octobre 1696.
Sombrun, aliéné par contrat du 12 mars 1604.
Tasque, aliéné par contrat du
Tieste, aliéné par contrat du 8 juin 1703.
Vidouze, aliéné par contrat du 12 mars 1604.
Viella, aliéné par contrat du 11 juin 1675.

De l'Armagnac relevaient encore les trois fiefs suivants :

Marquisat de Parrabère.   *Comté d'Arblade.*   *Baronnie de Biran.*

Marquisat de Parrabère	Comté d'Arblade	Baronnie de Biran
Laffitte-Toupière.	Arblade.	Biran.
Vidouze.	Cremens.	Loubrouil.
Et dans le comté de Bigorre :	Laleugue.	Monbert.
	Loubion.	
Lareule, en partie.	Luppé.	
Noaillan.	Sarragachies.	
Parrabère.		

Comté d'Astarac.

Ce comté se divisait en 4 châtellenies et se composait des terres suivantes :

CHATELLENIE DE MONCASSIN.

Arroux.
Arrouède.
Attus.
Aujan.
Auriac.
Auriaguet.
Barcugnan.
Belloc-Lapalu.
Bernet.
Bezues.
Bidore.
Bieusan.
Chelan.
Clarens.
Clermont-Noble.
Clermont-Propre.
Duffort.
Esclassan.
Feissan.
Fontarailles.
Gaujac.
Gaujan.
Labarthe.
Labastide.

Lacassaigne.
Lacaze.
Lagarde-Noble.
Lalanne-Racané.
Lembèje.
Lamothe.
Lannabère.
Lasserre-Berdoues.
Libou.
Loubersan.
Lou Cazaux-Seillan.
Loumassés.
Lourties.
Lasseube-Propre.
Manas.
Manent.
Masseube.
Maumus.
Monbrun.
Moncassin.
Mongardin.
Monlaur.
Montané.
Montaut.
Mont-d'Astarac.
Mont-de-Marrast.
Mournède.
Montastruc.
Noilhan.
Panassac.
Ponsampère.
Ponsan-Soubiran.
Pouyloubrin.
Puységur.
St-Arailles.
St-Arroman.
Ste-Aurence.
St-Maur.
St-Ost.
Samaran.
Sauviac.
Theux, à l'exception du quartier appelé le Prieuré dont la directe appartient aux RR. PP. Jésuites d'Auch qui relève du roi, comme étant une dépendance du Prieuré de Ste-Dode, appartenant autrefois à l'abbaye de Simorre.

CHATELLENIE DE VILLEFRANCHE.

Aguin.
Aussos.
Baillasbats.
Bellegarde.
Betcave.
Cabas.
Cachan.
Meillan.
Monbardon.
Moncorneil-Derrière.
Moncorneil-Devant.
Monferran.
Moulas.
Pis.
St-Blancart.
St-Elix-d'Astarac.
Sarcos.
Sère.
Viéla.
Villefranche.

CHATELLENIE DE DURBAN.

Arbechan.
Arcagnac.
Artiguedieu.
Aulin.
Auterrive.
Bonnes.
Boucagnère.
Durban.
Delempouy.
Gramont.
Gramoulas.
Haulies.
Labéjan.
Lamazère.
Lasseran.
Lasseube-Noble.
Lougarrané.
Marseillan-d'Astarac.
Mauvezin.
Miramont et Vicnau.
Montarrabé.
Orbessan.
Plavès.
St-Jean-le-Comtal.
Sansan.
Traversères.
Vidaillan.
Villeneuve.

CHATELLENIE DE CASTELNAU-BARBARENS.

Castelnau-Barbarens.
Faget-Abbatial.
Fanjaux.
Grenadette.
Lagarde-Propre.
Lartigole.

Lartigue. Pontéjac. Semezies.
Mazères. St-Guiraud.
Pepieux. Saramon.

Comté de Pardiac.

Ce comté était composé des terres suivantes :

Aussat. Juillac. Mont-Pardiac.
Aux. Laguian. Pallanne.
Beccas. Lannefrancon. Peyrusse-Vieille.
Betplan. Lahas. Rembos.
Blousson. Louslitges. Ricourt.
Boulouch. Lasserre-Pardiac. Samazan.
Boussac. Malabat. St-Cristaud.
Castelfranc. Marseillan-Debat. St-Justin.
Casteljaloux. Marseillan-Pardiac. Sérian.
Cazaux. Mascaras. Tillac.
Estampek. Mazous. Tourdun.
Estampes. Monlezun. Troncens.
Faget-Pardiac. Mondebat. Villecomtal.
Gazax. Montégut.

Parmi ces terres, les suivantes étaient ou avaient été en tout ou en partie possédées par le roi.

Betplan. Lasserre. Mondebat.
Castelfranc. Louslitges. Montégut.
Faget. Malabat. Peyrusse-Vieille.
Gazax. Marseillan-Debat. St-Justin.
Lannefrancon. Mascaras. Tillac.
Lahas. Monlezun. Villecomtal.

Avant 1790, le roi avait aliéné en tout ou en partie les terres suivantes :

Gazax,   aliéné par contrat du 4 octobre 1702.
Louslitges,   aliéné par   idem.
Marseillan-Debat,   aliéné par contrat du 5 septembre 1676.
Mascaras,   aliéné par contrat du 19 octobre 1712.
Mondebat,   aliéné par contrat du 5 septembre 1676.
Peyrusse-Vieille,   aliéné par contrat du 4 octobre 1702.

Comté de Gaure.

Le comté de Gaure se composait des terres suivantes :

Fleurance. Pouypetit. St-Puy ou plutôt
Lassauvetat. Réjaumont. Sompuy.
Paouillac. St-Lary.

Ce comté avait été aliéné par contrat du 17 janvier 1645; il fut réuni à la couronne par arrêts du conseil des 4 juin 1666, 17 février et 2 juillet 1668; mais l'engagiste en fut remis en possession par arrêt du 27 janvier 1674. Enfin, il a été revendu par contrat du 27 mai 1751, à la charge qu'on rembourserait l'engagiste et qu'on paierait au domaine une rente annuelle de 600 livres.

Vicomté de Lomagne.

Cette vicomté était composée des paroisses suivantes :

Asques.
Avensac.
Avezan.
Aurenque.
Balignac.
Bardigues.
Belleserre.
Betbeze.
Brive-Castet.
Cadeillan.
Castetarouy.
Castelmairan.
Castillon.
Caubiac.
Caumont.
Comberouget.
Coutures.
Cox.
Doujac.
Durdas.
Escazaux.
Esparsac.
Estramiac.
Faudouas.
Flamarens.
Fregouville.
Gaudonville.
Gastrenes.
Garac.
Gensac.

Gimat.
Gimbrède.
Glatens.
Gouas.
Gramont.
Homont.
Higadère.
Homps.
Lavit-de-Lomagne.
Labourgade.
Lachapelle.
Lagrue.
Lahitte.
Lamothe-Cabanac.
Lamothe-Goas.
La Réole.
L'Arrazet.
Lasmartres.
Launac.
Le Bouzet.
Le Castera-Bouzet.
Le Castera-Lectourois.
Le Casteron.
Le Bouazac.
Le Frandat.
Le Grès.
Le Montet.
Le Pin.
Le Pomaret.
L'Isle-Bouzon.

Magnas.
Mansonville.
Marestaing.
Marsac.
Mauroux.
Mauvers.
Mongaillard.
Montaut.
Montégut.
Miradoux.
Pelleport.
Pessoulens.
Peyrecave.
Plieux.
Poupas.
Pourdiac.
Puigaillard.
Puységur.
Puyssentut.
Rouillac.
St-Clar.
St-Antoine.
St-Arroumeig.
St-Avit.
St-Cezeré.
St-Jean-de-Cauquesac.
St-Léonard.
St-Martin.
Ste-Mère.
St-Paul.

St-Pesserre. Séguinville. Tournecoupe.
St-Sauvy.   Sérignac.   Vigaron.
Sansas.   Tillac.   Vivez.

Parmi les terres, les suivantes étaient ou avaient été en partie possédées par le roi.

Gaudonville.   Lavit.   St-Clar.
Homps.   Miradoux.   Ste-Mère.

Avant 1790, le roi avait aliéné en tout ou en partie les terres suivantes :

Gaudonville,   aliéné en vertu de l'édit d'avril 1702.
Miradoux,   aliéné le 6 septembre 1696.

Terraube, formait un marquisat particulier.

Vicomté de Fezensaguet.

Cette vicomté se composait de 45 terres, savoir :

Ayguesmortes.   Labrihe.   Razengues.
Augnax.   Lamothe-Ando.   St-Aubin.
Bajonnette.   Lamothe-Pouy.   St-Brès.
Bedechan.   Lauret.   St-Criq.
Betpouy.   Lou Grilhon.   Ste-Gemme.
Brugnens.   Lepin.   St-Germain.
Castelnau-d'Arbieu. Mansempuy.   St-Orens.
Catonvielle.   Maravat.   Serempuy.
Cazaux-sur-Save. Mauvezin.   Sirac.
Ceran.   Monbrun.   Taybosc.
Corné.   Monfort.   Touget.
Encausse.   Montagnac.   Tourrens.
Engalin.   Pis.   Touron.
Esclignac.   Pouyminet.   Thoux.
Goutx.   Puycasquier.   Vignaux.

Parmi ces terres, les suivantes étaient ou avaient été en tout ou en partie possédées par le roi.

Ayguesmortes.   Lauret.   Ste-Gemme.
Bajonnette.   Lou Grilhon.   St-Orens.
Brugnens.   Lepin.   Serempuy.
Ceran.   Mauvezin.   Taybosc.
Corné.   Monfort.   Tourrens.
Engalin.   Pis.   Touget.
Goutx.   Puycasquier.   Thoux.
Lamothe-Pouy.   St-Brès.

Avant 1790, le roi avait aliéné en tout ou en partie les terres suivantes :

Brugnens,	aliéné le 21 avril 1640.
Ceran,	aliéné le susdit jour.
Goutx,	aliéné le 25 septembre 1643.
Mauvezin,	aliéné par les contrats des 23 août 1696 et 6 décembre 1725.
Pis,	aliéné le 6 décembre 1696.
Touget,	aliéné le 17 octobre 1697.

Perche de Mirande.   Lieux abbatiaux.

Mirande.	Aujan.
Artigues.	Faget.
Arcoues.	Idrac.
Bascous.	Lasserre-Berdoues.
Bazugues.	Masseube.
Cuellas.	Ponsanpère.
Laffitte-Toupière.	Pessan.
Pouyguillés.	Pavie.
Respaillés.	Pouységur.
Sarragailloles.	Saramon.
St-Clément.	Seissan.
St-Elix.	
St-Jaymes.	
St-Martin.	
St-Mezart.	
St-Michel.	
Soulés.	
Valentées.	

Baronnie de Labarthe.

Cette baronnie renfermait 4 vallées appelées AURE, MAGNOAC, BAROUSSE et NESTE.

La *vallée d'Aure* comprenait les terres suivantes :

Ancizan.	Barancoueu.	Camon.
Aragnoet.	Bazus.	Ens.
Ardengost.	Bourisp.	Estansan.
Arreau.	Cadeac.	Get.
Aulon.	Cadeillan.	Graillen.
Azet.	Camparan.	Grezian.

Guchan.
Guchen.
Jezeau.
Illet.
Lanson.
Paillat.
Saillan.
St-Lary.
Soulan.
Sarrancolin.
Trachère.
Tramesaigues.
Vielle.
Vignée.

La *vallée de Magnoac* se composait des terres suivantes:

Arné.
Aries.
Baste.
Bazordan.
Betbeze.
Betpouy.
Campuzan.
Caubous.
Cizos.
Deveze.
Espenan.
Garaison.
Gauzan.
Goutz.
Guiserie.
Hachan.
Haulon.
La Commanderie.
Lalanne.
Laran.
Larroque.
Lassalet.
Laterrade.
Lougoutx.
Loupouy.
Madiran.
Monlong.
Oriez.
Organ.
Peyret.
Puntous.
Sabarros.
St-Andrieu.
Sariac.
Tojan.
Termes.
Villemur.
Viozos.

La *vallée de Magnoac* renfermait, en outre, la vallée de Castelnau-de-Magnoac, composée des 4 terres suivantes:

Castelnau-de-Magnoac.
Casteres.
Monleon.
Viosos.

La *vallée de Barousse* renfermait les 4 terres suivantes :

Saunac et Thébiran.
Serps et Millas.

Et de plus la *baronnie de Bramebaque*, où l'on trouvait:

Anla.
Antichan.
Aveaux.
Bramebaque.
Cazaril.
Crechex.
Exbarets.
Ferrere.
Gaudent.
Gembrie.
Génerest.
Illeu.
Izaourt.
Loures.
Mauleon.
Ourde.
Sacouï.
Salechan.
Samuran.
Sost.
Ste-Marie.
Thèbes.
Troubat.

La *vallée de Neste* se composait des terres suivantes :

Aspin.
Izaut.
Bezous.
Labarthe-de-Neste.
Fréchét.
Lourtet.
St-Arroman.
Montbazus.

De la *baronnie de Labarthe* dépendait la baronnie de Mauléon, composée des terres suivantes.

Anla.	Gembrie.	Samuzan.
Antichan.	Illeu.	Sacoué.
Exbarets.	Mauleon.	Sost.
Ferrère.	Ourde.	Troubat,

Et enfin de 3 ou 4 autres terres qui en avaient été démembrées pour former des fiefs particuliers.

Jugerie de Verdun.

Cette jugerie avec celle de Rivière formait anciennement un pays d'état qui fut réduit en élection par édit du mois de juin 1622. Elle se composait des terres suivantes :

Ageville.	Cordes.	Laurac.
Ardizas.	Cumont.	Le Burgot.
Aucamville.	Drudas.	Legrès.
Aurimont.	Encausse.	Le-l'Hermes.
Auterrive.	Endoufielle.	Le Mas-Grenier.
Beaufort.	Escazaux.	Marestaing.
Beaumont.	Fayole.	Marignac.
Beaupuy.	Fodouas.	Maurens.
Belleserre.	Fonsorbe.	Mauvers.
Belpech.	Forgues.	Merville.
Betbezè.	Frégouville.	Mongausy.
Boubée.	Garganville.	Montain.
Bouillac.	Gimont.	Monties.
Bouleau.	Giscaro.	Montiron.
Bonrepos.	Goudourvielle.	Polastron.
Bourret.	Gouas.	Pordiac.
Briquemont.	Grenade.	Préchac.
Burgaut.	Labourgade.	Pouységur.
Cadeillan.	Lagraulet.	Rieumes.
Cambernat.	Lahas.	St-Agnan.
Cadours.	Lamasquère.	St-André.
Castelferrus.	Lamothe-Cabanac.	St-Clar.
Castelmayran.	Lamothe-Cumont.	St-Cezer.
Castillon.	Lamothe-des-Champs.	Ste-Foy.
Cauze.	La Réole.	St-Lis.
Cologne.	Larrazet.	St-Martin.

DE LA GASCOGNE.

St-Nicolas.
St-Sardos.
St-Sauvy.
Ste-Marie.
Sajas.
Sarran.

Savignac-du-Roi.
Sérignac.
Seisses-Tolosannes.
Simorre.
Solomiac.
Tachoires.

Tirent.
Urdens.
Verdun.
Vigaron.

De la *jugerie de Verdun* dépendaient le comté de Tarride et la baronnie de Launac.

Comté de Tarride.
Brive-Castet.
Comberouget.
Coutures.
Labourgade et château de Tarride.
Vigaron.

Baronnie de Launac.
Launac.
Pelleport.
Caubiac.
Garac.
St-Jean-de-Cauquezac.

Duché d'Antin.

Ce duché se composait des terres suivantes :

Dans le Bigorre.
Antin.
Ausmes.
Bonnefont.
Irouley.
Labarthe.
Lameac.
Ours-Belisle.
Sarrouilles.

Dans le pays des Fittes et Refittes.
Bastanous.
Bernadets.
Castets.
Sadeillan.
Sarraguzan.
Dans la jugerie de Rivière.
Bonrepaux.
Miélan, en partie.

Terres cédées par le roi à M. le duc d'Antin, par contrat d'échange du 26 avril 1715, à condition qu'elles releveraient de la couronne de France.

Dans la vicomté de Nebouzan.
Capvern.
Cieutat.
Escala.
Lannemezan.
Mauvezin.
Tuzagnet.

Dans la jugerie de Rivière.
Bordes.
Montréjau.
Taillebourg.
Trie.

Dans la baronnie de Labarthe.
Izaux.
Labarthe de Nestes.
Lourtet.
Monbazus.

Vicomté de Nébouzan.

Cette vicomté était composée des terres suivantes :

Ardiège.
Artigueny.
Anizan.
Anigut-Cauhepé.
Asques.
Avezac et Hitte.
Aulon.
Barbazan.
Begole.
Blajan.
Balesta.
Bassas.
Batsère.
Benque.
Bets.
Bordes-Vieilles.
Bourg.
Bulan.
Cuq.
Cassagnabère.
Castera près Lanespède.
Castillon.
Chelle-et-Espon.
Cauhepé.
Capvern.
Cieutat.
Espéche.
Espiet
Escala.
Franque-Vieille.
Fréchendet.
Gourdan.
Gariscan.
Gourgues.
Labarthe-de-Rivière.
Labroquère.
Lannemezan.
L'escale-Dieu.
Lodes.
Lagrange.
Larroque.
Lespiégue.
Lomné ou Lompné.
Loudet.
Lussillouo.
Miramont.
Marsas.
Montmaurin.
Mauvezin.
Poumarous.
Peyrouzet.
Pinas.
Réjaumont.
St-Blancard.
St-Gaudens.
Sauveterre.
Sarlabous.
Sarramezan.
Sarrecave.
St-Elix.
Séglan.
Tillouze.
Tuzagnet.
Uzer.

Vicomté de Gabardan.

Cette vicomté était composée des terres suivantes :

Arx-et-Coursy.
Baudiet.
Baudignan.
Escalans.
Estampon.
Gabarret.
Croulous.
Hérré.
Losse.
Lucbon.
Lussole.
Rimbès.
St-Criq.
St-Martin.
Ste-Meille.
St-Pè-de-Brocas.
Vielle-Soubiran.

Parmi ces terres, trois : Escalans, Lucbon, et St-Pè-de-Brocas avaient été aliénées le 26 janvier 1696 ; toutes les autres terres étaient possédées en tout ou en partie par le roi.

Avant 1790, le roi avait aliéné en tout ou en partie les terres suivantes :

Brugnens, aliéné le 21 avril 1640.
Ceran, id. id.
Goux, id. le 25 septembre 1643.

Vicomté de Marsan.

Cette vicomté se divisait en deux parts : la BANLIEUE du MONT-DE-MARSAN et les BASTILLES.

Dans la *Banlieue* on comptait 34 paroisses, savoir :

Agos.	Cere.	Reaup.
Bargues.	Cezeron.	St-Avit.
Beaustens-Cedasse.	Gaïlleres.	Ste-Croix-de-Rague.
Beaustens-de-Roquefort.	Garcin.	St-Jean-d'Oux.
	Lamolere.	St-Pardon.
Baussiet.	Lucbardes.	St-Martin-du-Ney.
Belis.	Mailleres.	St-Médard-de-Beausse.
Bougue.	Martiens.	St-Médard-de-Magnan.
Bretagne.	Mazerolles.	St-Orens.
Broquas.	Mont-de-Marsan.	St-Pierre-du-Mont.
Campagne.	Noneres.	Uchac.
Canens.	Parenties.	

Les *Bastilles* étaient composées des terres suivantes :

Arthez.	Frechon et St-Laurens.	Ouignax.
Arue.		Poy-de-Saux.
Aurendat.	Gaude.	Perquies.
Arné.	Grenade.	Parleboscq.
Bergonce.	Geins.	Priam.
Bourriot.	Guinas.	Roquefort-de-Marsan.
Borderes.	Goussies.	Retjous.
Bascon.	Gaston.	Renung.
Beillon.	Gaube.	St-Cricq.
Bachen.	Gontaud.	St-Justin.
Cazeres.	Hontans.	Ste-Foy.
Corbles.	Levignau.	St-Vidou.
Cachen.	Lencouac.	St-Etienne.
Cornet.	Lugaut.	St-Victor.
Duhort.	Loubens.	St-Jouanet.
Dozevielle.	Lussagnet.	St-Michel.
Eyres.	Lacaze-Marquisat.	Sarbazan.
Estigarde.	Molets..	Villeneuve.

Duché d'Albret.

Terres et Fiefs composant ce duché, situés dans la Généralité d'Auch.

Angréne.
Audon.
Arengossec.
Arguzan.
Azur.
Begas.
Beysongue.
Biarote.
Biscarone.
Bort.
Bouricos.
Calen.
Carcares.
Ca sen.
Cassen.
Castetinerle.
Castets.
Clermont.
Commensac.
Escalus.
Escousse.
Gamarde.
Garrey.
Garrosse.
Gastes.
Goulard.
Gousse.
Ichoux.
Igos.
Labouhayre.
Labrit.
Laharie.
Laluque.
Laurede.
Le Bouceau-Vieux.
Lanard.

Leon.
Lesgor.
Lerperon.
Levignac.
Linxe.
Lipoustey.
Lit.
Lourquen.
Loussen.
Luc.
Louer.
Lutglon.
Mauco.
Meillan.
Memizan.
Menanges.
Meroa.
Minbarte.
Mixe.
Morsons.
Mostey.
Moutiers.
Norton.
Ondres.
Onesse.
Oro.
Ousse.
Ozourt.
Parenties.
Pissos.
Ponson.
Ponteux.
Pontons.
Poyartin.
Payanne.
Prechac.

Richet.
Riom.
Sabres.
Sanguinet.
Saubusse.
Saubrigues.
Seignans.
Soulers.
St-Andre-de-Seignans.
St-Etienne.
St-Girons-de-Lost.
St-Giron-du-Camp.
St-Jean-de-Marsac.
St-Julien.
St-Laurent.
St-Martin de Hiers.
St-Martin de Seignan.
St-Michel.
St-Paul.
St-Vincent-de-Tirone.
St-Yaguem.
Ste-Marie.
Senderes.
Sore.
Sourson.
Suchan.
Taller.
Tarnos.
Tartas.
Tosse.
Tronsac.
Vicq.
Vielle en Marensin.
Viellenave
Vert.

Comté de Comminges.

Ce comté se partageait en 8 châtellenies, savoir :

Chatellenie d'Aurignac.

Adeilhac.
Aurignac.
Auzas.
Bachas.
Bouchalot.
Bouzin.
Boussan.
Boussens.
Cardeillac.
Castillon-d'Aurignac.
Charlas.
Escanecrabe.
Esparron.
Esquiedaze.
Etancarbon.
Eux.
Francon.
Gensac-d'Aurignac.
Guites.
Lacomme-d'Aragon.
Lagoute-Gontaud.
Lalouret.
Landorte.
La Petite-Fitau.
La Pomarède et Saux.
Latour.
Larcam.
Lestelle.
Le Castera.
Lescuns.
Lieux.
Lussan.
Marignac-de-Laspeyres.
Martignac.
Martres.
Mongaillard.
Montaut.
Mont-d'Avezan.
Montégut-d'Aurignac.
Mont-Oussin.
Montolies.
Peyrissas.
St-André.
St-Lary.
St-Marcet.
St-Martory et Mancieux.
Sabartés.
St-Ignan.
St-Médard.
Saman.
Samouillan.
Sana.
Tillet.
Tournas.
Vignoles.

Chatellenie de Castillon-Ballongue.

Astien.
Amoulis, vallée.
Ballongue, vallée.
Betmalle, vallée.
Bizos, vallée
Castillon.
Villeneuve-de-Castillon.

Chatellenie de Fronsac.

Antichan.
Arbou.
Argut-Dessus.
Arguenos.
Bachas.
Bavartes, vallée.
Binos.
Bize.
Bagiry.
Cazaunous.
Chaum.
Estenos.
Fronsac.
Frontignan-de-Fronsac.
Gallié.
Genos.
Guran.
Juzet-d'Izaut.
Izaut.
Lespitau.
Layrisse, vallée.
Lourde.
Luchon, vallée.
Marignac-de-Fronsac.
Moncaup.
Mont.
Malvesie.
Oueil, vallée.
Ore.
Signac.

Chatellenie de l'Isle-en-Dodon.

Agassac.
Anan.
Ambats.
Barran.
Boissede.
Castelgaillard.
Coueilles.
Fegas.
Frontignan-de-l'Isle.
Guittaut.

Labastide-Pommé.
Lagarde-de-l'Isle.
Lissac.
Lunax.
L'Isle-en-Dodon.
Martissere.
Mirambeau.
Mondilhan.
Montesquieu-de-l'Isle.
Mauvezin.

Monbernard.
Ninigan.
Peguillan.
Polastron-Bourjac.
Puymaurin.
Rieulas.
St-Seriol.
St-Laurent-de-l'Isle.
Salerm.

Chatellenie de Muret.

Fontenilles.
Fronsin.
Labastide-de-Feuillans.
Labastidete.
Lasserre.
Lavernoze.
Le Bois-de-Lapierre.

Le Hauga.
Lesperet.
Lacasse.
Muret.
Mauzac.
Pins.
Poucharamel.
Roques.

Roquettes.
Saubens.
Sahuguède.
St-Alary.
St-Amans.
St-Jean-de-Poucharamel.
Ville-Nouvelle.

Chatellenie de Samatan.

Amades.
Bragairac.
Castelnau-de-Picampau.
Casties.
Espaon.
Fustignac.
Garavet.
Gensac-Savès.
Goudex.
Goux.
Lautignac.
Labastide-Savès.
Lagarde-Savès.
Lahaye.
Lahaugarette.

Lahillière.
Laimond.
Le Pin.
Le Planté.
Le Puy-de-Touget.
Lombes.
Lepeyrigué.
Monpezat.
Montadet.
Mourlens.
Murelet.
Monblanc.
Mones et Garimont.
Mongras.
Montastruc-Savès.
Montégut-Savès.

Noailhan.
Pebées.
Plagnolle.
Pompiac.
Puylauzie.
Sabonnères.
Samatan.
Senarens.
St-Thomas.
St-Araille.
Ste-Loube.
Sauvimont.
Savere.
Savignac.
Seisses-Savès.

CHATELLENIE DE SALLIES.

Ausseix.
Betfach.
Bagert.
Betbeze.
Bourjac.
Cazaret.
Cassaigne.
Castagnède.
Caumont.
Contrazy.
Couret.
Douech.
Fouille.
Figarol.
Gajan.
Labastide-de-Salat.
Lacave.
Mane.
Marsoulas.
Mercenac.
Monclar.
Mongaillard-de-Sallies.
Montesquieu-de-Sallies-Prat.
Montégut-de-Sallies-Roquefort.
Sallies.
St-Arraille-de-Sallies.
St-Lyzier.
Souech-de-Sallies.
Taurignac-Castet.
Taurignac-Vieux.
Touille.

CHATELLENIE DE ST-JULIEN.

Gensac-St-Julien.
Gouzens.
Goute-Vernisse.
Lafittaire.
Lafitte.
Le Plan.
Monberaut.
St-Christaud.
St-Ciry.
St-Julien.
Tersac.

Terres qui ne sont pas comprises dans les châtellenies.

Alos.
Aventignan.
Auriebat.
Boussenac.
Campistrous.
Clarac.
Encausse.
Esparraux et Regule.
Gaujac.
Gimet et Veirede.
Héches.
Laroquau.
Lebezeril.
Lescure.
Massat.
Monbrun.
Montamat.
Pellefigue.
Payssous.
Régades.
Rieucaze.
Rivière-Nest.
Sabaillan.
St-Girons.
St Loup.
St-Soulan.
Sedillac.
Soulan.
Tournan.
Villeneuve-de-Samatan.
Villeneuve-de-Rivière.
Uston.

On comptait aussi dans ce comté quelques fiefs de dignité.

1° LE MARQUISAT DE MONTESPAN.

Anezan.
Aran-Vielle.
Armentule.
Arris.
Avejan.
Bareilles.
Bordères.
Camors.
Cazaux-Debat.
Cazaux-Dessus.
Frichet.
Genos.
Gerun.
Gouaux-d'Ause.
Gouaux-de-l'Arboust.
Istan.
Loudenvielle.
Loudervielle.
Mont.
Pouchergens.
Vielle.

Ces terres étaient situées dans la jugerie de Rivière ; mais dans le Comminges il y avait :

Aussom.	Cucuron.	Montespan.
Bordères.	Lecussan.	Villeneuve-Lecussan.
Cazarille.	Mazères.	

2º Le Comté d'Erie.

Aulus.	Erie.

3º La Vicomté de Couserans.

Eschil.	Oust.	Souach.
Escourtouech.	Rogale.	Vic.
Lacoust.	Sentenac.	

4º La Baronnie d'Empaux.

Empaux.	Lambez.	Lepeyrigué.

5º La Baronnie de Benque.

Benque.	Gelat.

6º La Baronnie de Montastruc.

Arbas.	Montastruc.	Rouède.

7º La Vicomté de Monfaucon.

Monfaucon.	Sous.

Baronnie d'Aspet.

Cette baronnie se composait des terres suivantes :

Abis.	Escaiha.	Montastruc.
Alas, Gert et Balagué.	Estaden.	Pointis-Isnar.
Arbas.	Ganties.	Portet.
Aspet.	Labarthe-Isnar.	Rouede.
Castelviague.	Mauvezin.	Selech.
Chendessus.	Mongauch.	

Vicomté de Soules.

Cette vicomté était composée des terres suivantes :

Arroue.	Aussurut.	Alcabety.
Arrast.	Arhan.	Atherey.
Ainharp.	Alcay.	Alos.

DE LA GASCOGNE.   457

Avence de Haut.	Licharre.	Osserain.
Avence de Bas.	Larraux.	Ordiarp et Peyriede.
Bareus.	Lohitzun.	Olhaiby.
Berrogain.	Laruns.	Pagolle.
Berraute.	Larrory.	Restoue.
Cheraute.	Larrebive.	Riviereyte.
Charrite de bat.	Libarens.	Roquiague.
Charrite de Haut.	Lacarry.	St-Engrace ou Urdain.
Camon.	Lic.	Sauquis.
Chibigue.	Lichans.	Subarre.
Domezain.	Laguinge.	Sunharrete.
Etcharry.	Mauleon.	Sunhar.
Espes.	Moncajole.	Sibas.
Etchebar.	Mondibieu.	Sorholus.
Gestas.	Montory.	Tardets.
Gotin.	Mendy.	Trois-Villes.
Garindein.	Menditte.	Urdurcin.
Haux.	Musculdy.	Viodos.
Idaux.	Oyherq.	
Ilhorrot.	Ossas.	

Le roi possédait la justice haute, moyenne et basse, et une partie de la directe dans toutes ces terres, excepté celles qui composaient le comté des Trois-Villes. C'étaient :

Abense de Haut.	Lichans.	Sunhar.
Alos.	Licq.	Sunharrete.
Atherey.	Montory.	Tardets.
Haux.	Restoue.	Trois-Villes.
Laguinche.	Sibas.	

Le reste de la Gascogne appartenait au duché de Guyenne, et se partageait en sénéchaussées. On y comptait les sénéchaussées de Bayonne, de Dax, de St-Sever et de Tartas.

SÉNÉCHAUSSÉE DE BAYONNE.

Aygonne.	Bayonne.	Espelete.
Anglet.	Biarrits.	Gustaroy.
Arbonne.	Bianne.	Hascou.
Arraye.	Birialon.	Hasparren.
Ascain.	Briscous.	Jorevie.
Athèze.	Cambo.	Jozartrou.

458 HISTOIRE

Laressore.
Loursoa.
Macaye.
Mendionde.
St-Pé et Serres.

St-Pierre Doirobe.
St-Jean-de-Lux.
St-Jean-le-Vieux.
St-Esprit.
Sarre.

Siboure.
Sourraide.
Ville-Franque.
Uruge et Handayo.
Ustarits et Jalson.

SÉNÉCHAUSSÉE DE DAX.

Arzet.
Angoumer.
Arancon.
Bediosse.
Bellun et Adherans.
Benesse.
Bethade.
Biaudos.
Cambran.
Camme.
Candresse.
Cauneille.
Capbreton et Labenne.
Dax.
Estibaux et Oroust.
Favars ou Habas.
Goas.
Gourbera.
Haute-Rive-du-Gave.
Hastinguer.
Herm.
Heugas.

Hinx et St-André.
Josse.
Labatut.
Lahontan.
Lanne.
Leren.
Les Ostaux royaux de Sendor.
Magescq.
Mées.
Misson.
Oeyregave.
Oeyre.
Ordise.
Orist.
Orthevielle.
Ossages.
Peyenorthe.
Peyrehourade.
Pouillon.
Poysurdax.
Rivière près Dax.

Sammes.
Saugnac.
Sauvagnac et Latorse.
Seyresse.
Sordes.
Sort en la Prévôté.
St-Cricq du Gave.
St-Etienne d'Horte.
St-Lon et Siert.
St-Pandelon.
St-Paul.
St-Pée de Leren.
Taloresses.
Tersis, ci-devant érigé en faveur de la famille de M. Duval et ses héritiers mâles.
Tethieu.
Tilh.
Vic ou Isosse.

SÉNÉCHAUSSÉE DE ST-SEVER.

Amon.
Arboucave.
Argelos.
Arricau.
Arrouilles.
Artassenx.
Arthos.
Arzac.
Aubagnan.
Audignon.
Ayre et le Mas.
Bachus.

Banos.
Bastenes.
Batz.
Benquet.
Betbeder.
Beyries.
Bonnegarde.
Bonnut et Arsagne.
Brassempouy.
Buannes.
Campet.
Casalis et Lanemas.

Castagnos.
Castandet.
Castera.
Castelnau.
Castetné.
Castet-Sarrazin.
Casteide.
Cauna et Aurice.
Caupenne.
Condures.
Creon.
Dadou.

Damouleng.
Donzacq.
Donazit.
Dume.
Eyres.
Fargues.
Fauriet.
Gaujac.
Gausies et Bombardes.
Geaune.
Gelous.
Hagetmau et Labastide.
Hautarrive en Chalosse.
Horsarrieu.
Jupoy.
Jurent.
Lacadie.
Laguy.
Lacrabe.
Lohosse et Baigts.
Laminsans.
Lamothe-Leluy.
Larrivière près St-Sever.
Leplan.
Loucastetnau.
Loumeracq.
Louvignes.

Lucpeiroux.
Les Ostauxroy de Larbey.
Malausane.
Mant.
Maurin.
Mauvoisin.
Miramont.
Maumuy.
Moncube et Lousanguinet.
Monget.
Montagut.
Montaut.
Monfort et Tursan.
Mongaillard.
Monsegur.
Morgans.
Mugron.
Mommuy.
Moncade et Lousanguinet.
Naciet et Marpas.
Nerbis.
Patin.
Peyre.
Pimbo.
Ponaré.
Poudenx.
Poy en Chalosse.

Poyalut et St-Aubin.
Puyo.
Pimbo et Bancorié.
Roquefort de Tursan.
Semadet.
Senariet et Pealazin.
Sout de Nevailles.
Sobia.
Segaret.
Sarragaston.
Sarlous.
Sanon-Latreille et Zagnet.
Serbrosse et Guits.
Ste-Colombe.
St-Cricq et Marquevielle.
Ste-Croix.
St-Gecin.
St-Go-Villote.
St-Maurice.
St-Sever.
St-Louboua et Thorens.
St-Estanieu.
Toulousette.
Urgonce.
Vielle en Chalosse.

SÉNÉCHAUSSÉE DE TARTAS.

Argelouse.
Arrion.
Benesse en Marenne.
Bessaudun.
Biganon.
Gos.
Hautbeilongue.
Maa.
Onnars.

Orx.
Soas.
Saubion.
Seignosse.
Sors en Marenne.
St-Geourx-d'Auribat.
St-Geourx en Marenne.
St-Jean-de Lier.

St-Pierre-de-Lier.
St-Saturnin.
St-Esprit près Bayonne.
St-Etienne.
Tartas.

NOTE 3e, page 9 du second volume.

Montgommery qui détruisit le monastère de Bassoues, épargna, dit-on, l'église; ce que nous avons peine à croire, car la nef qui existe encore et les deux portails appartiennent incontestablement à la Renaissance. Ce qui augmente encore nos doutes, c'est que cette église descendit vers cette époque au rang de simple chapelle, et le service paroissial qui s'y était fait jusqu'alors fut transporté dans la chapelle votive de la Vierge, située dans l'enceinte de la ville. Le manuscrit de M. d'Aignan raconte l'anecdote suivante, que nous ne rapportons que parce que le souvenir ne s'en est pas entièrement effacé dans le pays. Sous Louis XIV, Henri de Lamothe-Houdancourt, archevêque d'Auch, eut la curiosité de voir les reliques de St-Frix. Il entra dans l'église du saint martyr, accompagné seulement de M. de Caupène, curé des Litges, et de M. Treille, curé de Cieurac. On obligea le peuple qui avait suivi en foule le prélat à rester hors des murs. On ne saurait dire la surprise et l'étonnement de la multitude lorsqu'une demie-heure après on vit reparaître l'archevêque et les deux curés tout tremblants et la pâleur de la mort peinte sur le visage. Quand ils eurent touché le seuil, l'archevêque se tourna vers ses deux compagnons : je vous défends, leur dit-il, sous peine d'excommunication majeure de dire ni pendant votre vie, ni à votre mort ce qui est arrivé et ce que nous avons vu ; et s'adressant à tous les assistants, il continua : Dieu a puni une trop grande curiosité ; je n'avais point une conscience assez pure pour entreprendre une chose aussi sainte. Ayez toujours une grande dévotion à St-Frix ; et lui-même fit de ce saint un des patrons de la chapelle de son château de Mazères.

On gardait dans les archives de l'archevêché le procès-verbal de la visite de Monseigneur de Trappes faite en 1623. Il nous apprend que la tête de St-Frix fut transportée durant les guerres de religion à Peyrusse-Grande comme dans un lieu de sûreté, et qu'elle y resta. Elle y est encore de nos jours.

NOTE 4e, page 11 du second volume.

Jugements de Dieu.

On appelait ainsi diverses épreuves judiciaires auxquelles on abandonnait la décision de certaines causes où l'on croyait que se manifestait le jugement d'un Dieu scrutateur des cœurs et vengeur des crimes. Ces épreuves étaient le duel, la croix, l'eau froide, l'eau chaude, le fer chaud, le serment et l'eucharistie.

Le Duel.

Dans l'épreuve du duel, 1º l'accusateur portait sa plainte devant le juge et jetait son gant pour le défi d'un combat.

2º L'accusé lui donnait publiquement le démenti, et s'il ramassait le gant, le défi était sensé accepté; alors le juge marquait le lieu, le jour et l'heure du combat.

3º Les deux champions paraissaient en grand cortège, faisant le signe de la croix et précédés de plusieurs bannières, où étaient peintes les images de Notre-Seigneur, de la Vierge et des Saints.

4º Aussitôt qu'ils étaient arrivés à leurs pavillons dressés dans les lices, l'agresseur venait se mettre à genoux devant le roi et commençait par faire le signe de la croix. Alors le maréchal ou quelqu'autre nommé par le roi lui disait : sire chevalier ou écuyer, voyez-vous ici la vraie remembrance de Notre-Seigneur vrai Dieu Jésus-Christ qui voulut mourir et livrer son très-précieux corps à mort pour nous sauver ? Or, lui requériez merci et lui priez qu'à ce jour vous veuille aider, si bon droit avez, car il est souverain juge. Souvenez-vous des serments que ferez, ou autrement votre âme, votre bonheur et vous êtes en péril.

Ensuite le maréchal le prenant par les deux mains qu'il mettait sur la croix, lui faisait faire le serment suivant : Je jure sur cette remembrance de la passion de Notre-Sauveur Dieu Jésus-Christ et sur la foi du vrai chrétien, et du saint baptême que je tiens de Dieu, que je cuide fermement avoir pour bonne, juste et sainte cette querelle, et bon droit d'avoir en ce gage appelé le tel comme faux, mauvais, traître, ou....... ou foi mentie (selon le cas que c'était.) Lequel a très fausse et mauvaise cause a de soi en défendre et combattre contre lui, et je lui montrerai aujourd'hui par mon corps contre le sien à l'aide de Dieu, de Notre-Dame et de Monseigneur St-Georges le bon chevalier. On faisait prêter le même serment à celui qui avait été appelé en duel, et le maréchal donnait le signal du combat en jetant son gant après avoir crié *laissez-les aller*. Celui qui était tué ou mis hors des lices était censé le coupable, et les otâges qu'il avait donnés condamnés à l'amende. L'on croit que c'est de là que vient le proverbe, les battus payent l'amende.

L'épreuve de la Croix.

L'usage d'employer la croix pour discerner les coupables fut autorisé par l'exemple de quelques saints, par les ordonnances de nos rois et par les décrets même de quelques Conciles, (Vembevie tenu l'an 751.) Les savants se sont partagés sur la manière dont se faisait l'épreuve de la croix. Les uns ont cru que c'était un serment prêté sur la croix; les autres ont pensé qu'on jetait une croix dans le feu. Si elle ne brûlait pas, celui qui l'avait jetée était déclaré innocent. Mais les termes qu'on trouve dans les anciens auteurs qui en ont parlé, *exire ad crucem*, *stare ad crucem*, font juger que cette épreuve consistait d'ordinaire à se tenir debout devant une croix dans quelque posture gênante, en sorte que celui qui se laissait tomber le premier, était jugé coupable.

Louis-le-Débonnaire défendit qu'on employât l'épreuve de la croix.

L'épreuve de l'eau froide.

Pour expliquer la manière dont on y procédait, il n'y avait qu'à traduire une ancienne instruction latine que nous avons là dessus. Elle est conçue en ces termes : Prenez ceux que vous voudrez mettre à l'épreuve de l'eau, et conduisez-les à l'église où le prêtre célébrera la messe en leur présence, et les offrira à l'autel quand ils se présenteront pour recevoir la communion ; dites-leur : si vous avez fait ce dont on vous accuse, si vous y avez consenti, si vous savez qui l'a fait, je vous conjure au nom de Dieu le Père, le Fils et le Saint-Esprit, par la foi que vous avez reçue, par le saint Évangile qui vous a été annoncé et par les saintes reliques qui reposent dans cette église, ne soyez pas si téméraires que d'approcher de l'autel pour recevoir la communion. S'ils gardent le silence, le prêtre les communiera en disant : que ce corps et ce sang de Jésus-Christ vous soient aujourd'hui une épreuve. Après la messe il bénira de l'eau, et s'étant rendu au lieu où se doit faire l'épreuve, il en fera boire à ceux qui doivent y être mis, en disant : que cette eau vous soit aujourd'hui une épreuve. Ensuite il fera les exorcismes sur l'eau où ils doivent être jetés. Après quoi il les dépouillera de leurs habits, leur fera baiser l'Évangile et les jettera dans l'eau les uns après les autres. Le prêtre qui fait la cérémonie et ceux qui sont mis à cette épreuve doivent être à jeûn. Nous apprenons encore qu'on liait les pieds et les mains à ceux qu'on jetait ainsi dans la cuve pleine d'eau. Ceux qui surnageaient sans s'enfoncer étaient réputés coupables. Ceux qui allaient au fond de la cuve étaient déclarés innocents. C'était, ce me semble, le moyen de trouver peu de criminels, ou c'était tenter Dieu.

Jugement de l'eau chaude.

Voici comme on procédait. On conduisait à l'église les personnes accusées; elles y assistaient à la messe et y communiaient. Après quoi l'on faisait des exorcismes et on récitait des prières semblables à celles qui étaient en usage pour l'épreuve de l'eau froide. On mettait ensuite la chaudière sur le feu et l'on faisait réciter le *Pater* à celui qui devait subir l'épreuve. Quand l'eau bouillait, on l'ôtait du feu, et celui qui présidait à ce jugement, suspendait dans la chaudière une pierre à une certaine hauteur, plus ou moins grande, selon la qualité du crime. Alors l'accusé plongeait le bras ou la main nue dans l'eau bouillante, et en retirait la pierre. On enveloppait le bras et l'on apposait le sceau à l'enveloppe qu'on n'ôtait que le troisième jour. Si le bras se trouvait sans brûlure la personne était sensée justifiée, sinon elle passait pour coupable. On dressait un acte public de ce qui s'était passé, et c'est ainsi que se terminaient les procès, soit civils, soit criminels. On pouvait se racheter de cette épreuve ; c'est ce que la loi salique appelle racheter sa main. On dit encore : j'en mettrais la main au feu, pour signifier qu'on est prêt d'affirmer quelque chose dont on se tient certain.

L'épreuve du fer chaud.

Il y avait deux manières d'essayer cette épreuve : 1º On faisait porter à l'accusé un fer rougi au feu. Le fer qui servait à cette épreuve était béni et conservé dans les églises qui avaient ce droit. L'accusé jeûnait auparavant, on récitait sur lui des prières, puis on allumait dans l'église un feu où l'on faisait rougir le fer. On fesait boire de l'eau bénite à celui qui devait faire l'épreuve, on lui en lavait les mains afin d'ôter par là les médicaments dont il aurait pu s'être frotté pour arrêter l'activité du feu. Quand le fer était rouge, on le tirait du feu, et l'accusé, après avoir baisé l'Évangile et la croix, était obligé de le porter la longueur de neuf pieds; après quoi on enveloppait sa main et on la cachetait jusqu'au troisième jour. 2º L'autre manière était de faire marcher l'accusé sur des socs de charrues rougis au feu et qu'on multipliait suivant la qualité du crime dont il s'agissait. Communément, ils étaient au nombre de douze;

il fallait poser le pied sur chacun de ces socs. Lorsqu'on n'en était point blessé, on passait pour innocent.

L'épreuve du Serment.

Le serment prêté sur les choses saintes ou réputées telles a été en usage dans toutes les religions. C'était chez les Français surtout depuis leur conversion, un moyen facile aux accusés de se purger des crimes qu'on leur imputait.

Voici les principales cérémonies qu'on observait dans ces serments juridiques :

1º Ceux qui juraient devaient être à jeûn, et c'était communément dans quelque église ou quelque oratoire qu'on recevait leur serment.

2º On les faisait jurer sur les reliques, sur l'évangile ou sur la croix. Ils étaient à genoux et ils élevaient la main pour toucher l'autel, la croix ou l'évangile qui était sur l'autel. C'est de là peut-être que nous est restée la coutume de lever la main en faisant serment.

Le Concile de Meaux, l'an 845, défendit aux évêques et aux prêtres de jurer sur les choses saintes. Ainsi les évêques et les prêtres n'étaient pas obligés de lever la main pour toucher les reliques. La coutume est demeurée qu'ils ne lèvent pas la main en prêtant serment, mais la tiennent sur leur poitrine.

3º Quand le crime dont on voulait se purger était grief, on faisait jurer avec l'accusé plusieurs personnes qui mettaient avec lui la main sur les évangiles ou sur les reliques. On appelait cela *tertia manu, duodecima manu,* selon le nombre des personnes qui juraient.

Les personnes que l'accusé faisait jurer devaient être de sa condition. Ainsi un noble faisait jurer des nobles, un prêtre faisait jurer des prêtres, une femme faisait jurer des femmes.

Quand on ne recevait pas la preuve du serment on en venait à celle du duel.

L'épreuve de l'Eucharistie.

C'était particulièrement l'épreuve que l'on faisait subir aux évêques et aux prêtres accusés de quelque crime. On les obligeait à célébrer la messe ou à recevoir l'eucharistie en preuve de leur innocence. Le Concile de Tribur, dans le ixe siècle, fit ce Canon. Le laïque, s'il est nécessaire, se purge par serment et le prêtre par le sacrifice. Je trouve encore un exemple terrible de cette épreuve dans la personne de Lothaire que le pape Adrien communia après l'avoir fait jurer qu'il n'avait eu aucun commerce avec Valdrade, depuis que son prédécesseur l'avait excommunié. Telles sont les principales épreuves que nos pères appelaient jugements de Dieu; elles ne sont plus connues que par nos anciennes histoires.

Extrait en grande partie du manuscrit de M. d'Aignan.

N. B. Nous devons la note suivante, ainsi que la note 8e, à M. l'abbé Canéto, supérieur du petit séminaire d'Auch. Les amis de l'art chrétien attendent, avec une juste impatience, le fruit des études de M. Canéto, sur quelques églises plus remarquables de notre diocèse. Nous avons l'assurance qu'il va mettre sous presse, sans retard, un premier travail, qui a pour objet spécial L'HISTOIRE ARCHÉOLOGIQUE de notre belle métropole.

NOTE 5, page 36.

Ce monument de la piété et du zèle éclairé de St-Austinde, subsiste encore à Nogaro. C'est la basilique à trois nefs, où se font, depuis près de 800 ans, les offices de la paroisse. La dédicace en fut célébrée sous le vocable spécial de St-Nicolas, mort en 342, évêque de Myre, capitale de la Lycie. Généreux confesseur de la foi, sous l'empereur Dioclétien, Nicolas avait été, quelques années plus tard, l'un des 378 prélats qui proclamèrent contre Arius, au 1er Concile de Nicée, le Verbe consubstantiel au Père.

Dès le commencement du ve siècle, un grand nombre de miracles opérés sur son tombeau, avaient déjà rendu son culte aussi célèbre dans les régions orientales, que celui de St-Martin de Tours l'était en Occident. Dans le cours du viiie, il s'étendit dans toute l'Europe. Aussi voyons-nous, même avant 1087, époque de la translation de ses reliques à Bari, dans le royaume de Naples, qu'un grand nombre d'édifices religieux s'étaient élevés, en son honneur, dans la plupart de nos provinces.

Et lorsque Austinde voulut aussi mettre sa nouvelle Bastide sous le patronage de l'illustre Thaumaturge de Myre, Paris venait à peine d'achever le sien : c'est l'église de St-Nicolas-des-Champs (*) dont le roi Robert avait jeté les fondements en 1030, et dans laquelle St-Louis, au retour de la Terre-Sainte, déposa la couronne d'épines, jusqu'à l'achèvement de la Sainte Chapelle.

Malgré les nombreux outrages qu'elle a dû subir de la main du temps et du marteau des démolisseurs ; malgré

(*) De cet ancien édifice, il ne reste que les fondements, sur lesquels s'élève la grande chapelle, à gauche du portail principal de l'église actuelle dont la majeure partie est de 1576.

surtout quelques augmentations, restaurations, embellissements et mutilations, dont il ne faut accuser que le mauvais goût des époques diverses où l'on a cru devoir les entreprendre, la basilique de Nogaro conserve encore les caractères essentiels des édifices religieux construits dans la seconde partie du xie siècle.

Il ne peut pas entrer dans notre plan d'en donner ici au lecteur une monographie circonstanciée. Ce serait comme un engagement pris de traiter avec le même intérêt tant d'autres églises, même rurales, dont l'origine se rapporte à peu près à la même époque artistique; et qui proclament encore de nos jours, non seulement autour de nous, mais aussi dans toute la circonscription méridionale dont traite cette histoire, la foi si vive de nos pères, et les généreux sacrifices qu'elle pouvait leur imposer.

Au reste, un travail de cette importance demanderait d'autres secours et d'autres soins. Nous avons l'assurance que les deux autorités supérieures, religieuse et administrative, se préoccupent de son exécution, au moins pour le département du Gers. Viennent donc ces heureux jours, dignes d'être hâtés par des vœux unanimes! Et qu'un si bel exemple trouve partout de nombreux imitateurs! Car encore peu de temps, et plusieurs de ces monuments d'assez haute importance, au point de vue de notre art chrétien méridional, seraient perdus même pour son histoire, si une vigilance éclairée ne s'empressait de les couvrir de son égide, ou de les sauver, au moins, d'un éternel oubli, en reproduisant le souvenir de leur utile et noble existence.

En attendant ce prochain résultat d'un généreux concours des études archéologiques et de l'Administration, on voudra bien nous pardonner de rappeler ici les principaux caractères architectoniques des églises que notre sol doit à ce xie siècle, trop longtemps appelé barbare, et dans lequel pourtant, selon M. Guizot, l'être social qui porte le nom de France, déjà formé du triple élément romain, chrétien et germain, prend ce développement propre et extérieur, qui mérite, pour la première fois, le nom de civilisation française (*).

Nous insisterons d'autant plus volontiers sur cette analyse rapide, que la majeure partie des édifices religieux, en France, ne remontent pas au delà de cette époque, du moins entre la Loire et la Méditerranée ; car les dévastations des siècles précédents n'avaient guère légué que des cendres et des ruines à celui qui nous occupe. Aussi les populations, découragées par les malheurs sans nombre qui avaient accompagné la dernière invasion des hordes barbares, ne s'étaient préoccupées, jusqu'à l'an 1003, que des terreurs de la fin du monde; laissant dépérir ou se dégrader entièrement tout ce que la flamme et le marteau des démolisseurs n'avaient encore pu atteindre.

Mais dès que l'Occident fut bien convaincu qu'il pouvait enfin saluer en toute confiance, avec le XIe siècle, l'aurore inespérée d'un monde nouveau, l'art, comme la société, sortit de sa longue léthargie, et les *logeurs du bon Dieu* se remirent à l'œuvre.

Or, un nouveau style sembla naître de l'élan général qui entraînait et les peuples, et les rois, et les châteaux, et les monastères, à rivaliser de dévouement et de munificence. Et l'influence plus complète de la manière orientale, s'unissant aux dispositions générales consacrées en Occident, donna lieu à l'architecture mixte, appelée *romane* par quelques savants, et *romano-byzantine* par tous ceux qui tiennent à mieux retracer, dans sa dénomination, le double élément dont elle se compose.

FORME GÉNÉRALE. — A partir de l'an mille, on conserve aux églises de quelque importance la forme adoptée dans les derniers siècles de la période *latine ;* c'est-à-dire, celle de l'antique basilique romaine, dont le transsept limitait les bas côtés, et compléta d'ordinaire, surtout depuis le VIIe siècle, par son double prolongement, le signe symbo-

(*) Cours d'histoire moderne professée en 1829, tom. III, p. 204-205.

lique de notre Rédemption. Le chevet ou abside, généralement tourné à l'Orient vrai, est semi-circulaire. Quelquefois, néanmoins, il se termine carrément, ou bien par trois ou cinq pans coupés. Sa voûte, toujours hémisphérique ou en cul-de-four, est plus basse que celle de la maîtresse-nef. Son enceinte forme le sanctuaire de la chapelle principale. Deux autres chapelles absidales, construites sur le même plan, mais de moindres dimensions, correspondent souvent aux deux extrémités des nefs latérales. — Simple ou multiple, le chevet est invariablement la partie la plus soignée de l'édifice, même à l'extérieur.

I. Appareil. — Le petit appareil romain, qui ne portait que dix centimètres de parement, fut, en général, remplacé par le moyen, dont la hauteur est double. Les contrées riches en matériaux employèrent même le grand appareil, surtout dans le midi de la France. Toutefois, la surface, soit intérieure soit extérieure des murs, ne montra pas toujours seulement des assises quadrangulaires. Quelques parties plus importantes de l'édifice furent décorées d'un parement à dessins très-variés et rehaussé de diverses figures géométriques.

II. Ornements. — Au reste, les détails d'ornementation en usage au xie siècle, n'étaient pas une invention nouvelle. Les sculpteurs en avaient emprunté le dessin aux édifices romains et au luxe des mosaïques, qui, d'abord réservées pour les pavés des constructions civiles et religieuses, étaient devenues, depuis le règne de l'empereur Claude, selon toute apparence, la décoration ordinaire des voûtes et des murs. Or, ces divers motifs sont : des losanges de suite ou bien enchaînés, des grecques, des méandres ou frètes crénelées de triangles, de trapèzes ou de rectangles; des zigzags, des chevrons, des nattes régulières et autres entrelacs contournés en mille façons diverses. Le *tore*, moulure en demi-rond, en forme de boudin, est l'élément presque invariable de ces nombreux caprices du ciseau romano-bizantin. Il est quelquefois tordu en façon de *cable*. Il prend le nom spécial de *torsade*, si un galon perlé serpente entre les torillons qui s'entrelacent. Tranché en parties égales et également espacées, le tore engendre les billettes, qui pourtant ne changent pas de nom lorsqu'elles affectent des formes prismatiques.

Il n'est pas rare de rencontrer aussi, surtout aux corniches, aux tailloirs et aux arcades, des bandeaux rehaussés de polygones unis en forme de damier; ou bien, ils sont semés d'alvéoles symétriquement fouillées, de têtes de clous, de pointes de diamant, de besans, d'oves, de perles, d'étoiles, de fleurons, de violettes, etc. etc. Les arabesques, copiées originairement depuis le siècle d'Auguste, des toiles imprimées de l'Inde et de l'Egypte, y abondent encore, comme simples ébauches de la nature organique, mais non à titre d'imitation exacte et soignée (*). Aussi, tout essai de classification serait-il ordinairement inutile, à travers tant de capricieuses productions. Et même quelque larges, vigoureux et parfaitement découpés que se présentent les feuillages, la flore murale n'offre pas moins de difficultés dans la plupart des entrelacs, des rinceaux, des enroulements, des palmettes, des raies de cœur, etc., etc., dont les contours sont presque toujours enrichis de perles ou de fleurons, à la manière byzantine.

III. Contreforts. — Les contreforts, jusque là simples *bandes-lombardes*, ou éperons à peine sensibles, augmentent de saillie, multiplient leurs retraites et se couronnent de larmiers et de pignons, à mesure que l'on avance vers le XIIe siècle. Toutefois, dans certains monuments, surtout méridionaux, les contreforts sont encore de vrais pilastres, ou bien des colonnes plus ou moins engagées, dont la base est sur le sol et le chapiteau sous la corniche des toitures.

IV. Corbeaux. — A la hauteur de ces mêmes chapiteaux, et dans l'espace qui les sépare, la corniche est également soutenue, au moins à l'extérieur du chevet, par des corbeaux

(*) Nam pinguntur tectoriis monstra, potius quàm ex rebus finitis imagines certæ. *Vitruv.*, liv. VII, chap. 5.

ou modillons, ornés des moulures du temps, de têtes plates ou saillantes, de masques et autres figures presque toujours grimaçantes et à positions plus ou moins bizarres.

V. PILIERS. — Des piliers lourds et massifs partagent en trois ou cinq nefs la largeur des églises. Rarement ils rappellent encore, dans leur forme cylindrique, la double rangée de colonnes régulières qui soutenaient la maîtresse-nef des basiliques payennes. Ce sont plus généralement des polyèdres à base carrée, reposant sur le sol, ou portant tout au plus sur un socle peu élevé. Afin de dissimuler leur massive lourdeur, on les cantonne quelquefois de pilastres complets et plus souvent de colonnes engagées sur les quatre faces, ou bien sur trois, ou sur deux seulement. La base de ces colonnes, tantôt lisse et tantôt enrichie de moulures, est une dégénérescence de la base attique. Elle se compose de filets, de tores et de scoties, dont le dessin est plus ou moins pur. Le fût, dont la forme et l'ornementation sont bien souvent tout aussi variées que celles des bases, ne conserve aucun souvenir des proportions classiques.

VI. CHAPITEAUX. — Les chapiteaux ne semblent pas moins abandonnés au caprice de l'artiste, surtout pour la décoration du tailloir et de la corbeille. Celle-ci, dans sa plus simple expression, présente un cône tronqué et renversé; ou bien une pyramide à quatre pans, tronquée aussi et renversée sur sa petite base, dont les arêtes sont abattues et arrondies inférieurement, afin qu'elle soit mieux ajustée avec le sommet de la colonne. La corbeille cylindroïde est peu commune, si ce n'est vers le centre et le midi de la France, où on la rencontre dans certains chapiteaux, assez richement feuillagés pour rappeler l'antique. Leur feuillage, toutefois, offre bien rarement le beau galbe et le mouvement de l'acanthe corinthienne. Ce sont plutôt de simples folioles imbriquées par double ou triple étage; ou bien de larges disques, à forme et allure végétales, qu'on est convenu d'appeler feuilles d'eau. Elles sont épaisses et pointues, tantôt lisses et tantôt perlées à l'orientale, à bord uni ou découpé; inclinées de haut en bas, ou épanouies de bas en haut; droites enfin, ou bien recourbées sous le tailloir ou sous de petites volutes à crochet. Ailleurs ce sont des nattes ou entrelacs, des tiges plus ou moins contournées et enlacées, garnies de feuilles et de fruits sur un faible relief, ou bien fortement détachées de la corbeille. Enfin, celle-ci offre, parfois, des scènes historiques ou légendaires, des allégories religieuses, des symboles, des êtres fantastiques, et même des obscénités dont il n'est pas toujours bien facile d'expliquer l'à-propos, comme motifs de décoration dans le saint temple.

VII. ARCADES. — Le demi-cercle ou *plein-cintre*, est la forme presque invariablement usitée dans les arcades. Quelquefois, pourtant, le cintre est *outre-passé* en fer à cheval, ou bien *surhaussé* sur ses côtés prolongés parallèlement au dessous du centre de la courbe; ou enfin *surbaissé* en anse de panier. Les arcades géminées ornent assez souvent le chevet central et les façades. Elles se composent de deux petits cintres appuyés sur le chapiteau d'une colonne commune, et surmontés d'un espèce d'arceau de décharge qui les couronne. Deux frontons, élevés en forme de mitre, tiennent quelquefois la place des arcades géminées. Il n'est pas rare de les rencontrer sans baie ouverte à la libre circulation de l'air ou de la lumière, comme simples motifs de décoration sur la face des murailles; ce sont alors des arcades *simulées* ou *aveugles*, dont les courbes sont même quelquefois enlacées une-à-une, de manière à dessiner des arcs pointus, sous les deux segments d'intersection.

Les arcades ouvertes forment le couronnement des portes et des fenêtres. Elles mettent aussi la nef centrale en communication avec les ailes ou bas-côtés.

VIII. PORTES. — L'entrée principale des églises orientées est à l'ouest, toutes les fois que la disposition du terrain n'oblige pas à l'établir au sud ou même au nord. Au commencement du xie siècle, les portes conservent une grande simplicité. L'archivolte, encore tout unie, ou bien ornée de quelques moulures, repose sur les pieds-droits, ou sur de simples pilastres. Les colonnes, s'il y en a, sont massives et trapues, et seulement au nombre d'une ou de deux de chaque côté. Vers 1050, les archivoltes se multiplient et se chargent d'ornements. On est donc obligé de proportionner le nombre des colonnes de support à celui des voussures ; et, par suite, d'agrandir l'angle d'inclinaison des parois qui forment l'ouverture. Dans le cas où celle-ci est assez large, un trumeau la partage en deux baies, que surmonte un linteau horizontal posé sur des consoles. Et si le tympan est orné de bas-reliefs, le sujet obligé est, en général, la légende du Patron ; ou Jésus-Christ assis sur son trône, bénissant de la main droite, et tenant de la gauche un livre ou la sphère terrestre. A ses côtés, des anges debout ou à genoux portent des encensoirs. Ailleurs, les symbôles des quatre évangélistes, désignés dans la vision d'Ézéchiel, (*) font cortège au Sauveur du monde.

IX. Fenêtres. — L'arcade des fenêtres plus simple que celle des portes principales, est pourtant archivoltée ; et les voussures reposent assez généralement sur des colonnettes, du moins au chevet et aux façades, si l'importance de l'édifice n'en réclame pas à toutes les ouvertures. — Celles qui sont arrondies en *œil-de-bœuf* prennent un plus grand diamètre et des bordures plus ornées que dans les périodes précédentes ; comme pour indiquer une sorte de passage à ces roses splendides, qui dès la fin du XIIe siècle s'épanouirent avec tant de grace, soit à l'abside, soit aux façades des églises.

Tout ce que nous venons de dire des arcades, s'applique également à celles que supportent les piliers de la maîtresse-nef. Nous ferons observer seulement que ces grandes arcades sont presque toujours renforcées d'un arc doubleau qui prend naissance, en arrière plan, sur un tailloir commun ; ou bien sur le chapiteau des colonnes cantonnées, s'il en existe dans cette direction. Quelquefois la courbe de ces arcades est légèrement brisée à la clef, et semble tendre à

(*) C. I. v. 10.

l'arc pointu. Mais ce cas, d'ailleurs fort rare, ne s'observe guère que vers la fin du xie siècle, et par une exception encore étrangère à tout système.

X. Voutes. — Les grandes voûtes offraient assez de difficultés, pour que leur construction ait souvent été différée jusqu'aux époques suivantes. Quand on osait les entreprendre, afin de diminuer les obstacles on les divisait en travées égales, par des arcs doubleaux jetés perpendiculairement à l'axe, du sommet des colonnes cantonnées en face de la grande nef. Ces arcs sont bâtis en pierres d'appareil, dont les formes rectangulaires se dessinent en relief à l'intrados; c'est ce qu'on appelle voûte *en berceau* ou cylindrique.

Dans le but de neutraliser la forte poussée de ces larges voûtes, celles des bas-côtés furent souvent construites en arc rampant, dont le sommet contrebute la grande nef; tandis que la retombée se développe *en quart de cercle*, et vient se confondre verticalement avec le massif des murs qui limitent l'enceinte.

Bientôt chaque travée fut elle-même divisée en quatre parties égales par des lignes diagonales de pénétration, de manière à reporter toute la pression sur les piliers et dans la direction des contreforts. C'est ce qu'on appelle *voûtes d'arêtes*, qui n'étaient pas inconnues aux Romains. Dès-lors on put renoncer aux voûtes en quart de cercle, dont la forme est d'ailleurs assez disgracieuse. On les conserva, tout au plus, pour terminer les *triforium* (*); et les bas-côtés eurent plus généralement des voûtes d'arêtes, même dans le cas où celle du centre devait être en berceau. Au reste, quoique les architectes aient tiré un grand parti de ce croisement des arcs, dans la construction des voûtes, ils ont quelquefois négligé de s'en servir dans le xie et même dans le xiie siècle, puisque beaucoup d'églises romanes et de la *Transition*, ne présentent que des arcades parallèles.

(*) Galeries intérieures construites sur les bas-côtés.

XI. CLOCHES ET CLOCHERS. — Les Grecs et les Romains se servirent, dans la vie privée, de sonnettes et d'espèces de grelots; mais on a dit qu'ils ne firent jamais usage de grosses cloches. Il est pourtant certain que l'ouverture des thermes, des marchés, etc. etc., était annoncée au public, par le son d'une cloche, comme l'attestent différents passages d'écrivains antérieurs à l'ère chrétienne.

Quoiqu'il en soit, le christianisme devenu libre ne tarda pas à faire usage des cloches; et en France elles servaient, au moins dès le commencement du VIIe siècle, à fixer les heures des cérémonies religieuses. Il fallait pourtant que les cloches de forte dimension fussent encore peu communes, puisqu'en 610, celles de la basilique de Sens jetèrent l'alarme dans l'armée de Clotaire II, par le bruit inattendu de leurs volées solennelles. Mais dans le XIe siècle, l'usage en était général en Occident.

On les disposait dans des constructions en forme de tour, connues sous le nom de clochers. La place de ceux-ci, encore assez peu déterminée, était quelquefois isolée de l'édifice religieux; mais le plus souvent ils s'élevaient tantôt au dessus du transsept, et tantôt sur les façades même de la basilique. Souvent les petites églises restèrent dépourvues de tours; et leurs cloches furent, comme de nos jours, suspendues en plein air à de modestes constructions, ou sous les cintres de simples clochers-arcades.

En général, les clochers qui sont complets, ont deux parties bien distinctes : 1° une tour quelquefois octogone, et le plus souvent quadrangulaire, à un ou deux étages d'arcades, soit à plein cintre, soit à cintre surbaissé, ouvertes et à jour, ou bien entièrement aveugles; 2° une flèche en forme de pyramide. Toutefois, certaines tours romanes restèrent terminées en plate-forme, munie d'un parapet crénelé. Elles pouvaient, en cas de besoin, servir à la défense.

Dans les premières années du XIe siècle la tour s'élève invariablement au moins à la hauteur du comble de l'église. Mais la pyramide, d'abord à quatre pans, comme le polyèdre massif qui la supporte, est assez écrasée. Bientôt la tour s'exhausse de plusieurs étages; et son couronnement s'élève aussi en flèche élancée, à une hauteur qui fait comprendre à quel point l'architecture romano-bysantine savait réunir la hardiesse à la solidité, dans les plus majestueux édifices. St-Etienne de Caen, bâtie vers 1064 par les ordres de Guillaume-le-Conquérant, en est encore une preuve manifeste. A la base des deux flèches qui ornent la façade trinitaire de cette basilique, l'architecte a doublé le nombre des côtés de la tour; contre les pans, sont adossés huit clochetons qui dissimulent admirablement le passage du carré à l'octogone.

Les clochers, construits dans l'origine, uniquement pour recevoir des cloches, se multiplièrent sans nécessité, même au xie siècle. Les grandes basiliques en eurent ordinairement trois, cinq, et même sept, lorsque, pour la symétrie et le coup d'œil, on en construisit deux sur chaque façade. Moins élevé que les autres, celui qui couronnait le milieu du transsept reposait sur un grand dôme à jour, richement décoré et ouvert à l'intérieur de l'édifice.

NOTE 6, page 38.

Les combats judiciaires n'étant autre chose que les duels, on n'a qu'à rappeler ce que nous avons dit au commencement de la note 4.

NOTE 7, page 48.

INSCRIPTION GRAVÉE SUR UNE PIERRE DE L'ÉGLISE DE MOISSAC.

Idibus Octonis domus ista dicata novembris
Gaudet pontifices hos convenisse celebres :
Auxius Ostindum, Lactora dedit Raymundum,
Convena Wilhelmum, direxit Aginna Wilhelmum ;
Jussit et Heraclium non deesse Beorra benignum,
Elloreus Stephanum concessit, et Adura Petrum ;
Te, Duranne, suum nostrumque Tolosa patronum,
Respuitur Tolco Simonis dans jura Cadurco ;
Myriades lustris opponens ter duodenis
Virgineum partum dabit orbi tunc venerandum.
Hanc tibi Christe, Deus, rex instituit Clodovœus,
Auxit munificus post hac domum Ludovicus.

NOTE 8[1], page 58.

E chartulario Bigorritano, quod est in tabulario Palensi : mundi ruinis crebrescentibus, plurimis quoque hominum, potiùs transitoriis commerciis, quam perpetuis, inhærentibus, coëgit me valdè humanitas meæ fragilitatis, ut non pertractaret ultimum inevitabilis mei obitus diem, verùm etiam præsentem, quoad vixero, mei meorumque utilitatem. Hac ergò sententia nec irrationabiliter suffultus, non meis meritis, sed misericordiâ Christi præveniente, Bigorrensis comitatus, ab ipso auctore Deo, qui cuncta disponit regna mundi, comes præelectus, hoc per utile negotium tractavi ; ut me, et omnem præmissum comitatum, omnipotenti Deo committerem, et almæ Mariæ Virginis tutelæ, ac defensioni, me, atque omnia mea commendarem. Dominicæ ergò Incarnationis M. LXII anno, Petro episcopo Anniciensi ecclesiæ præsidente. Ego *Bernardus Bigorrensis comes* egregius, adveni prædictam ecclesiam, gratia orationis, imploraturus suffragia pro salute animæ meæ, et corporis. Ergò convocatis canonicis commisi me eorum orationibus assiduis, ac *devovi me, et omnem comitatum* Anniciensi ecclesiæ, sub honore sanctæ et intemeratæ Virginis Mariæ consecrata, quatenùs regina cœli et mundi domina, solamen miserorum, ac peccatorum venia, protegat, defendat, et muniat me famulum suum, nec non et omnia mihi subdita : ea scilicet lege ac perpetuo tenore ; ut quamdiù mihi vitam concesserit omnipotens Deus LX. *Solidos* pro salute ac tuitione mea offeram Anniciensi ecclesiæ, eosque vel deferam, vel deferri faciam in capitulo fratribus meis canonicis. Nec solum ego sed et omnis posteritas mea hanc servet tenorem, et quasi debitum censum præscriptos LX. Solidos offerat *in perpetuam mei commemorationem*. Ut autem hoc *donativum, pietatis ac religionis gratia peractum*, stabile permaneat atque firmum. Ego Bernardus Bigorrensis comes, *et uxor mea clementia Comitissa*, hanc scripturam pro testimonio donationis fieri rogavimus, ac propriis manibus stabilem atque inviolabilem esse decrevimus. Quod si quis, vel nos, vel posteritas nostra, vel aliquis post obitum nostrum præsidens honori quem mihi Deus concessit, hanc donationem temerare, vel violare molitus fuerit : omni subjaceat anathemati, ac perpetuæ maledictioni, donec ex præsumptione cepta Deo et beatæ Mariæ Virgini satisfaciat, et canonicorum congregationi. S. Bernardo de Basclíaco. S. Guilhermo de Aster. S. Arnaldo Guilhermo.

NOTE 8ª, page 67.

La monnaie de Morlas est tellement ancienne, qu'il est impossible de préciser l'époque de son origine. Toutefois, nous ne voudrions pas affirmer, avec quelques annalistes, qu'elle fut établie dès le temps des Romains.

Déjà, vers le milieu du xıᵉ siècle, les accroissements successifs de la puissance féodale dans nos provinces, avaient profondément altéré le système monétaire, en usage sous les rois des deux premières races.

Dans l'étude de l'époque Mérovingienne, l'histoire constate l'emploi, à peu près exclusif, de l'or, sans bien établir les motifs de cette préférence, si contraire à l'ancienne pratique des Gaulois.

A partir de Charlemagne, un autre métal et des types différents se présentent. Les monnaies d'or et d'argent du grand empereur perpétuent le souvenir de ses victoires en Italie, et portent l'empreinte de cette forte unité qui fut le caractère dominant de son vaste empire.

Bientôt la décadence rapide de la race Carlovingienne favorisa, sur divers points, l'usurpation de la souveraineté; les monnaies devinrent locales, et les puissants feudataires les signèrent, en vertu de concessions parfois gracieuses, il est vrai, mais le plus souvent très-involontaires.

Néanmoins, lorsque nos rois accordaient librement, à quelque seigneur particulier, ce témoignage authentique de participation à l'autorité souveraine, c'était toujours à l'exclusion des pièces d'or, dont le prince se réservait le privilége. Aussi, comme de temps immémorial, les vicomtes de Béarn mirent en circulation, dans leurs Etats, de la monnaie d'or (*) et d'argent, leur puissance devait être,

(*) Voir plus bas, et les notes 9¹ et 9², où il est fait mention de la médaille *d'or* Morlane, qui se payait à titre d'amende ou de redevance.

sans doute, regardée comme souveraine, et reconnue originairement indépendante. Ce qui nous explique la légende empruntée de l'apôtre St-Paul, et adoptée dans certains de leurs types : *gratiâ Dei sum id quod sum.*

Voici, au reste, ce que dit, à propos de la monnaie du Béarn, l'historien Pierre de Marca, mort archevêque-nommé de Paris, le 29 juin 1662.

« Les monoyes sont un autre membre du domaine. Il y en
» a deux, l'une est à Morlas et l'autre à Pau.
» Celle de Morlas est fort ancienne. Il y a titre de 550
» ans (*), qui monstre que la monoye d'or et d'argent y
» estait battue, sous le nom du seigneur du Béarn, et qu'elle
» avait cours par toute la Gascoigne. Comme certifient
» aussi l'évesque (Hugues II) et le chapitre de Bazas, à
» Edouard, prince de Galles, l'an 1260 (**). La monoye
» que l'on y fabriquait anciennement estait de sols Mor-
» lans, et de livres Morlanes, qui en valent trois des Tour-
» noises. On se sert de sols Morlans en la taxe des despens,
» comme l'on faict des Parisis. Les baquettes, qui est la
» petite monoye de cuivre, dont les *seize valent un sol*,
» furent introduictes du temps de Gaston, prince de Na-
» varre, l'an 1465.
» La monoye de Pau fut establie par le roi de Navarre,
» Henri II, l'an 1524. On bat maintenant, en l'une et en
» l'autre de ces monoyes, des quarts d'escu, qui ont le fin
» de la taille de ceux de France, suivant le concordat passé

(*) Fortanerius, 10ᵉ évêque de Bayonne, stipulait en 1150 (*Gallia chr.* I, — 1312 D), que si la monnaie Poitevine, alors de même valeur que la Morlane, venait à diminuer de prix, la dîme de St-Martin ne pourrait être rachetée en sous Poitevins, qu'à la condition de représenter une valeur égale à celle des sous Morlans : *tot daret Pictavinos, qui Morlanis æquivalerent.*

(**) Lisez 1289. Hugues II fut évêque de Bazas, depuis 1277 jusqu'à 1294. Et d'ailleurs le titre original, scellé des trois sceaux de l'évêque, du chapitre et de la communauté de Bazas, est daté du jeudi de l'octave de la Chandeleur M. CC. LXXXIX.

» entre le roy de Navarre et le roy François Ier ; lequel par
» ce moyen, leur donna cours en son roïaume, à la charge
» que les essais généraux seraient faicts par un essayeur de
» la monoye de Bayonne. Ce qui se pratique encore au-
» jourd'hui. » (*)

Ainsi, sans compter la médaille d'or, dont il est moins souvent question dans l'histoire, *la baquette, le sol, la livre* et *le quart d'escu* étaient de cours dans le xvie siècle.

Avant le milieu du xve, grand nombre d'actes publics et d'inscriptions obituaires parlent des sous Morlans et de la livre Morlane, comme étant généralement en usage dans toute la Novempopulanie.

Au reste, presque toutes les monnaies du Béarn que l'on retrouve, en fouillant le sol, portent le nom de Centulle, à la légende. Nous ne connaissons, de cette espèce, que deux modules différents. Sur 44 de ces pièces, toutes en argent, que nous avons actuellement au médaillier du séminaire, 37 ont 18 millimètres de diamètre, et 7 en ont 15 seulement. Ce qui revient, pour ces dernières, à la grandeur moyenne de nos 25 centimes. Mais les unes et les autres ont à peine le tiers de l'épaisseur de notre quart de franc.

Les deux modules portent, *au droit*, une croix *grecque pattée*, inscrite dans un cercle perlé, et cantonnée de deux besans isolés dans le champ, au-dessus de la traverse horizontale. Un second cercle perlé circonscrit la légende CENTULLO COME. *Au revers*, la lettre M domine, dans le champ, la lettre P suivie d'une petite croix grecque pattée; et une zone, également comprise entre deux cercles perlés,

---

(*) ANTIQUITÉS DU BÉARN, p. 31. Cet opuscule est extrait des manuscrits inédits de P. de Marca, en 7 vol. in-fol. que possède, à Paris, la bibliothèque Richelieu. M. le Ministre de l'instruction publique a autorisé la publication des ANTIQUITÉS DU BÉARN, qu'un jeune savant, non moins recommandable par ses vertus chrétiennes que par son savoir, M. G. B. de Lagrèze, a fait imprimer à Pau, en 1846, à la suite d'une excellente notice bibliographique, sur le célèbre historien du Béarn.

a pour légende ces deux mots, que précède une autre petite croix grecque pattée : ONOR FORCAS, c'est-à-dire privilége seigneurial de la Fourquie. « Et me persuaderais fort faci-
» lement, dit P. de Marca, à ce propos (*), que la maison
» ancienne des seigneurs de Béarn estait appelée *Furcia*, la
» prononçant comme si elle estait escrite en cette sorte :
» *Furquia;* » et plus bas « *Furcas*, qui est un nom cor-
» rompu, et tiré de la maison vicomtale de la *Fourquie*......
» Le nom de la Hourquie se conserve bien encore aujour-
» d'hui dans la ville de Morlas..... en un lieu éminent que
» l'on nomme la vieille Hourquie, où estait assise l'an-
» cienne maison vicomtale. »

Benearnum, ancienne capitale du Béarn, ayant été détruite par les Normands, vers le milieu du IXe siècle, les souverains se fixèrent à Morlas, lieu ordinaire de leur résidence, jusqu'à l'an 1240. A cette époque, Gaston de Moncade transporta son domicile au château d'Orthès. Mais on continua de battre monnaie au palais de la Fourquie, ancienne résidence des vicomtes ; ce qui nous explique la devise féodale *Onor Forcas ;* ainsi que le nom de *Moneta Furcensis*, que portent les sous Morlans, dans quelques anciennes chartes.

En adoptant la croix grecque, au droit et au revers de sa monnaie, de préférence à la croix romaine, Centulle ne fit que se conformer à la pratique générale du blason. Cette forme avait-elle été prise de l'Orient, à l'époque des Croisades ? ou plutôt, l'égalité des croisillons ne serait-elle pas imposée par la forme même de l'écusson ? Quoiqu'il en soit, les changements que les espèces Morlanes eurent à subir dans les siècles suivants, n'occasionnèrent aucune modification à ce sujet. Elles restèrent invariablement timbrées de la croix grecque ; ainsi que la très-grande partie des monnaies locales ou royales de l'Europe.

Les *fors* de Béarn, dans la rubrique des amendes, et de tout ce qui regarde la pénalité fiscale, font souvent men-

---

(*) Hist. de Béarn, L. IV — 310-VIII.

tion de *deniers*, comme fraction du sou Morlan : « Qui casso
» pesseyara à la caus, o lo escorchara ont no ha padoent,
» v soos; et per cada arrama entro à cinq arramas, xii di-
» ners, et la ferre ont feyt aura. La medixa ley es de fau
» que de castanh que de casso. » (*)

Nous ignorons si le système monétaire de la Fourquie
s'étendait jusqu'à réaliser ces sortes de pièces, que l'é-
mission des baquettes, dès 1465, ne nous permet guère
de supposer préexistantes en Béarn. Au moins, celles-ci
sont-elles la seule monnaie noire que nous connaissions.
Et de plus, s'il était vrai qu'on eût frappé des deniers, dans
le Béarn, avant 1465, on ne pourrait les attribuer « à la
Maistrise de la coupure des coings de Pau, » qui ne fut
établie par Henri d'Albret que 59 ans plus tard. Le plus
simple serait, peut-être, de supposer que ces petites amendes
s'acquittaient en monnaie de compte, purement imaginaire
à la Fourquie, estimée en deniers Parisis ou Tournois; car
une ordonnance de St-Louis, datée de la mi-carême 1262,
portait : « Et puet et doit courre la monnoie le Roi par tout
» son roïaume, sans contredit de nulli, qui ait propre
» monnoie, ou point..... Et ne seront refusés Parisis ou
» Tournois, tant soient-ils pelez; mais qu'ils aient cognois-
» sance devers Croix ou Pile, que ils soient Parisis ou Tour-
» nois. » — Ce que confirma Philippe-le-Bel, en renouvelant « l'ordonnance que li bons rois Loys, cui Diex face
» merci, fist sur le faict des monnoies; » et décrétant aussi
que sa monnaie devait avoir cours, et être reçue, même sur
les terres des barons, selon le prix de leurs propres monnaies, de valeur à valeur; *et volumus insuper quòd nostræ*
monetæ currant et capiantur in terris ipsorum baronum,
pro pretio monetarum suarum, valore ad valorem (**).

La plus ancienne *baquette* actuellement à notre disposition, est du temps de Henri II, dont elle porte le nom.
Son poids et son diamètre égalent à peine ceux des Centulle
à petit module, que nous avons décrits plus haut. *Au droit*,

(*) For général; *art.* 204.
(**) Du Cange, *moneta regia*.

le champ est écartelé d'une croix grecque, cantonnée au premier et au quatrième d'une H; au second et au troisième d'une petite *vache passante*, des armes de Béarn, qui a donné sans doute le nom à ces petites monnaies de cuivre. La légende porte : HEN. II. D. G. R. NAV. D. B., *Henricus secundus Dei gratiâ rex Navarræ, dominus Benearni*, HENRI DEUXIÈME, PAR LA GRACE DE DIEU, ROI DE NAVARRE, SEIGNEUR DE BÉARN. Au revers une croix grecque pattée orne le champ, au centre d'un quadrilobe qu'entoure la devise G. D. SUM. I. QD SUM; *gratiâ Dei sum id quod sum*; C'EST PAR LA GRACE DE DIEU QUE JE SUIS CE QUE JE SUIS.

Ces deux légendes sont absolument les mêmes sur un quart d'écu signé de ce prince, en 1581. On s'explique pourquoi les armes de Navarre y sont écartelées de Béarn et de France, sur le revers. Le monogramme composé des deux lettres H et M, superposées, rappelle, sur quelques autres pièces antérieures, son mariage célébré en 1526, avec Marguerite de Valois, sœur de François Ier, et veuve de Charles d'Alençon, comte d'Armagnac.

Les baquettes d'Antoine de Bourbon, successeur d'Henri d'Albret, sont, à peu de choses près, du même type. La croix grecque est cantonnée, au droit, des sigles A et I, placées au premier et au quatrième. Les vaches sont encore au second et au troisième. La légende explique les lettres A. I, comme il suit : A. ET. IOA. D. G. R. R. NA. D. D. B; *Antonius et Joanna, Dei gratia reges Navarræ, domini Benearni;* ANTOINE ET JEANNE, PAR LA GRACE DE DIEU, ROI ET REINE DE NAVARRE, SEIGNEURS DU BÉARN. Au revers, le quadrilobe est plus orné, la croix grecque est de Malte, c'est-à-dire entaillée d'un angle obtus à l'extrémité de chaque patte; et un cercle perlé entoure la devise ci-dessus, avec la variante du pluriel : G. D. SUMUS QD SUMUS; C'EST PAR LA GRACE DE DIEU QUE NOUS SOMMES CE QUE NOUS SOMMES.

Au reste, l'adoption de la devise était déjà de longue date. Car c'est par ces mêmes paroles de St-Paul que Gaston Phœbus, au xive siècle, protestait devant le roi Charles VI, de son indépendance. Elles entouraient sur le revers de ses Morlans, « une espée haute, couronnée à la poincte, et » tenue à la poignée par une main, entre les deux vaches » clarinées : signifiant ouvertement ne pouvoir estre con- » trainct à prester au roy de France l'hommage de sa terre » de Béarn ; et soustenant qu'elle ne relevait que de Dieu » et de son espée. » Et au droit, se voyait l'empreinte « de » la teste de Gaston, seigneur de Béarn, avec cette ins- » cription à l'entour : GASTO. VIC. ET DOM. BEARN. » HON. FURCIÆ MORL. » GASTON, VICOMTE ET SEIGNEUR DE BÉARN, HONNEUR DE LA FOURQUIE MORLANE (*).

En spécifiant la *Hourquie de Morlas*, dans sa légende, Gaston suppose bien qu'il peut y avoit d'autres Fourquies. Et en effet, ce nom était assez commun, au moyen âge. Il ne désignait souvent, d'après Du Cange, au mot *Furcia*, autre chose qu'un fief, c'est-à-dire un bénéfice que le seigneur cède à quelqu'un, à titre et redevance de vasselage. « Feudo es bienfecho, que da el senhor à algund ome, por- » que se torne su vassallo.... E tomo este nome de fe, que » deve siempre el vassallo guardar al senhor (**). » Du Cange va même plus loin et soutient que le nom de la Hourquie Morlane ne rend pas un sens plus étendu. — De telle sorte que Gaston aurait dû « estre contrainct à prester au roy de » France l'hommage de sa terre de Béarn. » Pourtant ce prince n'entend relever que de Dieu et de son épée. Et le droit de monnaie d'or est la preuve incontestable de son indépendance. La Hourquie n'était donc pas un fief vulgaire ; et l'honneur de ce titre, *Onor Forcas*, était du premier degré, pour la maison vicomtale de Morlas, dans la hiérarchie des puissants feudataires : il rappelait tous les droits souverains des plus hauts Justiciers, conformément à l'arrêt du 16 mai 1320 : *Furcia seu Furca, quod est jus erigendi furcas justiciarias, vel patibulum, intrà feudi fines, et in eo reos suspendendi; quod majoribus Justiciariis maxime competit.*

(*) Hist de Béarn, L. IV — 310-VIII.

(**) Leg. Alf. — Part. 4. Tit. 26. leg. I.

NOTE 9', page 69.

« Si quelque habitant veut vendre ses terres ou sa maison
» à quelqu'un de la cité, il le pourra librement, sans le
» consentement tant des seigneurs particuliers que du sei-
» gneur majeur; et s'il veut changer de seigneurie, le
» vicomte sera tenu de le faire conduire sain et hors des
» limites de la seigneurie. Si un homme, de quelque lieu
» qu'il soit, vient s'établir dans la ville et y réside pen-
» dant un an et un jour, le vicomte le défendra contre
» tout seigneur qui voudrait le réclamer. Aucun des habi-
» tants ne sera tenu de suivre le seigneur majeur à l'armée
» ou à la chevauchée, hors le cas d'invasion; et même dans
» ce cas, le seigneur doit fournir des bêtes de somme pour
» porter les armes. Tous les habitants feront droit entre
» les mains du vicomte et de son béguer. Les amendes se-
» ront fixées, conformément au for du Béarn : aucun d'eux,
» lors même qu'il plaiderait avec le vicomte, ne sera tenu
» de plaider hors du district de la ville. Si le vicomte veut
» faire arrêter un habitant accusé d'un délit, si quelque
» habitant le cautionne, l'accusé sera libre. La peine de
» l'adultère sera, pour les deux coupables, de courir nus dans
» les rues de la ville. Le voleur manifeste sera livré au
» seigneur. Si un voisin est tué par un voisin, le meurtrier
» payera soixante-six sols d'amende et fera droit au plai-
» gnant entre les mains du vicomte. Nul étranger n'atta-
» quera à force ouverte un habitant de l'enceinte de la
» ville ; et si quelqu'un ose violer cette défense, il payera
» au seigneur neuf cents sols et une médaille d'or. » Et
pour assurer l'observation de cet article, Centule exigea le
serment de cent Ossalois et d'un même nombre d'Aspais.
« Si quelque habitant tue et débite une vache, il payera
» au béguer du vicomte un denier; et pour un porc, une

» médaille. Le vicomte se réserve le droit de vendre les
» vins et cidres de son cru, pendant le mois de mai, au plus
» haut prix courant. Le vicomte s'engage à ne jamais me-
» ner à sa suite dans la ville le débiteur d'un habitant, ou
» tout autre qui pourrait avoir offensé quelqu'un des ci-
» toyens. »

NOTE 9², page 128.

Sous l'oppression du système féodal, les habitants des villes étaient privés des droits naturels à l'homme. Ils ne pouvaient disposer de leurs biens, ni par un testament, ni par aucun autre acte; leurs enfants n'avaient aucun droit à leur héritage, et le seigneur était l'héritier légitime de tous les habitants de sa terre. Gaston permit aux habitants de Morlas de disposer de leurs biens entre vifs ou par testament; il limita lui-même ses droits en ces termes : « le » seigneur ne succédera qu'à défaut d'héritier et de testa- » ment. » Les habitants ne pouvaient quitter à leur gré la terre d'un seigneur; ils étaient pour ainsi dire attachés au sol. La nouvelle charte abolit cette marque de servitude. « Si quelqu'un veut quitter la ville et qu'il n'y ait point » une plainte contre lui devant le seigneur, il aura le droit » de vendre librement ses possessions, et le seigneur lui » donnera un sauf-conduit pour sortir de sa terre. » Souvent le seigneur exigeait que ses censitaires lui fournissent de l'argent à titre de prêt, ou devinssent ses cautions envers ses créanciers. Quelquefois les seigneurs et leurs gens logeaient de force chez les habitants et vivaient à discrétion. Gaston délivre les habitants de Morlas de ces exactions. « Personne ne peut être contraint à prêter, malgré lui, au seigneur : Personne ne sera tenu ni de le cautionner, ni de jurer pour lui; personne ne doit loger dans aucune maison de cette ville sans le consentement des propriétaires. » L'administration de la justice offrait un vaste champ à la tyrannie des seigneurs. Au moindre délit le censitaire devait une amende arbitraire; l'injure la plus légère, lors même que l'offensé ne se plaignait point, était mise aux rangs des délits publics, et l'amende était prononcée et exigée. La ville de Morlas obtint un tribunal domestique; là se terminaient les contestations des particuliers. Les délits furent réservés au jugement du seigneur et de sa cour; mais les amendes furent fixées sur un tarif invariable. Si quelqu'un est en procès avec quelqu'un de cette ville, que les jurats soient les juges, aucun homme de la ville ne sera tenu d'ester en droit hors des portes de la ville. Si quelqu'un de cette ville blesse, frappe ou offense quelqu'un, et que l'offensé ne porte point de plainte au seigneur, le seigneur n'aura pas droit d'exiger une amende. Le service auquel les serfs étaient obligés n'avait de règles que la volonté du seigneur; il disposait d'eux comme de ses chevaux de bataille. Lorsque les serfs remontèrent à l'état d'hommes, les chartes réglèrent le service de guerre qu'ils seraient tenus de rendre. Aucun habitant de Morlas ne sera tenu d'aller en Espagne par mandement du seigneur; il ne peut y être contraint, s'il ne veut y aller de bon gré. Le service militaire exigé des habitants sera de neuf jours, et ne sera demandé que trois fois par an.

Enfin, les droits illimités que le seigneur levait sur les habitants furent réduits à des droits fixes, levés sur la consommation des denrées. Le tarif nous en est resté, et nous le placerons ici pour donner une idée du système des finances adopté par Gaston. Ce sont aussi les coutumes de Morlas. 1º Celui qui tue un bœuf ou une vache pour les vendre, paiera un sou Morlas; 2º Pour débiter un porc ou une truie, il est dû au seigneur le pied de la bête, ou une médaille à son choix; 3º Quiconque fait venir de dehors une charge de vin ou de cidre, payera pour le droit d'entrée une médaille Morlanne; 4º Pour une charge de froment, de mil, seigle, avoine, orge, fève, noix, qui vient du dehors, il sera pris une pugnère, c'est-à-dire une mesure fixée : ainsi ce droit se payait en nature ; 5° Pour un mouton, brebis, chèvre ou bouc, une médaille ; 6° Quiconque achète de l'étranger un troupeau de cochons et les sale dans la ville, doit le pied de chacun ; 7° Le seigneur aura le droit de vendre exclusivement pendant le mois de mai son vin et le cidre de ses vergers ; 8° Tous les habitants seront tenus d'aller moudre au moulin du seigneur sous peine de perdre leur grain.

NOTE 10, page 173.

La nueg ven, pois le jorn renais
Et nos pot meillora mon dol
Car es de mon cor le trandol
Tal que no pot tornar gais.

Et tant molt es el sien duelh
Que lo valen e ric capduelh
Le pareis amara priso
Ou n'a que clam et languiso.

En prat verdenc herbas et flors
An nascut, e li auzels gentils
En grand alégrier subtils
Miels qu'om del mon son cantadors.

Tug cad'an al senhoreatge
Volontiers fan lor vasselatge
Mas solas non es plus tornat
En cor malament enganat.

TRADUCTION.

La nuit vient, puis le jour renait,
Et ne peut s'adoucir mon deuil,
Car elle est telle de mon cœur la douleur
Qu'il ne peut redevenir gai ;

Et si grand est son chagrin
Que le puissant et riche château
Lui paraît amère prison
Où il n'y a que plaintes et qu'ennui.

Dans le pré verdoyant herbes et fleurs
Sont nées, et les oiseaux charmants
A donner grande allégresse empressés
Mieux qu'homme du monde savent chanter.

Chaque année au seigneurage
Volontiers font hommage.
Mais soulagement n'est pas revenu
Dans mon cœur méchamment trompé.

NOTE 11, page 235.

Voir la bulle de Célestin III, au vi^e volume, parmi les pièces justificatives.

NOTE 12, page 251.

« Célestin, pape, au vénér. Père B. et aux discrets fils,
» les chanoines de Bayonne.... voulant acquiescer avec
» plaisir à vos justes prières, afin que vous puissiez de-
» meurer dans une ferme et stable possession de tous les
» biens qui appartiennent à présent ou qui pourront dans
» la suite appartenir à votre église, nous avons résolu de
» les exprimer ici par leurs propres noms, qui sont : le lieu
» même où cette église est située avec ses appartenances et
» dépendances ; les églises de Mayer, de St-Vincent d'Usta-
» ritz, d'Urguit, de Pagazu, d'Orsais et de Bonloc ; l'hôpi-
» tal et oratoire d'Apat, l'hôpital et oratoire d'Irisuri avec
» les appartenances et dépendances tant desdites églises
» que desdits hôpitaux ; la vallée appelée de Labour, la
» vallée appelée d'Orsais, la vallée appelée de Cize, la
» vallée appelée de Baygorri, la vallée de Bastan, la vallée
» appelée de Lésaca, la vallée appelée d'Otazzu jusqu'à
» St-Sébastien; et nous vous confirmons aussi, par ces pré-
» sentes lettres, tout ce que votre église a acquis par des
» voies raisonnables, et dont elle est à présent dans une
» possession paisible par la donation des princes, tant au
» dedans qu'au dehors de la ville, soit en censives sur des
» maisons, sur des jardins et sur le four, soit en péages et
» en revenu de la boucherie, en vignes, vergers, moulins
» et dîmes qui vous sont dues des novales de votre évêché,
» en droits de pêche, tant à la mer que dans les eaux
» douces, et dans les terres tant cultivées que celles qui
» ne le sont pas. »

NOTE 13, page 278.

Mas l'arsevesque d'Augs li es tost respondutz
Per Dieu bel senher reis si dreitz es conogutz
Lo coms ni sa mainada non er mortz ni perdutz
Quel non es pas eretges ni fals ni descrezutz
Ans à la crotz seguida els seus dregs mantengutz
Sitot ses vas la gleiza malament captengutz
Car el non es eretges ni de la fe tengutz
Gleiza deu be recebre los pecadors vencutz
Que lesperitz nos perdo ni sia confondutz
En Faulcautz a Tolosa es pres e retengutz
E si lo coms se damna nFaulcautz seras pendutz
Bel senher narsevesques vos ne seretz crezutz
Dit Wilmes de Rocas quel coms no el destrutz
Ans er nFaulcautz pel comte lhivratz ecezemutz

FIN DU SECOND VOLUME.

ERRATA.

Page 10 ligne 18.		Des petits enfants, lisez *de petits enfants*.
18	16.	Se maintenir, lisez *le maintenir*.
21	10.	Le titre, lisez *le tiers*.
25	20.	Au jour de la désolation, lisez *aux jours de*
40	22.	Des barons, lisez *de barons*.
106 Note— ligne dernière.		Que d'abjurer, lisez *qu'abjurer*.
348 ligne 18.		Serait possible, lisez *paisible*.
367	10.	Desvesham, lisez *d'Esveham*.

TABLE

DES MATIÈRES DU SECOND VOLUME.

Livre V.

CHAPITRE Ier.

Page.

Odon d'Astarac, archevêque d'Auch. — Bassoues. — Légende de St-Frix. — Pessan. — Ste-Dode. — Archevêques d'Auch. — Astanove, comte de Fezensac. — Ducs de Gascogne. — Bernard Tumapaler, comte d'Armagnac. — Centule III, vicomte de Béarn. — Comtes de Bigorre. — St-Austinde. archevêque d'Auch. — Rétablissement des évêchés d'Aire, de Bazas, de Dax, de Lescar, d'Oleron et de Bayonne. — Reconstruction de l'église Ste-Marie d'Auch.. 5

CHAPITRE II.

Fondation de St-Mont et de Nogaro. — Défaite de Bernard Tumapaler. — Éloignement de St-Austinde. — Son retour, sa mort. — Guillaume de Montaut, son successeur.— Rétablissement de la cathédrale de Lectoure. — Prieuré de St-Geny et de Montaut.. 31

CHAPITRE III.

Grégoire VII. — Déposition de plusieurs prélats. — Comtes de l'Isle-Jourdain. — Bernard, comte de Bigorre, fait hommage de son comté à Notre-Dame du Puy. — Fondation du prieuré de Madiran. — Raymond, fils de Bernard, comte de Bigorre, meurt jeune et est remplacé par Béatrix sa sœur. — Centule, vicomte de Béarn, se sépare de Gisla, sa femme, et épouse la comtesse de Bigorre. — Guerre de Centule. — Sa mort. — Mort de Bernard Tumapaler, comte d'Armagnac. — Géraud II son fils. — Aymeric II, comte de Fezensac. — Raymond Aymeric, chef de la famille de Montesquiou. — Comtes de Pardiac.. 51

CHAPITRE IV.

Mort d'Aymeric, comte de Fezensac. — Concile de Clermont. — Mort de l'archevêque d'Auch, Guillaume de Montaut. — St-Bertrand de Comminges. — Mort de Béatrix, comtesse de Bigorre. — Première croisade. — Les sires d'Albret. — Prise de Jérusalem. — Premier affranchissement en Béarn. — Astanove, comte de Fezensac, part pour la croisade. — Raymond, son frère utérin, élu archevêque d'Auch. — Vicomtes de Gavarret. — Monastère de Bassoues. — Astanove meurt. — Azaline, sa fille, épouse Bernard III, comte d'Armagnac.... 81

Livre VI.

CHAPITRE Ier.

Bernard de Ste-Christie, évêque de Bayonne, passe à l'archevêché d'Auch. — Vicomtes de Labour. — Gaston, vicomte de Béarn, — Ses fondations, — Ses exploits en Espagne. — Mort de St-Bertrand, évêque de Comminges. — Mort de Bernard III, comte de Comminges. — Bernard IV, son fils, possède tout le comté. — Centule, comte de Bigorre. — Nouveaux exploits de Gaston de Béarn, — Sa mort. — Franchises du Béarn et de la Gascogne, antérieures aux franchises du reste de la France.................................. 108

CHAPITRE II.

Évêques de Tarbes, — de Lescar, — de Dax, — d'Oleron, — de Bazas, — de Bayonne, — d'Aire, — de Lectoure. — Fondation du monastère de Bouillas. — Guillaume d'Andozille passe du siége de Lectoure à l'archevêché d'Auch................. 132

CHAPITRE III.

Guiscarde, sœur de Centule, vicomte de Béarn, succède à son frère. — Centule, comte de Bigorre, ne laisse qu'une fille mariée au vicomte de Marsan. — Mort de Bernard III, comte d'Armagnac. — Adalmur, comtesse de Fezensac, la veuve, meurt sans postérité. — Géraud, comte d'Armagnac, s'empare du Fezensac. — Maison de Montesquiou. — Fondation des abbayes de Berdoues et de Gimont. — Comtes d'Astarac. —

Fondation de la Case-Dieu. — Comtes de Pardiac. — Comtes de Comminges. — Comtes de Foix. — Zèle de l'archevêque d'Auch. — Incendie de la ville de Simorre.................. 158

CHAPITRE IV.

Fondation de Mont-de-Marsan. — Château de Vic-Bigorre. — Pierre, vicomte de Béarn. — Évêques d'Oleron, — de Dax. — Pierre, vicomte de Béarn, meurt. — Gaston, son fils. — Mort de Pierre, comte de Bigorre. — Centule, son fils. — Évêques de Bayonne. — L'archevêque d'Auch admet Bernard, comte d'Armagnac, au paréage de la ville. — Évêques de Bazas. — Géraud de Labarthe, archevêque d'Auch. — Violences du comte d'Armagnac et de son fils...................... 183

Livre VII.

CHAPITRE Ier.

Marie, vicomtesse de Béarn. — Révolte des Béarnais. — Ils placent successivement à leur tête quelques seigneurs, et appellent enfin Gaston, fils de Marie. — Révolte des seigneurs d'Aquitaine contre Richard. — Siège de Dax, — de Bayonne. — Priviléges octroyés à ces deux villes. — Soumission du vicomte de Lomagne. — Fondation du couvent du Brouil. — Évêques d'Aire. — Troisième croisade sous Richard. — Comtes d'Astarac. — Gaston, vicomte de Béarn, épouse Pétronille, comtesse de Bigorre. — Comtes de Comminges. — Évêques de Couserans. — Fondation du Sallegrand. — Géraud, comte d'Armagnac. — Bernard de Sérillac, archevêque d'Auch.... 212

CHAPITRE II.

Le comte de Comminges répudie sa femme et épouse Marie de Montpellier, — il fait la guerre au comte de Foix, veut répudier Marie, la force à se retirer près de son père, et est obligé de la reprendre. — Comtes de l'Isle-Jourdain. — Guerre des Toulousains avec le vicomte de Lomagne. — Évêques de Lectoure. — Marie fait casser son mariage avec le comte de Comminges. — Gaston, vicomte de Béarn. — Évêques de Bayonne. — Mairie de Bayonne. — Évêques de Dax, — d'Aire. —

Bernard de Montaut, archevêque d'Auch. — Progrès de l'hérésie des Albigeois. — Bernard de Montaut est déposé..... 237

CHAPITRE III.

Évêques de St-Bertrand. — Garsias de Lort, l'un d'eux, transféré à Auch. — Les comtes de Foix et de Comminges, et le vicomte de Béarn se soumettent à l'Église. — Guillaume succède à Gaston dans la vicomté de Béarn. — Sa férocité. — Pétronille, comtesse de Bigorre, épouse Guy de Montfort.— Géraud, comte d'Armagnac, rend hommage à Simon. — Guerre des Albigeois. — Mort de Simon de Montfort.—Siège de Marmande. — Mort de Guy de Montfort, comte de Bigorre. — Mort de Géraud, comte d'Armagnac. — Ses successeurs. — Mort des comtes de Foix et de Comminges. — Législation du Béarn.................................. 262

CHAPITRE IV.

Testament de Guillaume, vicomte de Béarn. — Mariages successifs de Pétronille, comtesse de Bigorre. — Mort de l'archevêque d'Auch. — Soumission et mort du comte de l'Isle-Jourdain. — Soumission du comte de Toulouse, — du comte de Foix,—du comte d'Astarac.—Mort de Guillaume, vicomte de Béarn. — Sévérité de Boson de Mattas, comte de Bigorre. — Évêques d'Aire, — de Lescar. — Établissement de l'Inquisition. — Grimoal, évêque de Comminges. — Mort des comtes de Foix, — de Comminges, — de l'Isle-Jourdain, — du comte d'Astarac, — de l'archevêque d'Auch............ 290

Livre VIII.

CHAPITRE Iᵉʳ.

Gaston, vicomte de Béarn. — Ligue des seigneurs du Midi contre St-Louis. — Leur soumission. — Mort du comte d'Armagnac. — Plusieurs prétendants se disputent son héritage. — Le vicomte de Lomagne fait sa paix avec les habitants d'Auch. — Gaston bâtit le château d'Orthès. — Il prend les armes contre l'Angleterre. — Testament de Pétronille. — Le vicomte de Lomagne s'attache à l'Angleterre, — il fait prisonnier le comte d'Armagnac. — Mort de Pétronille. — Esquivat et Gaston se disputent le Bigorre. — Gaston se réconcilie avec l'Angleterre. — Le sire d'Albret...................... 315

CHAPITRE II.

Esquivat abandonne ses prétentions sur l'Armagnac. — Géraud rend hommage à l'Angleterre. — Esquivat imite le comte d'Armagnac, — il fait cession de son comté à Simon de Leicester, — il entre en composition avec Gaston de Béarn. — Mort du comte de Foix. — Mort de l'archevêque d'Auch. — Fondation du couvent des Cordeliers de Nogaro et d'Auch. — Mort du vicomte de Lomagne. — Mort du comte d'Astarac. — Comtes de Pardiac, — de l'Isle-Jourdain. — Guerre d'Esquivat avec Simon de Leicester. — Guerre de Géraud d'Armagnac avec Alphonse, comte de Toulouse, — avec les habitants de Condom................................ 343

CHAPITRE III.

Dissensions dans l'Église. — Puissance de Gaston, vicomte de Béarn. — Mariage de Constance sa fille aînée. — Évêques d'Aire, — de Tarbes, — de Lectoure, — de Dax. — Troubles à Dax. — Évêques de Bayonne, — de Couserans, — de Comminges, de Bazas. — Croisade de St-Louis. — Mort de ce prince. — Meurtre d'Henri de Lancastre, mari de Constance de Béarn. — Philippe, sœur de Vésian, vicomte de Lomagne, établie héritière de Jeanne, comtesse de Toulouse, est évincée par la France. — Lutte des comtes d'Armagnac et de Foix contre Philippe-le-Hardi. — Leur soumission............ 371

CHAPITRE IV.

Mort de Constance, vicomtesse de Béarn. — Couvent de Bayries. — Captivité de Gaston de Béarn. — Procédure contre lui. — Amanieu, archevêque d'Auch. — Guerre en Navarre. — Guerre du comte d'Armagnac avec le sénéchal de Toulouse, — du comte de Foix et ses voisins. — Restitution de l'Agenais. — Démêlés des habitants de Condom avec leur abbé. — Coutumes de la Sauvetat. — Paréage de Condom. — Troubles à Bayonne, — à Bazas. — Duel de Charles, roi de Sicile, avec le roi d'Aragon. — Guerre contre ce prince. — Mort d'Esquivat, comte de Bigorre. — Sa succession est disputée. — Évêques de Lectoure, — d'Aire. — Géraud, comte d'Armagnac.. 400

Note 1re 431
Note 2 437
Note 3 460
Note 4 461
Note 5 467
Note 6 477
Note 7 478
Note 8¹ 478
Note 8² 480
Note 9¹ 487
Note 9² 488
Note 10 490
Note 11 491
Note 12 492
Note 13 493

FIN DE LA TABLE DES MATIÈRES.

www.ingramcontent.com/pod-product-compliance
Lightning Source LLC
Chambersburg PA
CBHW050604230426
43670CB00009B/1264